JN021787

# 守護石パワーストーン
## 組み合わせ&相性大事典

あなただけの**守護石**で**最高の運命**をつかむ!

登石麻恭子
須田布由香【著】
玉井宏【監修】

河出書房新社

# Prologue

数に意味や特定の力を見いだし、そこから様々な物事を読み解く方法を「数秘術」といいます。そして、その数秘術の影響を受けながら、星の配置によりその人の資質や命運を分析する方法を「西洋占星術」といいます。本書で解説している誕生日ごとの性格分析、運命傾向などは、基本的にこのふたつの占術から導き出した結果に基づき構成しています。

まずは1年366日を度数の近い4～5日ごとに分類し、84の星座エリアに。性格分析は、各星座エリアの基本性格をはじめ、恋愛・人間関係、仕事、お金といったテーマ別の傾向まで詳しく解説しています。続いて、誕生日1日ごとの分析も行ない、その人の資質や命運についてさらに細かく解説を加えています。相性リストについては、数秘術にサビアン占星術（黄道を360度に分割しそれぞれに詩的な文言と意味を持たせる占術）を組み合わせた特殊な手法を用いています。

そして、本書ならではの特徴は充実した守護石の提案です。各星座エリアをあらゆる角度から分析することで、基本の守護石を4種、テーマ別の石を各2種（×3）の計10種となっています。

パワーストーンを身につけるうえで最も大切なのは、石の効力より何より、持ち主がその石を好きだということ。本書を手に取られた皆さんにお気に入りの石を見つけていただけるよう、できる限り多くの石を選定しました。
この10種の守護石は、各星座エリアに該当する人に向けた提案である一方で、それ以外の人が楽しめる活用方法も。ひとつは「この日に使うと良い石」という意味合いでとらえ、各日のエネルギーに合った石を知ることができます。例えば、今日が4月20日であれば「4月20日～4月23日」のエリアの守護石（特に4月20日の2種）が運気アップに良い石となります。もうひとつは無作為に開いたページの石があなたを解決に導くと考える、ビブリオマンシー（書物占い）に使うこともできます。
守護石とは別に、目的に合わせたおすすめの石を紹介しているほか、本書に登場するすべての石のプロフィールも掲載しています。また、パワーストーン初心者のために石に関する基礎知識も網羅しました。本書は様々な要素を凝縮しているので、皆さんがそれぞれお好きな活用方法で楽しんでいただけたら幸いです。

# 占術と守護石について

本書に掲載している星座エリア別・誕生日別の性格占いは、
西洋占星術と数秘術に基づいて分析したものです。
エネルギーや資質により選定した守護石も併せてお楽しみください。

## 西洋占星術

西洋占星術とは、古代バビロニアに発祥し、地中海世界を経由してヨーロッパに伝搬していった占いの手法です。ある特定の瞬間（ある人物が生まれた時など）の星の配置から、その様相や成り行きを読み解き、その人の資質や命運を見ていくのです。
西洋占星術では10個の天体（月、水星、金星、太陽、火星、木星、土星、天王星、海王星、冥王星）を使用していきます。それが太陽の通り道である黄道を12分割した12のサイン（牡羊座、牡牛座、双子座、蟹座、獅子座、乙女座、天秤座、蠍座、射手座、山羊座、水瓶座、魚座）のどこにあるか、天体同士がどのような関係にあるかによって、その状態を判断するのです。この時用いられる図は「ホロスコープ」と呼ばれています。
占星術では、ホロスコープ上の星の配置で物事を占いますが、それぞれの天体が異なるテーマを示しています。そのため、特定のテーマに沿って読み解く際には、太陽は人生を、月は感情傾向を、火星では行動力や競争力などといったように、その天体を中心に読んでいくことになります。この時、太陽という天体に関しては、1年で黄道を1周するため、毎年同じ時期に同じ黄道上のポイント（サイン）に太陽が来ることになります。例えば5月5日生まれの人は、黄道上の牡牛座というサインに太陽があるということに。これは現代での雑誌の星占いに関連した星座と

### 天体ごとのテーマ

- ☉ 太陽：長期的な目標、人生の傾向、仕事
- ☽ 月：性格（内面の傾向）、日常の在り方
- ☿ 水星：知性、コミュニケーション能力
- ♀ 金星：物事を楽しむ能力や楽しみ方
- ♂ 火星：行動力、活力、競争力
- ♃ 木星：善意、資質、成長·発展性
- ♄ 土星：制限、ルール意識、到達イメージ
- ♅ 天王星：個人性·独立性を意識する
- ♆ 海王星：幻想、夢、無意識的な世界との関わり方
- ♇ 冥王星：極端さ、強制力、カリスマ性

いう形で用いられているため、雑誌の星占いは、西洋占星術で用いられる太陽という天体の位置によって示されているともいえるのです。
しかし、牡牛座生まれ（太陽が牡牛座にある）のすべての人が皆同じ命運を持つというわけではありません。先ほども述べたように、サインは黄道を12に分割、つまりそれぞれ30度ずつの12の領域に分けられており、さらにその30度の中にもエリア分けがあってそれなりの差やドラマがあるのです。本書では、そうした星座内の変遷に目を向け、エリア分けをしながらその資質を詳細に見ていきます。
また、誕生日1日ごとの項目では、黄道という太陽の通り道を360度に分割し、それぞれに詩的な文言と意味を持たせたサビアン占星術という特殊な技法と、誕生日として示される数から読み解く数秘術という手法を組み合わせ、その日に生まれた人の資質や命運をさらに細やかに分析していきます。ここに書かれた内容は、あなた自身が気づいていてすでに自覚のある部分もあれば、今後出てくる部分や、また気づかずに無意識に使っている要素なども含まれています。良い部分であれば、そこに意識を向けることでさらに発展していけますし、短所のような部分であっても、丁寧に自身の在り方を見ていくことによって、改善していくことも可能でしょう。

### 12星座のエレメント

「火」「土」「風」「水」は12星座における4大エレメント（元素）といわれ、どのような事柄に意識を向けるかを示します。

**火**

外向性・個人性に関連。個人の意欲・熱意に意識を向け、それを積極的に追求・表現していく。精神性の高まりを求める。情熱的。テンションが高い。
星座：牡羊座、獅子座、射手座

**土**

内向性・個人性に関連。個人の内側、つまり体に意識を向ける性質。また、そこから物質性と深い関連を持つ。実際性に富み、具体的に物事を進める。
星座：牡牛座、乙女座、山羊座

**風**

外向性・他者性に関連。他者との関わりや情報を求める。外界にあるものに意識を向ける性質。コミュニケーション能力が高い。情報を扱う。客観性。
星座：双子座、天秤座、水瓶座

**水**

内向性・他者性に関連。他者の内側のもの、つまり他者の感情や気持ちに意識を向ける性質。他者の気持ちに配慮。共感を求めていく。情緒的。
星座：蟹座、蠍座、魚座

## 数秘術

数秘術は古代から続く占いの手法のひとつで、1から9までの数にそれぞれ意味や特定の力があると考え、そこから様々な物事をひも解いていきます。その数の変遷の中に人の成長や物事の変化のサイクルなどが内包されており、占星術などにも影響を与え、その骨子を形作る要素として長い歴史の中で人々を支え続けてきました。

実際に人の命運や資質などの傾向を見る際には、主に誕生日や名前から数を割り出し、それらを読み解いていきます。なお、1から9とは別のマスターナンバーと呼ばれる特殊な数字（11、22、33）には強い力があると認識されており、運命傾向が強くなる一方で振り回されることもあるようです。

また、誕生数と呼ばれる、生年月日の数をすべて足した数字は、その人の中核的な部分として強い影響を与えます。本書では、生年を限定せず、誕生月、生まれ日を活用していますが、誕生数に関連したパワーストーンを持つことでも、本人に合った形で良い運気を引き寄せることができます。

Chapter3のパワーストーンのプロフィールに数秘の項目を掲載しているので、ご自身の誕生数を知り、気になるパワーストーンを選んで身につけるのも良いでしょう。

～誕生数の出し方～

生年月日を西暦で表記し、すべての数をバラバラにして足していきます。ただし、11、22、33などのマスターナンバーはそのままにしておきます。

例）1987年3月26日生まれの場合

1+9+8+7+3+2+6=36

→　3+6=9

誕生数は“9”となります。

### 主な数の意味

**1**　始まり、自立、自発性、能動性

**2**　相対性、反応、協調的、受容性

**3**　創造性、喜び、発展、生産性

**4**　安定、基盤、秩序、保守的

**5**　自由、変化、好奇心、冒険

**6**　調和、バランス、美

**7**　探求、飛躍、分析、知性

**8**　繁栄、成功、実現、統率

**9**　神秘性、哲学、変容、精神性

**11**　理想、芸術、繊細さ、霊的能力

**22**　カリスマ性、指導者、直感力、大胆さ

**33**　平和、平等、無条件の愛、慈愛

## 守護石

パワーストーンは人の認識を超えた不思議な力を持ち、身につけた人に対して大きな力や癒しのエネルギーを与えてくれます。しかし、すべてのパワーストーンについて、ある意味、相性のようなものがあるのです。
例えば、元々持つエネルギーが強い人の場合、パワーの強い石はそのエネルギーの質と合うため、程よく資質を伸ばしてくれます。その一方で、感受性の高い繊細な人の場合、微細な波動を放ち、癒しと活力をもたらす石のほうが相性が良く、本質的なエネルギーを丁寧に受け止められるでしょう。
とはいえ、本人のエネルギーの強弱とパワーストーンの力の強弱という分け方だけでは、一概には区別できません。それは、人そのものが波動の混合体であり、パワフルで直線的なエネルギーも繊細なエネルギーも併せ持った存在であるからです。例えば、家では豪胆でも、仕事では細やか、恋愛は受け身……など、場面により活用するエネルギー領域は大きく異なります。
本書では、その人の持つエネルギーや資質を占星術や数秘術で包括的にとらえ、最も適した守護石4種と、恋愛や対人関係、仕事、お金のテーマごとに対応する守護石を選定しています。
主たる4種の守護石を持ち歩くのも良いですし、シチュエーションや求める事柄に合ったテーマごとの石を活用するのもおすすめです。また、双方を組み合わせることで、相乗効果も期待できるでしょう。さらに、誕生日ごとの守護石は、主たる4種の守護石から特にその誕生日の人に適したものを選定しています。パワーストーンを味方につけ、豊かにそして伸びやかに未来へと歩んでいきましょう。

*Contents*

*Chapter 2*
## 目的別 パワーストーン

*Chapter 3*

## パワーストーンのプロフィール

## 本書の様々な活用方法

**✶自分の星座エリアの守護石を知る**
守護石は、どんな時でもあなたの味方になってくれる石です。また、恋愛・人間関係、仕事、お金に関する守護石は、エネルギーを整え、その運気を高める働きがあります。

**✶特定の関係の人を知る・引き寄せる**
Chapter1右ページの相性リストは、それぞれ特定の関係となりやすい人の誕生日を記しています。その誕生日が含まれる星座エリアの守護石は、その人を引き寄せる石として活用できます。ライバルに関しては、相手に負けない強さをチャージするのに活用できます。

**✶今日の石を知る**
Chapter1右ページのパワーストーンは、各日の固有のエネルギーに対応しています。特定の日の石を持つことでその日1日の運気を高めるので、その日が誕生日でない人も活用できます。特に重要な案件のある日は、その日に適したエネルギーを味方につけることで成功に導かれるでしょう。また、特定の日に良い結果を求めるテーマが、恋愛・人間関係、仕事、お金に関連する場合、左ページのテーマ別の石も同時に使ってみてください。

**✶ビブリオマンシー（書物占い）として使う**
心の中で悩みやたずねたいことを唱えながら、無作為にページを開きます。この時、開かれたページに書かれている石が、唱えたことを解決へと導いてくれます。星座のページを開いた場合は、そのページの中で最も目についたパワーストーンが、質問の本質に関連し、さらに悩みを解決するためのエネルギーをもたらします（Chapter1左ページ下の「この日の石を使うと……」は問題解決のヒントにもなります）。

# Chapter 1の見方

西洋占星術と数秘に基づいて導き出した性格診断、
それに合わせて選定した守護石を紹介しています。

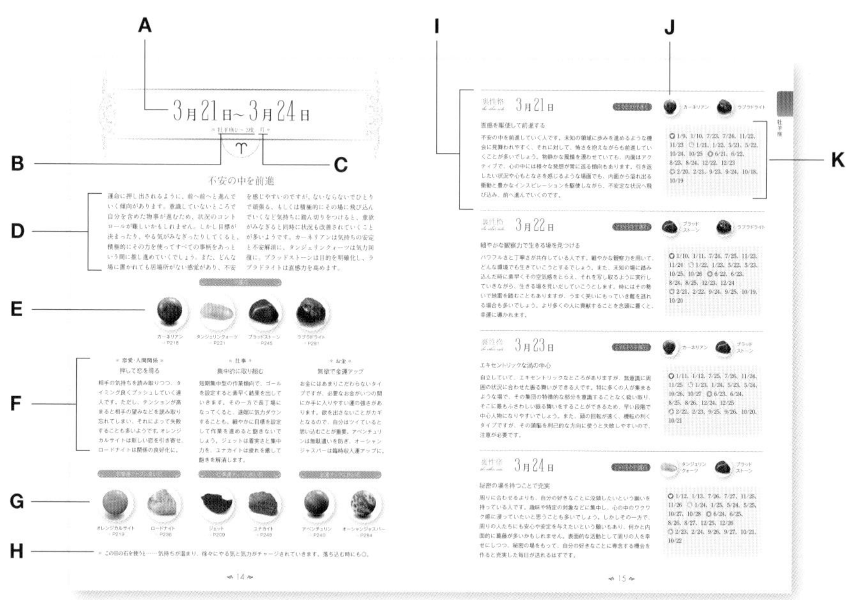


**A 誕生日**
366日分の誕生日を4～5日ずつ、計84個のエリアに分けています。

**B 星座の度数**
1星座（30度）の中で振り分けた時に、このエリアが位置する度数です。

**C エリア関連星**
星座による特徴に加え、このエリアの人に影響を及ぼす天体です。

**D 基本性格**
このエリアの人の基本的な性格を分析。守護石がもたらす力についても解説しています。

**E 守護石**
基本性格に合わせて選定した守護石です。目的や好みに応じて活用してみてください。

**F テーマ別の傾向**
「恋愛・人間関係」「仕事」「お金」における、このエリアの人の傾向を分析しています。

**G テーマ別の守護石**
それぞれ「恋愛・人間関係」「仕事」「お金」の運気アップに役立つ石を選定しています。

**H この日の石を使うと……**
このエリアの日に上記の守護石を身につけた場合、期待される効果を紹介しています。ご自身の誕生日のエリアでなくても活用できる項目です。
例）本日が4月20日の場合、「4月20日～4月23日」（P28参照）の守護石やテーマ別の石を身につけると運気アップに。

**I 1日ごとの裏性格**
それぞれの誕生日ごとに、資質や命運を細かく分析しています。

**J 1日ごとの守護石**
左ページの守護石の中でも、特にこの誕生日の人に適した石をふたつ選定しています。

**K 相性リスト※**
♡恋愛関係に発展しやすい人／☺友情を育める人／●ライバル関係になりやすい人／☆運命の人

※相性リストの♡や☆において一部、双方向型（自分のリストには相手の誕生日があり、相手のリストには自分の誕生日が載っている状態）でない箇所があります。これは「パワーバランスが悪いのになぜか惹かれる人」や「恋愛・人生において重要な要素を担う人」という意味を持ちます。

*Chapter 1*

# 誕生日別
# 性格分析&守護石ガイド

366日の誕生日を84の星座エリアに分類し、
西洋占星術と数秘術の観点からそれぞれの性格や命運を分析。
そのうえで、各エリアに対応する守護石を導き出しました。

# 3月21日～3月24日

＊牡羊座0～3度　月＊

## 不安の中を前進

運命に押し出されるように、前へ前へと進んでいく傾向があります。意識していないところで自分を含めた物事が進むため、状況のコントロールが難しいかもしれません。しかし目標が決まったり、やる気がみなぎったりしてくると、積極的にその力を使ってすべての事柄をあっという間に推し進めていくでしょう。また、どんな場に置かれても居場所がない感覚があり、不安を感じやすいのですが、ないならないでひとりで頑張る、もしくは積極的にその場に飛び込んでいくなど気持ちに踏ん切りをつけると、意欲がみなぎると同時に状況も改善されていくことが多いようです。カーネリアンは気持ちの安定と不安解消に、タンジェリンクォーツは気力回復に。ブラッドストーンは目的を明確化し、ラブラドライトは直感力を高めます。

守護石

カーネリアン
⇒P218

タンジェリンクォーツ
⇒P221

ブラッドストーン
⇒P245

ラブラドライト
⇒P281

＊恋愛・人間関係＊

### 押して恋を得る

相手の気持ちを読み取りつつ、タイミング良くプッシュしていく達人です。ただし、テンションが高まると相手の望みなどを読み取り忘れてしまい、それによって失敗することも多いようです。オレンジカルサイトは新しい恋を引き寄せ、ロードナイトは関係の良好化に。

＊仕事＊

### 集中的に取り組む

短期集中型の作業傾向で、ゴールを設定すると素早く結果を出していきます。その一方で長丁場になってくると、途端に気力ダウンすることも。細やかに目標を設定して作業を進めると飽きないでしょう。ジェットは着実さと集中力を、ユナカイトは疲れを癒して飽きを解消します。

＊お金＊

### 無欲で金運アップ

お金にはあまりこだわらないタイプですが、必要なお金がいつの間にか手に入りやすい運の強さがあります。欲を出さないことがカギとなるので、自分はツイていると思い込むことが重要。アベンチュリンは無駄遣いを防ぎ、オーシャンジャスパーは臨時収入運アップに。

恋愛運アップに良い石

オレンジカルサイト
⇒P219

ロードナイト
⇒P236

仕事運アップに良い石

ジェット
⇒P209

ユナカイト
⇒P248

金運アップに良い石

アベンチュリン
⇒P240

オーシャンジャスパー
⇒P284

＊この日の石を使うと……気持ちが温まり、徐々にやる気と気力がチャージされていきます。落ち込む時にも◎。

## 裏性格 *the other side...* 3月21日

この日の守護石

カーネリアン

ラブラドライト

### 直感を駆使して前進する

不安の中を前進していく人です。未知の領域に歩みを進めるような機会に見舞われやすく、それに対して、怖さを抱えながらも前進していくことが多いでしょう。物静かな風情を漂わせていても、内面はアクティブで、心の中には様々な発想が常に巡る傾向もあります。引き返したい状況や心もとなさを感じるような場面でも、内面から溢れ出る衝動と豊かなインスピレーションを駆使しながら、不安定な状況へ飛び込み、前へ進んでいくのです。

1/9、1/10、7/23、7/24、11/22、11/23 1/21、1/22、5/21、5/22、10/24、10/25 6/21、6/22、8/23、8/24、12/22、12/23 2/20、2/21、9/23、9/24、10/18、10/19

## 裏性格 *the other side...* 3月22日

この日の守護石

ブラッドストーン

ラブラドライト

### 細やかな観察力で生きる場を見つける

パワフルさと丁寧さが共存している人です。細やかな観察力を用いて、どんな環境でも生きていこうとするでしょう。また、未知の場に踏み込んだ時に素早くその空気感をとらえ、それを写し取るように実行していきながら、生きる場を見いだしていこうとします。時にはその勢いで地雷を踏むこともありますが、うまく笑いにもっていき難を逃れる場合も多いでしょう。より多くの人に貢献することを念頭に置くと、幸運に導かれます。

1/10、1/11、7/24、7/25、11/23、11/24 1/22、1/23、5/22、5/23、10/25、10/26 6/22、6/23、8/24、8/25、12/23、12/24 2/21、2/22、9/24、9/25、10/19、10/20

## 裏性格 *the other side...* 3月23日

この日の守護石

カーネリアン

ブラッドストーン

### エキセントリックな渦の中心

自立していて、エキセントリックなところがありますが、無意識に周囲の状況に合わせた振る舞いができる人です。特に多くの人が集まるような場で、その集団の特徴的な部分を意識することなく吸い取り、そこに最もふさわしい振る舞いをすることができるため、早い段階で中心人物になりやすいでしょう。また、頭の回転が速く、機転の利くタイプですが、その頭脳を利己的な方向に使うと失敗しやすいので、注意が必要です。

1/11、1/12、7/25、7/26、11/24、11/25 1/23、1/24、5/23、5/24、10/26、10/27 6/23、6/24、8/25、8/26、12/24、12/25 2/22、2/23、9/25、9/26、10/20、10/21

## 裏性格 *the other side...* 3月24日

この日の守護石

タンジェリンクォーツ

ブラッドストーン

### 秘密の場を持つことで充実

周りに合わせるよりも、自分の好きなことに没頭したいという願いを持っている人です。趣味や特定の対象などに集中し、心の中のワクワク感に浸っていたいと思うことも多いでしょう。しかしその一方で、周りの人たちにも安心や安定を与えたいという願いもあり、何かと内面的に葛藤が多いかもしれません。表面的な活動として周りの人を幸せにしつつ、秘密の場をもって、自分の好きなことに専念する機会を作ると充実した毎日が送れるはずです。

1/12、1/13、7/26、7/27、11/25、11/26 1/24、1/25、5/24、5/25、10/27、10/28 6/24、6/25、8/26、8/27、12/25、12/26 2/23、2/24、9/26、9/27、10/21、10/22

# 3月25日〜3月28日

＊ 牡羊座4 〜 7度／水星 ＊

## 直感を行動に

インスピレーションで素早く物事を判断し、すぐに行動に移していく傾向があります。それがうまく働いてチャンスをつかむ場合もあれば、早とちりで失敗することもあるようです。しかし、持ち前の熱意で何度も挑戦すれば、失敗もやがては成長への糧となっていくでしょう。時折客観的に物事を見るように意識すると、失敗も減っていくはずです。また、自由に行動できないことに対してストレスを感じやすいかもしれませんが、そうした制限をゲームのルール的に受け止めて、前向きに対処していくと人としての幅も広がっていくでしょう。スピネルは実行力アップに、レッドジャスパーは気力を落とさずに精神を安定させ、パイライトは集中力を高めます。水晶は直感力を高め、より正しい情報にアクセスさせてくれます。

守護石

スピネル
⇒P214

レッドジャスパー
⇒P216

パイライト
⇒P223

水晶
⇒P269

＊ 恋愛・人間関係 ＊

### 瞬間的な恋

ひとめ惚れなど、瞬間的に恋に落ちるかもしれません。また、その後の行動はスピーディですが、相手のリアクションを待たずに押しすぎてしまい、相手から距離を置かれてしまうことも。ピンクスミソナイトは相互的な関係形成に、アクアオーラは恋のチャンスを捕まえます。

＊ 仕事 ＊

### フットワークで好機を

フットワーク良く動き回り、ビジネスチャンスをつかんでいきます。また、瞬間的に判断して物事を進めますが、落ち着きなくケアレスミスなどもしてしまう可能性が。デザートローズはミスを防ぐお守りに、ソーダライトはきっちり作業を進める手堅さを与えてくれます。

＊ お金 ＊

### 心身の安定がカギ

それなりに計画性を持ってお金を運用していきますが、疲れたり、忙しくなってきたりするとその辺りが甘くなる傾向が。大きなお金を動かす時は、欲を出すと直感が鈍り、損をすることも。モスアゲートは安定した金銭管理に。レピドライトは金運がらみの直感をアップします。

恋愛運アップに良い石

ピンクスミソナイト
⇒P235

アクアオーラ
⇒P250

仕事運アップに良い石

デザートローズ
⇒P204

ソーダライト
⇒P261

金運アップに良い石

モスアゲート
⇒P247

レピドライト
⇒P266

＊ この日の石を使うと……状況を見極め、素早く行動する力をもたらし、チャンスをつかむ機会が増えるでしょう。

## 裏性格 *the other side...* 3月25日

この日の守護石  スピネル   水晶

### 直感のまま動く

瞬間的なインスピレーションとともに行動していく人です。ちょっとした思いつきや直感的な思いつきによって心が高まり、気力が満ちていきます。そしてそれをダイレクトに実行していくでしょう。思いつきを行動に移すので、周囲の人たちからは衝動的な人とみなされやすいですが、多くの事柄についてたいてい後になって、その振る舞いや発言が正しいことがわかる場合が多いかもしれません。誤解されやすいようですが、自分を信じて邁進すると幸運をつかめるはずです。

1/13、1/14、7/27、7/28、11/26、11/27 1/25、1/26、5/25、5/26、10/28、10/29 6/25、6/26、8/27、8/28、12/26、12/27 2/24、2/25、9/27、9/28、10/22、10/23

## 裏性格 *the other side...* 3月26日

この日の守護石  レッドジャスパー  パイライト

### 環境との調和

周りの人たちや環境と調和しつつ、安定した場を作り上げます。そしてその環境を生かして何かを生み出せる人でもあります。周囲の状況を直感的に、そして的確にとらえ、それらの中にあるルールや制限を前向きに受け止めながら何かを積極的に学んでいくでしょう。また、学びの中から自分の成長を感じ、喜びを実感できるようです。さらに学んだことの中から新しい何かを創造する可能性も持っているので、それを地道に積み重ねていくと良いでしょう。

1/14、1/15、7/28、7/29、11/27、11/28 1/26、1/27、5/26、5/27、10/29、10/30 6/26、6/27、8/28、8/29、12/27、12/28 2/25、2/26、9/28、9/29、10/23、10/24

## 裏性格 *the other side...* 3月27日

この日の守護石  レッドジャスパー  水晶

### ギャップを楽しむ

ふたつ以上のテーマや領域を行き来することで、充実感をもって歩んでいける人でしょう。何かに専念したり、ひとつのことだけで満足したりするよりも、まったく違うふたつの事柄に関わることでその差のギャップを楽しみ、それを生きていくうえでの原動力としていくようです。仕事とプライベートにギャップのある生活や、自分の雰囲気にミスマッチな趣味などを持つのもおすすめ。ダブルワークなどをしたほうが様々なものの見方を学べることもあるかもしれません。

1/15、1/16、7/29、7/30、11/28、11/29 1/27、1/28、5/27、5/28、10/30、10/31 6/27、6/28、8/29、8/30、12/28、12/29 2/26、2/27、9/29、9/30、10/24、10/25

## 裏性格 *the other side...* 3月28日

この日の守護石  パイライト  水晶

### 全体の流れを読む

自分の関わる物事に関して、幾分引いた位置からよく観察し、状況の流れや変化の波を事前に察知していく人です。何かに没頭したり、専念したりするようなことは少ないのですが、全体を客観的にとらえるので、かえって本質を正確につかむ機会に恵まれているといえるかもしれません。また、そうした視点を用いて先々を予見する力も鋭く、それらを生かしてトラブルを事前に回避したり、他者よりも先にチャンスを捕まえたりすることが多いようです。

1/16、1/17、7/30、7/31、11/29、11/30 1/28、1/29、5/28、5/29、10/31、11/1 6/28、6/29、8/30、8/31、12/29、12/30 2/27、2/28、9/30、10/1、10/25、10/26

# 3月29日〜4月1日

＊ 牡羊座8〜11度／金星 ＊

## 楽しみを生み出す

自分にとって楽しいと思えることを積極的に探していく傾向があります。退屈さを嫌い、常に新しい刺激を求めますが、そうしたものを外に求めるのではなく、自分自身が楽しいものを生み出していくという在り方にスイッチが入った時、劇的に進化していくでしょう。またこの時、より広い視点で物事を見るようにし、そのうえで活動していくと、より多くの人の心揺さぶる何かを打ち出すことができるはず。ちょっとうまくいかないと落ち込みがちですが、それも視野の狭さからきているようです。レッドガーネットは愛に由来した創造力を引き出し、アイオライトは視界を広げ、明晰さと未来への希望をもたらします。ティファニーストーンは芸術的感受性アップに。レピドライトは新しいアイデアを引き出します。

守護石

レッドガーネット
⇒P216

アイオライト
⇒P258

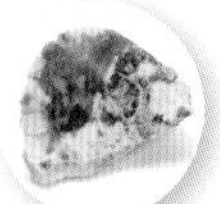

ティファニーストーン
⇒P266

レピドライト
⇒P266

＊ 恋愛・人間関係 ＊

### 直球な恋

気持ちをストレートに表現していき、率直に愛情を伝えることのできる人です。相手への配慮もそれなりにできますが、感情が高ぶるとそれを忘れがちに。ファイヤーアゲートは気持ちを安定させ、関係を良好に。ストロベリークォーツは魅力を高め、告白などに相乗効果をもたらします。

＊ 仕事 ＊

### バランス型リーダー

リーダーシップを取りつつも、仕事相手の意向も取り入れ、バランス良く物事を進めていきます。ただし、仕事に熱くなりすぎると、根を詰めて体調を崩すことも。ネフライトは手堅さと着実さから成功をもたらし、アメトリンは心身のバランスを取り、ストレスを軽減します。

＊ お金 ＊

### 分配から幸運が

金運は比較的高め。欲しいものややりたいことを明確にすると、それが引き寄せられてきやすいでしょう。欲張らず、たまにおすそ分けなどをするとさらなる金運アップに。ユーディアライトは金運を高め安定に保ち、マラカイトは欲張りさを軽減してくれます。

恋愛運アップに良い石

ファイヤーアゲート
⇒P221

ストロベリークォーツ
⇒P234

仕事運アップに良い石

ネフライト
⇒P244

アメトリン
⇒P283

金運アップに良い石

ユーディアライト
⇒P212

マラカイト
⇒P247

＊ この日の石を使うと……自分の新しい才能や創造力が目覚め、伸びやかに物事を楽しむことができるでしょう。

## 裏性格 the other side... 3月29日

この日の守護石

アイオライト

ティファニーストーン

### 全体像をつかむ

物事を包括的に見ていき、その骨格や構造などの全体像をとらえようとする人です。一見ぼんやりとした雰囲気なため、周囲からはのんびりとしたマイペースタイプと思われているかもしれません。しかし、俯瞰的な視点から物事を見ていくので、結果的に的確にその状況を読み取ったり、その後の展開を鋭く推測したりすることも多いでしょう。また、全体の流れから見る変化の方向などもとらえるので、自然と人を率いる立場を得やすいようです。

1/17、1/18、7/31、8/1、11/30、12/1　1/29、1/30、5/29、5/30、11/1、11/2　6/29、6/30、8/31、9/1、12/30、12/31　2/28、2/29、10/1、10/2、10/26、10/27

## 裏性格 the other side... 3月30日

この日の守護石

レッドガーネット

レピドライト

### 常識に変化を与える

すでにある考え方や概念を変え、新しい意味を見いだすことができるクリエイティブな人です。時には常識や当たり前とされていることを変えるため、勇気を奮う必要があるかもしれませんが、持ち前の強い熱意と変革力でそれらを推し進めていくでしょう。また、使い古されたテーマや昔からある発想などを違う見方でとらえ、新しい価値を与えることもできるため、回顧ブームなどの中心になったり、リサイクルを推進したりするような役割を担う場合も多いようです。

1/18、1/19、8/1、8/2、12/1、12/2　1/30、1/31、5/30、5/31、11/2、11/3　1/1、7/1、7/2、9/1、9/2、12/31　2/29、3/1、10/2、10/3、10/27、10/28

## 裏性格 the other side... 3月31日

この日の守護石

レッドガーネット

アイオライト

### やりたいことを貫く

自分のやりたいことに対して、決してそれを曲げずに貫こうとする人です。常識や正しさよりも熱意で動いていくことが多いため、しばしば周囲の人たちからは熱血、もしくは頑固といわれるかもしれません。また、何かと場を仕切るような立場を得る巡り合わせも持っていますが、状況を判断してそれに合わせるよりも、自分のやりたいように推し進め、最後まで自分ですべてをこなしてしまうことも。そしてそれをやりきるパワフルさが身上でしょう。

1/19、1/20、8/2、8/3、12/2、12/3　1/31、2/1、5/31、6/1、11/3、11/4　1/1、1/2、7/2、7/3、9/2、9/3　3/1、3/2、10/3、10/4、10/28、10/29

## 裏性格 the other side... 4月1日

この日の守護石

ティファニーストーン

レピドライト

### 自然サイクルを生きる

自然の中にある法則や、自然サイクルのようなものを自分の生活の中に組み込み、それに従って生きていく人です。季節の変化や月の満ち欠けなど、自然の中にある潮流的なものに対する感受性が強く、自分自身の体や生活の変化として受け止めていきます。また、そうした変化を意識しつつ、生活のリズムとして日常に活用していくでしょう。都会のような場所よりも、自然を身近に感じられる場所で生活をすると、心と体の調子が整いやすいでしょう。

1/20、1/21、8/3、8/4、12/3、12/4　2/1、2/2、6/1、6/2、11/4、11/5　1/2、1/3、7/3、7/4、9/3、9/4　3/2、3/3、10/4、10/5、10/29、10/30

# 4月2日～4月5日

＊牡羊座12～15度／太陽＊

## 目的に焦点を当てる

自信のありようで、人生を力強く生きるか、不安を感じやすいかという違いが出やすいかもしれません。根拠がなくとも「自分にはやれる！」という意欲があれば、たいていのことは乗り越えられますが、実績や実力のなさに不安を覚えてしまうと、途端にどんなことにも躊躇しがちになってしまうことも。自分の能力や実力に意識を向けるよりも、何をしたいか、どうなりたいかに焦点を当て、不安なりにも歩みを進めていくと、その過程で実績が蓄積され、時間とともに自信を増していくでしょう。ブラックトルマリンはネガティブな意識を内面から吹き消し、パイライトは自信を目覚めさせます。ルチルクォーツは前向きな意欲を高め、ターコイズは目的意識を引き出し、未来へ力強く歩むよう促します。

守護石

ブラックトルマリン
⇒P208

パイライト
⇒P223

ルチルクォーツ
⇒P226

ターコイズ
⇒P255

＊恋愛・人間関係＊

### 華やかな人気運

華やかで何かと中心人物になりやすいため、人気運もあり、モテ度も高いでしょう。ただし、わがままさが出すぎると、その態度に相手が引き気味になることも。サンストーンは輝くような魅力を引き出し、恋のプラスに。ローズクォーツは相手への思いやりを高めます。

＊仕事＊

### 勝負強さ

勝負運が強く、プレッシャーが高いビジネスシーンでは、俄然強さを発揮します。しかし単調な作業には退屈しやすく、結果的にミスをすることも。タイガーアイはここぞという場面での運気の強さを高め、クォンタムクワトロシリカは作業に関して仕上げる丁寧さを与えます。

＊お金＊

### パッと散財に注意

何か大きな買い物がある時は比較的着実にためられる一方で、そうでない時は惜しみなくパッと使ってしまう様子。臨時収入運があるため、それに助けられることもありますが、散財には注意。キャストライトは財布のひもをしっかり締め、エメラルドは臨時収入運をさらに高めてくれます。

恋愛運アップに良い石

サンストーン
⇒P220

ローズクォーツ
⇒P232

仕事運アップに良い石

タイガーアイ
⇒P203

クォンタムクワトロシリカ
⇒P286

金運アップに良い石

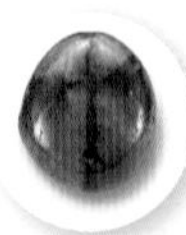

キャストライト
⇒P202

エメラルド
⇒P241

＊この日の石を使うと……目的意識が高まり、今何をすべきかについて、明確に認識することができるでしょう。

## 裏性格 *the other side...* 4月2日

この日の守護石

ブラック トルマリン

ターコイズ

### 失敗を成長に繋げる

失敗の中から何かをつかんで、次へとステップアップしていく人です。何事に対しても成功したことよりも、うまくいかなかった・うまくできなかったという事象に着目しやすく、時折ネガティブな心境に陥りがちかもしれません。しかしなぜそうなったかを丁寧に拾い上げていくので、結果的に改善点を見いだしたり、もっと良い方法を見つけるなど、成功することでは得られなかった大きな宝物を見つけ出すことに。ネガティブに寄りすぎなければ大成していく可能性も大です。

1/21、1/22、8/4、8/5、12/4、12/5　2/2、2/3、6/2、6/3、11/5、11/6　1/3、1/4、7/4、7/5、9/4、9/5　3/3、3/4、10/5、10/6、10/30、10/31

## 裏性格 *the other side...* 4月3日

この日の守護石

ブラック トルマリン

ルチルクォーツ

### 逆のものとうまく関わる

自分とは対照的な何かに出会い、その関わりの中で成長していける人です。自分とはまったく違う資質・性格の人物や、自分とはいまいちそりの合わない場など、何かと対立するものや性質が真逆のものに行く手を阻まれるかもしれません。しかしそれらをよく観察して、じっくりと関わっていくことで、なぜ受け入れがたいのかなどを発見し、そのうえでそれらをうまく取り入れて、新しい自分を作り上げていくことができるはず。性急にことを進めないことが肝心です。

1/22、1/23、8/5、8/6、12/5、12/6　2/3、2/4、6/3、6/4、11/6、11/7　1/4、1/5、7/5、7/6、9/5、9/6　3/4、3/5、10/6、10/7、10/31、11/1

## 裏性格 *the other side...* 4月4日

この日の守護石

パイライト

ターコイズ

### 繰り返して達成へ

日々の地道な繰り返しの中で何かを積み重ね、目的を達成していく人です。何か目標を持ったり目的を設定したりした時に、それに向かって一直線に突き進むのではなく、自分にとって無理のない範囲でそれらを繰り返しながら作業を積み重ね、そして最終的にそれを達成していきます。そのため、たとえ壮大で時間のかかるようなプロジェクトであっても、成就することが多いでしょう。未来に向けて肩の力を程よく抜きつつ、自分のペースを崩さないことがカギです。

1/23、1/24、8/6、8/7、12/6、12/7　2/4、2/5、6/5、6/6、11/7、11/8　1/5、1/6、7/6、7/7、9/7、9/8　3/5、3/6、10/7、10/8、11/1、11/2

## 裏性格 *the other side...* 4月5日

この日の守護石

パイライト

ルチルクォーツ

### 自分のペースで生きる

ナチュラルに自分の本質や素の部分を出しながら、無理なくマイペースで生きていける人です。どんな人たちが周りにいても、またどんな厳しい状況であっても自分らしさを見失わず、その中で自分なりの楽しみや面白い部分を見いだしながら、明るい雰囲気を常に保っていくでしょう。周りの人たちからはなごみの存在としてみなされているようですが、適応能力とポジティブな発想力は誰にも引けを取らない素晴らしい才能といって良いでしょう。

1/24、1/25、8/7、8/8、12/7、12/8　2/5、2/6、6/6、6/7、11/8、11/9　1/6、1/7、7/7、7/8、9/8、9/9　3/6、3/7、10/8、10/9、11/2、11/3

# 4月6日～4月10日

＊ 牡羊座16～20度／火星 ＊

## 先手必勝で突っ走る

物事に対して積極的に取り組み、素早く結果を出し、人生を邁進していく傾向があります。やりたいと思ったらすぐに行動に移す性急さがありますが、それが先手必勝に繋がっているようです。ただし、体や心のことを忘れて突き進み、結果的に体調不良で休まなければならない状況に陥ったり、周りの人たちの感情に配慮し忘れて、後で反発されたりすることなどもあるようです。心と体のためにゆっくりと過ごす時間を意識的に取ったり、またきちんと周りの人たちの意見を取り入れたりするようにすると、安定的に成果を出せるようになっていくでしょう。ルビーは勝負運をさらに高め、カーネリアンは生命力アップから心身安定に。シトリンは気持ちにゆとりをもたらし、アズライトは周囲を見渡す余裕を与えます。

守護石

ルビー
⇒P215

カーネリアン
⇒P218

シトリン
⇒P229

アズライト
⇒P259

### ＊ 恋愛･人間関係 ＊
### 真っすぐ飛び込む

好きな人には真っすぐ飛び込んでいく真摯な姿勢が愛を引き寄せるようです。ただし、自分の気持ちが高まりすぎると、相手の気持ちを見落としやすい傾向も。ジンカイトは愛情表現を豊かにし、ピンクトルマリンは、相手との気持ちのやりとりをスムーズにしてくれます。

### ＊ 仕事 ＊
### 鋭い行動で勝つ

必要に応じて鋭く行動して、ビジネスチャンスをつかむでしょう。ただし、長丁場や物事がなかなか動かない状況ではイライラしがちで、対応を誤ってしまうことも。ブラックトルマリンは気持ちを整理し、持久力を高め、ホークスアイは冷静に判断する力を与えてくれます。

### ＊ お金 ＊
### 勢いのある財運

稼ぐ時はすごい勢いで稼ぎますが、使う時もものすごい勢いで使ってしまうようです。貯蓄用のお金と使ってしまって良いお金を事前に分けておくと良いでしょう。グリーントルマリンはお金に対するバランス感覚を養い、天眼石は無駄遣いを防いでくれます。

恋愛運アップに良い石

ジンカイト
⇒P220

ピンクトルマリン
⇒P231

仕事運アップに良い石

ブラックトルマリン
⇒P208

ホークスアイ
⇒P211

金運アップに良い石

グリーントルマリン
⇒P242

天眼石
⇒P287

＊ この日の石を使うと……気力と集中力が高まり、困難な事柄も意欲的に乗り越えていくことができるでしょう。

## 裏性格 the other side... 4月6日

この日の守護石

カーネリアン

シトリン

### 感情の動きをつかむ

自分の感情の動きに敏感に反応していき、それを明確に感じていく人です。楽しいことや悲しいことなど自分に起こった事柄について、どのように心が反応していくのかを自分の実感を通してつぶさに観察していきます。また、それを客観的にとらえつつ、人の心理を理解していくでしょう。一方、対話力は少々低めかもしれません。

♡ 1/25、1/26、8/8、8/9、12/8、12/9　2/6、2/7、6/7、6/8、11/9、11/10　1/7、1/8、7/8、7/9、9/9、9/10　3/7、3/8、10/9、10/10、11/3、11/4

## 裏性格 the other side... 4月7日

この日の守護石

ルビー

アズライト

### 自分ペースで回復

どんな状況でも自分のペースに立ち戻り、力を回復させることができる人です。周りに振り回されたり、他者の言動に心揺さぶられたりすることがありますが、そのような状況でも自分の在り方や自分なりのやり方を思い出しながら、最終的に自分らしい方法で目的を遂げていきます。落ち込んでもすぐに復活する強さもあるでしょう。

♡ 1/26、1/27、8/9、8/10、12/9、12/10　2/7、2/8、6/8、6/9、11/10、11/11　1/8、1/9、7/9、7/10、9/10、9/11　3/8、3/9、10/10、10/11、11/4、11/5

## 裏性格 the other side... 4月8日

この日の守護石

カーネリアン

アズライト

### 大きな夢へと歩む

大きな夢を設定し、そこに向かって邁進できる人です。その夢が壮大すぎる場合もあるのですが、大きいほど気持ちが高まり、俄然やる気が出てくるようです。また、豊かな創造力と人に夢を感じさせるような巧みな話力があるため、多くの人の気持ちを広げ、前向きさとやる気を出させるような資質があるといえるでしょう。

♡ 1/27、1/28、8/10、8/11、12/10、12/11　2/8、2/9、6/9、6/10、11/11、11/12　1/9、1/10、7/10、7/11、9/11、9/12　3/9、3/10、10/11、10/12、11/5、11/6

## 裏性格 the other side... 4月9日

この日の守護石

シトリン

アズライト

### 優しく手を差し伸べる

つらい状況の人に手を差し伸べようとする人です。やわらかい感受性を持ち、きつい状況に陥った人に対して敏感に反応していく傾向があるでしょう。また、そうした人を助けようとしますが、相手を助けた結果、自分が不利な状況に陥ったとしても、それには構わず、自分の心の在り方に従って行動していく強さを持っています。

♡ 1/28、1/29、8/11、8/12、12/11、12/12　2/9、2/10、6/10、6/11、11/12、11/13　1/10、1/11、7/11、7/12、9/12、9/13　3/10、3/11、10/12、10/13、11/6、11/7

## 裏性格 the other side... 4月10日

この日の守護石

ルビー

シトリン

### 自分の道を邁進

積極的に自分の道を突き進んでいく人です。たとえ目の前に壁が立ちはだかっても、持ち前のパワーと培った実力で真正面からそれを壊して歩み続けていきます。妙な小細工や腹黒さはないため、真っすぐで不器用な人とみなされているようですが、周囲の人たちにとってそれは大きな魅力と感じられるでしょう。

♡ 1/29、1/30、8/12、8/13、12/12、12/13　2/10、2/11、6/11、6/12、11/13、11/14　1/11、1/12、7/12、7/13、9/13、9/14　3/11、3/12、10/13、10/14、11/7、11/8

# 4月11日〜4月15日

＊ 牡羊座21 〜 25度／木星 ＊

## 新しいものを展開

新しいことに対して、積極的に受け止めていく姿勢と、受け止めたものをすぐに活用していく柔軟さがうまくかみ合い、周囲にその熱気と豊かさを広げていく傾向があります。必要とあらば、戦士のように鋭く攻撃し、また周りの人たちのために全力を尽くす優しさも兼ね備えているため、自分の実力に加え、周囲からの援助で成功を収めます。ただし、楽しさだけを追求し、方向性を見失うと途端に運気が下がることも。常に目的や目標を意識しながら活動し続けようにすると道を外すことはないはずです。スピネルは目的への実行力と実現力を引き出し、ルチルクォーツは困難を乗り越える強さを与えてくれます。サルファーは道を見失った際の混乱を解消し、カイヤナイトは方向性を整理してくれるでしょう。

守護石

スピネル
⇒P214

ルチルクォーツ
⇒P226

サルファー
⇒P228

カイヤナイト
⇒P260

### ＊ 恋愛･人間関係 ＊

#### 明るい尽くし型

明るいおおらかさが魅力的ですが、好きな相手には何でもしてあげたくなる尽くし型かもしれません。相手に合わせすぎて疲れてしまうこともありそう。クリソコラは持って生まれた魅力をさらに磨いてくれ、ダンビュライトは自分らしさに立ち返らせて悪循環を防いでくれます。

### ＊ 仕事 ＊

#### 気持ちで左右

やりたい仕事に関しては熱心ですが、気が乗らないものの場合は油断しがちで、ミスなどが出やすいかもしれません。また、先の見えない状況ではストレスを感じることも。ペリドットはストレスの軽減に役立ち、ジェイドは気持ちを安定させてミスを防いでくれるでしょう。

### ＊ お金 ＊

#### 気前の良さがネック

思いがけない臨時収入などを得やすく、金運は比較的高めです。しかし、気前の良さから、頼られるとおごってしまったり、大盤振る舞いしてしまったりすることもある様子。アンバーは金運の良さをさらに安定させ、オーシャンジャスパーは必要な出費かどうかを見極める判断力を養います。

恋愛運アップに良い石

クリソコラ
⇒P254

ダンビュライト
⇒P273

仕事運アップに良い石

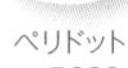

ペリドット
⇒P238

ジェイド
⇒P243

金運アップに良い石

アンバー
⇒P225

オーシャンジャスパー
⇒P284

＊ この日の石を使うと……陽気なおおらかさが宿り、未来に関して明るい指針を見つけることができるでしょう。

## 裏性格 *the other side...* 4月11日

この日の守護石

スピネル

カイヤナイト

### 状況をつかみ目的達成

状況をうまく受け入れつつ、自分の望みを叶えていく人です。自分の置かれた状況を素早くとらえ、その中で一番必要とされるものや最も重要なものをすぐさま見つけます。さらにそれを活用して自分の目的を達成していくでしょう。一見、やわらかく受容的な雰囲気を漂わせていますが、本質はアクティブなタイプです。

♡ 1/30、1/31、8/13、8/14、12/13、12/14 ☺ 2/11、2/12、6/12、6/13、11/14、11/15 ◎ 1/12、1/13、7/13、7/14、9/14、9/15 ✪ 3/12、3/13、10/14、10/15、11/8、11/9

## 裏性格 *the other side...* 4月12日

この日の守護石

ルチルクォーツ
カイヤナイト

### 波の中でチャンスをつかむ

波のある環境の中で、最も良い選択をしていき、成長していく人です。平穏な場よりも、むしろ変化と活気のある場を求め、その中で自分の意思をうまくすり合わせながら、新しい何かを作り出していけるでしょう。また、そうした経験を何度も積んでいくことで、タイミングをうまく読む力が培われていくようです。

♡ 1/31、2/1、8/14、8/15、12/14、12/15 ☺ 2/12、2/13、6/13、6/14、11/15、11/16 ◎ 1/13、1/14、7/14、7/15、9/15、9/16 ✪ 3/13、3/14、10/15、10/16、11/9、11/10

## 裏性格 *the other side...* 4月13日

この日の守護石

スピネル

サルファー

### 想像力と直感力を活用

豊かな霊感とイマジネーション能力を持ち、それを活用して人生を歩んでいく人です。ふと降りてきた印象をうまくとらえて、仕事や日常の中で発揮していくようです。また、直感的にとらえたものを地道に形にする技能を高めていくことで、自分の中の自信と確信を強め、さらに満ち足りた人生を送れるでしょう。

♡ 2/1、2/2、8/15、8/16、12/15、12/16 ☺ 2/13、2/14、6/14、6/15、11/16、11/17 ◎ 1/14、1/15、7/15、7/16、9/16、9/17 ✪ 3/14、3/15、10/16、10/17、11/10、11/11

## 裏性格 *the other side...* 4月14日

この日の守護石

スピネル

ルチルクォーツ

### ふたつの世界を行き来

まったく違うふたつの領域を行き来することで、活力を生み出していく人です。地道に生活しながらも、夢のような内面世界を持つなど、ギャップのあるふたつの世界に関わることが多く、物事を違う面から認識する力も高いでしょう。また、こうした活動から広い視野を持ち、先々への可能性や気力が湧き、豊かな人生を歩んでいけるようです。

♡ 2/2、2/3、8/17、8/18、12/16、12/17 ☺ 2/14、2/15、6/15、6/16、11/17、11/18 ◎ 1/15、1/16、7/17、7/18、9/17、9/18 ✪ 3/15、3/16、10/17、10/18、11/11、11/12

## 裏性格 *the other side...* 4月15日

この日の守護石

ルチルクォーツ

サルファー

### 多彩な才能

様々なものに興味を抱き、それぞれに能力を発揮できる才能豊かな人です。ただし、それらを余すところなく活用できていない感覚が心のどこかにあり、それが自分自身の気力を萎えさせる場合も。それらすべてをうまく組み合わせて行なうような仕事や趣味などを見つけることができると、意欲的に邁進できるでしょう。

♡ 2/3、2/4、8/18、8/19、12/17、12/18 ☺ 2/15、2/16、6/16、6/17、11/18、11/19 ◎ 1/16、1/17、7/18、7/19、9/18、9/19 ✪ 3/16、3/17、10/18、10/19、11/12、11/13

# 4月16日〜4月19日

＊ 牡羊座26〜29度／土星 ＊

## 考えるよりも行動する

豊かな可能性と物事の全体を把握する感受性を持ち、それらを使って自分の魂のままに歩んでいこうとする傾向があります。自分らしさや自分だけの何かを探そうとしますが、豊富な資質や様々な情報をキャッチできる能力によって、かえってそれが見つけにくくなってしまうようなことも多いでしょう。しかし、頭であれこれ考えるよりも、とりあえず行動したり、直感を信じて発言・発信していったりすると、思いがけず自分の居場所や自分特有の何かで生きていく道を発見できるようです。ジンカイトは迷いからくる落ち込みや落胆を回復させ、ブラッドストーンはバイタリティを高めて行動を促してくれます。ラピスラズリは直感力を高めてくれ、オーラライト23は魂のままのあなたの姿を思い出させてくれます。

守護石

ジンカイト
⇒P220

ブラッドストーン
⇒P245

ラピスラズリ
⇒P262

オーラライト 23
⇒P285

＊ 恋愛・人間関係 ＊

### 深読みは禁物

好きな人にはストレートに愛情を表現しますが、相手の気持ちがわからずに悩みすぎて落ち込んだり、迷走して失敗したりすることもありそうです。ハイパーシーンは一貫性のある行動を促し、ウォーターメロントルマリンは相手との心の交流をスムーズにし、愛を育んでくれます。

＊ 仕事 ＊

### 素早く手堅く

仕事に関しては、迅速に動く必要がある時は素早く行動し、さらに手堅く物事を進めるようです。一生懸命ですが、自分を追い込みすぎてストレスとなることも。スモーキークォーツは仕事における資質をより磨き、プレナイトは心にゆとりを与え、ストレスを緩和します。

＊ お金 ＊

### 気持ちの揺らぎから散財

お金の運気は比較的安定していますが、精神面の状態によって左右されそうです。気持ちの揺らぎや落ち込みから衝動買いなどをしてしまうことも。ガーデンクォーツは財運をより安定させ、ガレナは心の芯の部分にアクセスして揺らぎを解消し、衝動買いを防いでくれるでしょう。

恋愛運アップに良い石

ハイパーシーン
⇒P207

ウォーターメロントルマリン
⇒P284

仕事運アップに良い石

スモーキークォーツ
⇒P203

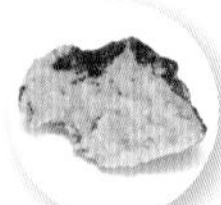

プレナイト
⇒P246

金運アップに良い石

ガーデンクォーツ
⇒P271

ガレナ
⇒P279

＊ この日の石を使うと…… 自分に関する新しい発見があるかもしれません。違うものの見方を得て、ブレイクスルーも。

## 裏性格 *the other side...* 4月16日

この日の守護石

ジンカイト

ラピスラズリ

### 見方を変える

違う物事の見方をすることで、新たな可能性を見つけられる人です。一般的な勝ち負けや常識の範囲で見た成功・失敗にとらわれず、物事を常に違う側面から観察し、新たな価値や可能性に気づくことができるでしょう。また、失敗にとらわれる人をそうした視点から支えることも多く、挫折の中から助ける場合も。多角的な視点が周囲の人たちの認識を変化させることもあり、新しいムーブメントを形成する中心人物になることもあるようです。

2/4、2/5、8/19、8/20、12/18、12/19　2/16、2/17、6/17、6/18、11/19、11/20　1/17、1/18、7/19、7/20、9/19、9/20　3/17、3/18、10/19、10/20、11/13、11/14

## 裏性格 *the other side...* 4月17日

この日の守護石

ブラッドストーン

オーラライト23

### 自分らしく生きる

周囲が何を期待しようと、自分らしく生きていこうとする人です。他者の思惑やコントロールしようとする人の操作といったものに簡単にはなびかず、自分の気持ちを中心に据えて、自分の道を歩んでいきます。そのために頑固者のようにみなされることもあるかもしれません。しかし裏表なく素直に自分を出しているだけなので、次第に誤解も解け、さらにそのナチュラルで真っすぐな在り方に多くの人が惹きつけられてくるでしょう。

2/5、2/6、8/20、8/21、12/19、12/20　2/17、2/18、6/18、6/19、11/20、11/21　1/18、1/19、7/20、7/21、9/20、9/21　3/18、3/19、10/20、10/21、11/14、11/15

## 裏性格 *the other side...* 4月18日

この日の守護石

ラピスラズリ

オーラライト23

### 雰囲気を感じる

自然にその場の雰囲気を読み取ることができる人です。場の雰囲気だけではなく、星の動きや自然サイクルのようなものに対しても感覚的にとらえ、それに従って行動することもあるでしょう。しかし、そうしたものに突き動かされる傾向から、周囲の人たちから不思議ちゃん扱いをされることも。しかし突飛な行動のように見えて、全体に対して必要とされる振る舞いを無意識に行なうことも多く、後々周りから感謝されることなどもあるようです。

2/6、2/7、8/21、8/22、12/20、12/21　2/18、2/19、6/19、6/20、11/21、11/22　1/19、1/20、7/21、7/22、9/21、9/22　3/19、3/20、10/21、10/22、11/15、11/16

## 裏性格 *the other side...* 4月19日

この日の守護石

ジンカイト

ブラッドストーン

### 適した場で生きる

自分の能力や資質をきちんと把握し、それにふさわしい場で活躍していける人です。大きなアクションや積極的なアピールなどはないのですが、自分にできることをきちんととらえ、その範疇で物事を進めていき、無理なく着実に結果を出していくでしょう。また、自分に適した場を求めて移動することもあり、仕事や趣味、対人関係など自分の素養をうまく活用できるような居場所を求めてさまようこともあるかもしれません。

2/7、2/8、8/22、8/23、12/21、12/22　2/19、2/20、6/20、6/21、11/22、11/23　1/20、1/21、7/22、7/23、9/22、9/23　3/20、3/21、10/22、10/23、11/16、11/17

# 4月20日〜4月23日

＊牡牛座0〜3度／月＊

## 優れた身体感覚を駆使

優れた身体感覚と、それに付随した豊かな才能を持っているようです。しかし、それについては日常の中で当たり前のように使われているため、本人はあまり気づいていない可能性が大きいでしょう。人と関わるような場で積極的に使ってみると、他者と比較する中で確認することができるはずです。そのより良い生かし方を見つけることが、人生を力強く歩んでいくためのカギとなるでしょう。ジェットはグラウンディングさせて心身を保護し、外からくるネガティブなものから守ってくれ、サードオニキスは情緒を安定させて身体感覚や才能にさらに磨きをかけてくれます。アベンチュリンは潜在能力に対する気づきを促し、モスアゲートは心身のバランスを整え、より良い形で資質を発揮させてくれます。

守護石

ジェット
⇒P209

サードオニキス
⇒P219

アベンチュリン
⇒P240

モスアゲート
⇒P247

＊恋愛・人間関係＊

### 見初められる恋

自分から仕掛けていくというよりも、その人なつっこさを見初められて恋が始まるパターンが多いでしょう。また、本心を出すのに時間がかかり、そのために誤解されて傷つくこともある様子。ダイオプテーズは心の傷を癒し、アメトリンは魅力を高めて恋を引き寄せます。

＊仕事＊

### マイペースで進める

自分のペースで物事を進めるため、忙しい現場では気後れがちに。しかし丁寧さが武器となるので、そちらをアピールしていくと認められやすいでしょう。ブルーレースアゲートはマイペースからくる周囲との軋轢を緩和し、チャロアイトは丁寧さを高めます。

＊お金＊

### 心身安定がカギ

お金に関してはかなりの強運。欲しいものの値段ぴったりに臨時収入が入ることなどがありますが、心や生活習慣の安定度合いが財運の高さに関連しやすいので、内面や生活などを整えると良いでしょう。アンデシンは悪い生活習慣を断ち切り、セレナイトは心を癒してくれます。

恋愛運アップに良い石

ダイオプテーズ
⇒P243

アメトリン
⇒P283

仕事運アップに良い石

ブルーレースアゲート
⇒P256

チャロアイト
⇒P264

金運アップに良い石

アンデシン
⇒P270

セレナイト
⇒P273

＊この日の石を使うと……自分自身の才能をあらためて確認でき、安心感と確信を得られるでしょう。

## 裏性格 *the other side...* 4月20日

この日の守護石

アベンチュリン

モスアゲート

### 才能で生きる

溢れる才能を使って人生を歩んでいく人です。色彩感覚、音感、味覚などの優れた五感や身体能力を持ち、それをナチュラルに活用して物事を進展させていくようです。また、周囲の発言や周りの状況の変化などにあまり振り回されないので、マイペースといわれることも多いかもしれません。しかし自分の感覚や内在するものを信じ、それを丁寧に育てつつ自分なりの道を歩んでいくことで、人が驚くような成果を挙げることも可能でしょう。

♡ 2/8、2/9、8/23、8/24、12/22、12/23 ☺ 2/20、2/21、6/21、6/22、11/23、11/24 ○ 1/21、1/22、7/23、7/24、9/23、9/24 ☆ 3/21、3/22、10/23、10/24、11/17、11/18

## 裏性格 *the other side...* 4月21日

この日の守護石

ジェット

モスアゲート

### 衝動のままに動く

ふと湧き上がる衝動のままに行動し、成功をつかむ人です。何かを感じる嗅覚的な部分が優れており、ちょっとした状態の変化に対して無意識のうちに反応し、必要なものをつかみ取ります。一連の行動が素早く行なわれることが多く、本人にもその自覚はないかもしれません。しかし自分を信じて突き進むことで、ベストな結果へたどり着くのです。また、その力強い歩みと勢いが周囲の人々に大きな変化やショックを与える場合もあるでしょう。

♡ 2/9、2/10、8/24、8/25、12/23、12/24 ☺ 2/21、2/22、6/22、6/23、11/24、11/25 ○ 1/22、1/23、7/24、7/25、9/24、9/25 ☆ 3/22、3/23、10/24、10/25、11/18、11/19

## 裏性格 *the other side...* 4月22日

この日の守護石

サードオニキス

モスアゲート

### ナチュラルに生きる

ナチュラルな自分のスタイルで生きていける人です。自然の流れや力といったものを敏感に感じ取り、その中でふさわしい振る舞いを無意識のうちに打ち出すことができるようです。環境との間に無理や軋轢がないため、どのような場にいても地に足の着いたのんびりとした雰囲気をまといつつ、自分らしく歩んでいくでしょう。自然との関係性も強く、森や海など自然の豊かな場所でリラックスできたり、石や花などに特別な縁を感じることも多いかもしれません。

♡ 2/10、2/11、8/25、8/26、12/24、12/25 ☺ 2/22、2/23、6/23、6/24、11/25、11/26 ○ 1/23、1/24、7/25、7/26、9/25、9/26 ☆ 3/23、3/24、10/25、10/26、11/19、11/20

## 裏性格 *the other side...* 4月23日

この日の守護石

ジェット

アベンチュリン

### 資質を発展させる

豊かな才能と資質に恵まれた人です。しかし、その生まれ持った資質をそのまま使うのではなく、多彩に発展させた後、周囲に影響を与える形で発揮していきます。自分の才能を積極的に展開していくことになりますが、その幸運さをあらためて確認することが大切です。資質を生かして生きていくことの楽しさやラッキーさを実感しながら、それを自分なりに表現していくことで、自分自身だけではなく周りの人たちも幸せにすることができるでしょう。

♡ 2/11、2/12、8/26、8/27、12/25、12/26 ☺ 2/23、2/24、6/24、6/25、11/26、11/27 ○ 1/24、1/25、7/26、7/27、9/26、9/27 ☆ 3/24、3/25、10/26、10/27、11/20、11/21

# 4月24日〜4月27日

＊牡牛座4〜7度／水星＊

## 資質をやりくりする

自分の持っている資質をうまくやりくりして、困難な状況を乗り越えたり、問題を解決していったりする傾向があります。物事の習得にはそれなりに時間がかかりますが、一度覚えたことは決して忘れることなく、人生を通して自分を生かしていく武器として活用していくでしょう。コミュニケーションに悩むこともあるかもしれませんが、言葉だけでなく態度や表情も意思伝達ツールであることに気づくことができれば、状況を打開できるはずです。アンバーは内面を安定させて、習得の際の気持ちの焦りを取り去り、チューライトは悩み解消やストレス緩和に役立ちます。モスアゲートは物事を習得する時のフォローをし、ソーダライトは気づきを促し、他者と関わる際の自信をもたらしてくれるでしょう。

守護石

アンバー
⇒P225

チューライト
⇒P235

モスアゲート
⇒P247

ソーダライト
⇒P261

＊恋愛・人間関係＊

### じっくり進める

じっくり対話を重ねながら恋を進展させていくタイプです。トラブルは少なめですが、相手の予想外の行動には対応が難しく、気持ちをいらつかせることも。アマゾナイトは安定的に恋を進展させ、メタモルフォーシスは相手の行動に対応できる柔軟さを育ててくれます。

＊仕事＊

### 高い状況対応力

記憶力の高さと状況に合わせて出方を微調整できる能力を駆使して、様々な仕事に対応していきます。ただし、利益優先で人の気持ちをうっかり忘れて失敗することも。ピンクトルマリンは仕事仲間への思いやりを育て、アクアマリンは仕事への調整力をさらに高めます。

＊お金＊

### やりくりでアップ

金運自体はやや高め程度ですが、やりくりして資産を殖やしていける資質を持っています。利率の高い金融商品などをこまめにチェックすると、財運も右肩上がりになるでしょう。レモンクォーツはお金のやりくり力を高め、アズライトは優良金融商品を見抜く目を養います。

恋愛運アップに良い石

アマゾナイト
⇒P241

メタモルフォーシス
⇒P278

仕事運アップに良い石

ピンクトルマリン
⇒P231

アクアマリン
⇒P251

金運アップに良い石

レモンクォーツ
⇒P227

アズライト
⇒P259

＊ **この日の石を使うと……** 自分の能力について、うまく活用できるような工夫を見つけられるはずです。

## 裏性格 *the other side...* 4月24日

この日の守護石  モスアゲート  ソーダライト

### 自分自身を最大限に生かす

自分の現状や生まれ持った資質よりも、さらに面白く、力のあるものを自分の中から引き出そうと努力する人です。肉体的な限界や遺伝的な制限にとらわれず、自分の力で自分自身を最大限に生かそうと、日々鍛錬を積み重ねていくでしょう。どうなりたいかという目的の設定が重要となるので、時間をかけてじっくり自分にとって面白いと思うものを掘り返していくことがカギに。それによって大きな力が湧いてきて多少の努力も楽しみとともにこなせるはずです。

2/12、2/13、8/27、8/28、12/26、12/27 2/24、2/25、6/25、6/26、11/27、11/28 1/25、1/26、7/27、7/28、9/27、9/28 3/25、3/26、10/27、10/28、11/21、11/22

## 裏性格 *the other side...* 4月25日

この日の守護石  アンバー チューライト

### 外に心を開く

自分の枠やテリトリーに閉じこもらず、常に外側に心を開き、新しい繋がりを作り続ける人です。様々な人にアクセスしつつ、その才能に興味を持ち、自分と他者の中にあるあらゆる可能性を発見していくでしょう。自分よりも素晴らしい人物に出会うなどした場合には、落ち込むこともあるかもしれません。しかしそれ以上にその人たちから得られる刺激のほうを求める傾向があるので、落ち込まずそれをバネにして歩んでいきましょう。

2/13、2/14、8/28、8/29、12/27、12/28 2/25、2/26、6/26、6/27、11/28、11/29 1/26、1/27、7/28、7/29、9/28、9/29 3/26、3/27、10/28、10/29、11/22、11/23

## 裏性格 *the other side...* 4月26日

この日の守護石  チューライト  ソーダライト

### 比較の中で磨かれる

他者と比較される機会の中で、自分の内面を磨いていく人です。才能、容姿、仕事の出来栄えなど、何かと他者と比べられがちかもしれません。しかしこうした経験を重ねる中で、本当に重要なものとは何かということに気づいていくはず。そして最終的には表面的な優劣に惑わされることなく、揺るぎのない豊かな内面を形成していくことになるのです。時間はかかりますが、本質に目を向けながらじっくりと自分自身を育てていくようにしてください。

2/14、2/15、8/29、8/30、12/28、12/29 2/26、2/27、6/27、6/28、11/29、11/30 1/27、1/28、7/29、7/30、9/29、9/30 3/27、3/28、10/29、10/30、11/23、11/24

## 裏性格 *the other side...* 4月27日

この日の守護石  アンバー ソーダライト

### 先を見越して動く

先を見越して必要な行動を事前にすることのできる人です。何かことを起こすような時、起こりうるシチュエーションをあれこれ考慮した後、必要な準備を前々からきちんと詰めていくようです。そして実際にその状況がやってきた時、あらかじめ用意しておいたものを予定通りに展開しつつ、その場で起こったアクシデントなどにも余裕を持って対処していくでしょう。いつも落ち着いた雰囲気で、周囲にとっては要となる存在のようです。

2/15、2/16、8/30、8/31、12/29、12/30 2/27、2/28、6/28、6/29、11/30、12/1 1/28、1/29、7/30、7/31、9/30、10/1 3/28、3/29、10/30、10/31、11/24、11/25

# 4月28日～5月1日

＊ 牡牛座8 ～ 11度／金星 ＊

## 本来の才能を磨いて極める

豊かな資質を持ち、それを使って楽しみながら人生を歩んでいくでしょう。快適さや心を満たしてくれるものを求める傾向がありますが、それらによって本来の才能が磨かれていくので、時には自分なりにそれについて極めるなど、集中して取り組んでいくようにすると良いようです。また、楽しいことを求めて何かと安易な方向を選び、行き詰まることもあるかもしれません。それでも自分のセンスで判断したり、自分なりに楽しいと感じたことなどを、積極的に人に表現していくと人生に勢いがついてくるでしょう。ユーディアライトはセンスと調和力をさらに高め、クンツァイトは共感力と人の心を揺さぶる表現力を与えます。アベンチュリンは内的な才能への気づきをもたらし、ネフライトは地道さを養います。

守護石

ユーディアライト
⇒P212

クンツァイト
⇒P234

アベンチュリン
⇒P240

ネフライト
⇒P244

＊ 恋愛·人間関係 ＊

### 魅力をアピール

自分の魅力を理解し、どうすればそれをうまくアピールできるか、無意識に行動できてしまうようです。しかし、美意識の高さから相手の外見優先な面もあり、それで失敗することも。ロードクロサイトは持って生まれた魅力をさらに磨き、ペリドットは相手の内面を見る目を養います。

＊ 仕事 ＊

### 美意識を活用

高い美的センスを活用できると、仕事運としては安定していく傾向があります。地味な事務作業の中にもそうしたセンスを盛り込めれば、どんな仕事も生きがいレベルに。クリソプレーズは才能を開花させ、チャロアイトは様々なものの中に美を見いだす力を与えます。

＊ お金 ＊

### 良い品を吟味

金運は高めですが、欲しいものは必ず手に入れたいと思う傾向から、それなりに出費もある様子。ただし、きちんと吟味してから買うので、高価でも長く大切に使用し、費用対効果は良好です。アンデシンはより良いものを見抜く目を磨き、アゲートは金運をさらにアップさせます。

恋愛運アップに良い石

ロードクロサイト
⇒P233

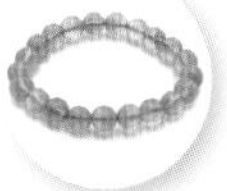

ペリドット
⇒P238

仕事運アップに良い石

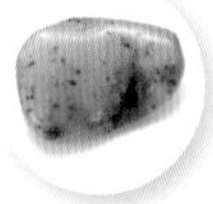

クリソプレーズ
⇒P242

チャロアイト
⇒P264

金運アップに良い石

アンデシン
⇒P270

アゲート
⇒P282

＊ この日の石を使うと……豊かな資質に目覚め、それを楽しみながら活用する喜びに満ちるでしょう。

## 裏性格 *the other side...* 4月28日

この日の守護石  クンツァイト  ネフライト

### 豊かな内面とともに生きる

常に明るさを忘れず、豊かな内面とともに人生を歩んでいける人です。たとえつらい状況に置かれるようなことがあっても、その中でプラスになるものや輝きを放つものを見つけ出しながら、それらをきちんと自分の糧にして困難を乗り越えていくでしょう。様々な経験を経るごとに心や資質が磨かれ、人としても素晴らしい形で成熟していきますが、内面からにじみ出る明るい雰囲気により、年齢を感じさせない若々しさも魅力であり続けるようです。

2/16、2/17、8/31、9/1、12/30、12/31　2/28、2/29、6/29、6/30、12/1、12/2　1/29、1/30、7/31、8/1、10/1、10/2　3/29、3/30、10/31、11/1、11/25、11/26

## 裏性格 *the other side...* 4月29日

この日の守護石  クンツァイト  アベンチュリン

### つらさを糧に歩む

つらい経験から得た揺るぎなさや強さを元に、人に手を差し伸べていこうとする人です。人生のある時期に、それなりにきつい状況に置かれたり、困難な壁に直面したりするかもしれません。しかしそれらを乗り越えるための努力や自分自身を丁寧に見直していく姿勢から、時間とともに内面が培われていくことに。経験を重ねるごとに人として大きく成長していきますが、さらにその体験を生かして同じような状態に陥る人たちを助けようとしていくでしょう。

1/1、2/17、2/18、9/1、9/2、12/31　2/29、3/1、7/1、7/2、12/2、12/3　1/30、1/31、8/1、8/2、10/2、10/3　3/30、3/31、11/1、11/2、11/26、11/27

## 裏性格 *the other side...* 4月30日

この日の守護石  ユーディアライト  アベンチュリン

### 育成を楽しむ

何かを育てることに楽しみを見いだす人です。自分の興味のある事柄や趣味など、一度心の中心に据えたものに対しては徹底的に取り組んでいき、それを丁寧に育んでいくようです。また、何かを育てていく活動の中で自分自身の幸せや充実感をつかみますが、さらに内面的に気力と意欲がチャージされていくでしょう。こうした力が生きるうえでの原動力となっていくので、育成活動に関わっていない場合は何かを見つけ出すことが先決かもしれません。

1/1、1/2、2/18、2/19、9/2、9/3　3/1、3/2、7/2、7/3、12/3、12/4　1/31、2/1、8/2、8/3、10/3、10/4　3/31、4/1、11/2、11/3、11/27、11/28

## 裏性格 *the other side...* 5月1日

この日の守護石  アベンチュリン  ネフライト

### 才能の可能性を追求

様々な人たちの才能や資質を客観的に見つつ、自分の能力の可能性を追求していく人です。ただやみくもに自分の力を鍛えるのではなく、他者の才能的な要素やその発揮の仕方などをつぶさに観察していき、自分の素養や才能そのものの状態やその生かし方を模索していきます。そして自分にとってより良い方法でその才能を伸ばし、周囲に向けて積極的に表現していきながら、可能性を大きく発展させていくでしょう。異質なものでも丁寧に観察することがカギに。

1/2、1/3、2/19、2/20、9/3、9/4　3/2、3/3、7/3、7/4、12/4、12/5　2/1、2/2、8/3、8/4、10/4、10/5　4/1、4/2、11/3、11/4、11/28、11/29

# 5月2日～5月6日

＊ 牡牛座12 ～ 16度／太陽 ＊

## 経験から自信が備わる

安定した内面と豊かな資質を持ち、人生を手堅く歩んでいく傾向があります。ある程度の年齢までは迷ったり、失敗したりもそれなりにありますが、それらのひとつひとつを糧にして、着実に自分を磨き、確固たる自分自身を作り上げていこうとするでしょう。また、それに伴い揺るぎない自信も備わっていきますが、それには様々な経験を積むことが必要なので、自分の枠に収まらないよう意識していってください。タイガーアイは目的意識を高めて着実に実行する力を与え、モルガナイトはより広い意識を持つよう促します。エメラルドは豊かな資質に気づかせ、グリーントルマリンは失敗した時などの心身の安定化に。

### 守護石

タイガーアイ
⇒P203

モルガナイト
⇒P236

エメラルド
⇒P241

グリーントルマリン
⇒P242

＊ 恋愛･人間関係 ＊

### マイペースを貫く

恋においても自分のペースをあまり崩さないので、必然的に相手が合わせるかたちで恋が進みやすいでしょう。ただし、相手が疲れてくると関係に陰りが。サーペンティンはマイペースさを緩和し、関係を安定させ、サファイアは相手の意図を察する力を付加してくれます。

＊ 仕事 ＊

### 手堅く着実に進める

手堅く物事を進め、着実に結果を出していきます。しかし、直感よりも確実な判断を求めすぎて、ちょっとしたチャンスを逃しやすい面も。バリサイトは地道に物事を積み重ねていく粘り強さを強化し、ラブラドライトは直感力を磨いて好機をつかむ頻度を上げてくれます。

＊ お金 ＊

### 能動性で金運アップ

金運は比較的高め安定です。棚からぼた餅を期待するよりも、自主的に活動していく時に、必然というような形でお金が舞い込みやすいでしょう。シトリンは自発的な活動を財運に強く結びつけ、スーパーセブンはお金に関する全体的な流れをつかむ才能を磨きます。

### 恋愛運アップに良い石

サーペンティン
⇒P228

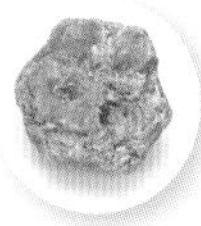
サファイア
⇒P261

### 仕事運アップに良い石

バリサイト
⇒P244

ラブラドライト
⇒P281

### 金運アップに良い石

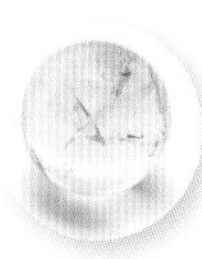
シトリン
⇒P229

スーパーセブン
⇒P286

＊ この日の石を使うと…… 自分なりのペースで自分自身の道を歩むための気力が高まっていくでしょう。

## 裏性格 *the other side...* 5月2日

この日の守護石

タイガーアイ

エメラルド

### 資質を社会で生かす

自分の資質や才能を社会の中で生かそうと努力する人です。やや野心的な面はありますが、社会や自分の関わる集団において何が必要とされるのかを敏感に感じ取り、その役割なども自ら担いつつ、力を磨いていこうとするでしょう。また、こうした活動を繰り返しながら、自分の居場所を見いだすことなども多いようです。

1/3、1/4、2/20、2/21、9/4、9/5 3/3、3/4、7/4、7/5、12/5、12/6 2/2、2/3、8/4、8/5、10/5、10/6 4/2、4/3、11/4、11/5、11/29、11/30

## 裏性格 *the other side...* 5月3日

この日の守護石

モルガナイト

グリーントルマリン

### 引き際を踏まえて楽しむ

引き際を心得つつ、楽しい活動を展開していける人です。センスに溢れ、美しいものをより価値あるものとして人に提供していくことができますが、資金や才能、時間などで線引きしながら、その範囲内で無理なく活動を進めていくようです。無理なく楽しめる範囲の中で、最大限の可能性を引き出せる資質といえます。

1/4、1/5、2/21、2/22、9/5、9/6 3/4、3/5、7/5、7/6、12/6、12/7 2/3、2/4、8/5、8/6、10/6、10/7 4/3、4/4、11/5、11/6、11/30、12/1

## 裏性格 *the other side...* 5月4日

この日の守護石

モルガナイト

エメラルド

### 準備してバランス良く対処する

万全の準備で物事に当たっていく人です。しかしそのやり方に堅苦しさやキリキリとした切迫感はなく、高いセンスやユーモア、また物事を楽しむバランス感覚を失わず、そのうえで自分のできることに対して最善のアプローチをしていこうとするようです。こうした雰囲気と実績により、周囲の信頼を集めることも多いでしょう。

1/5、1/6、2/22、2/23、9/7、9/8 3/5、3/6、7/6、7/7、12/7、12/8 2/4、2/5、8/6、8/7、10/7、10/8 4/4、4/5、11/6、11/7、12/1、12/2

## 裏性格 *the other side...* 5月5日

この日の守護石

タイガーアイ

モルガナイト

### 常に違うものを求める

あえて自分の才能や資質から離れて、より新しいものを模索しようとする人です。安易な「いつも通り」「定番」という在り方に反発し、常に違ったアプローチを心掛けることも多いでしょう。ただそれだけ失敗も多いのですが、うまくいかなければいかないなりに、その中から重要なことや心揺さぶる素晴らしいものを見いだしていくようです。

1/6、1/7、2/23、2/24、9/8、9/9 3/6、3/7、7/7、7/8、12/8、12/9 2/5、2/6、8/7、8/8、10/8、10/9 4/5、4/6、11/7、11/8、12/2、12/3

## 裏性格 *the other side...* 5月6日

この日の守護石

タイガーアイ

グリーントルマリン

### 大切なものを追求

自分にとって本当に大切なことを、徹底的に探究していく人です。自分が価値を置くものや重要であると感じているものに対して、時間をかけてじっくり考えたり、実際に行動に移しながら意味を模索していったりするでしょう。好きなことには時間を忘れて取り組みますが、こうして積み上げられた成果によって大きな充実感を得るはずです。

1/7、1/8、2/24、2/25、9/9、9/10 3/7、3/8、7/8、7/9、12/9、12/10 2/6、2/7、8/8、8/9、10/9、10/10 4/6、4/7、11/8、11/9、12/3、12/4

# 5月7日～5月11日

＊ 牡牛座17 ～ 20度／火星 ＊

## 揺るぎなく集中する

これと決めたことに関しては徹底的に集中し、最後までやり通す粘り強さを持っています。ただし、その揺るぎない態度が頑固さとして他者の目に映ってしまい、トラブルになることもあるかもしれません。自分がなぜそうするのかということを、周囲に対して丁寧に表現していくことによって、こうした問題も解決していくでしょう。自分の得意なものに関して地道に育てていくと、生きがいを感じられる人生に導かれていくはずです。ブラックトルマリンは精神的な疲れを癒し、モリオンは集中力を高めます。グリーントルマリンは対人トラブルを緩和し、フェアリーストーンは張り詰めた心を落ち着かせてくれます。

守護石

ブラックトルマリン
⇒P208

モリオン
⇒P211

グリーントルマリン
⇒P242

フェアリーストーン
⇒P288

＊ 恋愛･人間関係 ＊

### 丁寧に進展

着実に恋を進展させていきますが、一度恋仲になってしまうと、相手を自分のモノ扱いし、トラブルに発展しやすい面も。レッドジャスパーは恋を安定させるお守りに。カイヤナイトは相手と自分が独立した存在であることを意識させ、トラブルを回避してくれます。

＊ 仕事 ＊

### 着実さと大胆さ

確実に、かつ大胆に動き回り、大きな成果を挙げていくでしょう。ただし、自分のやり方にこだわりがあるため、周りとの軋轢が生まれることも。アズライトマラカイトは協調性を高めて摩擦を緩和し、ルビー イン ゾイサイトは活力を上げ、仕事を成功に導きます。

＊ お金 ＊

### 大きな買い物は注意

お金の運気は比較的高めですが、大きな買い物をする時こそ注意が必要なタイプ。大切な契約内容を見落として失敗することもあるかもしれません。クロコアイトは活力を高め、財運をさらにアップさせてくれます。スティルバイトは直感力を高め、危機を回避してくれるでしょう。

恋愛運アップに良い石

レッドジャスパー
⇒P216

カイヤナイト
⇒P260

仕事運アップに良い石

アズライトマラカイト
⇒P282

ルビー イン ゾイサイト
⇒P288

金運アップに良い石

クロコアイト
⇒P213

スティルバイト
⇒P272

＊ この日の石を使うと……周りに惑わされず、自分なりの足取りで丁寧に歩んでいくよう促してくれるでしょう。

裏性格 *the other side...* 5月7日

この日の守護石

モリオン

フェアリーストーン

### 突き詰めて解放する

感情をため込みがちである一方で、それを思い切り吐き出してリフレッシュする人です。何かを作る時なども徹底的に作り込み、もうこれ以上やるところはないというレベルまで突き詰めた後、外に向かって表現して満足感を得るでしょう。対人面では我慢強いのですが、限界を超えると本音を吐き出し、相手に驚かれることも。

♡ 1/8、1/9、2/25、2/26、9/10、9/11 ◎ 3/8、3/9、7/9、7/10、12/10、12/11 ◎ 2/7、2/8、8/9、8/10、10/10、10/11 ☆ 4/7、4/8、11/9、11/10、12/4、12/5

裏性格 *the other side...* 5月8日

この日の守護石

ブラックトルマリン

グリーントルマリン

### 手を尽くして活動する

ひたすら活動することで新しい何かを手に入れる人です。また、ありとあらゆる手段を講じて、物事を達成しようとする馬力の持ち主でもあるでしょう。ある程度方向性を明確にすると、力の無駄遣いや遠回りなどがなくなり、効率良く物事を進めていけるはず。どんな場合でも目的を設定するよう心掛けるようにしてください。

♡ 1/9、1/10、2/26、2/27、9/11、9/12 ◎ 3/9、3/10、7/10、7/11、12/11、12/12 ◎ 2/8、2/9、8/10、8/11、10/11、10/12 ☆ 4/8、4/9、11/10、11/11、12/5、12/6

裏性格 *the other side...* 5月9日

この日の守護石

ブラックトルマリン

フェアリーストーン

### 変化に対して機敏に反応

状況の変化に敏感に反応し、チャンスを得る人です。普段はおっとりとした雰囲気ですが、ちょっとした物事の変化を見逃さず、それをうまく使って自分の有利になるようことを進められるでしょう。また、偶然の中から、自分にとってのヒントとなるものを見つけるのもうまく、それを活用してさらなる幸運をつかんでいくようです。

♡ 1/10、1/11、2/27、2/28、9/12、9/13 ◎ 3/10、3/11、7/11、7/12、12/12、12/13 ◎ 2/9、2/10、8/11、8/12、10/12、10/13 ☆ 4/9、4/10、11/11、11/12、12/6、12/7

裏性格 *the other side...* 5月10日

この日の守護石

グリーントルマリン

フェアリーストーン

### 古きを取り入れる

古くからあるものの中に安心感を覚え、生活や人生の中に取り入れていく人です。また、昔から続く発想や伝統的なスタイルなどを自分の指針として、それを土台にあらゆる場面を切り抜けていくでしょう。ルーツを知ることでさらに内面が安定していくので、家系や住んでいる土地の伝承などを調べてみるのもおすすめです。

♡ 1/11、1/12、2/28、2/29、9/13、9/14 ◎ 3/11、3/12、7/12、7/13、12/13、12/14 ◎ 2/10、2/11、8/12、8/13、10/13、10/14 ☆ 4/10、4/11、11/12、11/13、12/7、12/8

裏性格 *the other side...* 5月11日

この日の守護石

モリオン

グリーントルマリン

### 大きな指針がカギ

変化する状況の中でも、常に強い意志を持ち続けることのできる人です。人生の目的や使命など、大きな指針を持つことでさらに気力が満ちていき、大胆に歩んでいくでしょう。また、混乱した状況の中でも、最も重要な事柄を素早く見抜き、同じように混乱の渦中にいる人たちを先導していくことも多いかもしれません。

♡ 1/11、1/12、2/29、3/1、9/13、9/14 ◎ 3/11、3/12、7/12、7/13、12/14、12/15 ◎ 2/10、2/11、8/12、8/13、10/13、10/14 ☆ 4/11、4/12、11/12、11/13、12/8、12/9

# 5月12日～5月16日

＊ 牡牛座21～25度／木星 ＊

## 落ち着きとゆとり

じっくりと自分の行なうべきことをやり抜く地道さと、そこから生まれる余裕が魅力的に映り、他者からの信頼を得ることも多いようです。自分のできることに関しては、積極的に周囲の要求に応えようとしますが、それ以外のことに関しては、ない袖は振れないとばかりにさっと断ることも。自分の領分をわきまえる大人ともいえますが、その分、新しいことへのチャレンジは躊躇しがちかもしれません。気力・体力が十分にある時に、そうしたことに挑戦してみると、人としての幅が広がっていくでしょう。アンバーは才能や資質をさらに伸ばし、ジェイドは新しい挑戦への勇気を注入します。エンジェライトは他者への思いやりを高め、ガーデンクォーツは心身を安定させて新しい活動への前準備を整えます。

守護石

アンバー
⇒P225

ジェイド
⇒P243

エンジェライト
⇒P253

ガーデンクォーツ
⇒P271

＊ 恋愛・人間関係 ＊

### サービス精神旺盛

好きな相手に対してはサービス精神旺盛で、より良い関係を作っていこうと努力を積み重ねることができるようです。ただし、相手の気持ちが読めないと途端に不安になる傾向も。マラカイトは洞察力を高めて不安を解消し、タンザナイトは精神を安定させてくれます。

＊ 仕事 ＊

### 興味でのめり込みも

丁寧に作業を進め、結果を出していきます。しかし、自分の興味のある仕事に関してはのめり込みすぎて、周囲の人たちとペースが合わない場合も。アパタイトは周囲の動向に同調させてトラブルを防ぎ、ハックマナイトはバランス感覚を高め、のめり込みを緩和します。

＊ お金 ＊

### 人との関わりが重要

金運はなかなか高め。人と積極的に関わることで、お金に繋がるチャンスが舞い込みます。また、お金に関するビジョンを明確にすると必要な分がきちんと充てんされることも。アゼツライトはクリアなビジョンをもたらし、トパーズはチャンスを引き寄せてくれます。

恋愛運アップに良い石

マラカイト
⇒P247

タンザナイト
⇒P262

仕事運アップに良い石

アパタイト
⇒P253

ハックマナイト
⇒P287

金運アップに良い石

アゼツライト
⇒P268

トパーズ
⇒P274

＊ この日の石を使うと…… 自分の資質や魅力を最大限に生かし、素直に表現できるよう働きかけてくれます。

## 裏性格 *the other side...* 5月12日

この日の守護石

アンバー

ガーデンクォーツ

### 原石を磨く

豊かな才能と、それを磨く地道な姿勢を備えた人です。自分の中にある原石のような資質についてきちんと見極め、それをより良いものにしていくためにコツコツと努力できるのでしょう。どうしても時間がかかるため、周りに取り残されるような感覚を覚えることも。しかし最終的に周囲から認められ、大成していくはずです。

1/12、1/13、3/1、3/2、9/14、9/15　3/12、3/13、7/13、7/14、12/15、12/16　2/11、2/12、8/13、8/14、10/14、10/15　4/12、4/13、11/13、11/14、12/9、12/10

## 裏性格 *the other side...* 5月13日

この日の守護石

アンバー

ジェイド

### 最強の守護戦士

普段は温和な人格ですが、自分にとって大切なものを守る時には最強の戦士となれる人です。優しく穏やかな人物ですが、これと決めたことに対しては徹底的にのめり込み、大切に育んでいくでしょう。また、それを守るためには強い力を発揮して外敵を蹴散らしていきます。こだわりを持つことが人生を開くカギになるようです。

1/13、1/14、3/2、3/3、9/15、9/16　3/13、3/14、7/14、7/15、12/16、12/17　2/12、2/13、8/14、8/15、10/15、10/16　4/13、4/14、11/14、11/15、12/10、12/11

## 裏性格 *the other side...* 5月14日

この日の守護石

ジェイド

エンジェライト

### 最適な方法で実行する

一度スイッチが入ると、ものすごい勢いでそれに取り組み、結果を出していく人です。素晴らしい才能と実行力に溢れ、何か面白いことを思いつくとそれに付随する準備や計画を構築し、必要な情報を収集した後、最も適切な方法で実現していきます。周囲の人たちがその勢いについていけないこともあるので、その点は注意を。

1/14、1/15、3/3、3/4、9/16、9/17　3/14、3/15、7/15、7/16、12/17、12/18　2/13、2/14、8/15、8/16、10/16、10/17　4/14、4/15、11/15、11/16、12/11、12/12

## 裏性格 *the other side...* 5月15日

この日の守護石

エンジェライト

ガーデンクォーツ

### 積み重ねから恩恵を得る

きちんと努力し、その積み重ねの成果を恩恵として受け取る人です。卓越した美的センスと素晴らしい才能を有していますが、自分にとって必要な努力も地道に積み重ねていき、最終的に大きな成果を打ち出していきます。その結果、良い地位についたり、それに見合う報酬を得たりということも多いかもしれません。

1/15、1/16、3/4、3/5、9/17、9/18　3/15、3/16、7/17、7/18、12/18、12/19　2/14、2/15、8/17、8/18、10/17、10/18　4/15、4/16、11/16、11/17、12/12、12/13

## 裏性格 *the other side...* 5月16日

この日の守護石

アンバー

エンジェライト

### 豊かな愛情と才能

豊かな愛情と才能に溢れた人です。周りの人たちに対する敬愛の気持ちが常にあり、それを自分なりのやり方で表現していくため、周りからも常に温かい愛情を注がれているかもしれません。また、大切な人を自分の技能や能力を使って幸せにしたいという願いを持ち、何らかの資質を磨き続ける場合も多いでしょう。

1/16、1/17、3/5、3/6、9/18、9/19　3/16、3/17、7/18、7/19、12/19、12/20　2/15、2/16、8/18、8/19、10/18、10/19　4/16、4/17、11/17、11/18、12/13、12/14

# 5月17日〜5月20日

＊ 牡牛座26 〜 29度／土星 ＊

## ストイックに自分を磨く

自分の能力と限界をわきまえ、それを活用して最大限の努力を重ね、着実に成果を挙げていくでしょう。他者からはできる人物とみなされていますが、本人は能力の足りなさを感じ、ストイックに自分を高めていくことも。あまり突き詰めすぎると心身へのストレスとなるので、意識的にリラックスするような機会を持つように。また、人に頼ることを躊躇してしまい、それによって何かと抱え込みやすいかもしれません。胸の内を打ち明けられる友人を持つことが、人生全般を伸びやかに生きていくカギとなるでしょう。ボージーストーンは疲労の回復に役立ち、スモーキークォーツは潜在能力をさらに磨いてくれます。ブルーカルセドニーは内面のこわばりを緩和し、ガーデンクォーツは着実な歩みをさらに後押ししてくれます。

守護石

ボージーストーン
⇒P201

スモーキークォーツ
⇒P203

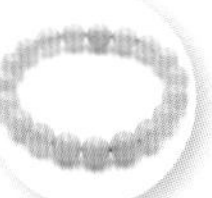

ブルーカルセドニー
⇒P255

ガーデンクォーツ
⇒P271

＊ 恋愛·人間関係 ＊

### 地道に関係形成

地道に距離を詰めつつ、時間をかけて恋を育てていきますが、関係上のルールなどを作るとかえってそれに縛られ、息苦しくなっていくことも。ペトリファイドウッドは関係の安定化に、クォンタムクワトロシリカはルールに頼らず柔軟に関係を作ることを教えてくれます。

＊ 仕事 ＊

### 実績を積み重ねる

実績を積み重ねて、周囲に認められる運気です。ただし、不測の事態に弱く、さらに焦りから被害拡大も。ストロベリークォーツはハートを癒し、焦りを緩和します。モルダバイトは直感力を高めつつ全体を見渡す力を付加し、トラブルからの立て直しに力を発揮します。

＊ お金 ＊

### 安定した金運

安定感のある堅実な財運の持ち主。長期的な見通しを立てて、お金を管理する能力が高いでしょう。ただし、ストレスがたまると、それを発散するために財布の中身もばらまきがちに。アラゴナイトは金運をさらに安定させ、水晶はストレスを緩和し、無駄遣いを防ぎます。

恋愛運アップに良い石

ペトリファイドウッド
⇒P204

クォンタムクワトロシリカ
⇒P286

仕事運アップに良い石

ストロベリークォーツ
⇒P234

モルダバイト
⇒P239

金運アップに良い石

アラゴナイト
⇒P202

水晶
⇒P269

＊ この日の石を使うと…… 目的に向かって着実に歩む意欲が高まり、多くの困難を乗り越えられるでしょう。

## 裏性格 *the other side...* 5月17日

この日の守護石

ボージーストーン

ガーデンクォーツ

### 属する場への深い愛

自分の属する社会や地域に対して、深い愛情と誇りをもち、それに根づいた活動を展開していく人です。優れた美的センスとクリエイティビティを持ち、それを駆使して自分のルーツに関連した表現・作品などを発信していくでしょう。また、こうした活動を通して、自分の居場所を確認したり、自分の存在そのものを支える何かを発見し、ますます内面が安定して生きる意欲が湧き上がってくるでしょう。土地由来の伝承などを調べてみるのもおすすめです。

1/17、1/18、3/6、3/7、9/19、9/20　3/17、3/18、7/19、7/20、12/20、12/21　2/16、2/17、8/19、8/20、10/19、10/20
4/17、4/18、11/18、11/19、12/14、12/15

## 裏性格 *the other side...* 5月18日

この日の守護石

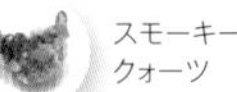
スモーキークォーツ

ブルーカルセドニー

### 完璧な美しさを作る

完成度の高い、美しい何かを作り上げようとする人です。自分が得た様々な経験や出会ってきたたくさんの要素を材料として、自分にとって心が湧き上がるような素晴らしい作品を追求し、表現していくでしょう。感動や喜び、また生き方そのものに湧き上がるようなものを求め、ドラマチックな人生を歩む傾向もあるかもしれません。こうした歩みの中で得た体験がすべての成果に繋がるので、何事も妥協しないことが肝心です。

1/18、1/19、3/7、3/8、9/20、9/21　3/18、3/19、7/20、7/21、12/21、12/22　2/17、2/18、8/20、8/21、10/20、10/21
4/18、4/19、11/19、11/20、12/15、12/16

## 裏性格 *the other side...* 5月19日

この日の守護石

ボージーストーン

ブルーカルセドニー

### 新旧を選択

新しいもの、古いものの良さをそれぞれに熟知し、必要に応じてそれらを選択できる人です。常識や固定観念にとらわれず、その場その時の状況を適切に読み取りながら、新旧様々なものを活用していきます。場合によっては古いものをうまく加工して、新しい状況に適したものを作り上げていくでしょう。また、新奇なものに伝統的な何かを組み込んで表現していくこともあり、古い何かをよみがえらせるような才能の持ち主でもあるようです。

1/19、1/20、3/8、3/9、9/21、9/22　3/19、3/20、7/21、7/22、12/22、12/23　2/18、2/19、8/21、8/22、10/21、10/22
4/19、4/20、11/20、11/21、12/16、12/17

## 裏性格 *the other side...* 5月20日

この日の守護石

ブルーカルセドニー

ガーデンクォーツ

### 集大成を表現

美的センスを駆使して、自分の技能や培ってきたものの集大成を表現していく人です。作品制作や表現活動などに縁が深く、こうした活動の際には細かい部分も徹底的に追求し、きちんと完成へと仕上げていくでしょう。どんな場でも力を抜くことなく、その時点での自分の能力のすべてを出し惜しみせず活用して何かを生み出していくので、常に全力投球かもしれません。何でも盛り込む傾向から、おしゃれに関しては独自のバランス感覚が発揮されることも。

1/20、1/21、3/9、3/10、9/22、9/23　3/20、3/21、7/22、7/23、12/23、12/24　2/19、2/20、8/22、8/23、10/22、10/23
4/20、4/21、11/21、11/22、12/17、12/18

# 5月21日～5月24日

＊ 双子座0～3度　月 ＊

♊

## 安心を求めて動き回る

情報に敏感で様々な事柄に興味を抱く傾向があります。いつどこで何が起こるかわからないから、できるだけ情報を集めて事態に備えておきたいという心境がその根底にあり、足元の不安さを常に感じているのかもしれません。安心したいという気持ちから行動しますが、動き回ることでさらに不安をあおられる結果に陥ることも多いでしょう。ただし、コミュニケーション能力の高さから人に助けてもらうことも多く、自分の強みを自覚することで、安心と生き生きとした快活さが高まっていくはずです。レモンクォーツは気持ちを安定させ、ブルーレースアゲートは友情を温めて相手からの援助を引き寄せてくれます。ラピスラズリは明晰さを高めて必要な情報をキャッチし、セレナイトは不安を軽減してくれるでしょう。

守護石

レモンクォーツ
⇒P227

ブルーレースアゲート
⇒P256

ラピスラズリ
⇒P262

セレナイト
⇒P273

### ＊ 恋愛・人間関係 ＊

対話で愛を育む

コミュニケーション能力の高さと人懐こさから、すぐに誰とでも仲良くなってしまう才能があります。会話を重ねて恋を育てていきますが、さみしさからの多重恋愛には要注意です。タンジェリンクォーツはさみしさを和らげ、ロードナイトは心の交流を強化します。

### ＊ 仕事 ＊

効率良く進める

何が最適かを素早く判断し、どんな仕事もそつなくこなせるようです。ただし、効率重視な面から、人の気持ちを考慮し忘れ、ひんしゅくを買うことも。ラリマーは仕事仲間への共感力を高めてトラブルを回避し、オーシャンジャスパーは仕事での疲れを癒します。

### ＊ お金 ＊

苛立ちから散財

目新しいものを見るとパッと購入するなど、予定外の支出が多いかもしれません。特に気持ちが落ち込んでいたり、イライラしていたりすると、それを解消するために散財しがちに。デンドライトは衝動買いを予防し、財運を安定させ、ムーンストーンは情緒を安定させて散財を防ぎます。

恋愛運アップに良い石

タンジェリンクォーツ
⇒P221

ロードナイト
⇒P236

仕事運アップに良い石

ラリマー
⇒P252

オーシャンジャスパー
⇒P284

金運アップに良い石

デンドライト
⇒P274

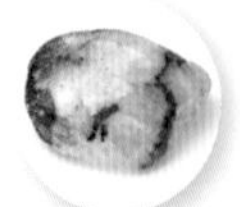

ムーンストーン
⇒P278

＊ **この日の石を使うと……** 情報に振り回されすぎず、安心感とともに過ごすことができるでしょう。

## 裏性格 the other side 5月21日

この日の守護石

レモンクォーツ　ラピスラズリ

### 未知のものを探す

既存のものよりも、新しいもの、未知のものに興味を抱き、それを常に探し求める人です。好奇心が旺盛で、どんなことでも知りたいという欲求が強く、それがすべてに対するモチベーションになっているようです。また、知らない場所や普通の人が行けないような場所であればあるほどテンションが上がる傾向もあり、何かを知るということの純粋な楽しさを感じることができるかもしれません。何かにこだわるよりも、自由に変化を楽しんでいきましょう。

1/21、1/22、3/10、3/11、9/23、9/24　3/21、3/22、7/23、7/24、12/24、12/25　2/20、2/21、8/23、8/24、10/23、10/24　4/21、4/22、11/22、11/23、12/18、12/19

## 裏性格 the other side 5月22日

この日の守護石

ブルーレース
アゲート

セレナイト

### 空想で日々を彩る

豊かなイマジネーション能力を持つ人です。子どものように伸びやかな内面を持ち、単調な毎日の中でも、空想の翼を広げて日々を楽しく彩ることができるようです。また、話を膨らませることもうまく、ちょっとしたことを面白おかしく話し、場を和ませる傾向もある様子。ただし、あまり誇張しすぎると周りの人たちから胡散臭いという目を向けられることにもなりやすいので、自分や周囲を楽しませるということを基準に、楽しい話題を広げていくようにしましょう。

1/22、1/23、3/11、3/12、9/24、9/25　3/22、3/23、7/24、7/25、12/25、12/26　2/21、2/22、8/24、8/25、10/24、10/25　4/22、4/23、11/23、11/24、12/19、12/20

## 裏性格 the other side 5月23日

この日の守護石

ラピスラズリ

セレナイト

### 秩序に美を見る

型や秩序の中に整然とした美しさを見いだし、それを慈しむことのできる人です。優れた美的センスを持ち、きちんと作り上げたものの中にある美を的確にとらえ、指摘したり、言葉に表したりしていくことも得意かもしれません。また、きれいに整った環境でリラックスできる傾向があるようですが、忙しくなりすぎるとその心境が部屋の混乱状態として表れることも。そのような状況だとさらに心が荒れていくので、意識的に身の周りをきれいに整えていくようにしましょう。

1/23、1/24、3/12、3/13、9/25、9/26　3/23、3/24、7/25、7/26、12/26、12/27　2/22、2/23、8/25、8/26、10/25、10/26　4/23、4/24、11/24、11/25、12/20、12/21

## 裏性格 the other side 5月24日

この日の守護石

レモンクォーツ

ブルーレース
アゲート

### 本当の意味を探る

物事の裏側に隠された本当の意味について、敏感に反応し、それを知ろうとする人です。言語化されたものではなく、暗に示された象徴やヒントに興味を抱き、自分なりに解明していくことも得意かもしれません。また、こうした象徴性を日常の中に取り入れることで、言葉にできない真実のようなものが自分の近くにあることを実感でき、充実感を得ることができるでしょう。シンボリズムなどに関する本や、絵画の象徴に関した書籍を身近に置くのもおすすめです。

1/24、1/25、3/13、3/14、9/26、9/27　3/24、3/25、7/26、7/27、12/27、12/28　2/23、2/24、8/26、8/27、10/26、10/27　4/24、4/25、11/25、11/26、12/21、12/22

# 5月25日〜5月28日

＊ 双子座4 〜 7度／水星 ＊

♊

## 知る喜び

純粋な好奇心とフットワークの良さが人生における最大の武器でしょう。何かを知るということの本質的な喜びを知っているため、ひとつのことを知るたびにもっとその先を知りたくなるはずです。しかし本当に大切なことはそれだけではなく、あなたの知っていることを他者に伝え、役立ててもらうことでさらに大きな充実感を得られるはず。公私に関わらず、自分の得た知識をまとめたり、わかりやすいように整理した後に多くの人に伝えていったりすることで、大きく人生が開けていくでしょう。レモンクォーツは思考をクリアにし、アマゾナイトは情報に振り回されすぎないためのプロテクションになります。ワーベライトは視野を広げて様々な物事への関心を高め、アクアマリンは言語表現力をアップしてくれます。

守護石

レモンクォーツ
⇒P227

アマゾナイト
⇒P241

ワーベライト
⇒P248

アクアマリン
⇒P251

### ＊ 恋愛･人間関係 ＊

恋を速やかに進展

豊かな会話能力から、速やかに恋愛に進展させることができるようです。しかし、ヘビーな雰囲気は苦手なため、重い話が出そうになると相手を遠ざけ、恋が終わることも。ピンクスミソナイトは優しさを引き出して恋を長続きさせ、水晶は相手との心の調和をもたらします。

恋愛運アップに良い石

ピンクスミソナイト
⇒P235

水晶
⇒P269

### ＊ 仕事 ＊

柔軟な状況対応

状況対応の柔軟性が秀逸で、トラブル時など何かと周りに頼られることが多いかもしれません。応用力も高いのでどんな仕事もこなせますが、疲れがたまると作業が混乱しやすい傾向も。フローライトは集中力を高めて混乱を緩和し、レピドライトは適応力をさらに高めます。

仕事運アップに良い石

フローライト
⇒P246

レピドライト
⇒P266

### ＊ お金 ＊

やりくりが混乱しがち

お金に関してはやりくりをしているつもりでも、途中でうまくいかなくなる傾向が。また、安易に人からお金を借りると、忘れるなどしてトラブルに発展しやすいので注意を。オブシディアンは内面を安定させ、お金がらみの対人トラブルを防ぎ、ブルーカルセドニーはやりくり力を高めます。

金運アップに良い石

オブシディアン
⇒P209

ブルーカルセドニー
⇒P255

＊ この日の石を使うと…… 情報に対して素早く反応し、いち早くチャンスをつかむことができるでしょう。

## 裏性格 the other side… 5月25日

この日の守護石

レモンクォーツ　アクアマリン

### 情感を引き出すものへの興味

色や形など象徴にまつわる情報や、そこから引き出される情感に興味を抱く人です。様々な色や形、表現などについて意識を向けながら、多くの人たちがそれを見てどのような感情の揺れ動きを見せるかに着目していくようです。また、こうした反応を活用して、意図的に人の気持ちを刺激したり、楽しい気持ちを引き出したりする技術を習得していくでしょう。誰が見てもひとめで理解でき、共感しやすい表現を用いるので、人の気持ちをつかむこともうまいようです。

1/25、1/26、3/14、3/15、9/27、9/28　3/25、3/26、7/27、7/28、12/28、12/29　2/24、2/25、8/27、8/28、10/27、10/28　4/25、4/26、11/26、11/27、12/22、12/23

## 裏性格 the other side… 5月26日

この日の守護石

レモンクォーツ　ワーベライト

### 情報で雰囲気を操る

自分のキャッチした情報を人に伝えることで、場の雰囲気をコントロールできる人です。自分が今いる場の状況を読む能力に優れ、自分の見聞きした話をうまく表現し、その場を盛り上げたり、場合によってはあおるようなこともあるようです。良い形で使うことができると、周囲から信頼を得るようなことになりますし、利己的に活用してしまうと周りから怖い人と恐れられることもあるので、自分の力の性質を確認して、良い方向に使うようにしていきましょう。

1/26、1/27、3/15、3/16、9/28、9/29　3/26、3/27、7/28、7/29、12/29、12/30　2/25、2/26、8/28、8/29、10/28、10/29　4/26、4/27、11/27、11/28、12/23、12/24

## 裏性格 the other side… 5月27日

この日の守護石

ワーベライト

アクアマリン

### 自分を刺激し続ける

マンネリを嫌って、自分に刺激を与え続ける人です。自分自身に対して、常に新しい可能性を見いだそうとし、そのきっかけとなるような様々な情報や生き方などを取り入れていこうとするでしょう。いつでも好きなように情報を得られるよう、情報機器を最新のものに買い替えることもありそうです。ただし、情報から刺激を得るようなやり方よりも、体感的なもののほうが実感を伴った大きな刺激にはなるので、いろんな事柄にチャレンジしてみるようにしてください。

1/27、1/28、3/16、3/17、9/29、9/30　3/27、3/28、7/29、7/30、12/30、12/31　2/26、2/27、8/29、8/30、10/29、10/30　4/27、4/28、11/28、11/29、12/24、12/25

## 裏性格 the other side… 5月28日

この日の守護石

アマゾナイト

ワーベライト

### 優れた状況改善力

状況を改善することに関して、天才的な視点を持っている人です。マンネリ的で動かしがたい状況であったとしても、ほんのちょっとしたゆがみや不備を見つけ出し、そこを起点に物事に変化を与えていくでしょう。自分としてはちょっと直した程度の認識かもしれませんが、周りは大きな変革をもたらす人物とみなしている場合も。また、様々な情報に通じていると良い改善方法などを思いつきやすいので、情報収集はまめに行なっていくようにしてください。

1/28、1/29、3/17、3/18、9/30、10/1　1/1、3/28、3/29、7/30、7/31、12/31　2/27、2/28、8/30、8/31、10/30、10/31　4/28、4/29、11/29、11/30、12/25、12/26

# 5月29日〜6月1日

＊ 双子座8 〜 11度／金星 ＊

♊

## 広く浅く楽しむ

様々な事柄に関心を抱き、それらを時間の限り楽しもうとするでしょう。ただし、ひとつのことにのめり込むとほかの楽しいことを見落としてしまうのではないかと感じ、浅く広く楽しむ傾向があるようです。専門知識を持っていたほうが生きていきやすいようにも感じるかもしれませんが、むしろ知識の幅の広さを長所として受け止めていったほうが、長い目で見るとプラスに転化していくはず。また、興味から見つけた特定の情報に関して、それを求める人へ意図的に発信することで、お金や仕事・生きがいに繋げていくことも可能です。クリソプレーズは才能をさらに磨き、アクアマリンは人との繋がりを安定させてくれるでしょう。セレナイトは悩みごとを浄化し、アゲートは楽しさを促進します。

守護石

クリソプレーズ
⇒P242

アクアマリン
⇒P251

セレナイト
⇒P273

アゲート
⇒P282

＊ 恋愛・人間関係 ＊

### 恋人未満を楽しむ

恋愛に関しての運気は高め。会話の中から相手の真意を読み取り、徐々に恋を進展させていきます。しかし、恋人未満の関係を楽しむ傾向もあり、じらされた相手が離れていくことも。ストロベリークォーツは魅力を高め、アイオライトは心変わりを察知させ、別れを防ぎます。

＊ 仕事 ＊

### 対人関係がカギ

たいていの仕事はそつなくこなせますが、仕事仲間との関係性の良し悪しで仕事の完成度に差が出やすいかもしれません。常に一定のクオリティを保つよう心掛けましょう。クンツァイトは職場の対人関係を良いものにし、マラカイトは安定的に作業できるよう、心を整えてくれます。

＊ お金 ＊

### かわいいものに注意

かわいいものや興味のあるものを勢いで購入してしまい、後で財布の中身が苦しくなる傾向にあります。本当に必要なものか、よく吟味してから買う癖をつけるようにしましょう。サードオニキスは情緒を安定させて衝動買いを緩和し、エレスチャルクォーツはモノを見る目を養います。

恋愛運アップに良い石

ストロベリークォーツ
⇒P234

アイオライト
⇒P258

仕事運アップに良い石

クンツァイト
⇒P234

マラカイト
⇒P247

金運アップに良い石

サードオニキス
⇒P219

エレスチャルクォーツ
⇒P271

＊ この日の石を使うと……様々な物事に対する好奇心が刺激され、そこから何か楽しいものを発見できるでしょう。

裏性格 *the other side...* **5月29日**

この日の守護石  アクアマリン  アゲート

### 素早く結果を出す

強い集中力と、素早い実行力で、結果を出していく人です。何か気になることがあると、一瞬にしてそのことで心がいっぱいになり、すぐに行動に移して必要なものを得ていくようです。性急な面もありますが、そのフットワークの良さで人より先んじることも多く、いつの間にか最新の情報やファッションなどを周りに対して提示していくポジションに置かれていることも。ただし、やりっぱなし的な部分もあり、そこから周りとの軋轢も生まれやすいので注意しましょう。

♡ 1/29、1/30、3/18、3/19、10/1、10/2 ◎ 1/1、1/2、3/29、3/30、7/31、8/1 ◎ 2/28、2/29、8/31、9/1、10/31、11/1 ☆ 4/29、4/30、11/30、12/1、12/26、12/27

裏性格 *the other side...* **5月30日**

この日の守護石  クリソプレーズ  セレナイト

### 興味のあることを実行

興味を持ったことに対しては、多少無理があっても実行に移してしまう人です。ある意味、チャレンジャーですが、何もせずにただ見ているだけの退屈さのほうに嫌悪感を覚え、率先して思い切った行動に出てしまうのかもしれません。ちょっと無理をした結果、大きな成果を手に入れることもありますが、無理を押し通して周囲とぶつかるようなこともあるので、対人関係に関しては細心の注意を払うよう心掛けていくと、トラブルを回避できるでしょう。

♡ 1/30、1/31、3/19、3/20、10/2、10/3 ◎ 1/2、1/3、3/30、3/31、8/1、8/2 ◎ 2/29、3/1、9/1、9/2、11/1、11/2 ☆ 4/30、5/1、12/1、12/2、12/27、12/28

裏性格 *the other side...* **5月31日**

この日の守護石  クリソプレーズ  アゲート

### 未知のものから可能性を広げる

知らないことであればあるほど興味を示し、自分の可能性を広げようとする人です。現実をきちんと見据えようとする意志が強く、自分を取り巻く現状に対して、知らないことがあるならば徹底的に調べ、明らかにしていこうとします。結果的に人よりも多くの知識を有していたり、最新情報をつかんでいたりする人として周囲から厚遇される場合も。また、時にはこうして集めた情報によって生きる道を見つけたり、人生の指針を得たりすることなどもありそうです。

♡ 1/31、2/1、3/20、3/21、10/3、10/4 ◎ 1/3、1/4、3/31、4/1、8/2、8/3 ◎ 3/1、3/2、9/2、9/3、11/2、11/3 ☆ 5/1、5/2、12/2、12/3、12/28、12/29

裏性格 *the other side...* **6月1日**

この日の守護石   セレナイト  アゲート

### 素直に主張する

少女のようなやわらかい感性と、周囲に安易に染まらない強さを持つ人です。周りの空気に流されず、良いこと悪いことなど、自分の感受性に引っ掛かったことについてはっきりと発言したり、自分の見解を主張したりすることができるようです。また、感情表現も豊かで、感情として受け止めたことを素直にアウトプットしていくため、周りの人たちからは裏表のない人とみなされていることも。豊かな感性と純粋な魂の在り方が周りの人たちを魅了するでしょう。

♡ 2/1、2/2、3/21、3/22、10/4、10/5 ◎ 1/4、1/5、4/1、4/2、8/3、8/4 ◎ 3/2、3/3、9/3、9/4、11/3、11/4 ☆ 5/2、5/3、12/3、12/4、12/29、12/30

# 6月2日〜6月6日

＊ 双子座12 〜 15度　太陽 ＊

♊

## 情報活用して歩む

興味から得た知識や情報を活用して、人生を邁進していく傾向があります。どんなところで何が必要とされているかをいち早く察知して、それをすぐに実行したり、またそれができる人を配置したりするなど、需要と供給に敏感に反応し、チャンスをつかんでいくでしょう。知識・情報、流通や人的な仲介など、流れのあるものの中で生きていくことになりやすいのですが、そのために自分のやっていることに不安を覚えることも。流れを生み出し、コントロールすることが自分の使命と自覚すると精神的に安定し、確信とともに歩んでいけるでしょう。シトリンは自分の活動への使命感を高め、フローライトは豊かな発想を生み出します。ラブラドライトはインスピレーションを強化し、アンモライトは柔軟な対応力を高めます。

守護石

シトリン
⇒P229

フローライト
⇒P246

ラブラドライト
⇒P281

アンモライト
⇒P283

＊ 恋愛・人間関係 ＊

### 会話力で恋をつかむ

意中の人には積極的にコミュニケーションを取りながら、タイミングを読みつつアプローチします。ただし、ゲームの攻略のように相手を落とすことに熱中しやすい傾向も。ローズクォーツはゲームにならぬよう愛情を育み、ターコイズは積極的な愛情表現を後押しします。

＊ 仕事 ＊

### 素早い行動

素早く行動し、人より先に結果を出していく傾向が。しかし、不安から無駄に動き回り、かえって疲れてしまったり、空回りしてしまったりすることも多いかもしれません。キャストライトは情緒を安定させて不安を取り除き、空回りなどを防ぎます。アメジストは疲れを癒してくれるでしょう。

＊ お金 ＊

### 細やかに散財

大きな目標がある時は、うまくやりくりしながらお金をためることができますが、そうでない時は、こまごまと散財するなど、浪費傾向が。オニキスはお金に関する目的意識を高め、貯蓄を効率良く殖やしていけるようサポートし、パールは心を落ち着かせて浪費を防いでくれます。

恋愛運アップに良い石

ローズクォーツ
⇒P232

ターコイズ
⇒P255

仕事運アップに良い石

キャストライト
⇒P202

アメジスト
⇒P265

金運アップに良い石

オニキス
⇒P206

パール
⇒P275

＊ この日の石を使うと……情報などに対する選択眼が磨かれていくでしょう。誤情報を退けるお守りにも。

## 裏性格 *the other side...* 6月2日

この日の守護石

フローライト

ラブラドライト

### 独自性を楽しむ

人と違った自分を楽しめる人です。高い技能や才能があり、それを発揮しながら人生を歩んでいくでしょう。また、その力によって孤立することがあっても、「人は人、自分は自分」と割り切って、自分自身にとって意味のある活動に力を注ぐことができるようです。一風変わった人たちと縁を持つことも多いかもしれません。

♡ 2/2、2/3、3/22、3/23、10/5、10/6 ◎ 1/5、1/6、4/2、4/3、8/4、8/5 ◎ 3/3、3/4、9/4、9/5、11/4、11/5 ☆ 5/3、5/4、12/4、12/5、12/30、12/31

## 裏性格 *the other side...* 6月3日

この日の守護石

ラブラドライト

アンモライト

### 直感で本質を読む

直感力が冴え、物事の本質を読み取る力のある人です。直感で得たものを人に伝えたいという意欲も高く、どうすればこの思いをそのまま伝えることができるのかと、試行錯誤を重ねていくようです。その結果、多彩な表現力を手に入れ、要点をきちんと押さえながら、多くの人の気持ちをつかむ言葉を発信していくでしょう。

♡ 2/3、2/4、3/23、3/24、10/6、10/7 ◎ 1/6、1/7、4/3、4/4、8/5、8/6 ◎ 3/4、3/5、9/5、9/6、11/5、11/6 ☆ 1/1、5/4、5/5、12/5、12/6、12/31

## 裏性格 *the other side...* 6月4日

この日の守護石

フローライト

アンモライト

### コミュニケーションを楽しむ

本当の意味で人とコミュニケーションを取ることの楽しさを知る人です。相手の話すことをキャッチし、瞬時に理解して適切な返答をし、また相手がそれに返す……という会話の醍醐味を理解しているので、ほんの少しのやりとりでも手間を惜しまないでしょう。また、話力の巧みさから、相手の本音をうまく引き出すことができます。

♡ 2/4、2/5、3/24、3/25、10/7、10/8 ◎ 1/7、1/8、4/4、4/5、8/6、8/7 ◎ 3/5、3/6、9/7、9/8、11/6、11/7 ☆ 1/1、1/2、5/5、5/6、12/6、12/7

## 裏性格 *the other side...* 6月5日

この日の守護石

シトリン

アンモライト

### 説得力のある言葉

多くの人々の胸を打つような話術と説得力に溢れた人です。話し始めるとついつい熱くなってしまいがちですが、その様子に周りは感化され、心揺さぶられていきます。自分自身の主張もはっきりしているので、強い発言力を持つようになるでしょう。いつの間にかリーダー的な人物とみなされていくかもしれません。

♡ 2/4、2/5、3/25、3/26、10/7、10/8 ◎ 1/8、1/9、4/4、4/5、8/6、8/7 ◎ 3/5、3/6、9/7、9/8、11/6、11/7 ☆ 1/2、1/3、5/6、5/7、12/6、12/7

## 裏性格 *the other side...* 6月6日

この日の守護石

シトリン

ラブラドライト

### 迷わずに歩む

人の言葉や情報に惑わされず、自分にとって必要な行動を打ち出せる人です。自分がやるべきことややりたいことなどについて、情報などを参考にしつつも、自分なりに考えながらはっきりと行動に移していきます。また、そのために事前に準備して状況や体調を整え、テンションを高めていく傾向もあります。

♡ 2/5、2/6、3/26、3/27、10/8、10/9 ◎ 1/9、1/10、4/5、4/6、8/7、8/8 ◎ 3/6、3/7、9/8、9/9、11/7、11/8 ☆ 1/3、1/4、5/7、5/8、12/7、12/8

# 6月7日〜6月11日

＊ 双子座16 〜 20度／火星 ＊

## 確認しつつ進める

フットワーク良く動き回り、成果を出していく傾向があります。不安要素などが出た場合、すぐ実際に見て確かめることができるので、周囲に安心感を与え、信頼も厚いでしょう。また、ふたつ以上のことを同時にこなせる資質もあるので、物事の処理が早い点も長所です。しかし処理する案件がどんどん増えていくと、次第に混乱してしまい、自分が何をやっているかわからなくなることも。疲れすぎるとこうした傾向が出やすいので、心身のケアは意識的に行なっていくようにしましょう。モスコバイトは疲れを癒し、アクアオーラは潜在能力を強化します。スティルバイトは行動に関する直感力を高め、アズライトマラカイトは同時進行処理の際の混乱を防ぎ、調和的に物事が進むようサポートしてくれます。

守護石

モスコバイト
⇒P215

アクアオーラ
⇒P250

スティルバイト
⇒P272

アズライトマラカイト
⇒P282

＊ 恋愛･人間関係 ＊

### 素早く進む恋

相手にひとめ惚れして瞬間的に恋に落ち、素早くアプローチしていきます。ただし、相手に負けたくないという気持ちからつい張り合い、恋を逃してしまうことも。サルファーはおおらかさを育んで対抗心を緩和し、ピンクトルマリンは瞬発力の中でも着実に愛を育みます。

＊ 仕事 ＊

### 人に先んじて勝つ

仕事の早さで周囲に差をつけ、成果を挙げていきます。人の一歩先を読んで行動していきますが、先々を考えすぎて緊張が高まる傾向も。スギライトは緊張を緩和して、安定的に仕事を進展させ、天眼石は集中力を上げて、さらに人よりも早く結果を出していけるようサポートします。

＊ お金 ＊

### 先を急いで散財

散財傾向が強いかもしれません。人が持っていないものをいち早く手に入れたいという気持ちから、それほど必要でもないものを購入してしまうようです。ソーダライトは必要なものかどうか判断する能力を強化し、ミルキークォーツは気持ちを落ち着かせて衝動買いを防いでくれます。

恋愛運アップに良い石

サルファー
⇒P228

ピンクトルマリン
⇒P231

仕事運アップに良い石

スギライト
⇒P265

天眼石
⇒P287

金運アップに良い石

ソーダライト
⇒P261

ミルキークォーツ
⇒P277

＊ この日の石を使うと……好奇心とフットワークが高まります。やる気がなく、腰の重さを感じる時は特に◎。

## 裏性格 *the other side...* 6月7日

この日の守護石

アクアオーラ

スティルバイト

### わかる人に才能を示す

自分がなじめる場所や得意分野では、才能や技能を全面的に押し出すことのできる人です。普段は普通の人のように周りになじんでいても、特殊な才能やマニアックな趣味などを持ち、それを理解できる人の前では、その特性をはっきり提示していかんなく能力を発揮していきます。仲間の間で崇拝されていることも多いかもしれません。

2/6、2/7、3/27、3/28、10/9、10/10　1/10、1/11、4/6、4/7、8/8、8/9　3/7、3/8、9/9、9/10、11/8、11/9　1/4、1/5、5/8、5/9、12/8、12/9

## 裏性格 *the other side...* 6月8日

この日の守護石

モスコバイト

アズライトマラカイト

### 古き思想を基盤にする

古くからある発想や知識に感銘し、それを基盤にして丁寧に生きていく人です。古代思想や古典の哲学、また昔からいわれていることわざや格言などに興味を抱き、それらをうまく取り入れて、自分の心身を調整し、伸びやかな精神性を養っていきます。感情が波立つことがあっても、ふと思い出した格言に癒されることなどがあるでしょう。

2/7、2/8、3/28、3/29、10/10、10/11　1/11、1/12、4/7、4/8、8/9、8/10　3/8、3/9、9/10、9/11、11/9、11/10　1/5、1/6、5/9、5/10、12/9、12/10

## 裏性格 *the other side...* 6月9日

この日の守護石

アクアオーラ

アズライトマラカイト

### 必要な情報を与える

様々なところから情報を引き出すのがうまく、それを元に周囲に刺激を与える人です。周りの人にとって必要な情報に素早く目をつけ、それを相手に伝えて状況を変化させていくことが得意でしょう。何かと周りに影響を与えることが多く、結果的に台風の目になりやすいのですが、周りからは物知りとして愛されるようです。

2/8、2/9、3/29、3/30、10/11、10/12　1/12、1/13、4/8、4/9、8/10、8/11　3/9、3/10、9/11、9/12、11/10、11/11　1/6、1/7、5/10、5/11、12/10、12/11

## 裏性格 *the other side...* 6月10日

この日の守護石

モスコバイト

アクアオーラ

### 興味から得たものを与える

好奇心旺盛で、それによって得たものを周囲に提供できる人です。様々な事柄に興味を抱きますが、その結果誰よりも多彩な経験と情報を持つことに。そのうえで経験したことや体得したことを他者から求められれば、気前良く差し出すことができるので、周りからは何かと頼りにされ、厚い信頼を寄せられるでしょう。

2/9、2/10、3/30、3/31、10/12、10/13　1/13、1/14、4/9、4/10、8/11、8/12　3/10、3/11、9/12、9/13、11/11、11/12　1/7、1/8、5/11、5/12、12/11、12/12

## 裏性格 *the other side...* 6月11日

この日の守護石

スティルバイト

アズライトマラカイト

### 技能を徹底的に磨く

自分の技能や能力を徹底的に磨いていこうとする人です。それが場合によってはキャパオーバーになったとしても、果敢に挑戦し、限界を超え、新しい力を身につけていくのです。パワフルで前向きな性分で、他者からできないだろうとあおられるほどなおさらにトライしたくなり、最終的にはやり遂げてしまうでしょう。

2/10、2/11、3/31、4/1、10/13、10/14　1/14、1/15、4/10、4/11、8/12、8/13　3/11、3/12、9/13、9/14、11/12、11/13　1/8、1/9、5/12、5/13、12/12、12/13

# 6月12日〜6月16日

＊ 双子座21 〜 25度／木星 ＊

♊

## 意図をつかむ喜び

いろいろな事柄に興味を抱きつつ、その意図するものが何かを探ることに喜びを感じるでしょう。裏を読みすぎるところもありますが、こうして発想を広げることで豊かな資質を伸ばし、チャンスをつかむことも多いようです。また、自分に関係ない事柄であっても知っておきたいという知識欲を持つため、何でも知っている人とみなされることも。会話好きで人に好かれ、広い人脈を持っている場合も多いでしょう。ただし、豊富な知識から話が脱線したり、冗長になりやすかったりする傾向もあるので、その点は注意が必要です。タンジェリンクォーツは疲れた時のエネルギーチャージに良く、アパタイトは社交力をバックアップします。トパーズは思考をクリアにし、ペタライトは発想を豊かに展開してくれます。

守護石

タンジェリンクォーツ ⇒P221

アパタイト ⇒P253

トパーズ ⇒P274

ペタライト ⇒P276

### ＊ 恋愛・人間関係 ＊
#### 豊かな愛情

人の長所を見つけることがうまく、誰に対しても愛情ある存在として気持ちを注いでいきます。ただし、そこから多重恋愛に発展してしまうこともあるので、トラブルには気をつけましょう。クリソコラは内在する愛をさらに豊かに広げ、アズライトは浮気心を抑えてトラブル防止に役立ちます。

### ＊ 仕事 ＊
#### 広くつかんで細かく詰める

広い視点で現実的に状況を把握しつつ、きちんとディテールを詰めていくような仕事傾向を持っています。直感力を活用できるとさらに仕事ぶりに幅が広がるでしょう。アポフィライトは直感力を高め、オーシャンジャスパーは心身を癒して、安定的に仕事を進められるようサポートします。

### ＊ お金 ＊
#### 人目を気にして散財

金運そのものは比較的高めですが、人に対して気前良く思われたいためにおごったり、羽振り良く振る舞ったりして散財してしまうことも。ジェットは気持ちを落ち着かせて散財を防ぎつつ、基本的な財運を高めます。マザーオブパールは人目を気にしなくて良いよう内面を育みます。

恋愛運アップに良い石

クリソコラ ⇒P254

アズライト ⇒P259

仕事運アップに良い石

アポフィライト ⇒P270

オーシャンジャスパー ⇒P284

金運アップに良い石

ジェット ⇒P209

マザーオブパール ⇒P277

＊ この日の石を使うと……様々な事柄を学びたくなる意欲がチャージされます。退屈さを感じる時にも。

## 裏性格 *the other side...* 6月12日

この日の守護石

タンジェリンクォーツ

トパーズ

### 素朴ながらも達人

オープンで、リラックスした雰囲気のある素朴な人です。頭脳明晰なうえ能力は高く、勉強や仕事など求められればいくらでもこなせるでしょう。しかしあまり自分を追い込まず、心と体の健康に留意しつつ、伸びやかに歩んでいくようです。植物や鉱物など自然物に縁が深く、それらを身の周りに置くと癒されるでしょう。

♡ 2/11、2/12、4/1、4/2、10/14、10/15 ◎ 1/15、1/16、4/11、4/12、8/13、8/14 ◎ 3/12、3/13、9/14、9/15、11/13、11/14 ☆ 1/9、1/10、5/13、5/14、12/13、12/14

## 裏性格 *the other side...* 6月13日

この日の守護石

トパーズ

ペタライト

### 情報整理して判断

様々な情報に通じていますが、それをうまく整理して重要度を判断できる人です。混乱した状況に置かれても、いくつかの判断基準を元にそれらを分別して、その場で最も必要とされる行動を打ち出すことができるでしょう。トラブルなどの対処もうまく、自然と軍師や参謀的な役割を担うことが多いかもしれません。

♡ 2/12、2/13、4/2、4/3、10/15、10/16 ◎ 1/16、1/17、4/12、4/13、8/14、8/15 ◎ 3/13、3/14、9/15、9/16、11/14、11/15 ☆ 1/10、1/11、5/14、5/15、12/14、12/15

## 裏性格 *the other side...* 6月14日

この日の守護石

タンジェリンクォーツ

ペタライト

### 多角的に考察

物事を様々な面から観察、考察する力のある人です。こうした能力によって、不利と思われた状況の利点をとらえて形勢をひっくり返したり、ネガティブな発想をうまく活用したりして、ポジティブなものに作り変えることができるようです。また、どんな場でも物事を楽しめる性質もあり、きつい仕事などをゲーム的に乗り越えることも。

♡ 2/13、2/14、4/3、4/4、10/16、10/17 ◎ 1/17、1/18、4/13、4/14、8/15、8/16 ◎ 3/14、3/15、9/16、9/17、11/15、11/16 ☆ 1/11、1/12、5/15、5/16、12/15、12/16

## 裏性格 *the other side...* 6月15日

この日の守護石

アパタイト

トパーズ

### 取捨選択の巧みさ

雑多な場で、必要なものとそうでないものを取捨選択していくことがうまい人です。特に特定の目的がある場合、ゴールに焦点を当て、不必要なものを切り捨てるような場面では、資質をいかんなく発揮していくでしょう。他者の話の整理もうまく、相談を持ちかけられた時は、要点をまとめて相手に気づきを与えるようです。

♡ 2/14、2/15、4/4、4/5、10/17、10/18 ◎ 1/18、1/19、4/14、4/15、8/17、8/18 ◎ 3/15、3/16、9/17、9/18、11/16、11/17 ☆ 1/12、1/13、5/16、5/17、12/16、12/17

## 裏性格 *the other side...* 6月16日

この日の守護石

アパタイト

ペタライト

### 真の本質に迫る

ストイックに物事の本質に迫ろうとする人です。特に追い込まれた時に、つらい心境や状況のきつさに目を奪われることがありません。どうしてこのような状態に陥ったのかを冷静に判断し、最も重要な部分に着目しつつ、それを乗り越えていくことができるでしょう。無駄な行動や無為に時間を費やすことなども少ないようです。

♡ 2/15、2/16、4/5、4/6、10/18、10/19 ◎ 1/19、1/20、4/15、4/16、8/18、8/19 ◎ 3/16、3/17、9/18、9/19、11/17、11/18 ☆ 1/13、1/14、5/17、5/18、12/17、12/18

# 6月17日〜6月20日

＊ 双子座26 〜 29度／土星 ＊

♊

## 何もかもを知りたい

知識欲旺盛で、様々な事柄に通じている自分を築き上げたいと願う傾向があります。どんな分野に関わっていても、それに関連する勉強はもちろん、その周辺の事柄まで余すことなく学ぼうとするので、無意識下に常に切迫感があるかもしれません。本当に必要な知識は実はそれほど多くないことに気づけると、内面が安定していくでしょう。また、学んだことを総論的にまとめ、それを人に教える能力も高いようです。意識的にそれらの構造に着目しつつ、まとめ作業を行なうようにすると、将来的に発展していくはずです。アラゴナイトは本当に重要な部分に気づかせて心を落ち着かせ、モルダバイトは全体を見る力を養います。スコレサイトは心身の浄化に、ダンビュライトは発想力を高めます。

守護石

アラゴナイト
⇒P202

モルダバイト
⇒P239

スコレサイト
⇒P272

ダンビュライト
⇒P273

＊ 恋愛・人間関係 ＊

### 理想の関係を求める

理想の関係・より良い関係を模索して悩みやすく、相手から素直に愛情を注がれても必要以上に考え、裏を読み、そのせいで関係をこじらせてしまうことも。ラピスラズリは理想の関係をスムーズに形成させ、ウォーターメロントルマリンは素直に愛情の受け渡しができるよう促します。

＊ 仕事 ＊

### 状況判断能力を活用

情報や周囲の状況を適切に読み取り、必要な処理を着実にこなしていきます。高い能力のおかげか、常に油断のできない変化の激しい職場に置かれることも多く、ストレスもたまりがちかもしれません。セレスタイトはストレスを緩和し、ガレナは宇宙と繋がってエネルギーチャージしてくれるでしょう。

＊ お金 ＊

### 手堅くやりくり

手堅い財運の持ち主。地道にお金をためたり、計画的に使っていったりしますが、必要に応じてやりくりできるので、蓄財をさらに殖やすことも可能でしょう。ネフライトは金運をさらに安定させるお守りに、ハーキマーダイヤモンドは直感力を高めて、より良い金融商品を見抜く目を養えます。

恋愛運アップに良い石

ラピスラズリ
⇒P262

ウォーターメロントルマリン
⇒P284

仕事運アップに良い石

セレスタイト
⇒P254

ガレナ
⇒P279

金運アップに良い石

ネフライト
⇒P244

ハーキマーダイヤモンド
⇒P275

＊ この日の石を使うと……様々な要素をまとめ上げる視点がもたらされます。混乱している時にも良いでしょう。

裏性格 *the other side...* 6月17日

この日の守護石  アラゴナイト  ダンビュライト

## 技能で切り拓く

培った能力や技能を元に、自分の人生を自力で切り拓いていく人です。見知らぬ環境に飛び込まなくてはならない状況に置かれても、自分の力を信じて歩みを進めて結果を出していくでしょう。また、アドリブで物事をこなしていく度胸と引き出しの豊富さから、トラブル解決要員として周囲から頼りにされることも。様々な場で経験を積むほど状況判断能力が上がっていくので、面白そうと感じたものにはどんどん挑戦していったほうが良いでしょう。

2/16、2/17、4/6、4/7、10/19、10/20 1/20、1/21、4/16、4/17、8/19、8/20 3/17、3/18、9/19、9/20、11/18、11/19 1/14、1/15、5/18、5/19、12/18、12/19

裏性格 *the other side...* 6月18日

この日の守護石  モルダバイト  スコレサイト

## 高い取捨選択力

過去や現状にあまりこだわりを持たず、時にはいったん白紙に戻して、より良い道を選択できる人です。常に心のどこかに冷静さを保ちつつ、状況を的確にとらえていきます。また、必要であればそれまでに培ってきたものを捨てることさえ考慮に入れることができるでしょう。混乱した状況をリセットする能力があるといえますが、物事の全体像を見てどのように断ち切っていくかを検討して適切に進めていくので、周りから不満なども出にくいようです。

2/17、2/18、4/7、4/8、10/20、10/21 1/21、1/22、4/17、4/18、8/20、8/21 3/18、3/19、9/20、9/21、11/19、11/20 1/15、1/16、5/19、5/20、12/19、12/20

裏性格 *the other side...* 6月19日

この日の守護石  スコレサイト  ダンビュライト

## 次に来るものをとらえる

様々な情報に対して敏感に反応し、そのうえで次に来るものを瞬時にとらえることのできる人です。また、とらえたものをわかりやすく端的な言葉で人に伝えていくので、相手の気持ちを的確につかんでいくでしょう。さらにいち早くつかんだ情報を元に、人より優位なポジションを得る場合もありますが、それに対する自慢が態度に出ないため、周りからは謙虚な人とみなされることも。常に新鮮なものを求めることで、良い波に乗っていけるはずです。

2/18、2/19、4/8、4/9、10/21、10/22 1/22、1/23、4/18、4/19、8/21、8/22 3/19、3/20、9/21、9/22、11/20、11/21 1/16、1/17、5/20、5/21、12/20、12/21

裏性格 *the other side...* 6月20日

この日の守護石  モルダバイト  ダンビュライト

## 違う魅力をアピール

人とは違う自分の魅力を、うまくアピールすることのできる人です。たとえそれがマイナス要素であっても、自分なりにポジティブな見解を加えながらうまく価値づけしていきます。また、他者に対しても同様に、その人なりの魅力や才能を指摘しながら良い形で引き出していくので、アドバイザー的な立場を得ることも。よく似た商品やテーマが乱立するような分野で、セールスポイントを的確にとらえながら特別感を出し、人を引き込むのもうまいでしょう。

2/19、2/20、4/9、4/10、10/22、10/23 1/23、1/24、4/19、4/20、8/22、8/23 3/20、3/21、9/22、9/23、11/21、11/22 1/17、1/18、5/21、5/22、12/21、12/22

# 6月21日〜6月24日

＊蟹座0〜3度／月＊

## 心の交流を求める

周囲の人に対して優しく、繊細な感受性の持ち主です。初対面の相手には心を開かず、警戒心を抱きますが、時間とともに打ち解けていき、気持ちの交流を求めます。身の周りの事柄には敏感に反応し、気持ちで受け止めるので、感情の波が出やすいかもしれません。ただし、感情をためておくよりも、涙を流して泣いたり、はっきりと怒りを表したりして表出していったほうが良い結果に繋がりやすいでしょう。また、周りの人たちの気持ちを察する能力も高いので、何かと相談役になったり、援助者的な役割を担ったりすることが多いようです。キャストライトは不安を感じた時におすすめで、サンゴは感受性をより豊かに育てます。ラリマーは感情の表出をスムーズにし、心を癒してくれるでしょう。ムーンストーンは情緒を安定させてくれます。

守護石

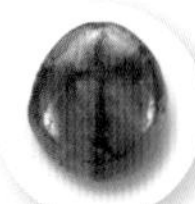

キャストライト
⇒P202

サンゴ
⇒P213

ラリマー
⇒P252

ムーンストーン
⇒P278

＊恋愛・人間関係＊

### お互いに思いやる恋

穏やかで思いやりを掛け合うような関係を求める傾向です。相手を守り、癒すような心優しさがありますが、その分、繊細でもあり失恋などには人一倍傷つきやすいかもしれません。ジェットは心を安定させて恋を順調に育み、ダイオプテーズは心の傷を癒してくれるでしょう。

恋愛運アップに良い石

ジェット
⇒P209

ダイオプテーズ
⇒P243

＊仕事＊

### 配慮の細やかさ

仕事に関しては細やかな配慮で物事を進めていきます。しかし、新しい作業や見知らぬ人と頻繁に関わるようなことには苦手意識を感じやすいでしょう。カーネリアンは新しい事態にも意欲的に関われる強さを、アンデシンは初対面の相手とも調和のある関係を築けるようサポートします。

仕事運アップに良い石

カーネリアン
⇒P218

アンデシン
⇒P270

＊お金＊

### 長期運用は苦手

日々のやりくりは得意なほうですが、長期的な運用などに関してはうかつな面も見られるかもしれません。積み立てなど自動的に処理できるようにしておくのもおすすめです。テクタイトはお金に関するインスピレーションと長期的な視点をもたらし、オレンジカルサイトは金運を呼び込みます。

金運アップに良い石

テクタイト
⇒P210

オレンジカルサイト
⇒P219

＊この日の石を使うと……感情の波立ちをなだめ、心に平穏と落ち着きをもたらしてくれるでしょう。

## 裏性格 *the other side...* 6月21日

この日の守護石　キャストライト　サンゴ

### 仲介や旗振り役

同じ目的を持つ人たちとともに行動し、その中で自分なりの役割を担おうとする人です。周りの空気に対して敏感で、周囲の人たちと調和しつつ、その中で自分の才能や個性をうまく発揮していくことができるでしょう。また、目的を遂行するために皆の気持ちをひとつにしようと場を盛り上げたり、軋轢があるメンバー同士の仲介に入ったりすることも。仲間たちから自然とリーダーとしてみなされたり、目的達成への旗振り役を担ったりすることも多いかもしれません。

2/20、2/21、4/10、4/11、10/23、10/24　1/24、1/25、4/20、4/21、8/23、8/24　3/21、3/22、9/23、9/24、11/22、11/23　1/18、1/19、5/22、5/23、12/22、12/23



## 裏性格 *the other side...* 6月22日

この日の守護石　サンゴ　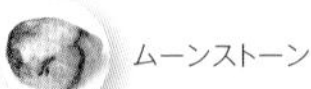ムーンストーン

### 集団での役割を担う

大きな集団の中で、自分の役割をきちんととらえ、それを無理なく遂行できる人です。共感力が高く、自分を取り巻く多くの人たちの気持ちを丁寧に拾い上げ、その中で必要とされる役割を自然にこなしていくようです。時には責任の重い役割を任されるようなこともあり重圧を感じることも多いのですが、皆のためと思うと不思議と力が湧き、最後まで役割を完遂することができるはず。また、そのような時も多くの援助によって支えられるでしょう。

2/21、2/22、4/11、4/12、10/24、10/25　1/25、1/26、4/21、4/22、8/24、8/25　3/22、3/23、9/24、9/25、11/23、11/24　1/19、1/20、5/23、5/24、12/23、12/24

## 裏性格 *the other side...* 6月23日

この日の守護石　ラリマー　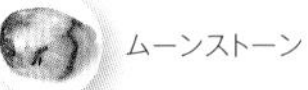ムーンストーン

### 周囲の流れをつかむ

周囲の雰囲気を読み取る能力が高く、迷った時はその流れに任せてピンチを切り抜ける人です。危機察知能力も高いのですが、慌てず騒がず状況を丁寧にとらえ、それを素早く考慮に入れながら、その状況に対して最も必要な言葉を放ったり、行動として打ち出したりしていきます。さらにその良い結果へと至っても本人にとってこの意識の流れは当たり前のことであり、最も必要な一手はごく自然に繰り出されるものなので、ピンチそのものの実感もないかもしれません。

2/22、2/23、4/12、4/13、10/25、10/26　1/26、1/27、4/22、4/23、8/25、8/26　3/23、3/24、9/25、9/26、11/24、11/25　1/20、1/21、5/24、5/25、12/24、12/25

## 裏性格 *the other side...* 6月24日

この日の守護石　キャストライト　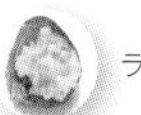ラリマー

### 気持ちを読み取る

人の気持ちを読み取る能力が高く、相手の求める対応を自然に打ち出しながら目的を遂げることのできる人です。プライドの高い相手はほめちぎり、コンプレックスの強い人には低姿勢に……など相手の内面を読み取りつつ、気持ちを乗せ、自分の求める結果へと導いていくでしょう。難しい相手を懐柔したり、仕事や趣味などで重要な人物を引き込んだりするのがうまいため、周りから対人対応能力の高い人として認識され、何かと重宝されることが多いかもしれません。

2/23、2/24、4/13、4/14、10/26、10/27　1/27、1/28、4/23、4/24、8/26、8/27　3/24、3/25、9/26、9/27、11/25、11/26　1/21、1/22、5/25、5/26、12/25、12/26

# 6月25日～6月28日

＊ 蟹座4～7度／水星 ＊

## 協調的に歩む

周囲の人たちと協調しながら、未来に向かって歩んでいくことを望む傾向があります。周りの人たちの感情を読み取ることがうまく、相手の感情を理解し、そのうえでどう動くべきかをアドバイスすることも多いでしょう。また、尊敬できる人・共感できる人から何かを学び成長していきます。この時、細やかな観察力から相手の在り方・スキルなどをしっかり刷り込み、自分の糧としていくようです。相手に合わせて話し方を変えるなどして、相手の理解しやすいように表現していくことも得意なので、何かと相談相手として頼られることも多いかもしれません。チューライトは他者への配慮を促します。プレナイトは疲れた時のリラックスと癒しにおすすめ。フローライトは無邪気な明るさをもたらし、ブルーカルセドニーは周囲の人とのコミュニケーションを円滑にしてくれるでしょう。

守護石

チューライト
⇒P235

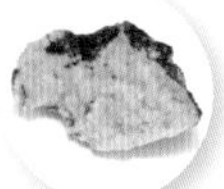

プレナイト
⇒P246

フローライト
⇒P246

ブルーカルセドニー
⇒P255

＊ 恋愛・人間関係 ＊

### 相手の求める対応を提示

相手の気持ちをすっと読み取り、相手にとって必要な言葉を無理なくかけることができるので、自然に恋へと発展していきやすいでしょう。ただし、定番好きなことからデートなどのマンネリ化に注意を。ソーダライトは恋に安定感をもたらし、メタモルフォーシスはマンネリを解消します。

＊ 仕事 ＊

### 気遣いで円滑に

気遣いがうまく、周りの人たちや仕事相手との心の交流をもって協調し合うことで、仕事を円滑に進めることができるようです。小さくまとまりやすいので、大きな目標を掲げておくのも大切。スピネルは大きな志を意識させて仕事の意欲を高め、アズライトはスキルアップに良いでしょう。

＊ お金 ＊

### 気分で散財

その場の気分でお金を使ってしまう傾向があります。特に落ち込んだり、イライラしていたりする時などは散財傾向が増大しやすいかもしれません。アクアオーラは冷静さを引き出して必要な品かどうかの判断力を高め、ギベオン隕石は心のバランスを取り、金運を安定させてくれるでしょう。

恋愛運アップに良い石

ソーダライト
⇒P261

メタモルフォーシス
⇒P278

仕事運アップに良い石

スピネル
⇒P214

アズライト
⇒P259

金運アップに良い石

アクアオーラ
⇒P250

ギベオン隕石
⇒P279

＊ この日の石を使うと……他者の感情を敏感に察知でき、相手とのトラブル解消に役立つでしょう。

## 裏性格 *the other side...* 6月25日

この日の守護石

チューライト

フローライト

### 果敢な挑戦

ポジティブな姿勢を持つ、当たって砕けろ精神の旺盛な人です。特に停滞した状況やマンネリ化した集団に対して、それを改善しようと自分の意欲や意思を積極的に表現していきますが、やってみなければわからないとばかりに果敢にぶつかっていくでしょう。たいていはうまくいかないことが多いのですが、失敗しても簡単にへこまず、違う策を繰り出しながら再挑戦していきます。どんな失敗もきちんと受け止め、それを糧に成長し、大成していくでしょう。

♡ 2/24、2/25、4/14、4/15、10/27、10/28 ◎ 1/28、1/29、4/24、4/25、8/27、8/28 ◎ 3/25、3/26、9/27、9/28、11/26、11/27 ☆ 1/22、1/23、5/26、5/27、12/26、12/27

## 裏性格 *the other side...* 6月26日

この日の守護石

プレナイト

ブルー カルセドニー

### 常識を覆す

当たり前や普通といった感覚をあえてひっくり返していこうとする人です。その行動により周りの人をびっくりさせることになるのですが、こうした行ないを繰り返していくことで、反応の違いを確認しながら集団心理を熟知していき、より大きな影響力の与え方を体得していくのです。人の気持ちを刺激するあおり方もうまく、自分の意図する方向へ人の気持ちを盛り上げますが、あまり悪意はなく、むしろどこかしら人のためになっていることが多いかもしれません。

♡ 2/25、2/26、4/15、4/16、10/28、10/29 ◎ 1/29、1/30、4/25、4/26、8/28、8/29 ◎ 3/26、3/27、9/28、9/29、11/27、11/28 ☆ 1/23、1/24、5/27、5/28、12/27、12/28

## 裏性格 *the other side...* 6月27日

この日の守護石

チューライト

ブルー カルセドニー

### 心のよりどころを守る

自分だけでなく、周りの人たちにとっても大切な事柄を心の中心に据え、それを守ろうとする人です。大切な人たちを見守りつつ、ともに心のよりどころとなるものを守っていきますが、時にはそれを守るために自分自身を投げ出して戦うことができるでしょう。家族思い、仲間思いな人でもありますが、普段は穏やかな人柄が前面に出て、そういった熱さを見せないので、いざという時に皆のために強い行動に出ると驚かれることもあるようです。

♡ 2/26、2/27、4/16、4/17、10/29、10/30 ◎ 1/30、1/31、4/26、4/27、8/29、8/30 ◎ 3/27、3/28、9/29、9/30、11/28、11/29 ☆ 1/24、1/25、5/28、5/29、12/28、12/29

## 裏性格 *the other side...* 6月28日

この日の守護石

プレナイト

フローライト

### 遊びでゆとりを出す

忙しさに追い詰められることなく、その中で楽しみを見つけて心のゆとりを持つことのできる人です。やらなければならないことはきっちりとこなしますが、その隙間にこっそり遊んだり、作業の中での楽しみを見つけたり、余裕を持ちつつ物事を進めていける才能があるでしょう。また、切羽詰まった状況でも、その中から遊び的な要素を引き出しながら、周囲の人たちのモチベーションを保つのもうまく、忙しくなるほど頼りにされることが多いかもしれません。

♡ 2/27、2/28、4/17、4/18、10/30、10/31 ◎ 1/31、2/1、4/27、4/28、8/30、8/31 ◎ 3/28、3/29、9/30、10/1、11/29、11/30 ☆ 1/25、1/26、5/29、5/30、12/29、12/30

# 6月29日〜7月2日

＊ 蟹座8〜10度／金星 ＊

## 愛ある場を作り上げる

周りの人と共感しながら、豊かで愛情ある場を形成していくことができるでしょう。楽しいことや面白いことを仲間たちと分かち合い、ほほえみ合う中で安心できる環境を作り上げていくのです。また、チームワークを使って何かをする時もムードメーカーとして、チーム全体のモチベーションアップに貢献します。自分が楽しいと感じたことに対して、誰かに共感してもらって、その気持ちを確認するところもあるため、ひとりでいることにさみしさを感じやすいかもしれません。特に仲間のいない中での活動には、孤独感から落ち込むこともあるでしょう。サードオニキスは仲間との愛情ある関係形成を助け、クンツァイトは孤独感を解消します。モスアゲートは落ち込みを緩和し、フェアリーストーンは気持ちにゆとりをもたらしてくれるでしょう。

守護石

サードオニキス
⇒P219

クンツァイト
⇒P234

モスアゲート
⇒P247

フェアリーストーン
⇒P288

### ＊ 恋愛·人間関係 ＊
温かい愛情を注ぐ

好きな相手には温かい愛情を注ぎつつ、恋を育んでいく傾向があります。相手のフォローもうまいので、そこから関係が発展していきますが、世話をしすぎて保護者扱いされる場合も。ロードクロサイトは純粋な愛情を相手に伝え、ネフライトは関係を安定させて恋を長続きさせてくれるでしょう。

恋愛運アップに良い石

ロードクロサイト
⇒P233

ネフライト
⇒P244

### ＊ 仕事 ＊
なじめる場で能力発揮

仕事仲間との関係性次第で、仕事の出来に差が出やすいかもしれません。なじめない人の中では意欲も半減し、仕事の効率も下がりがちに。レッドガーネットはどんな場でも仕事の熱意に火をつけて効率をアップさせ、アンデシンはなじめない人とも調和を取れるよう支えてくれます。

仕事運アップに良い石

レッドガーネット
⇒P216

アンデシン
⇒P270

### ＊ お金 ＊
かわいさで散財

金額的には高くないのですが、「かわいい」と思った雑貨や服などをつい購入してしまい、いつの間にか財布の中身が空……ということが多いかもしれません。ファイヤーアゲートは本当に心動かされるものを購入するよう促し、アパタイトは無駄遣いを防いで金運を安定させてくれるでしょう。

金運アップに良い石

ファイヤーアゲート
⇒P221

アパタイト
⇒P253

＊ この日の石を使うと……他者との共感力が高まり、相手との関係がより良好なものになっていくでしょう。

## 裏性格 *the other side...* 6月29日

この日の守護石  クンツァイト  フェアリーストーン

### 秘密の活動がカギ

人には内緒の趣味や活動を持つことで、心豊かに生きていける人です。豊かな感受性を持ちますが、他者には感じられないものに対しても敏感に反応するようです。そのため、人に話してもわかってもらえないことが多く、場合によっては人に隠しておいたほうが良いことも。こうした傾向を趣味や個人的な楽しみとして昇華すると、内面がグッと安定しますが、さらに気力も大きくチャージされていくため、力強く人生を歩む原動力ともなるでしょう。

♡ 2/28、2/29、4/18、4/19、10/31、11/1 2/1、2/2、4/28、4/29、8/31、9/1 3/29、3/30、10/1、10/2、11/30、12/1 1/26、1/27、5/30、5/31、12/30、12/31

## 裏性格 *the other side...* 6月30日

この日の守護石  サードオニキス  モスアゲート

### なりたい自分を目指す

なりたい自分を常に意識し、努力を続ける人です。特に人間観察力が鋭いため、目指す姿を体現している人物の振る舞いをうまく取り入れつつ、自分を磨いていくでしょう。また、その観察力を自分だけでなく、集団全体をより良い方向に導く場面で発揮することも可能なので、コーチ的な立場を得る場合も。なりたい自分像を明確にイメージしたり、憧れの人物が複数いる場合は人数を絞りながらお手本にしたりすることで、ブレることなく自分の望みの姿を実現できるはずです。

♡ 2/29、3/1、4/19、4/20、11/1、11/2 2/2、2/3、4/29、4/30、9/1、9/2 3/30、3/31、10/2、10/3、12/1、12/2 1/1、1/27、1/28、5/31、6/1、12/31

## 裏性格 *the other side...* 7月1日

この日の守護石  サードオニキス  クンツァイト

### 揺れ動く感情を支える

他者の感情の揺れ動きに敏感で、その繊細な部分にすっと手を伸ばせる人です。共感力が高く、傷ついた人の気持ちを繊細にキャッチしていきますが、それを遠巻きにせず、あえてその状況に切り込んでいって、全力で相手を助けようとするでしょう。やわらかい感受性と熱いハートの持ち主といえるかもしれません。また、相手がいってほしいと思う言葉やこうしてほしいと思っていることを打ち出すことができるので、自然と仲間が集まってくるようです。

♡ 2/29、3/1、4/20、4/21、11/1、11/2 2/3、2/4、4/29、4/30、9/1、9/2 3/30、3/31、10/2、10/3、12/1、12/2 1/1、1/28、1/29、6/1、6/2、12/31

## 裏性格 *the other side...* 7月2日

この日の守護石  モスアゲート  フェアリーストーン

### 自分の感情を表現する

大切にしている感情や感じたことなどについて、その輝きを損ねぬよう表現しようとする人です。優れた感受性を持ち、そこでとらえたものを言葉や作品として表現していきたい気持ちが高まり、実際に実行していくでしょう。しかし気持ちを形にするという難しさから、何度も試行錯誤することになり、うまくいかないといった経験も多いかもしれません。それでも地道に積み重ねていくことで、他者の心を打つような表現を確立していくことになるようです。

♡ 3/1、3/2、4/21、4/22、11/2、11/3 2/4、2/5、4/30、5/1、9/2、9/3 3/31、4/1、10/3、10/4、12/2、12/3 1/1、1/2、1/29、1/30、6/2、6/3

# 7月3日～7月7日

＊ 蟹座11 ～ 15度／太陽 ＊

## 仲間とともに歩む

ひとりで何かをするよりも、信頼できる仲間たちと行動していくことに意義を感じる傾向があります。そのため、仲間を大切にし、自らその中の調整役やまとめ役としてのリーダーを担うことも多いようです。また、周りの人たちと協力し合いながら何かを発信していきますが、詰めの甘さを指摘される場面もあり、それを丁寧に改善していくことで磨かれていくはず。さらに身の周りの人たちだけではなく、より多くの人と共感していき、その人たちが安心して暮らしていける何かに携わると、人としてさらに大きく成長できるでしょう。ボージーストーンは人をまとめる総合力にテコ入れし、アメジストは疲れた時の癒しに良いでしょう。パールは内面を安定させ、ハウライトは素直に自分を表現して周囲との共感を高めます。

守護石

ボージーストーン
⇒P201

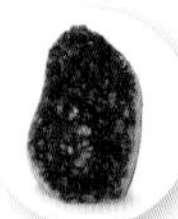

アメジスト
⇒P265

パール
⇒P275

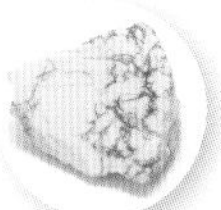

ハウライト
⇒P276

＊ 恋愛･人間関係 ＊

### 守る愛

相手を守りたい、助けたいという気持ちから恋が始まることが多く、相手をフォローしながら愛を育んでいきます。身内意識が高まると家族扱いをしやすく、そこからトラブルもある様子。タイガーアイは関係に新鮮さをもたらし、恋に刺激を与えます。サーペンティンは安定的に愛を育みます。

恋愛運アップに良い石

タイガーアイ
⇒P203

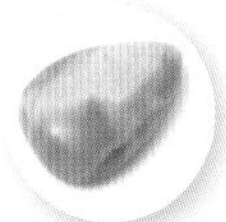

サーペンティン
⇒P228

＊ 仕事 ＊

### 安全優先

仕事に関しては周りと協調しつつ、安定的に進めることができるでしょう。ただし、安全で確実な方向を選択しやすく、大きく舵を切らなければならないような場面では躊躇しがちかもしれません。パイライトは大胆な一歩を促して仕事上の成功をもたらし、スーパーセブンは周囲との調和を安定させます。

仕事運アップに良い石

パイライト
⇒P223

スーパーセブン
⇒P286

＊ お金 ＊

### インテリアに力を入れる

比較的安定傾向です。インテリアやキッチンツールなど家で使うものにはお金をかける傾向がありますが、その場の気持ちの盛り上がりで大物を買ってしまう恐れも。サンストーンは本当に必要なものかを見極めさせ、カバンサイトはお得な商品に出会う物品運を高めます。

金運アップに良い石

サンストーン
⇒P220

カバンサイト
⇒P260

＊ この日の石を使うと……多くの人たちとの調和的な関係を形成することができるでしょう。

## 裏性格 *the other side...* 7月3日

この日の守護石

アメジスト

ハウライト

### 中身を重視して付き合う

肩書きや格付けなどに意味のないことを知っている人です。表面的なことにとらわれず、人の中身を重要視して、内面の豊かな人たちと関わっていこうとするでしょう。また、そうした人たちと共感をベースとした関係性を築いていくことで、自分なりの価値観を育て、人として大きく成長していくことになるようです。

3/2、3/3、4/22、4/23、11/3、11/4　2/5、2/6、5/1、5/2、9/3、9/4　4/1、4/2、10/4、10/5、12/3、12/4　1/2、1/3、1/30、1/31、6/3、6/4

蟹座

## 裏性格 *the other side...* 7月4日

この日の守護石

ボージーストーン

パール

### 信じるものに力を注ぐ

これと決めたことに対して、信念を持って関わっていく人です。一見価値のなさそうに見えるものでも、自分にとって大いに意味のあるテーマが見つかった時、粘り強くそれに関わり、大成させていくことができるでしょう。信じる力がモチベーションになるタイプで、信念のありどころがすべてのカギになります。

3/3、3/4、4/23、4/24、11/4、11/5　2/6、2/7、5/2、5/3、9/4、9/5　4/2、4/3、10/5、10/6、12/4、12/5　1/3、1/4、1/31、2/1、6/4、6/5

## 裏性格 *the other side...* 7月5日

この日の守護石

ボージーストーン

アメジスト

### 信念を貫き続ける

自分の信念をひたすら貫き続ける人です。表面上は人に合わせる柔軟さを持ちますが、心の奥底には自分の意思を曲げない強さがあるようです。また、信念に付随した活動に対してはフルパワーで取り組み、それ以外のことに関して緩く流す傾向も。自分に共感してくれる人に対しては、助力を惜しまない熱さもあります。

3/4、3/5、4/24、4/25、11/5、11/6　2/7、2/8、5/3、5/4、9/5、9/6　4/3、4/4、10/6、10/7、12/5、12/6　1/4、1/5、2/1、2/2、6/5、6/6

## 裏性格 *the other side...* 7月6日

この日の守護石

アメジスト

パール

### 深さと冷静さ

深い内面と冷静な視点を持つ人です。物事について常に思慮深く考察し、突き詰めて考える傾向から、時々落ち込むことなどもある様子。また、他者に対して期待しすぎず、ある意味達観している部分があるので、相手がどんな幼稚な部分を持っていても、優しく受け入れてあげることのできる懐の広さも魅力的でしょう。

3/5、3/6、4/25、4/26、11/6、11/7　2/8、2/9、5/4、5/5、9/7、9/8　4/4、4/5、10/7、10/8、12/6、12/7　1/5、1/6、2/2、2/3、6/6、6/7

## 裏性格 *the other side...* 7月7日

この日の守護石

パール

ハウライト

### 仲間を喜ばせる

大切な人たちとの時間をより良いものにしていこうとする人です。共感力が高く、大切な家族や仲間と行動する時は、その一瞬一瞬が最高のものとなるよう尽力し、皆を喜ばせようとします。目の前の相手の気持ちを中心に考えるので、ありきたりな行動になりやすいのですが、それが共感を呼び、魅力として映るでしょう。

3/6、3/7、4/26、4/27、11/7、11/8　2/9、2/10、5/5、5/6、9/8、9/9　4/5、4/6、10/8、10/9、12/7、12/8　1/6、1/7、2/3、2/4、6/7、6/8

# 7月8日～7月12日

＊ 蟹座16～20度／火星 ＊

## 仲間思いの人情家

大切な人たちのために、熱くなれる人情家です。普段は心優しく温和な雰囲気でも、仲間を守るためには強い態度で行動を打ち出していきます。また、仲間たちにとってプラスになることをプッシュしていきますが、熱心すぎて結果的に衝突することもある様子。内弁慶な傾向もあり、信頼した相手だからこそ甘えてしまって、わがままや自分勝手な振る舞いをすることも多いかもしれません。それでも周りの人たちと気持ちをひとつにして、安心できる未来を作ろうと精力的に動いていくでしょう。サンゴは仲間を思いやる気持ちを育み、スギライトは頑張った後の心身の疲れを癒してくれます。スコレサイトは怒りや負のエネルギーを吸収し、ミルキークォーツは感情のコントロールをサポートしてくれるでしょう。

守護石

サンゴ
⇒P213

スギライト
⇒P265

スコレサイト
⇒P272

ミルキークォーツ
⇒P277

＊ 恋愛･人間関係 ＊

### 温かく一途な愛

好きになった相手には一途に思いを捧げ、積極的に温かい関係を作ろうとするでしょう。ただし、付き合いが長くなってくるとわがままぶりが出て、関係に亀裂が入ることも。ブラックトルマリンは心を安定させてわがままによるトラブルを防ぎ、レッドジャスパーは熱い思いを相手に伝えます。

＊ 仕事 ＊

### 士気を上げて成果を得る

周囲の人たちへの熱心で丁寧な配慮が、職場全体の士気を高め、全体で成果を挙げる要因になるようです。時折意識する範疇が狭くなりがちなので、今だけでなく先を見据えるなど努力していきましょう。クロコアイトは未来を意識するよう促し、ルビーは仕事への熱意を高めます。

＊ お金 ＊

### 対向からの出費も

自分に対しては割と安定的に使っていきますが、仲間におごったり、ライバルに負けないようより良いアイテムを購入したりするなどで無駄な出費も。ジンカイトは基本的な金運を高め、アパタイトは情緒を安定させて、他者を意識しすぎてお金を使うことのないようフォローしてくれるでしょう。

恋愛運アップに良い石

ブラックトルマリン
⇒P208

レッドジャスパー
⇒P216

仕事運アップに良い石

クロコアイト
⇒P213

ルビー
⇒P215

金運アップに良い石

ジンカイト
⇒P220

アパタイト
⇒P253

＊ **この日の石を使うと……** 多くの人たちとの活動を促進してくれます。集団で行動する時に良いでしょう。

## 裏性格 the other side… 7月8日

この日の守護石

スコレサイト

ミルキークォーツ

### 気持ちを形に

心の中にあるものを形にしていこうとする人です。感謝の気持ち、残念な気持ち……自分の中にある様々な感情を、行動や言葉に表していくことがうまく、心理面と動向が合致しているといえます。気持ちが顔に出やすいのですが、他者に対する配慮を自然な形で表現できるため、心優しい気遣いの人としてみなされるでしょう。

3/7、3/8、4/27、4/28、11/8、11/9 2/10、2/11、5/6、5/7、9/9、9/10 4/6、4/7、10/9、10/10、12/8、12/9 1/7、1/8、2/4、2/5、6/8、6/9

## 裏性格 the other side… 7月9日

この日の守護石

スギライト

ミルキークォーツ

### 可能性を育てる

自分の可能性を信じ、コツコツと努力していける人です。自分自身の才能や技能など、ほんの小さな成長の芽を見つけると、地道に研鑽し、それを育てていくでしょう。たとえ、将来的にどのような形に変化するか未確定なものであっても、先を信じて丁寧にエネルギーを注ぎながら成長させていくようです。

3/8、3/9、4/28、4/29、11/9、11/10 2/11、2/12、5/7、5/8、9/10、9/11 4/7、4/8、10/10、10/11、12/9、12/10 1/8、1/9、2/5、2/6、6/9、6/10

## 裏性格 the other side… 7月10日

この日の守護石

サンゴ

スコレサイト

### 目的に向けて歩む

目的設定がなされると、それに適した方法を選び、着実に実行していく人です。状況判断力が高く、何かやりたいことがあると、そのために必要な材料、段取りなどを素早くはじき出し、適切に実行して成果を得ます。ただし、目的がない時は緩みきるので、オン・オフの切り替わりの激しい人とみなされている場合も。

3/9、3/10、4/29、4/30、11/10、11/11 2/12、2/13、5/8、5/9、9/11、9/12 4/8、4/9、10/11、10/12、12/10、12/11 1/9、1/10、2/6、2/7、6/10、6/11

## 裏性格 the other side… 7月11日

この日の守護石

サンゴ

スギライト

### 仲間内の役割を担う

周りの人たちを大切にし、その中での役割を自分なりに見いだそうとする人です。人の気持ちに対する敏感さがあり、そこから自分の関わる集団の中で自分にできる役割を見つけ、自分からそれを担っていくでしょう。仲間に頼られる喜びがモチベーションとなりますが、仲間内の和を大切にしながら、全体の気力を高めていくようです。

3/10、3/11、4/30、5/1、11/11、11/12 2/13、2/14、5/9、5/10、9/12、9/13 4/9、4/10、10/12、10/13、12/11、12/12 1/10、1/11、2/7、2/8、6/11、6/12

## 裏性格 the other side… 7月12日

この日の守護石

サンゴ

ミルキークォーツ

### 小さな繰り返しで達成

人の気持ちを自然に拾う力と素直な明るさが魅力の人です。目を引くような実力はなくても、日々の小さな繰り返しが着実に成果を生むことを知っていて、それを活用しながら物事を最後まで成し遂げるようです。また、ちょっとした楽しみや喜びを見つけながら、それを心の糧に前進し、いつの間にか成果を挙げていることも。

3/11、3/12、5/1、5/2、11/12、11/13 2/14、2/15、5/10、5/11、9/13、9/14 4/10、4/11、10/13、10/14、12/12、12/13 1/11、1/12、2/8、2/9、6/12、6/13

# 7月13日～7月17日

＊ 蟹座21 ～ 24度／木星 ＊

## 仲間への親切から豊かさへ

周りにいる大切な人たちのために、自分にできることを精いっぱい提供しようとする傾向があります。仲間に対しての小さな親切は、すぐさまリアクションとしてその人たちから様々な恩恵を受けることになり、気持ちのやりとりにより豊かさを受け取るようです。人の気持ちを察して行動したり、関わる人たちの和を大切にしたりするので、いつの間にか相談役になったり、周りの人たちのまとめ役になったりすることも多いかもしれません。身内という範疇を意識的に広げていくことで、多くの人に安心できる場と希望を提供できる人として成長していけるでしょう。アポフィライトは霊性を高め、マザーオブパールは内面を安定させます。オーシャンジャスパーは心身を癒し、オパールは希望ある未来を意識させ内的な成長を促します。

守護石

アポフィライト
⇒P270

マザーオブパール
⇒P277

オーシャンジャスパー
⇒P284

オパール
⇒P285

### ＊ 恋愛·人間関係 ＊
### 保護的な愛情

好きな人に対してはできるだけ助けてあげたい、フォローしてあげたいという気持ちがあり、それを行動に移しつつ、恋を育むでしょう。ただし、いきすぎると保護者的なポジションに落ち着いてしまう場合も。ジェイドは対等な関係性を育み、マラカイトは深い愛情を表現させます。

### ＊ 仕事 ＊
### 場をまとめる

周囲を気遣い、職場全体の雰囲気をより良くまとめつつ、全体で成果を出していこうとします。しかし、ひとりで行動するような状況は苦手かもしれません。ルチルクォーツは仕事への意欲を高めます。アゼツライトは直感力を高め、ひとりで行動する時の心もとなさを解消してくれるでしょう。

### ＊ お金 ＊
### 思いやりから財運アップ

財運はなかなか高めです。他者に対する親切や思いやりが物質的な運気をより豊かにしていくでしょう。また、何かもらった時に感謝したり、手厚くお礼をしたりするとさらに相乗効果が。マーカサイトは配慮し合う心を高めて金運アップに結びつけます。ダンビュライトは金運を手堅く高めるお守りに。

恋愛運アップに良い石

ジェイド
⇒P243

マラカイト
⇒P247

仕事運アップに良い石

ルチルクォーツ
⇒P226

アゼツライト
⇒P268

金運アップに良い石

マーカサイト
⇒P224

ダンビュライト
⇒P273

＊ この日の石を使うと…… 大切な人たちとの気持ちのやりとりを促進し、豊かさを引き寄せてくれるでしょう。

## 裏性格 *the other side...* 7月13日

この日の守護石

マザーオブパール

オーシャンジャスパー

### 努力の成果を表現

きちんと努力をして結果を出し、それを周囲にアピールできる人です。生まれ持った資質を磨いたり、自分なりに目指すものがあったりする時、一心不乱に努力し、着実に成果をつかむでしょう。また、自分の活動の成果をしっかりと提示しながら、自分の価値を周囲に認めてもらう努力も怠らないので、それなりの地位を得る可能性も大です。

3/12、3/13、5/2、5/3、11/13、11/14　2/15、2/16、5/12、5/13、9/14、9/15　4/11、4/12、10/14、10/15、12/13、12/14　1/12、1/13、2/9、2/10、6/13、6/14

蟹座

## 裏性格 *the other side...* 7月14日

この日の守護石

オーシャンジャスパー

オパール

### 好機をつかんで前進

夢や願いに対して、チャンスを狙ってタイミングを計ることのできる人です。必要であれば、いつまでも待つことができるので、欲がないように見られることも。しかし心に抱く夢は大きく、実現できるチャンスが来た途端、全力でその好機をとらえ、すさまじい集中力や実行力とともに成果を打ち出していくでしょう。

3/13、3/14、5/3、5/4、11/14、11/15　2/16、2/17、5/13、5/14、9/15、9/16　4/12、4/13、10/15、10/16、12/14、12/15　1/13、1/14、2/10、2/11、6/14、6/15

## 裏性格 *the other side...* 7月15日

この日の守護石

アポフィライト

オパール

### 多面的に考慮

何か起こった際に様々な面から考察し、可能性を考慮することのできる人です。アイデアが豊富で、どんな場でも自分なりにいろいろな発想を広げていくでしょう。特に人との議論や話し合いという場面では、自由に意見しつつ他者の話も取り入れながら発展させるため、予定よりも飛躍した結果に導かれることも多いようです。

3/14、3/15、5/4、5/5、11/15、11/16　2/17、2/18、5/14、5/15、9/16、9/17　4/13、4/14、10/16、10/17、12/15、12/16　1/14、1/15、2/11、2/12、6/15、6/16

## 裏性格 *the other side...* 7月16日

この日の守護石

アポフィライト

マザーオブパール

### 交流により成長

才能のある仲間たちとの交流で磨かれていく人です。エキセントリックで鋭い人たちと縁があり、そういう人々と深く関わることで、自分の生き方や発想をより優れたものへと磨いていくでしょう。またあえて、そのような人たちのいる場に飛び込む傾向も。変人慣れしている面もあり、難しい人を懐柔するのも得意なようです。

3/15、3/16、5/5、5/6、11/16、11/17　2/18、2/19、5/15、5/16、9/17、9/18　4/14、4/15、10/17、10/18、12/16、12/17　1/15、1/16、2/12、2/13、6/16、6/17

## 裏性格 *the other side...* 7月17日

この日の守護石

アポフィライト

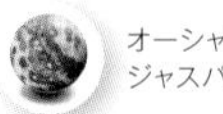
オーシャンジャスパー

### 強い意志を発揮

普段は温和ですが、自分の意志を持って行動する時に圧倒的な強さを打ち出す人です。自分の得意とする分野に関しては高い実力と自負を抱いており、それに関する活動においてはカリスマ的な力で周囲を魅了します。普段の様子とスイッチが入った時のギャップも魅力的で、隠れファンが周りに多いかもしれません。

3/15、3/16、5/6、5/7、11/16、11/17　2/19、2/20、5/15、5/16、9/17、9/18　4/14、4/15、10/17、10/18、12/16、12/17　1/15、1/16、2/13、2/14、6/17、6/18

# 7月18日～7月22日

＊ 蟹座25～29度／土星 ＊

## 慎重に他者へ配慮

人の気持ちに対して、極力配慮しなければならないと思っていますが、時折それ自体に息苦しさを感じることもあるようです。配慮し忘れて失敗することもあり、そうした面にことさら慎重にならざるを得ないかもしれません。自分の好きなことをやっていきたいと思いつつも、なかなかうまくいかずジレンマを感じますが、関わる相手や状況の違いで、時には自分らしく、時には周りに合わせるなどしてそれらを切り替えていくとストレスが減るでしょう。デザートローズは状況による気持ちの切り替えをスムーズにし、セレスタイトはジレンマを解消しつつ、周囲との関係を良好にしてくれるでしょう。ハーキマーダイヤモンドは自分らしさの表現をサポートし、ミルキークォーツはストレスを緩和してくれます。

守護石

デザートローズ
⇒P204

セレスタイト
⇒P254

ハーキマーダイヤモンド
⇒P275

ミルキークォーツ
⇒P277

＊ 恋愛・人間関係 ＊

### 相手を大切にする愛

相手の気持ちに配慮しながら、丁寧に愛を育んでいきます。ただし、相手優先で自分の気持ちを表現できず、もやもやすることも。スモーキークォーツは自分の気持ちにじっくり意識を向け、少しずつ表現させて不満を解消してくれるでしょう。ペトリファイドウッドは安定した関係性を作るサポートに。

＊ 仕事 ＊

### 地道な仕事ぶり

周囲への落ち着いた配慮や地道な仕事ぶりから、人をまとめるような立場に置かれることが多いかもしれません。その分、自分で決断するといった勢いが必要な場面も増えそうです。ブラッドストーンは決断力を高め、水晶は心を落ち着かせて仕事全体を統合する調和力をもたらしてくれるでしょう。

＊ お金 ＊

### 手堅い財運

お金に関しては手堅い傾向が見られます。しかし、大きな買い物や運用などの際、手堅さが足を引っ張り、チャンスなどを逃してしまう場合も。ハイパーシーンは手堅さを保ちつつ、必要な決断を下す気力を高めます。クリソプレーズは金運全体をアップさせ、お金の回りを良くしてくれるでしょう。

恋愛運アップに良い石

スモーキークォーツ
⇒P203

ペトリファイドウッド
⇒P204

仕事運アップに良い石

ブラッドストーン
⇒P245

水晶
⇒P269

金運アップに良い石

ハイパーシーン
⇒P207

クリソプレーズ
⇒P242

＊ この日の石を使うと…… 自分と集団との関係性が改善されるでしょう。軋轢などがある時には特に◎。

## 裏性格 *the other side...* 7月18日

この日の守護石

セレスタイト

ハーキマーダイヤモンド

### 高い教養とゆとり

やわらかな物腰と品格を感じさせる風情のある人です。精神性を高めるような教養に通じ、内面の豊かさを態度として表していく傾向もあるため、ゆとりのある様子が周囲にとって魅力的に映るでしょう。本人自身は知性や技能を高めるために努力をしていても、それがあまり周りには見えないため、別格扱いされることも。

3/16、3/17、5/7、5/8、11/17、11/18　2/20、2/21、5/16、5/17、9/18、9/19　4/15、4/16、10/18、10/19、12/17、12/18　1/16、1/17、2/14、2/15、6/18、6/19

## 裏性格 *the other side...* 7月19日

この日の守護石

セレスタイト

ミルキークォーツ

### 全力で守る

大切なものや人々を守るために、全力を尽くすことのできる人です。自分自身が攻撃されてもそれほど気にしませんが、仲間や身内の悪口をいわれると、途端に総力を挙げて反撃をするようです。忍耐力もあり、どんな状況でもじっと待ちながら好転するタイミングをつかみ、最終的に形勢を逆転させる強さもあるでしょう。

3/17、3/18、5/8、5/9、11/18、11/19　2/21、2/22、5/17、5/18、9/19、9/20　4/16、4/17、10/19、10/20、12/18、12/19　1/17、1/18、2/15、2/16、6/19、6/20

## 裏性格 *the other side...* 7月20日

この日の守護石

デザートローズ

ハーキマーダイヤモンド

### 異質なものから発展

異質なものを受け入れつつ、自分の可能性を広げることのできる人です。異業種交流など自分とは関わりのない分野の人々に触れつつ、自分の中にある新しい可能性の芽をうまく拾い、それを発展させていくでしょう。趣味、年齢、国籍、人種、宗教を超えた幅広い人脈を持ち、それをうまく繋げて活用していくことも。

3/18、3/19、5/9、5/10、11/19、11/20　2/22、2/23、5/18、5/19、9/20、9/21　4/17、4/18、10/20、10/21、12/19、12/20　1/18、1/19、2/16、2/17、6/20、6/21

## 裏性格 *the other side...* 7月21日

この日の守護石

デザートローズ

セレスタイト

### 経験と直感力

経験からくる質の高い判断力と純粋な直感力を持ち、それをバランス良く使うことのできる人です。経験則だけ、勘だけ、ということにならず、それらを総合的に使って結論を導き出していくでしょう。何かと他者から相談を受けることも多いのですが、相手に共感しつつ、論理的に意見することから信頼を得るようです。

3/19、3/20、5/10、5/11、11/20、11/21　2/23、2/24、5/19、5/20、9/21、9/22　4/18、4/19、10/21、10/22、12/20、12/21　1/19、1/20、2/17、2/18、6/21、6/22

## 裏性格 *the other side...* 7月22日

この日の守護石

ハーキマーダイヤモンド

ミルキークォーツ

### 多角的に確認

様々な視点から物事を観察し、自分の在り方を確認していく人です。今の状況や環境に安易に満足せず、本当にこれで良いのかと自問自答を繰り返すようです。また、常により良いものを求めて努力していくので、本人は落ち着かないのですが、年を経るごとに人として成熟し、内面も磨きがかかっていくでしょう。

3/20、3/21、5/11、5/12、11/21、11/22　2/24、2/25、5/20、5/21、9/22、9/23　4/19、4/20、10/22、10/23、12/21、12/22　1/20、1/21、2/18、2/19、6/22、6/23

# 7月23日〜7月26日

＊ 獅子座0〜3度／月 ＊

## 熱意を表現して歩む

自分の熱意ややりたいことを素直に表現し、行動に移す傾向があります。時には周りとぶつかることもあるようですが、それ以上に自分の気持ちの高まりのほうが強く、状況に負けることなくはっきりと意欲を打ち出していきます。人と違っていても気にせず、むしろオリジナリティ溢れる振る舞い自体に喜びを感じ、やる気とテンションを高めていくでしょう。根は単純な部分も多いのですが、自分らしく、素直に行動していくことが、結局のところ周りの人たちの心を明るく照らし、皆を元気づけることに繋がるようです。カーネリアンは気力回復に良く、オレンジカルサイトは創造性に火をつけます。アクアオーラは目的達成の道のりをサポートし、ハーキマーダイヤモンドは疲れた時に癒してくれるでしょう。

守護石

カーネリアン
⇒P218

オレンジカルサイト
⇒P219

アクアオーラ
⇒P250

ハーキマーダイヤモンド
⇒P275

＊ 恋愛・人間関係 ＊

### 真っすぐな恋

真っすぐな気持ちを相手にぶつけていくことから恋が始まるようです。子どものように無邪気な姿に相手も惹かれますが、対話を怠るとトラブルに発展しやすいことも。タンジェリンクォーツは明るい魅力を引き出し、ブルーレースアゲートはコミュニケーションを容易にしてトラブルを回避させてくれます。

＊ 仕事 ＊

### テンションに左右される

面白いことに関わっている時は積極的にこなせますが、気乗りしないと途端にクオリティが下がることも。また、地味な作業に疲れを感じることも多いでしょう。アベンチュリンは気乗りしないことの中に喜びを見いだし、仕事への意欲を高め、デンドライトは地道に取り組む力を与えてくれるでしょう。

＊ お金 ＊

### 一点豪華主義

特別な何かにお金を使う傾向があるので、こまごまとした無駄遣いは少ないのですが、一点モノや作家モノを見て、衝動買いすることがありそう。フックサイトは心を落ち着かせ、買い物への焦る気持ちを緩和してくれます。アメトリンはバランス感覚を養い、品物の要・不要の判断力を上げてくれるでしょう。

恋愛運アップに良い石

タンジェリンクォーツ
⇒P221

ブルーレースアゲート
⇒P256

仕事運アップに良い石

アベンチュリン
⇒P240

デンドライト
⇒P274

金運アップに良い石

フックサイト
⇒P245

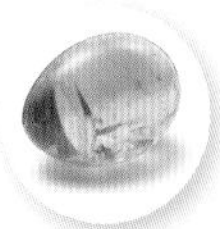
アメトリン
⇒P283

＊ この日の石を使うと……気持ちが高まり、元気が湧いてくるでしょう。テンションアップしたい時に。

裏性格 *the other side...* 7月23日

この日の守護石

オレンジカルサイト

アクアオーラ

### ありのままの自分

自分らしさを前面に出しながら歩んでいこうとする人です。平凡さの中に埋没することを嫌い、時には爆発的な瞬発力で自分の意思を行動として打ち出していくでしょう。人がどう思っているかはあまり気にせず、また人と違っていても気にならないため、エキセントリックなタイプと思われていることも。瞬間的な発想力もあり、それを実行する衝動的な面もありますが、中途半端な妥協や損得勘定のない純粋さが、周囲からは魅力的に映るようです。

3/21、3/22、5/12、5/13、11/22、11/23 2/25、2/26、5/21、5/22、9/23、9/24 4/20、4/21、10/23、10/24、12/22、12/23 1/21、1/22、2/19、2/20、6/23、6/24

裏性格 *the other side...* 7月24日

この日の守護石

アクアオーラ

ハーキマーダイヤモンド

### 魂のままに表現する

純粋な魂を持つ、感情表現の豊かな人です。楽しい時、悲しい時、意欲の高まる時など自分の気持ちをストレートに打ち出しますが、そのパワー感が周りの人たちの気持ちをも揺さぶるので、個人の感情で発したことが周りを大きく動かしていくようです。また、気持ちが高まるような場面を好むため、イベントやお祭りなどの盛り上がる場では率先して動き回ることも。時には火付け役のようなポジションで、楽しみの渦を作り上げていくでしょう。

3/22、3/23、5/13、5/14、11/23、11/24 2/26、2/27、5/22、5/23、9/24、9/25 4/21、4/22、10/24、10/25、12/23、12/24 1/22、1/23、2/20、2/21、6/24、6/25

裏性格 *the other side...* 7月25日

この日の守護石

カーネリアン

オレンジカルサイト

### 自分らしさを生きる

自分なりのオリジナリティやスタイルを持ち続けようとする人です。流行りすたりに流されることを嫌い、自分独自の路線を常に追求し続けるでしょう。また、自分の好きなものや心揺さぶられるものに対しては、徹底的にのめり込む傾向があります。専心するものを全面的に押し出す際に、周りの人たちと衝突したり、誤解されるようなこともあるかもしれませんが、人目よりも自分の大切なものを心の中心に置くため、そのような状況でもあまり気にしないようです。

3/23、3/24、5/14、5/15、11/24、11/25 2/27、2/28、5/23、5/24、9/25、9/26 4/22、4/23、10/25、10/26、12/24、12/25 1/23、1/24、2/21、2/22、6/25、6/26

裏性格 *the other side...* 7月26日

この日の守護石

カーネリアン

ハーキマーダイヤモンド

### 自負とともに邁進する

自分の在り方にきちんと自負を持ち、それを力強くアピールしていくことのできる人です。自分の才能や技能など、自負すべきものを持ち、それを心の軸として力強く邁進していくでしょう。時にはそのありようを証明しなくてはならないような場面でも、ひるむことなく堂々と自分の実力を発揮し、結果を出していくことも。周囲に認められなくとも、自分がわかっていることが重要ではありますが、周りに認知されるとさらに意欲も高まるようです。

3/24、3/25、5/15、5/16、11/25、11/26 2/28、2/29、5/24、5/25、9/26、9/27 4/23、4/24、10/26、10/27、12/25、12/26 1/24、1/25、2/22、2/23、6/26、6/27

# 7月27日～7月30日

＊ 獅子座4～7度／水星 ＊

## 独自性を表現していく

自分らしさを積極的に表現し、人に伝えていこうとする傾向があります。独自性のない発言に面白みを感じないので、自分の意見を練って発信していきますが、思った通りのリアクションが来ないこともあり、落ち込んだりやる気を失ったりすることも多いかもしれません。それでも繰り返し発信し続け、反応の様子を観察しながら少しずつ改善していくことができれば、人の心にインパクトを与え、印象づけるような何かを打ち出すことができるはず。一度ダメだったからといって、諦めてしまわないことが大切でしょう。スピネルは目的意識を高め、実現へと導いてくれます。ファイヤーアゲートは落ち込みの回復に良く、シトリンは諦めずに取り組み続けるためのサポートに。アクアオーラは才能の開花を助けてくれるでしょう。

守護石

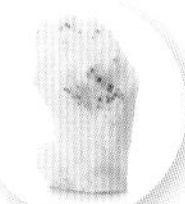
スピネル
⇒P214

ファイヤーアゲート
⇒P221

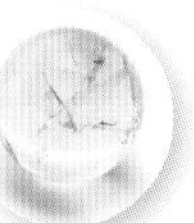
シトリン
⇒P229

アクアオーラ
⇒P250

＊ 恋愛・人間関係 ＊

### 積極的な対話で作る愛

相手と熱いコミュニケーションを取りながら、関係を進展させていきます。ただし、愛情表現が相手にとって過剰になることもあり、それが原因で距離を置かれることもありそう。アクアマリンは距離を置かれた時の関係回復を助け、水晶は相手との調和的な関係形成をサポートします。

＊ 仕事 ＊

### 優れたアピール力を活用

強くプッシュしたり、アピールしたりするような場面では資質を発揮して良い仕事ができるようです。しかし相手の要求を受けつつ、融通をきかせることは苦手かもしれません。オブシディアンは仕事における自信を強化して推進する力を高め、モスアゲートは柔軟に対応する力を育みます。

＊ お金 ＊

### 目的をもってやりくり

欲しいものがある時はそれなりにやりくりしつつ、それを手に入れる傾向があります。ただし、金額が大きくなるとストイックになりすぎてかえって疲れてしまうことも。アズマーはお金へのゆとりある気持ちをもたらし、豊かな財運を引き寄せます。アマゾナイトはやりくり力を高め、金運を安定させます。

恋愛運アップに良い石

アクアマリン
⇒P251

水晶
⇒P269

仕事運アップに良い石

オブシディアン
⇒P209

モスアゲート
⇒P247

金運アップに良い石

アズマー
⇒P240

アマゾナイト
⇒P241

＊ この日の石を使うと……他者へのアピール力が高まります。プレゼンテーションや告白の時にもおすすめ。

## 裏性格 *the other side...* 7月27日

この日の守護石

スピネル

シトリン

### 挫折を糧に成長

挫折や心折れるような経験を繰り返し、強さを身につけていく人です。ありのままの自分を周囲に打ち出していこうとしますが、それによって気持ちをくじかれるような結果に終わることも多いかもしれません。しかしそれをそのままにせず、より良い方法を模索し、内的な強さと表現力を培っていくでしょう。何度も挑戦することで資質が磨かれていくのはもちろん、経験も備わっていくので、年を経るとともに人としても成熟していくはずです。

3/25、3/26、5/16、5/17、11/26、11/27　2/29、3/1、5/25、5/26、9/27、9/28　4/24、4/25、10/27、10/28、12/26、12/27　1/25、1/26、2/23、2/24、6/27、6/28

## 裏性格 *the other side...* 7月28日

この日の守護石

ファイヤーアゲート

アクアオーラ

### 周りに合わせて表現

周囲の状況をうまくとらえつつ、自分なりの表現を打ち出していく人です。周りが求めるものと自分の打ち出したいものにギャップがあったとしても、それを程よく修正し、タイミングを読みつつ、アウトプットしていくことができるようです。また、他者の意見をきちんと聞いたうえで、自分の意見もすり合わせつつ、最終的に自分の意図する方向へ引き込むこともうまいでしょう。時流をとらえつつ、オリジナリティを発揮できるアーティストでもあります。

3/26、3/27、5/17、5/18、11/27、11/28　3/1、3/2、5/26、5/27、9/28、9/29　4/25、4/26、10/28、10/29、12/27、12/28　1/26、1/27、2/24、2/25、6/28、6/29

## 裏性格 *the other side...* 7月29日

この日の守護石

シトリン

アクアオーラ

### 永遠の価値観を求める

長い年月の中でも輝き続ける価値観を追い求め、それを体現していく人です。流行に左右されない本質的なものをとらえるために、多くの物事に共通するテーマを見いだしていこうとします。また、古代から続く哲学や、最新の現代科学などにも興味を抱きやすく、その中から絶対的な価値観を求めることも。狭い範囲で物事を考える傾向も少なからずあるので、意識的に一見関連がなさそうなことにも挑戦するよう心掛けると、広い視点から追い求めるものを見つけられるはずです。

3/27、3/28、5/18、5/19、11/28、11/29　3/2、3/3、5/27、5/28、9/29、9/30　4/26、4/27、10/29、10/30、12/28、12/29　1/27、1/28、2/25、2/26、6/29、6/30

## 裏性格 *the other side...* 7月30日

この日の守護石

スピネル

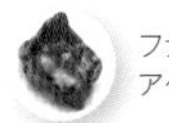
ファイヤーアゲート

### 常識を覆す

当たり前とされることや既成のものに対して反発し、自分なりの在り方を表現していく人です。物事に対して本質的な部分をとらえようとするため、社会通念や既成概念として普通に受け止められていることに対して疑問を投げかけ、それに異を唱えることも多いでしょう。また、個性と自由を最も尊いものとしてとらえ、自分の軸として生きていきます。周りと衝突するようなことがあっても、自分の考えをさらに磨き、相手を説得する力を蓄えていきましょう。

3/28、3/29、5/19、5/20、11/29、11/30　3/3、3/4、5/28、5/29、9/30、10/1　4/27、4/28、10/30、10/31、12/29、12/30　1/28、1/29、2/26、2/27、6/30、7/1

# 7月31日～8月3日

＊ 獅子座8～11度／金星 ＊

## 自分なりのセンスを表現

独自の美意識を持ち、その感性を自分なりに表現していこうとする傾向があります。日常、あるいは公的な活動の中で、自分が美しいと感じたものを打ち出し、それに対して周囲の人からリアクションをもらうことで元気になれるようです。しかし思い通りの反応が返ってこないと途端に深く落ち込み、先が見えない感覚に襲われることも。人の批評にも耳を傾けつつ、改善していくようにすると次第に良い反応が増え、自信や意欲も高まっていくので、気持ちを前向きに保ちつつ、少しずつ歩んでいくと良いでしょう。レッドガーネットは前向きさをキープし、ファイヤーアゲートは落ち込んだ時のパワーチャージに。ダンビュライトは独自性を発揮できるようサポートし、ルビー イン ゾイサイトは感性を開花させてくれるでしょう。

守護石

レッドガーネット ⇒P216

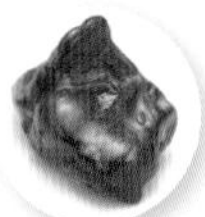
ファイヤーアゲート ⇒P221

ダンビュライト ⇒P273

ルビー イン ゾイサイト ⇒P288

＊ 恋愛・人間関係 ＊

### 積極的な愛情表現

積極的に愛情を表現しながらお互いの距離を近づけていこうとします。ただし、熱意から目先の状況にとらわれ、相手の深い思いや意図を見逃してトラブルになることも。アイオライトは先々を意識しながら愛情を育むよう促し、クリソプレーズは愛情の表現力を高めて恋をプラスに運んでくれるでしょう。

＊ 仕事 ＊

### 美的センスを活用

センスを生かした仕事に携わることができれば、熱意をもって活動できるのですが、単調で地味な作業を中心とする仕事では、気力を失い不満がたまりやすいかも。ユーディアライトは地味な仕事の中に美に繋がるものを発見させ、エレスチャルクォーツは不安を解消しつつ、前向きさをもたらします。

＊ お金 ＊

### 品質の高い物で金運アップ

金運は比較的高め。良い品物を丁寧に使う姿勢が財運を高めてくれるようです。また、人に親切にすると金運が上がる傾向も。モルガナイトは他者への親切が自然に流れ出るよう促し、金運を底上げしてくれます。ユナカイトはお金に対する心のゆとりと物品の選択眼を磨き、豊かさを引き寄せます。

恋愛運アップに良い石

アイオライト ⇒P258

クリソプレーズ ⇒P242

仕事運アップに良い石

ユーディアライト ⇒P212

エレスチャルクォーツ ⇒P271

金運アップに良い石

モルガナイト ⇒P236

ユナカイト ⇒P248

＊ この日の石を使うと……美意識が高まり、身の周りに限らず、人生そのものが華やかに彩られます。

## 裏性格 *the other side...* 7月31日

この日の守護石

レッドガーネット

ダンビュライト

### 熱意やアイデアを形に

自分の熱意や意欲を込めて、何かを作り出し、生み出していく人です。創造性に満ち、自分なりのアイデアや発想を作品に込めて表現していくでしょう。妥協や適当さがないため、時間がかかる場合も多いかもしれません。しかし、純粋な魂の炎がそこに込められるため、周囲の心を打つようなものができ上がることに。周りのペースに惑わされず、自分なりの歩みを保持できるよう心掛け、本当に必要なものに力と時間を注いでいくようにしてください。

3/29、3/30、5/20、5/21、11/30、12/1　3/4、3/5、5/29、5/30、10/1、10/2　4/28、4/29、10/31、11/1、12/30、12/31　1/29、1/30、2/27、2/28、7/1、7/2

## 裏性格 *the other side...* 8月1日

この日の守護石

ダンビュライト

ルビーイン ゾイサイト

### 美しいものを見いだす

自分の身の周りから、きらめくものを発見できる人です。細やかな感受性と創造性に恵まれ、自分の周りにあるちょっとしたものからインスピレーションを得て、自分なりの何かを作り上げていくようです。人の面白いところなどを見つけ出すのもうまく、人の才能や魅力を引き出して、その人に教えてあげるようなことも。自分の感性を信じて生きていくことで、自分を取り巻く世界の美しさに気づき、さらに豊かな人生を歩んでいくことができるでしょう。

3/30、3/31、5/21、5/22、12/1、12/2　3/5、3/6、5/30、5/31、10/2、10/3　1/1、4/29、4/30、11/1、11/2、12/31　1/30、1/31、2/28、2/29、7/2、7/3

## 裏性格 *the other side...* 8月2日

この日の守護石

レッドガーネット

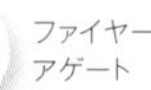
ファイヤーアゲート

### 遊び心で展開する

すでにある物事を、子どものような感受性と遊び心を活用して大いに楽しめる人です。素直で純粋な魂を持ち、身の周りにあるものや先人の知恵といったものを土台に、自由に展開し、発想を広げていくことができるようです。アレンジャーとしての才能も優れており、定番をうまく崩して、新鮮なアイデアに満ちた何かを作り上げることも。プライベートでも積極的に遊ぶことで、発想力やインスピレーションが磨かれ、作り上げるものの質も高まっていきます。

3/31、4/1、5/22、5/23、12/2、12/3　3/6、3/7、5/31、6/1、10/3、10/4　1/1、1/2、4/30、5/1、11/2、11/3　1/31、2/1、2/29、3/1、7/3、7/4

## 裏性格 *the other side...* 8月3日

この日の守護石

ファイヤーアゲート

ルビーイン ゾイサイト

### 場を楽しく盛り上げる

多くの人たちと楽しい場を作ることがうまい人です。社交的で、人と何かを楽しむことに面白さを感じるため、そのような状況に置かれた時、自ら仕切り役を買って出ることも多いようです。また、イベントなどの場では、参加者それぞれの人となりを読み取りつつ、その場に集まった人たちにふさわしい雰囲気作りをしていきます。独りよがりにならず、皆が楽しめるものを求める姿勢が魅力的なため、周りの人たちからは信頼と期待を寄せられるでしょう。

4/1、4/2、5/23、5/24、12/3、12/4　3/7、3/8、6/1、6/2、10/4、10/5　1/2、1/3、5/1、5/2、11/3、11/4　2/1、2/2、3/1、3/2、7/4、7/5

# 8月4日〜8月8日

＊ 獅子座12〜16度／太陽 ＊

♌

## 自分らしさをアピール

自分らしい生き方を求めて、熱意を持って歩んでいく傾向があります。自分独自の何かを模索し、そこに徹底的にこだわりつつ、積極的に表現していくでしょう。また、表現に関しても様々な手法を試しつつ、人々に強くアピールしていきます。若いころは失敗もありますが、年齢とともに表現力も磨かれていき、それに伴って揺るぎない自信を得ることができるはずです。多少の挫折も経験することになりますが、それに打ちのめされず、ひたすら自分の道を邁進していくことが、結果的に実績として心を支えてくれるでしょう。サンストーンは自信や自尊心を高め、パイライトはトラブルを回避し、チャンスをつかめるよう守ってくれます。ソラリスは失敗からくる心の傷を癒し、水晶は自己統合をサポートしてくれます。

守護石

サンストーン
⇒P220

パイライト
⇒P223

ソラリス
⇒P224

水晶
⇒P269

＊ 恋愛・人間関係 ＊

### 気持ちをぶつけ合う愛

野心や覇気のある人に愛情を感じやすく、熱心に愛情をぶつけ合うことを望むようです。相手が弱い面を見せたり、成長の意思が見られなかったりすると、途端に失望して距離を置くことも。ターコイズは相手の成長を待つ姿勢を育み、ラブラドライトは魅力を高め、恋を成就するお守りに。

＊ 仕事 ＊

### アピール力で推進

自分のやりたいことを積極的にアピールし、物事を力強く推進して成果を挙げていきます。ただし、その勢いに周りの人たちがついていけなくなるなどして、孤立することも。オニキスは地に足の着いた実行力を身につけさせ、エメラルドは協調性を育み、周囲との関係を改善してくれるでしょう。

＊ お金 ＊

### 見栄には注意

金運は比較的高めなのですが、見栄を張りたい傾向が顔を出すと、何かと散財してしまうかもしれません。自分にとって本当に必要なものにお金をつぎ込むようにしていきましょう。セラフィナイトは心を癒して見栄を張る気持ちを消散し、サファイアは本当に必要なものを見極めてくれます。

恋愛運アップに良い石

ターコイズ
⇒P255

ラブラドライト
⇒P281

仕事運アップに良い石

オニキス
⇒P206

エメラルド
⇒P241

金運アップに良い石

セラフィナイト
⇒P237

サファイア
⇒P261

＊ この日の石を使うと……気力が湧いてきて、自分の行なっていることに対する自信が芽生えてきます。

## 裏性格 *the other side...* 8月4日

この日の守護石  ソラリス  水晶

### ゆとりある実力者

どことなく達観した趣のある人です。年齢的に若くとも、それまでの体験を丁寧に思い返しつつ、自分の中で確かな経験や実績として積み重ねていくようです。落ち着き払った態度なため、やる気のないように見られることもあるかもしれませんが、いざという時は自分の技量と能力を使って、物事を適切に対処していくでしょう。

♡ 4/2、4/3、5/24、5/25、12/4、12/5 ◎ 3/8、3/9、6/2、6/3、10/5、10/6 ◎ 1/3、1/4、5/2、5/3、11/4、11/5 ☆ 2/2、2/3、3/2、3/3、7/5、7/6

## 裏性格 *the other side...* 8月5日

この日の守護石  サンストーン  パイライト

### 自分に合う場を探す

自分に合う・合わないをはっきり自覚し、より自分に適した環境を求めていく人です。自分にとって刺激となる人々、行動しやすいシチュエーションを望み、それを得るために地道に努力を重ねていきます。人間関係でも極力相手と良い関係を作ろうと模索しますが、決定的に相手とは合わないと判断した時、勢いよく関係を切るでしょう。

♡ 4/3、4/4、5/25、5/26、12/5、12/6 ◎ 3/9、3/10、6/3、6/4、10/6、10/7 ◎ 1/4、1/5、5/3、5/4、11/5、11/6 ☆ 2/3、2/4、3/3、3/4、7/6、7/7

## 裏性格 *the other side...* 8月6日

この日の守護石  サンストーン  水晶

### 魅力を発揮して生きる

スポットライトを一身に浴びて生きていく人です。自分の魅力や能力を熟知し、それを発揮できる場で、思い切り自分を表現するようです。この時、自分自身を押し出していく場を地道に作る下準備や自分の才能を磨く努力も怠ることはない様子。下地を積み上げ、そのうえで自分の資質を伸びやかに表現していくでしょう。

♡ 4/4、4/5、5/26、5/27、12/6、12/7 ◎ 3/10、3/11、6/5、6/6、10/7、10/8 ◎ 1/5、1/6、5/4、5/5、11/6、11/7 ☆ 2/4、2/5、3/4、3/5、7/7、7/8

## 裏性格 *the other side...* 8月7日

この日の守護石  サンストーン  ソラリス

### 盛り上がりと通常モードの差を行き来する

華やかなイベントと、落ち着いた日々を行き来しながら内面を培っていく人です。心がワクワクする体験やお祭りのような特別な状況を好み、全力で楽しみながら多くの人たちと感動を分かち合うでしょう。また、終わった後に成果や自分なりに努力したことをきちんと胸に刻み、その場で得たものを確認しながら成長していきます。

♡ 4/5、4/6、5/27、5/28、12/7、12/8 ◎ 3/11、3/12、6/6、6/7、10/8、10/9 ◎ 1/6、1/7、5/5、5/6、11/7、11/8 ☆ 2/5、2/6、3/5、3/6、7/8、7/9

## 裏性格 *the other side...* 8月8日

この日の守護石  パイライト  水晶

### 日常の中に宝物を見つける力

毎日の中にきらめくような喜びと幸せを見つけ出すことのできる人です。小さな出来事、ちょっとした出会いなど、日々の中にある幸福を拾い上げる才能に恵まれ、常に豊かな何かが自分の周りにあることを実感できるでしょう。また、その在り方に周囲の人たちも自然に感化され、周りには笑顔が絶えないようです。

♡ 4/6、4/7、5/28、5/29、12/8、12/9 ◎ 3/12、3/13、6/7、6/8、10/9、10/10 ◎ 1/7、1/8、5/6、5/7、11/8、11/9 ☆ 2/6、2/7、3/6、3/7、7/9、7/10

# 8月9日～8月13日

＊ 獅子座17～21度／火星 ＊

♌

## 徹底的に楽しむ力

自分の興味のあることやワクワクする事柄に関して、徹底的にハマってしまう傾向があるようです。中途半端を嫌うので、ディテールを意識しつつ、強い力で物事を推進していくでしょう。また、こうした活動に没頭することで、さらに自分の内側に燃える炎を確認し、より一層やる気を奮わせることも。熱くなりすぎてトラブルを起こしたり、行きすぎた行動から失敗したりすることもあるかもしれませんが、全力で何かに打ち込む過程で大きく成長していくことができるでしょう。情報通の人や人当たりの良い人を味方につけるとトラブルも減っていくようです。シナバーは直感力を養い、ルビーは集中力を高めて実現化を後押ししてくれるでしょう。ジンカイトは対人関係を良好にし、ラブラドライトは内在する才能を開花させてくれます。

守護石

シナバー
⇒P214

ルビー
⇒P215

ジンカイト
⇒P220

ラブラドライト
⇒P281

＊ 恋愛・人間関係 ＊

### 一途で熱い恋

好きな相手には一途に熱い思いを傾けますが、のめり込みすぎて相手から引かれてしまうことも。また、押す一方で、相手の気持ちをキャッチし忘れることもありそう。サルファーは熱くなりすぎる傾向を緩和しつつ、素直に愛情を表現させ、アズライトマラカイトは気持ちのやりとりを促進させます。

＊ 仕事 ＊

### 全力をかけてやり遂げる

強い推進力で物事を進展させ、結果を出していこうとします。時には長期間に及ぶこともあり、緊張が続きすぎ、物事が終わった後にはぐったり……ということも。グリーントルマリンは疲れを取りつつ、スタミナをチャージし、ソーダライトは忍耐力を高め、長期的なプロジェクトをサポートします。

＊ お金 ＊

### 欲しいものに心を奪われる

欲しいものに対してスイッチが入ってしまうと、ずっとそれが心の中を占め、購入するまで落ち着かないということも。また、勢いで散財する傾向も要注意です。リビアングラスは心を緩め、購入への切羽詰まった気持ちを解放し、カイヤナイトは本当に必要なものかどうか見極める目を養ってくれるでしょう。

恋愛運アップに良い石

サルファー
⇒P228

アズライトマラカイト
⇒P282

仕事運アップに良い石

グリーントルマリン
⇒P242

ソーダライト
⇒P261

金運アップに良い石

リビアングラス
⇒P229

カイヤナイト
⇒P260

＊ この日の石を使うと……力強い推進力がもたらされるでしょう。やる気のない時、何か目的がある時におすすめ。

裏性格
*the other side...*

## 8月9日

この日の守護石

シナバー

ラブラドライト

### 法則を発見する

当たり前や常識の中に新たな法則や規則性を発見できる人です。それを自分なりに実証しようと、何度も挑戦したり試行錯誤を繰り返したりするようです。失敗なども多いのですが、その原因に目を向けつつ解決策をさらに練るので、経験を重ねるごとに熟達していき、多くの人の気持ちを動かすような何かを打ち出すことができるでしょう。

♡ 4/7、4/8、5/29、5/30、12/9、12/10 ◯ 3/13、3/14、6/8、6/9、10/10、10/11 ◯ 1/8、1/9、5/7、5/8、11/9、11/10 ◯ 2/7、2/8、3/7、3/8、7/10、7/11

裏性格
*the other side...*

## 8月10日

この日の守護石

ルビー

ラブラドライト

### 自分に合う場を探す

自分にフィットした生き方を自由に追求できる人です。規則や常識的な在り方にはあまり興味がなく、自分の心のままに自分の居場所や生き方を決めていくでしょう。特に楽しいこと、興味をそそられることに対しては積極的で、熱中できるテーマがあると、衣食住以上にそれが中心になっていくことも。健康には留意しましょう。

♡ 4/8、4/9、5/30、5/31、12/10、12/11 ◯ 3/14、3/15、6/9、6/10、10/11、10/12 ◯ 1/9、1/10、5/8、5/9、11/10、11/11 ◯ 2/8、2/9、3/8、3/9、7/11、7/12

裏性格
*the other side...*

## 8月11日

この日の守護石

ルビー

ジンカイト

### 太陽のような輝きを放つ

そこにいるだけでパッと場が明るくなる、太陽のような人です。自分にとってワクワクする活動には熱心に取り組み、喜びを隠すことがないので、そのはじけた様子に周囲の人々も自然に感化されていくでしょう。弾むような感受性と生きる喜びに満ち溢れた在り方が人々を勇気づけるので、いつの間にか人が周りに集まってくるようです。

♡ 4/9、4/10、5/31、6/1、12/11、12/12 ◯ 3/15、3/16、6/10、6/11、10/12、10/13 ◯ 1/10、1/11、5/9、5/10、11/11、11/12 ◯ 2/9、2/10、3/9、3/10、7/12、7/13

裏性格
*the other side...*

## 8月12日

この日の守護石

シナバー

ルビー

### ストイックに集中

自分にとって情熱を注げるテーマに、ひたすら集中していく人です。ストイックに物事を突き詰める傾向があり、何か気になることがあると意識的に自分の全神経をそこに集中させ、熱意を注ぎ込んでいくでしょう。気分が乗らない時はぼんやりしていることが多いのですが、スイッチが入ると人格が変わったようになることも。

♡ 4/10、4/11、6/1、6/2、12/12、12/13 ◯ 3/16、3/17、6/11、6/12、10/13、10/14 ◯ 1/11、1/12、5/10、5/11、11/12、11/13 ◯ 2/10、2/11、3/10、3/11、7/13、7/14

裏性格
*the other side...*

## 8月13日

この日の守護石

ジンカイト

ラブラドライト

### 限界を超えて熱意を注ぐ

自分にとって重要なテーマについて、徹底的に情熱を注ぎ、それをなしていく人です。時にはそれまでの常識や限界を超えなければならない状況に置かれますが、立ちはだかる壁が高ければ高いほど燃え、果敢に挑んでいくでしょう。目的に対してありとあらゆる手段を駆使して結果を出していきますが、この引き出しの多さも魅力のようです。

♡ 4/11、4/12、6/2、6/3、12/13、12/14 ◯ 3/17、3/18、6/12、6/13、10/14、10/15 ◯ 1/12、1/13、5/12、5/13、11/13、11/14 ◯ 2/11、2/12、3/11、3/12、7/14、7/15

# 8月14日～8月18日

＊ 獅子座22～25度／木星 ＊

♌

## 熱い思いを伝搬させる

自分の情熱や思いを積極的に周りに発信していく傾向があります。自分なりのスタイル、独自の表現で人の気持ちを揺さぶることに意義を感じるので、意図的に周囲をあおっていくことも多いかもしれません。イベントを企画したり、サプライズで周りの人たちの心をワクワクさせたりすることもあるでしょう。最初は計画に甘さも見られるかもしれませんが、経験を積むことで周囲への配慮を学んでいくことになるので、最終的には多くの人を巻き込みつつ、良い印象が残るような場を作り上げることができるようです。オレンジカルサイトは才能を明るく発信できるようサポートし、ルチルクォーツは悪運を退け、運気を高めてくれるでしょう。ダンビュライトは創造性を高めて独自性を磨き、天眼石は着実な計画実行力を身につけさせます。

守護石

オレンジカルサイト
⇒P219

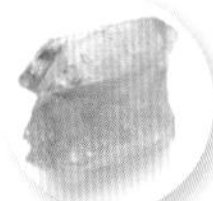
ルチルクォーツ
⇒P226

ダンビュライト
⇒P273

天眼石
⇒P287

＊ 恋愛・人間関係 ＊

### 高め合う恋

向上心と熱意がある相手を好み、お互いに高め合っていく関係を望みます。ただし、相手をライバル視しすぎて張り合い、関係がこじれてしまうことも。アパタイトは張り合う気持ちを緩和して恋にプラスに働きかけ、アズライトは精神的な成長をもたらし、それに見合う相手を引き寄せます。

＊ 仕事 ＊

### 大きな計画を推進

豊富なアイデアと力強い推進力で、大きなプロジェクトを進めていくでしょう。良い協力者を得ることでその規模は大きくなっていくので、信頼関係を構築し、協調的に進めていくことを心掛けてください。ジェットは安定的に物事を推進するお守りに、アンバーは仲間との関係を安定させます。

＊ お金 ＊

### 熱意で運気アップ

金運は比較的高め。恋や仕事など熱意を傾ける活動をしている最中は特にそれが高まる傾向があります。しかし落ち込んだり、内面が不安定だったりするとそれを補うために無駄遣いしてしまうことも。エンジェライトは心の傷を癒して財運の回復を促し、タンザナイトは熱意を高めて金運を整えます。

恋愛運アップに良い石

アパタイト
⇒P253

アズライト
⇒P259

仕事運アップに良い石

ジェット
⇒P209

アンバー
⇒P225

金運アップに良い石

エンジェライト
⇒P253

タンザナイト
⇒P262

＊ この日の石を使うと…… 人生の展望が見え、やる気と気力が湧いてくるでしょう。

## 裏性格 *the other side...* 8月14日

この日の守護石  オレンジカルサイト  ダンビュライト

### 役割と熱意をすり合わせる

自分のやりたいことと周囲が求めるものの共通項をうまく探し、目的を遂げつつ、人の役に立つ喜びも得ようとする人です。他者から要求された作業の中にも、自分にとってのメリットややりがいをうまく見つけ出し、楽しみながら仕事を進めていけるのでしょう。そのため気力が萎えるなど、エネルギー切れになることは少ないでしょう。

4/12、4/13、6/3、6/4、12/14、12/15　3/18、3/19、6/13、6/14、10/15、10/16　1/13、1/14、5/13、5/14、11/14、11/15　2/12、2/13、3/12、3/13、7/15、7/16

## 裏性格 *the other side...* 8月15日

この日の守護石  オレンジカルサイト  ルチルクォーツ

### 諦めずにチャレンジする

やりたいことに対して繰り返し挑戦し、モノにしていく人です。自分の望みに対して諦めるという発想を持たないので、1回や2回の失敗などものともせず、心の中に溢れる情熱をエネルギーとして果敢にトライし続けるでしょう。最終的にそれを手に入れるだけではなく、様々な技能や経験までも自分のものにするようです。

4/13、4/14、6/4、6/5、12/15、12/16　3/19、3/20、6/14、6/15、10/16、10/17　1/14、1/15、5/14、5/15、11/15、11/16　2/13、2/14、3/13、3/14、7/17、7/18

## 裏性格 *the other side...* 8月16日

この日の守護石  ルチルクォーツ  天眼石

### ひたすら情熱を注ぐ

これと決めたことに対し一心不乱に情熱を傾ける人です。人目を気にせず、周囲の状況の変化などにも揺るがないので、自分にとって最も重要なことへストイックにエネルギーを注いでいくようです。また、目的に対しても、手段を選ばず結果を出すことに集中するので、何かと成果を出すのが早い傾向も。早期に頭角を現すかもしれません。

4/14、4/15、6/5、6/6、12/16、12/17　3/20、3/21、6/15、6/16、10/17、10/18　1/15、1/16、5/15、5/16、11/16、11/17　2/14、2/15、3/14、3/15、7/17、7/18

## 裏性格 *the other side...* 8月17日

この日の守護石  ダンビュライト  天眼石

### 孤独を恐れず挑戦

自分の目的とすることに対しては、孤独を恐れず、果敢に挑戦していく人です。たとえ周りに理解されなくても、自分にとってそれが重要であるならば全身全霊をかけて取り組み、結果を出していきます。強さと聡明さ、熱さと冷静さを併せ持つので、必要なことに対して静かに情熱を注いで自身の目的を達成していくでしょう。

4/14、4/15、6/6、6/7、12/16、12/17　3/21、3/22、6/15、6/16、10/17、10/18　1/15、1/16、5/15、5/16、11/16、11/17　2/14、2/15、3/15、3/16、7/18、7/19

## 裏性格 *the other side...* 8月18日

この日の守護石  ルチルクォーツ  ダンビュライト

### 広い視点で歩む

インスピレーションが豊かで、それを受け止めながらより大きな視点を持って生きていく人です。自分なりに自分でできることを誠心誠意こなしていきますが、それに加えて思いがけない幸運が直感によってもたらされることが多く、人知の追いつかない世界を垣間見ることも。美的感覚も秀逸で、センスと直感で人生を歩むでしょう。

4/15、4/16、6/7、6/8、12/17、12/18　3/22、3/23、6/16、6/17、10/18、10/19　1/16、1/17、5/16、5/17、11/17、11/18　2/15、2/16、3/16、3/17、7/19、7/20

# 8月19日～8月22日

＊ 獅子座26～29度／土星 ＊

♌

## 生きるということを追求する

人が意欲を持って生きていくということに対し、その本質に迫りたいという欲求が心の中にあるようです。哲学的な傾向も強く、生きるとは何か、生命とは……など思索にふけることもあるかもしれません。また、気力や意欲がどこから来るのかを見極め、それを自ら実践したり、多くの人に提案したりすることもあるでしょう。熱狂の中にいたいと思いつつ、冷めた自分を発見することもあり、さみしさを感じることがあるかもしれませんが、それでも多くの人たちに向かって心躍る何かを提供しながら弾むように人生を歩んでいくでしょう。ハイパーシーンは活動を推進する力を与え、サンストーンは自己表現を促進してくれます。ブラッドストーンは思考をクリアにして本質を見極める力をもたらし、トパーズはさみしさを感じる時に癒してくれます。

守護石

ハイパーシーン
⇒P207

サンストーン
⇒P220

ブラッドストーン
⇒P245

トパーズ
⇒P274

＊ 恋愛・人間関係 ＊

### 長く過ごせる人を選ぶ

その時の勢いではなく、長期的な視点から相手を選び、関係を持続させていきます。ただし、ルール意識が強く、そこから外れると関係に不安を感じてしまうことも。モルダバイトは枠から外れた行動も受け入れられるようサポートし、ラピスラズリは良い相手を引き寄せ、安定的な関係をもたらします。

恋愛運アップに良い石

モルダバイト
⇒P239

ラピスラズリ
⇒P262

＊ 仕事 ＊

### 意欲を保持しながら推進

強い熱意を維持しつつ、着実に物事を推進して、成果を挙げていきます。しかしストイックに推し進めすぎて、周囲への配慮を忘れ、そこからトラブルに発展することもあるようです。ネフライトは周囲との協調性を高めて成功に導き、ガーデンクォーツは手堅い推進力をもたらします。

仕事運アップに良い石

ネフライト
⇒P244

ガーデンクォーツ
⇒P271

＊ お金 ＊

### 気遣いから運気アップ

財運は安定傾向。長い目で物事を見つつ、必要な時に必要なお金をドンと使っていきます。人への気遣い力が高まると、周りの人たちを通じてさらにお金が舞い込む流れが生まれるでしょう。ヘミモルファイトは他者への配慮を促し、金運アップへ。クォンタムクワトロシリカは金運を安定させます。

金運アップに良い石

ヘミモルファイト
⇒P256

クォンタムクワトロシリカ
⇒P286

＊ この日の石を使うと…… 自分の熱意の在り方や意欲の原点に気づくことができるでしょう。迷いのある時に。

## 裏性格 the other side... 8月19日

この日の守護石

ハイパーシーン

トパーズ

### 目的に向けて丁寧に歩む

きちんと目的を定め、それに対して一歩一歩着実に歩み続けることのできる人です。状況が悪くとも、その先にある明るい未来を信じ、心の中の炎を絶やさず、丁寧に歩みを進めていくでしょう。時折、不安に襲われることもあるかもしれませんが、目標とするものに意識を向けることで消散していくはず。また、思いがけない幸運に見舞われますが、それはポジティブな姿勢がその現実を引き寄せるために起こることなので、常により良い未来をイメージすることが大切です。

4/16、4/17、6/8、6/9、12/18、12/19　3/23、3/24、6/17、6/18、10/19、10/20　1/17、1/18、5/17、5/18、11/18、11/19　2/16、2/17、3/17、3/18、7/20、7/21

## 裏性格 the other side... 8月20日

この日の守護石

サンストーン

ブラッドストーン

### 興味のあることに素直に飛び込む

様々なことに興味を抱き、それに素直に取り組んでみる人です。結果的に人として引き出しが多くなり、多彩な才能や技能を持つようになっていくでしょう。また、何か目的を持って活動する時にも、準備に時間をかけるのではなくとりあえずできるところから着手し、その中で先の展開に必要なものを用意するなど、要領良く進めていきます。行き当たりばったりのように思われるかもしれませんが、その軽快さが重要な才能のひとつといえるでしょう。

4/17、4/18、6/9、6/10、12/19、12/20　3/24、3/25、6/18、6/19、10/20、10/21　1/18、1/19、5/18、5/19、11/19、11/20　2/17、2/18、3/18、3/19、7/21、7/22

## 裏性格 the other side... 8月21日

この日の守護石

サンストーン

トパーズ

### 想像力と技量で何かを作る

高いイマジネーション能力と、確かな技術を併せ持つ人です。そのため、イメージしたものをセンスとともに明確な形にして、周囲の人たちを感銘させながら人生を歩んでいくでしょう。アーティストやクリエイター、何らかの作家として活躍する可能性も高いようです。また、心に思い描いたものを、そのまま現実のものとして信じることができるので、引き寄せの法則を無意識に使って幸運をつかんでいる場合も。自分の望む未来をはっきりとイメージすると良いでしょう。

4/18、4/19、6/10、6/11、12/20、12/21　3/25、3/26、6/19、6/20、10/21、10/22　1/19、1/20、5/19、5/20、11/20、11/21　2/18、2/19、3/19、3/20、7/22、7/23

## 裏性格 the other side... 8月22日

この日の守護石

ハイパーシーン

サンストーン

### 感動を伝えて共感する

自分の感動や心動かされた体験を表現し、多くの人たちと共感していく人です。自分にとって心揺さぶられた事柄に対して、心の中で納めたりせず、それを言葉や作品として表現していくようです。はじめはその内容が主観的すぎて理解されないかもしれません。しかし同じような体験をしている人の気持ちを揺さぶることも多く、結果的に大きな共感の波を作っていくことになるでしょう。失敗しても諦めず、こうした活動を続けていくと時とともに実を結ぶはずです。

4/19、4/20、6/11、6/12、12/21、12/22　3/26、3/27、6/20、6/21、10/22、10/23　1/20、1/21、5/20、5/21、11/21、11/22　2/19、2/20、3/20、3/21、7/23、7/24

# 8月23日〜8月26日

＊乙女座0〜3度／月＊

♍

## 繊細に感じ取る

物事を細やかに感じ取り、それを丁寧に処理したり、形にしていったりする傾向があるでしょう。また、人の気持ちに敏感に反応し、それに対してどう動いたら良いかを具体的に理解し、さらにそれを相手に対して提供することができるようです。冷静に判断し、行動する姿勢によって、周囲から信頼を寄せられることも多いので、気を使いすぎて疲れたり、緊張から体調を崩したりするようなことも。ひとりになれる環境や、ひとりで楽しめる趣味などを見つけると、緊張も緩み、穏やかに毎日を過ごすことができるはずです。タンジェリンクォーツは気力を回復させ、ペリドットはストレスを緩和してくれます。アベンチュリンは喜びに包まれて過ごせるよう保護し、アメトリンは落ち着いて物事に対処する力を与えてくれるでしょう。

守護石

タンジェリンクォーツ
⇒P221

ペリドット
⇒P238

アベンチュリン
⇒P240

アメトリン
⇒P283

### ＊恋愛・人間関係＊

細やかに愛情を注ぐ

あなたの気遣いからより良い関係が保たれるようです。それでバランスの取れているうちは良いのですが、相手が一方的すぎると不公平感から不満をためることも。ジェットは思いやりをスムーズに行動に移させ、ラリマーは心にたまった不満を分解しつつ、相互的な気持ちのやりとりを促進します。

恋愛運アップに良い石

ジェット
⇒P209

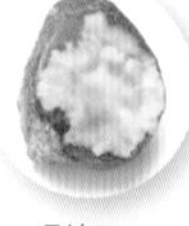
ラリマー
⇒P252

### ＊仕事＊

不備を見逃さない

人の気づかないちょっとした不備や違和感もきちんとキャッチし、丁寧にそれを処理できる能力があるので、仕事では周囲に一目置かれる存在でしょう。ただしその分、神経をすり減らすことも。テクタイトは意識を鋭敏にして効率的に作業できるよう支え、セレナイトは仕事での疲れを癒してくれます。

仕事運アップに良い石

テクタイト
⇒P210

セレナイト
⇒P273

### ＊お金＊

計画性で財運アップ

計画性の高さが、金運を引き寄せます。やりくりもうまいのですが、「お金が足りない」という意識が心のどこかにあり、結果的にそれが財運を下げることにも。ロードナイトは足りないという意識を変化させて豊かさへ導き、ブラッドストーンは財運全般を高めてくれるでしょう。

金運アップに良い石

ロードナイト
⇒P236

ブラッドストーン
⇒P245

＊この日の石を使うと……細やかな配慮が身につくでしょう。雑になりすぎて失敗する時にも◎。

## 裏性格 *the other side...* 8月23日

この日の守護石

アベンチュリン

アメトリン

### 繊細な観察力

細やかな観察力を持つ人です。気になったことに対しては、人が気づかないようなところや、一見わかりにくいところなどにも目を配り、徹底的に観察していくでしょう。ただし、それほど気にならない対象に関しては、見落としたり、あまり覚えていなかったりすることも。気持ちが向いたものに対してはディテールまでこだわって完璧に作り上げるので、周囲から称賛されることも多いでしょう。趣味など、細かいところにマニアックにハマりがちな傾向もありそうです。

♡ 4/20、4/21、6/12、6/13、12/22、12/23 ◎ 3/27、3/28、6/21、6/22、10/23、10/24 ◎ 1/21、1/22、5/21、5/22、11/22、11/23 ☆ 2/20、2/21、3/21、3/22、7/24、7/25

## 裏性格 *the other side...* 8月24日

この日の守護石

ペリドット

アメトリン

### 自身の価値基準で行動

自分にとっての価値基準をきちんと定め、それに基づいて行動していく人です。繊細で緻密なものの見方をするので、最終的に白黒の判断をつけ、それを自分自身の価値基準にしていく傾向があります。冷静に物事を見極めようとする姿勢があり、またどんなことに対してもあいまいな態度を取らないので、周囲からは信頼を寄せられるでしょう。ただし、対人関係で白黒をつけすぎるとトラブルを招く場合もあるので、注意が必要かもしれません。

♡ 4/21、4/22、6/13、6/14、12/23、12/24 ◎ 3/28、3/29、6/22、6/23、10/24、10/25 ◎ 1/22、1/23、5/22、5/23、11/23、11/24 ☆ 2/21、2/22、3/22、3/23、7/25、7/26

## 裏性格 *the other side...* 8月25日

この日の守護石

タンジェリンクォーツ

アメトリン

### 人の価値観と折り合う

自分の基準を持ちながらも、他者の価値観も受け止められる寛容な人です。自分なりのルール意識や押し出したい意見はありますが、他者の考えや判断も素直に受け入れながら、自分の意見と折り合いをつけていくようです。また、人の在り方を受け止めることができるため、何かと人から好かれるでしょう。さらにその寛容さから、後で人から助けてもらうような場面も多いかもしれません。人に対して優しくすればするほど幸運がやってくる運気傾向も。

♡ 4/22、4/23、6/14、6/15、12/24、12/25 ◎ 3/29、3/30、6/23、6/24、10/25、10/26 ◎ 1/23、1/24、5/23、5/24、11/24、11/25 ☆ 2/22、2/23、3/23、3/24、7/26、7/27

## 裏性格 *the other side...* 8月26日

この日の守護石

タンジェリンクォーツ

ペリドット

### 他者の本質を見抜く

常識や偏見などを気にせず、純粋な気持ちで最も大切なものに着目する人です。周りの人に対しても、外見や肩書きにとらわれずその人の本質に触れようとするので、一風変わった人が周囲に集まりやすいかもしれません。また、そうした人から自分にないアイデアや自由な発想を学ぶため、伸びやかに自分の人生を歩んでいくでしょう。異業種の人や、異色な分野の人たちと意識的に会うよう心掛けると、さらに人としての幅も広がっていくようです。

♡ 4/23、4/24、6/15、6/16、12/25、12/26 ◎ 3/30、3/31、6/24、6/25、10/26、10/27 ◎ 1/24、1/25、5/24、5/25、11/25、11/26 ☆ 2/23、2/24、3/24、3/25、7/27、7/28

# 8月27日～8月30日

＊乙女座4～7度　水星＊

♍

## 戦略的にことを進める

優れた分析力と計画力を持ち、どんな事柄に対しても戦略を練って進展させていくことができるようです。また、人から何かいわれる前に準備しておき、万全な状況で物事を進めるので、おおよそのことは順調に展開していき、着実に結果を出していきます。しかし事前準備としてあれこれ計画を練るため、常に頭が休められず疲労が蓄積したり、考えすぎて混乱したりしてしまうことも。事前に気を回す必要がある事柄なのか、そうでないのかを見極め、心身に余計な負担をかけないよう気をつけてください。デザートローズは混乱を鎮め、アマゾナイトは思考をクリアにしてくれます。モスアゲートは地に足を着けつつ、物事をより良い方向に進められるようフォローし、アズライトは物事の重要度を見極める目を養ってくれるでしょう。

守護石

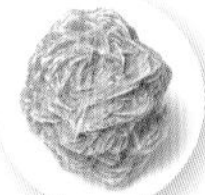
デザートローズ
⇒P204

アマゾナイト
⇒P241

モスアゲート
⇒P247

アズライト
⇒P259

＊恋愛・人間関係＊

### 役に立つ自分をアピール

好きな相手の役に立つという自分を作り上げつつ、着実に恋を展開していきます。ただし、本音を隠しながら、相手にあいまいなアプローチを仕掛けるので、相手が困惑してしまうことも。フローライトは軽やかに表現する力を与えて恋を成就させ、ソーダライトは着実な展開をフォローします。

＊仕事＊

### 手堅い実務能力

手堅く着実に、かつ状況に適応しつつ物事を進めるので、何を任せても安心と周囲から思われているかもしれません。しかし、それにより本人がテンパっていても気づいてもらえないことも。レモンクォーツは明晰さを増して作業の進展を助け、ギベオン隕石は心身のバランスを整えて緊張を緩めます。

＊お金＊

### やりくり上手

計画的にやりくりしつつ、予定外の出費にも対応できる手堅さを持ちます。ただし、必要以上に切り詰めて貯蓄などに回しすぎると、その反動でドカンと衝動買いをして散財する危険も。パイライトはお金に関する運気全体を高め、ピンクスミソナイトは気持ちにゆとりを持たせて衝動を緩和します。

恋愛運アップに良い石

フローライト
⇒P246

ソーダライト
⇒P261

仕事運アップに良い石

レモンクォーツ
⇒P227

ギベオン隕石
⇒P279

金運アップに良い石

パイライト
⇒P223

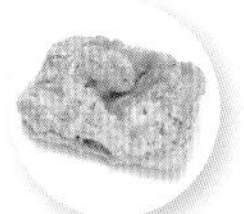
ピンクスミソナイト
⇒P235

＊この日の石を使うと……作業の処理がスムーズに進みます。仕事や掃除などに特に良いでしょう。

裏性格 *the other side...*

## 8月27日

この日の守護石  アマゾナイト  アズライト

### 想像力で乗り切る

繊細で豊かな想像力を駆使して、あらゆることを乗り越えていく人です。単調な日々を空想や発想力で彩ったり、つらい状況に置かれたりしても、未来に対して明るいイメージを抱くことで気力を高め、それらを覆していくでしょう。また、単に空想するだけではなく、飛躍的な発想をして停滞した状況に変革を起こすことも。イマジネーションを発揮できるような仕事についたり、そうした趣味を持つようにしたりするとさらに人生を力強く歩めるはずです。

4/24、4/25、6/16、6/17、12/26、12/27 3/31、4/1、6/25、6/26、10/27、10/28 1/25、1/26、5/25、5/26、11/26、11/27 2/24、2/25、3/25、3/26、7/28、7/29

裏性格 *the other side...*

## 8月28日

この日の守護石  デザートローズ  アマゾナイト

### ひとつのことから展開

ひとつのテーマや軸となるものを中心に、物事を豊かに楽しんでいける人です。これと決めた事柄を多方面に派生させる形でアイデアを広げ、企画を展開していきながら次々と夢を進展させていくでしょう。また、こうした一連の活動が、いつの間にかひとつの大きなムーブメントを形作ることもあるかもしれません。知識や技能を得れば得るほど、それをうまく組み込んで壮大なものを作り上げることができるので、自分の勉強も怠らないようにしてください。

4/25、4/26、6/17、6/18、12/27、12/28 4/1、4/2、6/26、6/27、10/28、10/29 1/26、1/27、5/26、5/27、11/27、11/28 2/25、2/26、3/26、3/27、7/29、7/30

乙女座

裏性格 *the other side...*

## 8月29日

この日の守護石  モスアゲート  アズライト

### 楽しみの渦の中心

自分を中心に、多くの人たちを巻き込んで、楽しい場を作ることのできる人です。対人的なバランス感覚が優れており、駆け引きしながら周囲の人を引き込み、イベントのような気持ちの高揚する楽しい場を形成していくようです。また、人と一緒に自分の楽しみを積極的に展開していくこともある様子。さらに人の縁から思いがけないラッキーを手にすることも多く、人付き合いがより幅広く、より多様であるほど幸運度が高まっていくでしょう。

4/26、4/27、6/18、6/19、12/28、12/29 4/2、4/3、6/27、6/28、10/29、10/30 1/27、1/28、5/27、5/28、11/28、11/29 2/26、2/27、3/27、3/28、7/30、7/31

裏性格 *the other side...*

## 8月30日

この日の守護石  デザートローズ  モスアゲート

### 波を作る人

積極的に、自分からことを起こしていくことに楽しみを感じる人です。人から与えられたものや他者からの働きかけで受けたラッキーにはあまりピンと来ず、自分から何かをなしていくことに手ごたえと喜びを実感することができるようです。マイペースではありますが、自分で一から始めたことに関して時間をかけて完成させることも多く、その達成感で喜びに満たされることも。ひとりでじっくり取り組める趣味などを持つようにすると、内面が安定するでしょう。

4/27、4/28、6/19、6/20、12/29、12/30 4/3、4/4、6/28、6/29、10/30、10/31 1/28、1/29、5/28、5/29、11/29、11/30 2/27、2/28、3/28、3/29、7/31、8/1

# 8月31日〜9月3日

＊乙女座8〜11度　金星＊

♍

## 友好関係を丁寧に作る

人と友好的な関係を作り上げることを望み、そのために自分にできることを丁寧に、かつ精いっぱい実行していく傾向があります。特に人の役に立ちたいという気持ちから、実務的な面において人をサポートしたり、準備など手助けしたりすることも多いでしょう。しかし相手が思ったような反応をくれないと、途端に心を閉ざし、表面は平静を装いつつ、冷たい態度を見せることも。自己確認のために人の役に立つ行為を行ないがちな面から、トラブルに発展しやすいこともあるので、相手の反応を意識せず、純粋に貢献する意識を育てましょう。ユーディアライトはハートを開いて人に貢献する意識を高め、ペリドットは周囲との調和関係構築の助けに。アズライトマラカイトはモノの見方を広げ、アメトリンは心を安定させます。

守護石

ユーディアライト
→P212

ペリドット
→P238

アズライトマラカイト
→P282

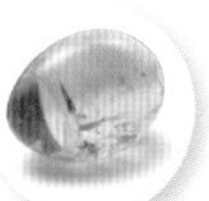
アメトリン
→P283

＊恋愛・人間関係＊

### 駆け引きで気持ちを引き出す

自分から好意を表現すると不利になるという気持ちから、駆け引きしつつ相手の告白を引き出そうとします。察しの悪い相手だとなかなか進展しない場合も。クンツァイトはハートを開いて恋を加速させ、ネフライトは駆け引きなしの自然な愛情表現を引き出してくれるでしょう。

＊仕事＊

### 好き嫌いで精度に差が出る

どんな作業でも適切に処理し、安定した仕事ぶりを発揮できるようです。ただし、内容に対する好き・嫌いという意識の差が作業の精度の差として出てしまう面も。アパタイトは情緒を安定させてでき上がりの差をなくし、アゲートは気持ちを整えつつ、仕事を着実に進展させてくれるでしょう。

＊お金＊

### ディテールへのこだわり

金運は安定していますが、趣味のグッズなど、ディテールにこだわりを持ち、これというところにはお金に糸目をかけない傾向も。ストロベリークォーツは金銭のバランス感覚を回復させて大きな出費を防ぎ、ティファニーストーンはお金に対する直感力を高めてくれます。

恋愛運アップに良い石

クンツァイト
→P234

ネフライト
→P244

仕事運アップに良い石

アパタイト
→P253

アゲート
→P282

金運アップに良い石

ストロベリークォーツ
→P234

ティファニーストーン
→P266

＊この日の石を使うと……他者への細やかな気遣いがスムーズにでき、対人関係が良好に。

## 裏性格 the other side... 8月31日

この日の守護石

ユーディアライト

ペリドット

### 今までにないものを作る

伸びやかな想像力と細やかな実行力で、今までにないものを作り出そうとする人です。当たり前のものやありきたりな事柄に満足せず、頭の中で思い描いた未来的で理想に満ちたイメージを現実化しようと試行錯誤していくでしょう。クリエイターとしての才能も高いようですが、思い描いたイメージを言葉や作品などを通して具体的に表現し、人にその意図を理解してもらえるかどうかを確認しながら努力を積み重ねると、さらに発展していくはずです。

4/28、4/29、6/20、6/21、12/30、12/31　4/4、4/5、6/29、6/30、10/31、11/1　1/29、1/30、5/29、5/30、11/30、12/1　2/28、2/29、3/29、3/30、8/1、8/2

## 裏性格 the other side... 9月1日

この日の守護石

ペリドット

アズライトマラカイト

### 能力を使って変化をもたらす

鋭い分析力と計画力を駆使して、限界を超えていこうとする人です。現状に満足せず、頭をフル回転させて、今の状況をより良いものに変えていったり、革新的なアイデアに実用性を盛り込みつつ展開していったりすることも得意でしょう。こうした活動を通して、停滞した状態にブレイクスルーを起こすことができるため、周囲からは改革者とみなされている場合も。全身全霊をかけて取り組むことで、あらゆることを乗り越えられるので、油断や手抜きは厳禁です。

1/1、4/29、4/30、6/21、6/22、12/31　4/5、4/6、7/1、7/2、11/1、11/2　1/30、1/31、5/30、5/31、12/1、12/2　2/29、3/1、3/30、3/31、8/2、8/3

## 裏性格 the other side... 9月2日

この日の守護石

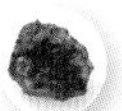

ユーディアライト

アメトリン

### 技能を駆使して夢を実現

細やかな観察力と技能を使って、夢や願いを実現させていく人です。やりたいことや望みがある時は、それに対して実際に必要な作業や段取りをこと細やかに思い描き、それらを地道に実行することで夢を形にしていくでしょう。時には壮大な夢を描くこともありますが、そうであっても時間をかけて着実にことを進め、ついには完成させていくはずです。周りを気にしすぎると、自分のペースが崩れて実現が遠のいてしまうので、極力目の前のことに集中するようにしましょう。

1/1、1/2、4/30、5/1、6/22、6/23　4/6、4/7、7/2、7/3、11/2、11/3　1/31、2/1、5/31、6/1、12/2、12/3　3/1、3/2、3/31、4/1、8/3、8/4

## 裏性格 the other side... 9月3日

この日の守護石

ペリドット

アメトリン

### 見えない世界を追求

目に見えないことや謎とされていることに、ことさら興味を抱き、追求していこうとする人です。探求心が強く、未知のことを目の前にすると、鋭い分析力と細やかな考察力を駆使してそれを明らかにしようとするでしょう。オカルト的なことや古代文明の謎など怪しい事柄にも興味を抱きやすく、こうした対象に関わることで好奇心がくすぐられ、気力がチャージされることも。プロ・アマ問わず、研究者や専門家的な生き方をすると、人生全体に張りが出てくるはずです。

1/2、1/3、5/1、5/2、6/23、6/24　4/7、4/8、7/3、7/4、11/3、11/4　2/1、2/2、6/1、6/2、12/3、12/4　3/2、3/3、4/1、4/2、8/4、8/5

# 9月4日～9月8日

＊乙女座12～15度／太陽＊

♍

## 求められる技能を提供

自分の能力や技能をきちんと把握し、自分のできることを丁寧に周囲に提供していくようです。また、技能や技術によって、実績を積み重ねつつ、周囲への説得力を身につけていきます。しかし、人に弱点を見せたくないという傾向もあり、それによって時には無理をしたり、必要以上に神経を使ったりするような場面も多いかもしれません。自分の心身を癒す方法や、健康を管理する技術を身につけておくと、どんな場面にも対応でき、要求を完璧にこなせる、毅然とした自分自身を作り上げることができるでしょう。エメラルドは神経を緩めて気持ちにゆとりを持たせ、サファイアは内在する才能を発揮させてくれます。ダンビュライトは心身のバランスを整え、クォンタムクワトロシリカは揺るぎない自己確立をサポートします。

守護石

エメラルド
⇒P241

サファイア
⇒P261

ダンビュライト
⇒P273

クォンタムクワトロシリカ
⇒P286

### ＊恋愛・人間関係＊

#### 意地張りが好印象に

好きな人の前では意地を張ってしまい、素直になれないことも多い様子。しかしその姿に好感を持たれ、関係が始まることもあるでしょう。ただし、意地の張りすぎから相手を傷つけないよう注意も必要。タイガーアイは率直な愛情表現を引き出し、アメジストは相手への思いやりを高めます。

### ＊仕事＊

#### 目的意識の把握が大切

目的意識を持ちつつ、複数のことを同時にこなしながら成果を挙げていきます。しかし目的を見失うと、途端に自分が何をやっているかわからなくなる場合も。シトリンは目的をきちんと意識させ、カバンサイトは広い視点から今の自分のすべきことを確認させつつ、仕事を楽しめるよう促します。

### ＊お金＊

#### 大きな目的で運気アップ

金運は安定傾向。計画的にお金をため、きちんとやりくりしていくことができるようです。「○○を購入したい！」など大きな目的を持つと、さらに意欲も高まり、金運アップへ。ルチルクォーツは意欲をかき立てて財運全般を高め、ローズクォーツは金銭に関するバランス感覚を養います。

恋愛運アップに良い石

タイガーアイ
⇒P203

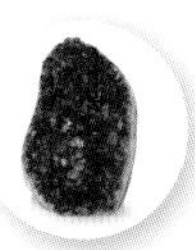

アメジスト
⇒P265

仕事運アップに良い石

シトリン
⇒P229

カバンサイト
⇒P260

金運アップに良い石

ルチルクォーツ
⇒P226

ローズクォーツ
⇒P232

＊この日の石を使うと……自分がなんとなく行なっていることの目的や原因がはっきりして、安堵できるでしょう。

## 裏性格 *the other side* 9月4日

この日の守護石

サファイア

クォンタムクワトロシリカ

### 目的に向けて強く前進

目標とするものに焦点を当て、それを阻むものを力強く蹴散らしながら前進していく人です。強い意志と細やかで確実な実行力を併せ持ち、厄介な状況であっても手堅く目的達成していくでしょう。時には自分の中の欲求や怠惰さと戦うような場面もありますが、理性で持ってそれを制し、着実に結果を出していくようです。

1/3、1/4、5/2、5/3、6/24、6/25 4/8、4/9、7/4、7/5、11/4、11/5 2/2、2/3、6/2、6/3、12/4、12/5 3/3、3/4、4/2、4/3、8/5、8/6

## 裏性格 *the other side* 9月5日

この日の守護石

エメラルド

サファイア

### 土台の有利さを活用

自分の培われた文化や土壌から大きな幸運を得る人です。また、家系的な有利さや、遺伝的にプラスになる要素をうまく使って、人生を歩んでいくこともあるでしょう。自分の持っている幸運や優位さをきちんと認識し、それを周りの人に対して意識的に提供することができるようになると、人生がさらに発展していくはずです。

1/4、1/5、5/3、5/4、6/25、6/26 4/9、4/10、7/5、7/6、11/5、11/6 2/3、2/4、6/3、6/4、12/5、12/6 3/4、3/5、4/3、4/4、8/6、8/7

## 裏性格 *the other side* 9月6日

この日の守護石

エメラルド

ダンビュライト

### 繊細な美しさとともにある

繊細さと、品の良い美しさが魅力的な人です。あまり自分を飾り立てなくても、持って生まれたセンスの良さと、品格の高さが人々を魅了するでしょう。美しいものに囲まれて生活すると内面が安定するので、衣食住の隅々に意識を巡らせることが大切。美的センスを活用する仕事や趣味などもおすすめです。

1/5、1/6、5/4、5/5、6/26、6/27 4/10、4/11、7/6、7/7、11/6、11/7 2/4、2/5、6/5、6/6、12/6、12/7 3/5、3/6、4/4、4/5、8/7、8/8

## 裏性格 *the other side* 9月7日

この日の守護石

ダンビュライト

クォンタムクワトロシリカ

### 衝動を打ち出す

本能的なものを荒々しく表現することで、自分を解放することができる人です。普段は細やかに日常を営んでいますが、内面に潜む衝動が激しく湧き上がるタイミングもあり、それらを思い切り放出すると、人生全体に張りが生まれるでしょう。大胆で勇気が必要とされるような趣味や活動を仕事のほかに持つと良いかもしれません。

1/5、1/6、5/4、5/5、6/27、6/28 4/11、4/12、7/6、7/7、11/6、11/7 2/4、2/5、6/5、6/6、12/6、12/7 3/5、3/6、4/5、4/6、8/8、8/9

## 裏性格 *the other side* 9月8日

この日の守護石

エメラルド

クォンタムクワトロシリカ

### 衝動で変化が起こる

瞬間的な思いつきや衝動で、方向性が大きく変化していく人です。基本的には冷静で、感情を荒立てることは少ないのですが、自分の本音を出せない環境であったり、ストレスが蓄積していたりすると、思いがけないところでそれが噴出することも。時とともに大胆に歩んでいける力に気づきますが、何事もため込みすぎないことが肝心です。

1/6、1/7、5/5、5/6、6/28、6/29 4/12、4/13、7/7、7/8、11/7、11/8 2/5、2/6、6/6、6/7、12/7、12/8 3/6、3/7、4/6、4/7、8/9、8/10

# 9月9日〜9月13日

＊乙女座16〜20度／火星＊

♍

## 鋭い分析で本質を知る

鋭い分析能力を持ち、それを使って様々なものの構造や本質を見抜いていきます。興味のある事柄に対しては、どんどんハマり込む傾向もあり、他者が気づかなかった発見をしたり、細やかな技能を必要とする作品などを作ったりすることもあるでしょう。また、どんなことも着実に成果を挙げるので、周囲からの信頼も厚い様子。しかし、ディテールにこだわりすぎて、全体を見忘れてしまう傾向もあり、それによってトラブルも発生しやすいかもしれません。ハマっている事柄から時折距離を置き、全体を見渡すよう心掛けましょう。ホークスアイは興味の対象に専心する気力を高め、グリーントルマリンは集中後の疲労回復に。カイヤナイトは思考をクリアにし、スティルバイトは見落としをなくしてトラブルを回避させてくれるでしょう。

守護石

ホークスアイ
⇒P211

グリーントルマリン
⇒P242

カイヤナイト
⇒P260

スティルバイト
⇒P272

### ＊恋愛・人間関係＊

#### 引っ込み思案な恋

恋に関しては少し臆病なところがあるかもしれません。「こんな面を知られて嫌われたら……」という思考から、素直に愛情を表現できないことも多いでしょう。ブラックトルマリンは自分へのネガティブな意識を取り払い、スギライトは心の傷を癒しつつ、愛に前向きな姿勢を育んでくれます。

恋愛運アップに良い石

ブラックトルマリン
⇒P208

スギライト
⇒P265

### ＊仕事＊

#### 必要以外を見落としがち

やるべきことはきちんとこなす姿勢から高い評価を得ることが多いのですが、それ以外のことに気が回らず、思わぬ落とし穴に陥ったり、周囲の人たちとのトラブルが発生したりすることもありそう。ワーベライトは視野を広げ、アパタイトは他者への配慮を促してトラブルを回避させてくれるでしょう。

仕事運アップに良い石

ワーベライト
⇒P248

アパタイト
⇒P253

### ＊お金＊

#### 情緒の安定が金運に影響

基本的に金運は安定傾向ですが、情緒が不安定になると、それを解消するために散財することも。特に対人問題が衝動買いの引き金になりやすいかもしれません。ヘマタイトは金運を強化してお金に関する勝負強さを高め、ピンクトルマリンは対人関連で起こる心の穴を埋めて散財を防ぎます。

金運アップに良い石

ヘマタイト
⇒P210

ピンクトルマリン
⇒P231

＊この日の石を使うと……細やかな作業を集中的にこなすことができます。ディテールにこだわる制作活動など◎。

## 裏性格 *the other side…* 9月9日

この日の守護石

グリーントルマリン

カイヤナイト

### 見えない流れをつかむ

心の動きや無意識の流れに対して、敏感に反応する人です。虫の知らせ的なものをうまく取り入れて難を逃れたり、チャンスをつかんだりすることも多いでしょう。また、人の気持ちを読み、求めるものを察して提供して相手から驚かれることも。直感での行動もありますが、やるべきこともきちんとこなすため、人から頼りにされるようです。

1/7、1/8、5/6、5/7、6/29、6/30　4/13、4/14、7/8、7/9、11/8、11/9　2/6、2/7、6/7、6/8、12/8、12/9　3/7、3/8、4/7、4/8、8/10、8/11

## 裏性格 *the other side…* 9月10日

この日の守護石

ホークスアイ

カイヤナイト

### 人の気持ちを読み取る

人の心理を読み取る能力の高い人です。事前に状況を有利に動かすために、心理戦的な駆け引きを仕掛けることもあるでしょう。内面には熱く炎が燃えており、アクションを起こす時は地道に下準備をした後に、素早く集中的に実行し、成果を挙げていきます。気疲れしやすい面もあるので、休みを意識的に取りましょう。

1/8、1/9、5/7、5/8、6/30、7/1　4/14、4/15、7/9、7/10、11/9、11/10　2/7、2/8、6/8、6/9、12/9、12/10　3/8、3/9、4/8、4/9、8/11、8/12

## 裏性格 *the other side…* 9月11日

この日の守護石

グリーントルマリン

スティルバイト

### 仲間と未来を作る

仲間とともに何かを成し遂げたいと願う、志の高い人です。仲間が何を必要としているかを敏感に読み取れるため、人をフォローするような役割を担っていくことが多いでしょう。また、相手の才能や得意な部分を見つけるのがうまく、相手に適した仕事を配分したり、スキル向上に力を貸し、その結果相手の信頼を得たりするようです。

1/9、1/10、5/8、5/9、7/1、7/2　4/15、4/16、7/10、7/11、11/10、11/11　2/8、2/9、6/9、6/10、12/10、12/11　3/9、3/10、4/9、4/10、8/12、8/13

## 裏性格 *the other side…* 9月12日

この日の守護石

カイヤナイト

スティルバイト

### 課題をクリアしつつ成長

常に自分の課題を意識し、それを丁寧にクリアしていく向上心の高い人です。鋭い分析力で、自分自身や自分の周りの状況に対して足りないものを見つけ出し、戦略を練ってそれらを補っていく力があるようです。小さな目標を定めて着実に実行し、結果を出すという流れを繰り返すことで、理想に近づいていくでしょう。

1/10、1/11、5/9、5/10、7/2、7/3　4/16、4/17、7/11、7/12、11/11、11/12　2/9、2/10、6/10、6/11、12/11、12/12　3/10、3/11、4/10、4/11、8/13、8/14

## 裏性格 *the other side…* 9月13日

この日の守護石

ホークスアイ

グリーントルマリン

### 周りをフォローして目的達成

周りの人たちを支えつつ、全体の目的を遂げようとする実力のある人です。内面の安定性が高く、必要とされる処理を冷静にこなすことができるので、実務面では何かと頼りにされるでしょう。自分の才能やスキルで人を助けることに喜びを感じやすく、そうした仕事を選ぶと運気が上昇しやすいかもしれません。

1/11、1/12、5/10、5/11、7/3、7/4　4/17、4/18、7/12、7/13、11/12、11/13　2/10、2/11、6/11、6/12、12/12、12/13　3/11、3/12、4/11、4/12、8/14、8/15

# 9月14日〜9月18日

＊ 乙女座21 〜 25度／木星 ＊

♍

## 広い視点と着実な実行力

周囲に対して細やかに配慮しつつ、丁寧に物事を実行していき、結果を出していきます。世の中の様々なことに対して可能性を感じるので、興味のままにあれこれ調べたり、チェックを入れたりしておくことも怠りません。そのため、不測の事態にも対応したり、細やかに状況に適応したりするなど、柔軟性と引き出しの多さから周囲の信頼を得るでしょう。また、複数のことを同時進行で進める能力もあり、多才さをさらに加速させますが、取り組む事柄が多すぎると混乱して状況をやりくりできなくなることもあるので注意しましょう。アンバーは気持ちを落ち着かせて癒しをもたらし、ペリドットは多くの物事への希望や可能性を広げて、引き出しを増やしてくれます。タンザナイトは柔軟な対応力を強化し、ラピスラズリは混乱を防止してくれます。

守護石

アンバー
⇒P225

ペリドット
⇒P238

タンザナイト
⇒P262

ラピスラズリ
⇒P262

### ＊ 恋愛·人間関係 ＊

配慮しつつ恋を進展

細やかに相手を気遣いつつ、恋を進展させていけるようです。ただし、おおらかに振る舞っていても、心の奥底に踏み込まれたくない部分を持ち、そこに触れられると相手と距離を置こうとする傾向も。ジェイドは安定的に恋を進展させ、アポフィライトは霊性を育み、相手への受容性を高めます。

### ＊ 仕事 ＊

同時進行で処理

マルチタスク能力をうまく活用し、物事を丁寧に、かつ同時進行させながら多くの作業をこなすことができるようです。しかし、疲労がたまるとそれらをうまく回せなくなりがちに。マーカサイトは疲労感を払って冷静に作業を回せるよう促し、トパーズは思考をクリアにして作業進展を促進させます。

### ＊ お金 ＊

予想外の出費でペースを乱す

大きな視点を持ちつつ、貯蓄・出費もなかなか計画的です。しかし、予想外の出費などがあると、途端にお金の使い方がアバウトになり、いつの間にか出費がかさむことも。スピネルは目的意識を回復させて金運を立て直し、クリソコラはバランス感覚を養って金運を整えてくれるでしょう。

恋愛運アップに良い石

ジェイド
⇒P243

アポフィライト
⇒P270

仕事運アップに良い石

マーカサイト
⇒P224

トパーズ
⇒P274

金運アップに良い石

スピネル
⇒P214

クリソコラ
⇒P254

＊ この日の石を使うと…… 広い視野で物事を理解しつつ、それを踏まえて今やるべきことが明確になるでしょう。

## 裏性格 *the other side...* 9月14日

この日の守護石  タンザナイト  ラピスラズリ

### 難題を乗り越えて成長

自分の能力や技能に対して自負を抱き、堂々と振る舞う気品に溢れた人です。人生のどこかで何かに没頭するような時期があり、その時に培ったスキルが内面に充足感を与えるでしょう。また、無理難題ほど挑戦したくなる傾向があり、全力で挑んで成果を挙げます。その結果、独自の地位を得たり、カリスマ的な存在になったりすることも。

1/12、1/13、5/12、5/13、7/4、7/5 4/18、4/19、7/13、7/14、11/13、11/14 2/11、2/12、6/12、6/13、12/13、12/14 3/12、3/13、4/12、4/13、8/15、8/16

## 裏性格 *the other side...* 9月15日

この日の守護石  アンバー  ペリドット

### 観察力からの提案

人の良いところを見つけることのうまい、観察力の高い人です。他者のちょっとした態度から、相手の心理傾向や長所・短所を読み取っていきますが、観察だけにとどまらず、適性に合う活動を提案していくことも多いでしょう。また、自身の素養に対しても冷静に判断し、自分に適した訓練によってスキルを磨いていくようです。

1/13、1/14、5/13、5/14、7/5、7/6 4/19、4/20、7/14、7/15、11/14、11/15 2/12、2/13、6/13、6/14、12/14、12/15 3/13、3/14、4/13、4/14、8/16、8/17

乙女座

## 裏性格 *the other side...* 9月16日

この日の守護石  アンバー  ラピスラズリ

### ディープな研究者

凝り性で、自分の好きなことに没頭していく研究家。自分のやるべきことには全力で取り組み、自分でなくても良い部分に関してはそれなりに力を抜くなどして、要求されたことをこなしつつ、自分の時間を捻出するようです。また、自分の好きなディープな分野の友人ができると、安心感とともに内面が充実していくでしょう。

1/14、1/15、5/14、5/15、7/6、7/7 4/20、4/21、7/15、7/16、11/15、11/16 2/13、2/14、6/14、6/15、12/15、12/16 3/14、3/15、4/14、4/15、8/17、8/18

## 裏性格 *the other side...* 9月17日

この日の守護石  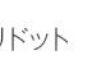 ペリドット  タンザナイト

### 美しい引き際を見せる

落としどころを見据えつつも、全力で物事に取り組む実務派の人です。どんな計画でもオチとなる状況を考慮し、そこを基準に現在どう動くべきかを考え、着実に実行していきます。たとえ失敗しそうでも、最終的にどう引くのがベストかも配慮できるので、仕事ぶりの美しさをほめられることも。潔い態度が好感を呼びます。

1/15、1/16、5/15、5/16、7/7、7/8 4/21、4/22、7/17、7/18、11/16、11/17 2/14、2/15、6/15、6/16、12/16、12/17 3/15、3/16、4/15、4/16、8/18、8/19

## 裏性格 *the other side...* 9月18日

この日の守護石  ペリドット  ラピスラズリ

### 向上のために断ち切る

より優れたものを求めて、自分を向上させていくことのできる人です。時にはそれまでの価値観を一切捨てなくてはならない状況であっても、迷いなくそれらを断ち切って自分自身を高めていくのです。壮大な夢を持ち、最終的にそれをやり遂げることに焦点が合っているので、自分のプライドを捨てることにも躊躇しないでしょう。

1/16、1/17、5/16、5/17、7/8、7/9 4/22、4/23、7/18、7/19、11/17、11/18 2/15、2/16、6/16、6/17、12/17、12/18 3/16、3/17、4/16、4/17、8/19、8/20

# 9月19日～9月22日

＊乙女座26～29度／土星＊

♍

## 完成度を高める

ストイックに自身を鍛え、より完成された自分を模索していく傾向があります。体や仕事など目に見えること以外にも、内面や精神性といった事柄についても関心を向け、心身ともにより良い自分を作り上げていこうとするでしょう。ただし、自分を取り巻く多くの活動に対してより良いものを目指す一方で、考えすぎて眠れなくなるなどかえってストレスをためてしまう様子。また、求めていた結果がその通りに出ない時に落ち込むこともあるようです。突き詰めすぎず、程よくリラックスする機会を持つようにすると良いでしょう。プレナイトは張り詰めた神経を緩め、アクアマリンは冷静な視点をもたらします。ガーデンクォーツは結果を前向きに受け止めさせ、クォンタムクワトロシリカは内面の意識化をサポートします。

守護石

プレナイト
⇒P246

アクアマリン
⇒P251

ガーデンクォーツ
⇒P271

クォンタムクワトロシリカ
⇒P286

### ＊恋愛･人間関係＊

#### 共通の趣味を持つ相手

好きな人の前では妙に硬くなってしまうことから、進展はギクシャクしがちかもしれません。趣味など共通項を持つ相手ならば、自然に恋を積み重ねていくことができるでしょう。スモーキークォーツは気持ちを落ち着かせて硬さを取り除き、セレスタイトは素直な愛情表現を引き出します。

### ＊仕事＊

#### 丁寧さから成果を挙げる

仕事に対して真面目に取り組み、きちんと成果を挙げていきますが、チームワークが必要な場面では勝手の違いから、立ち位置に迷うこともあるかもしれません。アラゴナイトは作業を丁寧に進め、仕事運全体を高め、クリソプレーズは周囲との関係を良好にし、チームの中で力を発揮させてくれるでしょう。

### ＊お金＊

#### 急な出費はストレス

財政管理に関しては几帳面さを発揮し、すべてを計画的に進めていこうとするでしょう。そのため、突発的な出費に対しては、ストレスを感じやすい傾向もあります。ウォーターメロントルマリンは金銭へのバランス感覚を養い、オーラライト23は金銭にまつわるストレスを軽減します。

恋愛運アップに良い石

スモーキークォーツ
⇒P203

セレスタイト
⇒P254

仕事運アップに良い石

アラゴナイト
⇒P202

クリソプレーズ
⇒P242

金運アップに良い石

ウォーターメロントルマリン
⇒P284

オーラライト23
⇒P285

＊この日の石を使うと……完成や完璧を目指す気持ちが高まります。丁寧に作業できるでしょう。

## 裏性格 *the other side...* 9月19日

この日の守護石  アクアマリン  ガーデンクォーツ

### 高い美意識を駆使する

優れた感性と美意識を持った、品性高い人です。人のためになるということを念頭に活動しますが、美しさや質の高さを重視する傾向もあるため、趣味的な活動ととらえられやすいかもしれません。しかし持ち前の能力の秀逸さから、高度に完成されたものを結果として打ち出すことができるので、周囲の人が感嘆する結果を得やすいでしょう。美しいものを身の周りに配すると内面が充実するので、部屋のインテリアなどにはなるべく力を入れたほうが良いかもしれません。

1/17、1/18、5/17、5/18、7/9、7/10　4/23、4/24、7/19、7/20、11/18、11/19　2/16、2/17、6/17、6/18、12/18、12/19　3/17、3/18、4/17、4/18、8/20、8/21

## 裏性格 *the other side...* 9月20日

この日の守護石  ガーデンクォーツ  クォンタムクワトロシリカ

### 決めたことに専心する

自分が決めたことに対して、全身全霊で取り組む人です。人からどう思われようとあまり気にせず、自分が決めたことを地道に行なって、結果を出していきます。基本的には他者に対する思いやりが深く、良心に基づいて行動していくため、結果を出すころにようやく周りから理解されたり、協力を得られたりという状況も多いかもしれません。自分だけで頑張るのではなく、周りと助け合いながら物事を進めていくことができるようになると成長していくでしょう。

1/18、1/19、5/18、5/19、7/10、7/11　4/24、4/25、7/20、7/21、11/19、11/20　2/17、2/18、6/18、6/19、12/19、12/20　3/18、3/19、4/18、4/19、8/21、8/22

## 裏性格 *the other side...* 9月21日

この日の守護石  プレナイト  クォンタムクワトロシリカ

### 知性と直感力の融合

知識と直感をうまく織り交ぜ、物事を判断し、行動していく人です。内面には豊かなイマジネーションが溢れていますが、それを自分が習得した技能や知識と比較して適応させ、実行できるものを手堅く実現していきます。直感力の高さから、時には人の内面や物事の裏側を鋭く突くような内容を発信することも多く、意図せず周りの人たちを驚かせるような場面も見られるでしょう。ゆっくり自然に触れるような機会を持つと、直感力もさらに磨かれるようです。

1/19、1/20、5/19、5/20、7/11、7/12　4/25、4/26、7/21、7/22、11/20、11/21　2/18、2/19、6/19、6/20、12/20、12/21　3/19、3/20、4/19、4/20、8/22、8/23

## 裏性格 *the other side...* 9月22日

この日の守護石  アクアマリン  クォンタムクワトロシリカ

### 壮大な計画を手堅く推進

壮大な計画を推進する大胆さと、手堅く作業を進める堅実さを併せ持つ人です。自分のためというよりも、より多くの人に貢献するような活動において俄然力を発揮し、辣腕を振るいながら目標達成へと歩みを進めていくでしょう。ただし時折、細かなところを見落とすようなミスをするなど、ちょっと抜けたところもあるかもしれません。程よくぼんやりした部分と、やるべきことをきっちりこなす実力とのギャップが、周囲からは魅力的に映るようです。

1/20、1/21、5/20、5/21、7/12、7/13　4/26、4/27、7/22、7/23、11/21、11/22　2/19、2/20、6/20、6/21、12/21、12/22　3/20、3/21、4/20、4/21、8/23、8/24

# 9月23日〜9月26日

＊天秤座0〜3度／月＊

## わかりやすく自分を提示

自然に人の中に入っていき、様々な出会いを楽しむ傾向があります。初めての場では多少躊躇しつつも、多くの人たちと出会い、その個性の多様さに関心を向けます。また、相手からその場で自分を覚えてもらおうと、自分自身にわかりやすくキャラづけをしたり、あだ名などを教えたりして距離を縮めていくでしょう。オープンな姿勢と人懐っこさから、相手と共感していき、関係性を形成していきますが、そのためどこへ行っても顔見知りがいるなど、幅広い人脈を持つことも。その人脈を活用して、望みを実現することも多いようです。ロードナイトはハートを開いて人との関わりを促進し、ブルーカルセドニーは内面を安定させます。チャロアイトは悪い人脈を退け、セレナイトは多くの人と会った後のエネルギー浄化をしてくれます。

守護石

ロードナイト
⇒P236

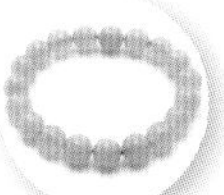

ブルーカルセドニー
⇒P255

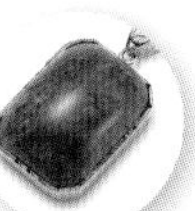

チャロアイト
⇒P264

セレナイト
⇒P273

### ＊恋愛・人間関係＊

#### 対話で関係形成

相手の気持ちを気遣い、良い関係を作っていくでしょう。何か問題が起こった場合は、納得するまで話し合いをしようとしますが、相手に配慮しすぎていいくるめられてしまう場合も。カーネリアンは相手に渡り合う強さをもたらし、ブルーレースアゲートは良い関係を長続きさせます。

### ＊仕事＊

#### 配慮が必要な職務

何かと気を使う仕事相手や職場と関わりやすいかもしれません。面と向かってはっきりいってしまいたい衝動にかられますが、かえって状況が悪くなる場合も。フックサイトは人間関係を良い方向へ改善し、ムーンストーンは相手に対する思いやりを育んでくれるしょう。

### ＊お金＊

#### 心の傷から衝動買いへ

おしゃれなものやセンスの良いものを見るとつい買ってしまう傾向があります。特に落ち込んでいたり、気持ちを傷つけられたりした後、それを補おうと衝動買いに走りそう。ダイオプテーズは心の傷を癒して爆買いを防ぎ、モスアゲートは落ち着いてお金のことを見直す姿勢を育みます。

恋愛運アップに良い石

カーネリアン
⇒P218

ブルーレースアゲート
⇒P256

仕事運アップに良い石

フックサイト
⇒P245

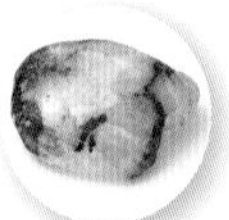

ムーンストーン
⇒P278

金運アップに良い石

ダイオプテーズ
⇒P243

モスアゲート
⇒P247

＊この日の石を使うと……人との関わりの中で安心感を得られるでしょう。話を聞いてもらってホッとすることも。

## 裏性格 *the other side...* 9月23日

この日の守護石

ブルーカルセドニー

チャロアイト

### キャラの立つ人

自分のキャラをしっかり押し出す、存在感のある人です。押しが強いというよりも、自分の個性について客観的に理解しており、周囲の求める人物像を考慮しながら自分の個性として表現していきます。自分自身をわかりやすいキャラクターとして印象づけることで、他者と友好な関係を形成するきっかけとするのでしょう。また、場の状況を察して意見を提案したり、人の話の要点をまとめたりするのもうまい様子。社交的で対話能力も高いことから広い人脈を持っているようです。

1/21、1/22、5/21、5/22、7/13、7/14　4/27、4/28、7/23、7/24、11/22、11/23　2/20、2/21、6/21、6/22、12/22、12/23　3/21、3/22、4/21、4/22、8/24、8/25

## 裏性格 *the other side...* 9月24日

この日の守護石

ロードナイト

ブルーカルセドニー

### 面白いことに飛び込む

面白いことに関しては、先入観なく飛び込んでいくことのできる人です。好奇心が旺盛で、自分の目の前に興味をそそられるものを発見すると、過去の経験や噂話などあまり気にすることなくチャレンジしていくでしょう。初対面の相手に対しても面白さを感じるとどんどん自分から接近していき、新たな人脈を開拓します。また、最も旬な情報をいち早くとらえる傾向もあるので、それを必要とする人たちから頼りにされたり、流行の発信源となっていたりする場合も。

1/22、1/23、5/22、5/23、7/14、7/15　4/28、4/29、7/24、7/25、11/23、11/24　2/21、2/22、6/22、6/23、12/23、12/24　3/22、3/23、4/22、4/23、8/25、8/26

天秤座

## 裏性格 *the other side...* 9月25日

この日の守護石

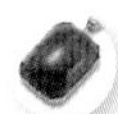
チャロアイト

セレナイト

### 今を意識して歩む

常に「今」に意識を合わせ、その流れに乗ることのできる人です。自分の周りや世の中で、今、何が起こっているかに敏感に反応し、その状況に合わせて柔軟に対応していくことができるようです。他者に対しても、その人のいま現在の気持ちや状況などを尊重できるので、相手の背景や過去などにとらわれず、その人となりを見据えて付き合っていくでしょう。公平で誠実な資質が好感を呼び、いつの間にか周りに多くの人たちが集まる傾向も見られるようです。

1/23、1/24、5/23、5/24、7/15、7/16　4/29、4/30、7/25、7/26、11/24、11/25　2/22、2/23、6/23、6/24、12/24、12/25　3/23、3/24、4/23、4/24、8/26、8/27

## 裏性格 *the other side...* 9月26日

この日の守護石

ロードナイト

セレナイト

### 人の気持ちを重視する

他者に対して、その気持ちを重視して関わっていこうとする人です。相手の思いや意見などに関して積極的に受け止め、その気持ちを分かち合おうとする心の温かさが最大の魅力のようです。情に厚い面もあり、人と協力し合いながら何かを成し遂げていこうとする場面も見られるでしょう。その一方で、以前に助けた人から逆に助けてもらうということもあり、多くの仲間とお互いに手を差し伸べ合い、応援し合うことで良い波を捕まえることができるはずです。

1/24、1/25、5/24、5/25、7/17、7/18　4/30、5/1、7/26、7/27、11/25、11/26　2/23、2/24、6/24、6/25、12/25、12/26　3/24、3/25、4/24、4/25、8/27、8/28

# 9月27日～9月30日

＊ 天秤座4～7度／水星 ＊

## 他者に対する興味で動く

積極的に他者とコミュニケーションを取り、相手を知ろうとする傾向があります。人に対する興味と好奇心が強く、目の前の相手がどんな趣味を持ち、どんなことを大切にしているかなどをリサーチします。また、特定の場所に集まった人たちの傾向を調べ、分析していくことも。さらに人の話に積極的に耳を傾けるため、何かと相談ごとを持ちかけられることも多いかもしれません。その積み重ねにより人に好かれ、人気者となるでしょう。疲れた時でも人と会話することでリフレッシュできるようです。レモンクォーツは思考をクリアにし、ピンクトルマリンはハートを開いて興味本位だけではない姿勢を育みます。ピンクスミソナイトは他者との調和的な関係形成に役立ち、グリーントルマリンは人間関係による疲れを癒してくれるでしょう。

守護石

レモンクォーツ
⇒P227

ピンクトルマリン
⇒P231

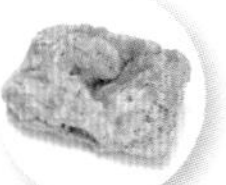

ピンクスミソナイト
⇒P235

グリーントルマリン
⇒P242

### ＊ 恋愛・人間関係 ＊

**話し合いで関係形成**

何事も話し合ってふたりの関係を作り上げていこうとする傾向があります。ただし、相手が会話に応じないと、愛情がすり減ってきたように感じられ、距離を置くことも。スピネルは熱い関係を持続させてくれるお守りに、アクアマリンは愛情を温めつつ、相手から会話を引き出します。

### ＊ 仕事 ＊

**優れた交渉力を活用**

わからないことがあったらすぐ人に聞いて修正できる資質があります。また、交渉力が優れており、難しい相手でも次第に心を許し、仕事にプラスな方向へ進めることも。アズマーは他者からの信頼を得て仕事を成功に導き、ブルーカルセドニーは仕事上の対人関係を良好にします。

### ＊ お金 ＊

**きれいなものを衝動買い**

きちんとやりくりしながらお金を使っていきますが、センスの良いものを見つけるとつい欲しくなってしまい、気がつくと予定外の出費となっていることも。アンバーは基本的な金運をさらに高め、メタモルフォーシスは急な購入意欲上昇を別のところへ振り替えて緩和します。

恋愛運アップに良い石

スピネル
⇒P214

アクアマリン
⇒P251

仕事運アップに良い石

アズマー
⇒P240

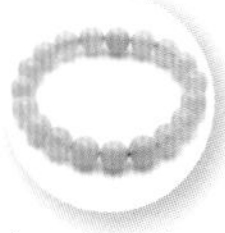

ブルーカルセドニー
⇒P255

金運アップに良い石

アンバー
⇒P225

メタモルフォーシス
⇒P278

＊ この日の石を使うと…… コミュニケーション能力が高まります。目の前の相手に適した応対ができるでしょう。

## 裏性格 *the other side...* 9月27日

この日の守護石

ピンク
スミソナイト

グリーン
トルマリン

### 夢を共有してともに歩む

他者が内に秘めた情熱や思いをくみ取りながら、夢を共有し、それを実現しようとする人です。高いコミュニケーション能力と鋭い分析力を使って、人の思いや感情を読み取り、極力それを受け止めようとします。また、自分の夢と相手の夢に協力し合える部分があるのならば、それらを共有し、力を合わせて実行していこうとするでしょう。時には多くの人をまとめて何か壮大なプロジェクトに取り組むこともあり、周囲の人とともに夢の実現に向けて歩むのです。

♥ 1/25、1/26、5/25、5/26、7/17、7/18 ☺ 5/1、5/2、7/27、7/28、11/26、11/27 ● 2/24、2/25、6/25、6/26、12/26、12/27 ☆ 3/25、3/26、4/25、4/26、8/28、8/29

## 裏性格 *the other side...* 9月28日

この日の守護石

レモンクォーツ

ピンク
スミソナイト

### 希望を発信して実現する

自分の夢や希望を積極的に表現していくことで、いつの間にかそれを実現してしまう人です。人当たりが良く、また人の願いや希望を聞き入れながら相手に貢献していくので、多くの人に好かれる傾向があるようです。さらにそうした人たちがあなた自身の望みを聞くやいなや全力でサポートしてくれるので、その結果自分の目的も素早く実現されることになるでしょう。助けてくれた人たちへの感謝の気持ちを、きちんと表現していくと運気がさらにアップします。

♥ 1/26、1/27、5/26、5/27、7/18、7/19 ☺ 5/2、5/3、7/28、7/29、11/27、11/28 ● 2/25、2/26、6/26、6/27、12/27、12/28 ☆ 3/26、3/27、4/26、4/27、8/29、8/30



## 裏性格 *the other side...* 9月29日

この日の守護石

レモンクォーツ

ピンク
トルマリン

### 大切なものを守る

積極性と実行力を備えたタフさと、大切な何かを守ろうとする豊かな感受性を持つ人です。正義感溢れる人情家で、不利な状況にある人や弱者を発見すると俄然力を発揮して、その人たちを守ろうとするでしょう。また、人脈も広いため、ひとりで成し遂げられそうにないという状況に陥った場合は、共感できる仲間を探し出し、力を合わせて成果を挙げるようです。助けてあげた人から助けられることなどもあり、人の縁からピンチを逃れる場面も多いかもしれません。

♥ 1/27、1/28、5/27、5/28、7/19、7/20 ☺ 5/3、5/4、7/29、7/30、11/28、11/29 ● 2/26、2/27、6/27、6/28、12/28、12/29 ☆ 3/27、3/28、4/27、4/28、8/30、8/31

## 裏性格 *the other side...* 9月30日

この日の守護石

レモンクォーツ

グリーン
トルマリン

### 分析力を使って挑戦

常に心の奥底に炎を燃やし続ける、チャレンジャーな人です。一度失敗したくらいではへこまず、丁寧に情報を収集し、様々な角度から分析した後、周りに協力を仰ぎながら何度も挑戦していくでしょう。常に以前の状況と今との違いを確認しつつ、タイミングを見計らって行動を起こすので、たいていの再挑戦は成功するはず。また、直感力も鋭く、良い波をつかむためにそれをうまく使い、思った以上の成果を挙げることも多いかもしれません。

♥ 1/28、1/29、5/28、5/29、7/20、7/21 ☺ 5/4、5/5、7/30、7/31、11/29、11/30 ● 2/27、2/28、6/28、6/29、12/29、12/30 ☆ 3/28、3/29、4/28、4/29、8/31、9/1

# 10月1日～10月4日

＊ 天秤座8～11度／金星 ＊

## バランス感覚を駆使して歩む

人と関わる際のバランス感覚が優れ、相手の求めるものと自分の気持ちをうまく調整しつつ、その間を取って物事を決定していきます。また、美的センスも優れているため、衣服や生活アイテムなど、身の周りの品々を美しいものでまとめるので、おしゃれな人とみなされることも多いでしょう。ただし、人から強く何かを要求されると、それを受け止めなければという思いからついつい引き受けてしまうことも。厄介な案件を引き受けると、後々面倒なことになりやすいので、内容を吟味してから受け入れるよう心掛けましょう。ストロベリークォーツは美的センスを高め、エンジェライトは対人関係を良好にします。チャロアイトは厄介な相手を退け、アゲートは良い人脈を引き寄せて豊かさをもたらしてくれるでしょう。

守護石

ストロベリークォーツ
⇒P234

エンジェライト
⇒P253

チャロアイト
⇒P264

アゲート
⇒P282

＊ 恋愛･人間関係 ＊

### 思いやりある関係形成

人に対する配慮能力が高く、相手との間に思いやりのある関係をうまく形成していくでしょう。ふたりの間の問題は冷静に話し合って解決しますが、相手から情熱を感じられないと責めてしまうことも。レッドガーネットは愛情表現をスムーズにし、クリソプレーズは愛ある関係を保護します。

恋愛運アップに良い石

レッドガーネット
⇒P216

クリソプレーズ
⇒P242

＊ 仕事 ＊

### 美的センスを活用

センスを生かした仕事ができれば、ストレスなく活躍できるでしょう。ただし、周りの期待や要求に精いっぱい応えようとして、体力的にキャパオーバーになることも。サードオニキスは体調を整えつつ、仕事をスムーズに進められるようフォローし、モルガナイトは心身を癒して疲れを取り去ります。

仕事運アップに良い石

サードオニキス
⇒P219

モルガナイト
⇒P236

＊ お金 ＊

### 美しいものに散財

美意識を刺激するセンスの良い品物を見るとうっかり購入してしまうなど、散財傾向が見られます。また、交際費もかさみがちなので、月末は苦しくなる場合も。ロードクロサイトは本当に美しいものだけを買うよう促し、アベンチュリンは身の丈に合った人付き合いを意識させ、無駄遣いを減らします。

金運アップに良い石

ロードクロサイト
⇒P233

アベンチュリン
⇒P240

＊ この日の石を使うと……美しいものを見いだす目が養われます。また、対人バランスも良好に。

## 裏性格 *the other side...* 10月1日

この日の守護石  エンジェライト  チャロアイト

### 先人の知恵から理解する

先人の経験やその人たちの積み重ねをうまく活用して、物事の理解を深めていく人です。勝手な思い込みや先入観を持たず、過去の状況や相手のそれまでの経験などを実績として考慮に入れつつ物事を判断していきます。また、こうした発想や考えを新しい取り組みに応用していくでしょう。知識を蓄えるほど判断力も冴えるので、勉強などには前向きに取り組むようにしてください。歴史書や特定の業績を打ち出した人物の評伝などを読むとさらに良いヒントを得られるはずです。

1/29、1/30、5/29、5/30、7/21、7/22　5/5、5/6、7/31、8/1、11/30、12/1　2/28、2/29、6/29、6/30、12/30、12/31　3/29、3/30、4/29、4/30、9/1、9/2

## 裏性格 *the other side...* 10月2日

この日の守護石  ストロベリークォーツ  チャロアイト

### 分析して次に繋げる

何かが起こった後、客観的に分析し、次に繋げることができる人です。その場での状況判断力も高いのですが、ある行動に対してその成り行きや結果を冷静に解析します。そして次に似たようなことが起こった場合にその経験をうまく生かして、より良い成果を挙げていくでしょう。経験を積むことでスキルや能力を高めていくことができる人といえます。様々なシチュエーションを体験することで、難しいトラブルでもうまく解決していく技能を身につけていくはずです。

1/30、1/31、5/30、5/31、7/22、7/23　5/6、5/7、8/1、8/2、12/1、12/2　1/1、2/29、3/1、7/1、7/2、12/31　3/30、3/31、4/30、5/1、9/2、9/3

## 裏性格 *the other side...* 10月3日

この日の守護石  エンジェライト  アゲート

### 観察力で本質をとらえる

高い観察力と、卓越したコミュニケーション能力を持つ人です。先入観や思い込みで相手を見ることがないので、どんな人に対しても、その人の本質をとらえていきます。そのうえで相手に理解できる言葉で物事を伝えていくでしょう。魅力的なキャラクターと人を見抜く能力の高さが相まって、様々な人が周りに集まってきやすいかもしれません。面白いことをやっている人物の活動を、受け手に合わせた表現で伝えられるので、広報的な活動をするとさらに良いでしょう。

1/31、2/1、5/31、6/1、7/23、7/24　5/7、5/8、8/2、8/3、12/2、12/3　1/1、1/2、3/1、3/2、7/2、7/3　3/31、4/1、5/1、5/2、9/3、9/4

## 裏性格 *the other side...* 10月4日

この日の守護石  ストロベリークォーツ  エンジェライト

### 興味あるものを伝える

知的好奇心が強く、興味を抱いた対象に対して、粘り強く取り組んでいく人です。飽くなき探求心があり、これと決めたテーマを持つと、それに向かって突進していくでしょう。また、持って生まれた分析力を駆使しつつ、これらを理解していきますが、それだけでは満足せずに多くの人に伝えようとします。この時伝えられる内容は既成のものではないことも多いため、結果的に周囲に対して新しい情報や思いがけない発想をもたらすことにもなるようです。

2/1、2/2、6/1、6/2、7/24、7/25　5/8、5/9、8/3、8/4、12/3、12/4　1/2、1/3、3/2、3/3、7/3、7/4　4/1、4/2、5/2、5/3、9/4、9/5

# 10月5日～10月8日

＊ 天秤座12～15度 太陽 ＊

## 人への純粋な興味

人とは何かということに対して関心を抱き、様々な場面で出会った人たちを丁寧に観察していきます。ただ観察するだけではなく、対話を重ねることで相手の本意や望みを知り、それを知識として蓄えて考察し、傾向を読み取ることに面白みを感じるでしょう。また、様々な偉人や歴史上の人物からその生き様や思想を学び、自分の生き方に活用していくことも。多くの人と面と向かって関わるような立場を得ることができると、さらに探求心が深まり、また相手の中にあるものを発見することでさらに意欲も高まるでしょう。レッドガーネットは自分の熱意を相手に伝え、シトリンは自信を持って人と接するよう促します。ローズクォーツは他者との心の交流を促進し、バリサイトは人を介してもたらされる幸運を高めます。

守護石

レッドガーネット
⇒P216

シトリン
⇒P229

ローズクォーツ
⇒P232

バリサイト
⇒P244

＊ 恋愛・人間関係 ＊

### 誠意を持って関係を作る

好きになった相手には誠意を持って応対し、きちんとコミュニケーションを取りながら愛を育んでいきます。ただし、時折相手を優先しすぎて自分の意見をいえなくなることがある様子。パイライトは自己主張できるよう力づけ、ラブラドライトは対話力をさらに向上させてくれるでしょう。

恋愛運アップに良い石

パイライト
⇒P223

ラブラドライト
⇒P281

＊ 仕事 ＊

### 意見を取り入れつつ進める

仕事仲間の意見を考慮しつつ、着実に作業を進めていくでしょう。交渉などもうまいのですが、空気を察することを要求される場面ではなかなか苦戦することも。セラフィナイトはどんな仕事でも安心して取り組めるよう保護し、パールは相手の感情を読み取る能力をさらに引き出してくれます。

仕事運アップに良い石

セラフィナイト
⇒P237

パール
⇒P275

＊ お金 ＊

### 情報活用でやりくり

様々な情報を見比べながら、お金のやりくりをしていきます。ただし、人間関係のストレスや仕事でのうっぷんがたまると、それを買い物で発散する傾向があるので注意を。サーペンティンは金運を安定させ、グリーントルマリンはストレスを和らげ、散財を防いでくれるでしょう。

金運アップに良い石

サーペンティン
⇒P228

グリーントルマリン
⇒P242

＊ この日の石を使うと…… 他者との関係がより良いものになっていきます。関係修復にもおすすめです。

## 裏性格 *the other side...* 10月5日

この日の守護石

レッドガーネット

バリサイト

### 豊かなアイデアを広げる

発想が豊かで、様々なアイデアを楽しみながら繰り出すことのできる人です。また、高い知的好奇心と探求心を持つので、幅広い情報に通じているでしょう。しかしそれを活用するだけではなく、異なる形に発展させて提案していくようです。まるでゲームをしているかのように様々なバリエーションへと組み替えつつ、面白いものを打ち出していくはずです。企画に関わる仕事やアイデアを必要とされるような場では、俄然力を発揮できるでしょう。

♡ 2/2、2/3、6/2、6/3、7/25、7/26 ◎ 5/9、5/10、8/4、8/5、12/4、12/5 ● 1/3、1/4、3/3、3/4、7/4、7/5 ✪ 4/2、4/3、5/3、5/4、9/5、9/6

## 裏性格 *the other side...* 10月6日

この日の守護石

ローズクォーツ

バリサイト

### 知識と直感で真実をつかむ

多彩な知識と直感力を活用して、真の答えを見つけ出していく人です。情報収集能力も高く、様々な事柄に通じていますが、最終的にはそれを単に総合するのではなく、考慮したうえで最終的に直感を用いて物事を判断していくでしょう。概要を知的に判断した後にインスピレーションを活用するので、大きな失敗はなく、むしろ先の先を読んだかのような結果を手にすることも。リラックスする時間を意識的にとることで、直感力もさらに高まります。

♡ 2/3、2/4、6/3、6/4、7/26、7/27 ◎ 5/10、5/11、8/5、8/6、12/5、12/6 ● 1/4、1/5、3/4、3/5、7/5、7/6 ✪ 4/3、4/4、5/4、5/5、9/6、9/7

天秤座

## 裏性格 *the other side...* 10月7日

この日の守護石

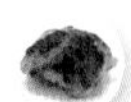
レッドガーネット

シトリン

### 繰り返しの中で成長

活動の中に定番やルーチン的な部分を見いだし、それを繰り返しながら資質や技能を向上させていく人です。持ち前の鋭い分析力と客観性を活用して物事の状態や規則性を見極め、それを地道に繰り返すことで、状況をより良い方向へ変化させていくことも得意でしょう。難しい課題や壮大なプロジェクトであったとしても、その骨格的な部分を見抜き、それに従ってコツコツと必要な作業を積み重ねていけるので、時間はかかりますが大きな成果を得ることも多いでしょう。

♡ 2/4、2/5、6/5、6/6、7/27、7/28 ◎ 5/11、5/12、8/6、8/7、12/6、12/7 ● 1/5、1/6、3/5、3/6、7/6、7/7 ✪ 4/4、4/5、5/5、5/6、9/7、9/8

## 裏性格 *the other side...* 10月8日

この日の守護石

レッドガーネット

ローズクォーツ

### 誠意を持って人と関わる

どんな人に対しても誠心誠意を込めた態度で関わっていく、情に厚い人です。基本的に他者に対する好奇心と相手の考え方などを知りたいという知的欲求があり、人の話に誠実に耳を傾けていきます。それをあてにされて結果的に他者から相談相手にされやすいのですが、場合によっては相手のトラブルに巻き込まれることも。しかし、その中でも新しい発見や知的好奇心を満たす何かを見いだすことが多く、嫌なことばかりではないかもしれません。

♡ 2/5、2/6、6/6、6/7、7/28、7/29 ◎ 5/12、5/13、8/7、8/8、12/7、12/8 ● 1/6、1/7、3/6、3/7、7/7、7/8 ✪ 4/5、4/6、5/6、5/7、9/8、9/9

# 10月9日〜10月13日

＊ 天秤座16 〜 20度／火星 ＊

## 意見を参考に邁進

何か行動を起こす時には、一度周りの人たちの意見を聞きながら意見をまとめ、それを中心に活動していく傾向があります。そのため、行動を起こす時や、決断が必要な時に時間がかかり、タイミングを逃してしまうことも。それでも確実な意見を参考にしているので、安心してことを進めていけるようです。ただし、多くの人たちの意見をまとめたうえでの行動は、大多数の意見として正しいものと認識し、その正しさを前面に出しすぎるとトラブルに発展する恐れがあるので、より広い見識を持つように意識しましょう。ピンクトルマリンは他者へハートを開き、ブルーレースアゲートは対人トラブルを緩和します。スティルバイトは意識を広げて問題解決のヒントを与えてくれ、ルビー イン ゾイサイトは対人バランスを調整します。

守護石

ピンクトルマリン
⇒P231

ブルーレースアゲート
⇒P256

スティルバイト
⇒P272

ルビー イン ゾイサイト
⇒P288

### ＊ 恋愛･人間関係 ＊
#### 真っすぐに接近

好きになった相手に対して熱心にアプローチし、恋を成就させます。とりあえずいってみる・やってみるという姿勢から恋のチャンスをつかむことも多いでしょう。ルビーは積極性をさらに高めて恋のチャンスをつかみやすくし、アズライトマラカイトは恋が長続きするよう異性との関係を安定させます。

恋愛運アップに良い石

ルビー
⇒P215

アズライトマラカイト
⇒P282

### ＊ 仕事 ＊
#### 周囲を読みつつ行動

周囲の状況を的確にとらえつつ、タイミングを読んで鋭く行動を起こしていきます。常に忙しく立ち回りますが、そのせいでいつの間にかストレスや疲れをためていることも。リビアングラスは目的意識を強化して無駄な行動を減らし、ミルキークォーツはストレスや疲れを軽減してくれるでしょう。

仕事運アップに良い石

リビアングラス
⇒P229

ミルキークォーツ
⇒P277

### ＊ お金 ＊
#### 落ち込みから散財

比較的安定感のある財運を持っていますが、人付き合いの多さから交際費がかさみがちな様子。また、気分の落ち込みを散財で解消しようとする傾向もあります。モリオンは気持ちを整えることでお金の無駄遣いを減らし、レッドジャスパーは金運をさらに安定させつつ強化してくれるでしょう。

金運アップに良い石

モリオン
⇒P211

レッドジャスパー
⇒P216

＊ この日の石を使うと…… 人から良いヒントをもらい、それを元に邁進していけるでしょう。

裏性格 *the other side...*

## 10月9日

この日の守護石

ブルーレース アゲート

スティルバイト

### 客観的に判断

物事に対して一歩引いたポジションから深く考えていく人です。客観的な視点と知性を併せ持ち、ちょっと引いたところから物事全体を見て、判断していきます。落ち着いたキャラクターと高い分析力から、周囲に頼りにされることも多いでしょう。人恋しさを感じる傾向から、相手が厄介な人物であっても決定的な距離は置きにくいかも。

♡ 2/6、2/7、6/7、6/8、7/29、7/30 ☺ 5/13、5/14、8/8、8/9、12/8、12/9 ◎ 1/7、1/8、3/7、3/8、7/8、7/9 ✪ 4/6、4/7、5/7、5/8、9/9、9/10

裏性格 *the other side...*

## 10月10日

この日の守護石

ブルーレース アゲート

ルビー イン ゾイサイト

### 希少情報の価値を活用

少数意見や限定的な情報の価値を知り、それを活用できる人です。優れた分析力と情報収集能力を持ち、どんな些末的な話でも、レア情報として価値づけして、それを求める人に提供するのです。面白い話、珍しいネタを知っている人として情報通扱いされることも。見いだしたものが後で流行することなどもあるでしょう。

♡ 2/7、2/8、6/8、6/9、7/30、7/31 ☺ 5/14、5/15、8/9、8/10、12/9、12/10 ◎ 1/8、1/9、3/8、3/9、7/9、7/10 ✪ 4/7、4/8、5/8、5/9、9/10、9/11

天秤座

裏性格 *the other side...*

## 10月11日

この日の守護石

ピンク トルマリン

スティルバイト

### 新鮮なものの可能性にかける

まだ世の中で価値づけされていないものに面白みを感じ、その可能性にかけようとする人です。高い情報収集能力と鋭い感性を持ち、今後大きく展開しそうなものを直感的にキャッチし、積極的にプッシュしていきます。気に入ったものが後で大ブレイクすることもありますが、結果的にレアな感性を持つ最先端の人と認識されることも。

♡ 2/8、2/9、6/9、6/10、7/31、8/1 ☺ 5/15、5/16、8/10、8/11、12/10、12/11 ◎ 1/9、1/10、3/9、3/10、7/10、7/11 ✪ 4/8、4/9、5/9、5/10、9/11、9/12

裏性格 *the other side...*

## 10月12日

この日の守護石

ピンク トルマリン

ルビー イン ゾイサイト

### 美しい概念を追求

美しい概念や発想に対して心酔し、ストイックにそれを追求していく人です。高度に知的な発想やシステムとしてバランスの取れた考え方などを心の軸に据え、それを元に丁寧に生きていくでしょう。また、多くの人にその良さを伝えていく傾向も。様々な思想や宗教・哲学などに触れるほど、人として磨かれていくはずです。

♡ 2/9、2/10、6/10、6/11、8/1、8/2 ☺ 5/16、5/17、8/11、8/12、12/11、12/12 ◎ 1/10、1/11、3/10、3/11、7/11、7/12 ✪ 4/9、4/10、5/10、5/11、9/12、9/13

裏性格 *the other side...*

## 10月13日

この日の守護石

スティルバイト

ルビー イン ゾイサイト

### 人の個性を認めて関わる

様々な人たちに対して、広い心で関わっていける人です。人それぞれに個性があることを熟知し、「人間対人間」という平等な関係であることを念頭に相手の存在を受け止めていきます。そのため様々な人が周りに集まりやすく、多彩な人間関係によって日々が華やかに彩られます。助けてあげた人から助けられることも多いでしょう。

♡ 2/10、2/11、6/11、6/12、8/2、8/3 ☺ 5/17、5/18、8/12、8/13、12/12、12/13 ◎ 1/11、1/12、3/11、3/12、7/12、7/13 ✪ 4/10、4/11、5/11、5/12、9/13、9/14

# 10月14日～10月18日

＊ 天秤座21～25度／木星 ＊

## 他者の在り方を受け止める

他者の様々な在り方をそのまま受け止めることのできる受容性があり、相手がエキセントリックな人物であってもその個性を楽しめるでしょう。時折わがままな人から難題を押しつけられることもありそうですが、ぎりぎり自分に迷惑が降りかからないラインをうまく読みながら関わっていくことができるようです。より多くの人を知りたいという欲求もあり、対人関係がどんどん広がっていく傾向もあります。また、関わることで双方にプラスとなるような知り合い同士の縁を取り持つなどし、豊かさの輪を広げていくでしょう。モルガナイトはハートで人と繋がることを教え、クリソコラは仲間との幸福のやりとりを促進します。トパーズは明るい展望をもたらして豊かな未来を引き寄せ、ハックマナイトは社交運を高めます。

守護石

モルガナイト
⇒P236

クリソコラ
⇒P254

トパーズ
⇒P274

ハックマナイト
⇒P287

＊ 恋愛・人間関係 ＊

### 求められる愛

相手の要求に対して優しく応対する傾向から、何かといい寄られることも多いかもしれません。しかし、押しの強い相手から迫られて断れない状況に陥ったり、恋人から二股を疑われたりすることも。ルチルクォーツは嫌な相手をきっぱり断る強さをもたらし、アパタイトは恋に安定感を与えます。

恋愛運アップに良い石

ルチルクォーツ
⇒P226

アパタイト
⇒P253

＊ 仕事 ＊

### 全体を確認しつつ進展

仕事仲間の状況をきちんと理解しつつ、全体の様子を確認しながら仕事を進めていきます。ただし、周りのフォローを優先しすぎると自分の作業がなかなか進まないということも起こりそう。エンジェライトは配慮力を高め、マザーオブパールは気遣いつつもきちんと作業を進めるよう促します。

仕事運アップに良い石

エンジェライト
⇒P253

マザーオブパール
⇒P277

＊ お金 ＊

### 社交費が財政圧迫

基本的な金運はなかなか高め。ただし、社交の多さから出費がかさみがちであったり、お金に対するアバウトさからいつの間にか財布の中身が目減りしていたりすることも。マラカイトはお金に対する認識を引き締めて無駄遣いを減らし、ガーデンクォーツは財運をさらに高めてくれるでしょう。

金運アップに良い石

マラカイト
⇒P247

ガーデンクォーツ
⇒P271

＊ この日の石を使うと……多くの人たちと楽しく豊かな時間を持つことができるでしょう。

## 裏性格 *the other side...* 10月14日

この日の守護石

モルガナイト

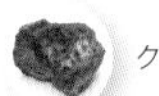
クリソコラ

### 人の気持ちに寄り添う

人の本質を見抜く目と高い共感力を持つ癒し系の人です。相手が何を求め、また何に傷ついているのかを瞬時に見極めつつ、相手の気持ちに寄り添っていきます。相手の本音を引き出す話術も持っているため、いつの間にかカウンセラー的な立場を担うことも。引き受けすぎると心身に負担がかかるので注意しましょう。

♡ 2/11、2/12、6/12、6/13、8/3、8/4 ⊛ 5/18、5/19、8/13、8/14、12/13、12/14 ● 1/12、1/13、3/12、3/13、7/13、7/14 ✪ 4/11、4/12、5/12、5/13、9/14、9/15

## 裏性格 *the other side...* 10月15日

この日の守護石

トパーズ

ハックマナイト

### 変化をとらえて優位に

鋭い分析力と認識力、さらに優れた美的センスを持ち、周囲の動向を素早く察知していく人です。そのためいち早く次の変化を踏まえた行動を打ち出し、人よりも優位な立場を得ていきます。また、こうして得た情報を、素早く多くの人に広めていくことから、時代を先取りする最先端の人とみなされやすいかもしれません。

♡ 2/12、2/13、6/13、6/14、8/4、8/5 ⊛ 5/19、5/20、8/14、8/15、12/14、12/15 ● 1/13、1/14、3/13、3/14、7/14、7/15 ✪ 4/12、4/13、5/13、5/14、9/15、9/16

## 裏性格 *the other side...* 10月16日

この日の守護石

モルガナイト

トパーズ

### ハートで判断する

直感やハートで物事を選択し、それを信じて行動していく人です。様々な情報や状況を読み取る能力は高いのですが、最後は自分の心に響くものを選び、それを自分の軸に据えて前へ進んでいきます。決断に時間はかかりますが、一度決めたことをやり抜く胆力は強く、また哲学者のような思慮深さで丁寧に向き合うでしょう。

♡ 2/13、2/14、6/14、6/15、8/5、8/6 ⊛ 5/20、5/21、8/15、8/16、12/15、12/16 ● 1/14、1/15、3/14、3/15、7/15、7/16 ✪ 4/13、4/14、5/14、5/15、9/16、9/17

## 裏性格 *the other side...* 10月17日

この日の守護石

クリソコラ

トパーズ

### 身近なところから答えを引き出す

身の周りのことや、ありふれたものの中から重要な情報を引き出すことのできる人です。多角的に物事を見る視野を持ち、それを活用して、ごく当たり前のものの中から特異なものを発見するのです。研究など強い集中力で進めていきますが、日々の活動の中から研究対象の解答を見つけ出すことも多いかもしれません。

♡ 2/14、2/15、6/15、6/16、8/6、8/7 ⊛ 5/21、5/22、8/17、8/18、12/16、12/17 ● 1/15、1/16、3/15、3/16、7/17、7/18 ✪ 4/14、4/15、5/15、5/16、9/17、9/18

## 裏性格 *the other side...* 10月18日

この日の守護石

クリソコラ

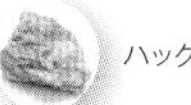
ハックマナイト

### 強弱をつけて活動

必要に応じて硬軟取り混ぜたアプローチで物事を進めていける人です。時には大胆に、時には繊細に配慮しながら計画を進めるので、たいていのことは良い結果に至りやすいでしょう。特に人に対するアメとムチの使い方は秀逸。直感で得たものを瞬時に理解し、適切な行動に移す傾向も、成功へと導かれる要素となっています。

♡ 2/15、2/16、6/16、6/17、8/7、8/8 ⊛ 5/22、5/23、8/18、8/19、12/17、12/18 ● 1/16、1/17、3/16、3/17、7/18、7/19 ✪ 4/15、4/16、5/16、5/17、9/18、9/19

# 10月19日〜10月22日

＊ 天秤座26〜29度／土星 ＊

## 人を通して自分を理解

人とは何かという事柄に興味を抱き、様々な場で多くの人たちと出会いながら、その傾向を知ろうとします。人というものに対する認識を理解することで、自分自身をも理解したいと思っているのかもしれません。誠意を持って人と対応しつつ、心の奥底ではシビアな分析眼を光らせている様子も。それを冷めていると認識すると人との間に距離があるように感じられ、疎外感を募らせやすいので注意が必要です。時折自分の意見を人に聞いてもらうなどして、自分自身も受け止めてもらっていることを実感できると内面が安定していくはずです。アラゴナイトは心の安定に良く、ストロベリークォーツは愛を持って人と関わるよう促します。ブルーカルセドニーは孤独感を緩和し、ウォーターメロントルマリンは対人バランスを整えます。

守護石

アラゴナイト
⇒P202

ストロベリークォーツ
⇒P234

ブルーカルセドニー
⇒P255

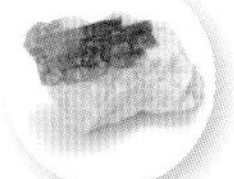

ウォーターメロントルマリン
⇒P284

＊ 恋愛･人間関係 ＊

### 配慮しすぎて悩む

好きな相手との関係について、ちょっと難しく考える傾向があるようです。相手の立場や状況に配慮するのは良いのですが、いいたいこともいえなくなる場合も。モルダバイトは頭ではなくハートで愛情のやりとりをするよう促し、ブラッドストーンは必要な一言を言える勇気を与えます。

恋愛運アップに良い石

モルダバイト
⇒P239

ブラッドストーン
⇒P245

＊ 仕事 ＊

### 論理的に展開

周りの人の状況をきちんととらえつつ、的確にその場に必要な行動を打ち出していきます。ただし、理詰めで物事を考えすぎてしまい、仕事相手の心境をくみ取れずトラブルに発展することも。ヘミモルファイトは共感力を高めてトラブル回避し、ハーキマーダイヤモンドは集中力を高めて仕事をサポートします。

仕事運アップに良い石

ヘミモルファイト
⇒P256

ハーキマーダイヤモンド
⇒P275

＊ お金 ＊

### 手堅い金銭管理

様々な情報をうまくつかみつつ、手堅くお金を運用していきます。人付き合いにそこそこ出費も多いようですが、きちんと線引きをしつつやりくりしていくようです。ボージーストーンはバランス良く運用していけるお守りに、ペトリファイドウッドは基本的な財運をさらに安定させます。

金運アップに良い石

ボージーストーン
⇒P201

ペトリファイドウッド
⇒P204

＊ **この日の石を使うと……** 人との関係を安定させてくれるでしょう。相手の気持ちが読めない時なども◎。

## 裏性格 *the other side...* 10月19日

この日の守護石

アラゴナイト

ウォーターメロントルマリン

### 全体をまとめる

俯瞰で物事をとらえつつ、物事の傾向をまとめることがうまい人です。目の前の事柄やちょっとした変化などに惑わされず、全体像を把握しながらその状況に対して必要な一手を打つことができるでしょう。また、特定の集団の傾向を素早くとらえ、その人たちへ効果的な対応を素早く打ち出して、集団を動かすことも。さらに「人とは何か……」など、常に壮大なテーマを探求心の核として持ち、そこから発展させて興味を広げていくことも多いかもしれません。

♡ 2/16、2/17、6/17、6/18、8/8、8/9 ◌ 5/23、5/24、8/19、8/20、12/18、12/19 ◎ 1/17、1/18、3/17、3/18、7/19、7/20 ✪ 4/16、4/17、5/17、5/18、9/19、9/20

## 裏性格 *the other side...* 10月20日

この日の守護石

ストロベリークォーツ

ブルーカルセドニー

### 包括的な知恵を楽しむ

様々な経験や情報から得られる総合的な刺激を求める人です。興味の範疇についていろいろと調べているうちに、ある日突然それらがひとつの像を結び、大きな発見を得るはずです。そのようなことが人生のうちに何度か起こることがあり、それを求めて様々な体験を重ねていくでしょう。一見、一貫性がない行動をすることもあり、本人にもそれが自覚できないことなどもありますが、時間とともに何のためにそれらに取り組んだかを理解し、大きな喜びを感じるでしょう。

♡ 2/17、2/18、6/18、6/19、8/9、8/10 ◌ 5/24、5/25、8/20、8/21、12/19、12/20 ◎ 1/18、1/19、3/18、3/19、7/20、7/21 ✪ 4/17、4/18、5/18、5/19、9/20、9/21

## 裏性格 *the other side...* 10月21日

この日の守護石

アラゴナイト

ストロベリークォーツ

### 普遍的な発想で整理する

長い歴史の中で培われた発想や普遍的な考え方を用いて、物事を整理できる人です。様々な分野に対する興味を持ちますが、通底するような発想を用いてそれらを繋げていき、橋渡しをしていくでしょう。また、異業種・異なるテーマをうまく結びつけて、新しい何かとして提案することもあるようです。社交性も高く、異なる分野の知人が増える傾向があり、こうした人たちから得た情報や考え方によって能力はさらに磨かれていくでしょう。

♡ 2/18、2/19、6/19、6/20、8/10、8/11 ◌ 5/25、5/26、8/21、8/22、12/20、12/21 ◎ 1/19、1/20、3/19、3/20、7/21、7/22 ✪ 4/18、4/19、5/19、5/20、9/21、9/22

## 裏性格 *the other side...* 10月22日

この日の守護石

ブルーカルセドニー

ウォーターメロントルマリン

### 心･技･体を考慮して進展

思考、感覚、感情のバランスを考慮しながら、着実に物事を進め、結果を出していける人です。情報だけ、自分の意欲だけ……などと偏らず、自分自身の心身の状況もきちんと踏まえたうえで物事を判断し、必要な行動を打ち出していくでしょう。時間的要素や物理的条件などすべてに無理がなく、まるで当たり前というような様子で高い成果を挙げていくようです。ただし、それらの流れが自然すぎるため、素晴らしい才能として自覚しにくいかもしれません。

♡ 2/19、2/20、6/20、6/21、8/11、8/12 ◌ 5/26、5/27、8/22、8/23、12/21、12/22 ◎ 1/20、1/21、3/20、3/21、7/22、7/23 ✪ 4/19、4/20、5/20、5/21、9/22、9/23

# 10月23日～10月26日

＊ 蠍座0～3度　月 ＊

♏

## 共感から安心を得る

ひとりよりも気の合う仲間たちと一緒に行動し、印象深い経験を得ることを求めます。多くの人たちとの共通体験から、共感を深め、安心できる場を確立していくのです。そのためひとりでいることにさみしさを感じるかもしれません。また、自分よりも大切な人たちを優先する傾向もあり、忍耐力も高いのですが、相手に合わせようとするあまり我慢をしてストレスを抱えたり、心に傷を負ったりすることも。趣味や興味のあることに没頭することでストレスを緩和できるので、何か趣味などを持つように心掛けましょう。カーネリアンは趣味などへの意欲を増して気力を高め、ダイオプテーズは心の傷を癒します。ムーンストーンは周囲の人たちとの調和的な関係作りをサポートし、オーシャンジャスパーは我慢による疲れを軽減してくれます。

守護石

カーネリアン
⇒P218

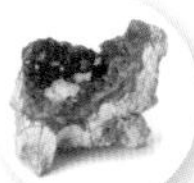

ダイオプテーズ
⇒P243

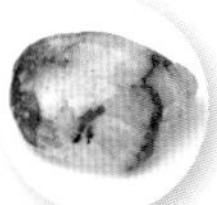

ムーンストーン
⇒P278

オーシャンジャスパー
⇒P284

### ＊ 恋愛･人間関係 ＊

一途に尽くす

好きな相手には一途に尽くす傾向があります。相手の気持ちを読み取る能力も高いので、直感的に相手の要求を察し、それを実行することで関係を進展させるでしょう。アベンチュリンはお互いの心の繋がりをさらに強化し、ラリマーは豊かな愛情でハートを満たして恋を促進します。

恋愛運アップに良い石

アベンチュリン
⇒P240

ラリマー
⇒P252

### ＊ 仕事 ＊

ルーチンへの強さ

ある程度定番の作業を大量にこなすことに対してはかなりの強さを発揮しますが、状況が流動的な仕事内容の場合は混乱してしまうことも。オレンジカルサイトは前向きに仕事ができるよう心に弾みをつけ、ブラッドストーンは思考をクリアにして、混乱を解消してくれます。

仕事運アップに良い石

オレンジカルサイト
⇒P219

ブラッドストーン
⇒P245

### ＊ お金 ＊

先々を考慮して運用

先々を考えてお金を運用していきます。お金をためる目的があると、きちんとそれをやり抜く強さもあります。しかし、交際費は比較的高く、他者へのプレゼントなどで財政がひっ迫することも。タンジェリンクォーツは貯蓄への意欲を促進し、レモンクォーツは思考をクリアにしてやりくり力を高めます。

金運アップに良い石

タンジェリンクォーツ
⇒P221

レモンクォーツ
⇒P227

＊ この日の石を使うと……身近な人たちとの心温まる関係が形成され、安心感を得られるでしょう。

## 裏性格 *the other side...* 10月23日

この日の守護石

カーネリアン

オーシャンジャスパー

### 仲間との心の交流

仲間に対する意識が強く、そうした人たちとの心の交流を求める人です。これと決めた人物や自分にとって重要な仲間に対して、誠心誠意を尽くして関わっていくでしょう。多くの人の気持ちをまとめ上げ、方向性を示す能力も高く、何かと集団の仲介役やリーダー的な役割を担うことも多いかもしれません。また、ひとりでいるよりも皆で行動したほうが有利に物事が運ぶなどといったことを感覚的に知っており、集団の力の大きさをよく理解しているようです。

♡ 2/20、2/21、6/21、6/22、8/12、8/13 ☺ 5/27、5/28、8/23、8/24、12/22、12/23 ◎ 1/21、1/22、3/21、3/22、7/23、7/24 ☆ 4/20、4/21、5/21、5/22、9/23、9/24

## 裏性格 *the other side...* 10月24日

この日の守護石

ダイオプテーズ

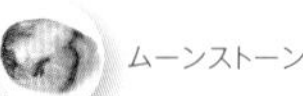
ムーンストーン

### 踏み込んで人と関わる

ありきたりな社交にとどまらず、ちょっと踏み込んで他者と関わろうとする人です。人の気持ちを読み取る能力が高く、相手に応じてその内面を揺さぶるような行動・発言を打ち出していくような才能を持ち合わせているでしょう。時には自分の秘密や重要な事柄なども相手に打ち明け、相手と自分の間に特別な絆や関係性があるように感じさせながら、その気持ちを惹きつけることもある様子。不思議な魅力と、求心力を持つ人物といえます。

♡ 2/21、2/22、6/22、6/23、8/13、8/14 ☺ 5/28、5/29、8/24、8/25、12/23、12/24 ◎ 1/22、1/23、3/22、3/23、7/24、7/25 ☆ 4/21、4/22、5/22、5/23、9/24、9/25



## 裏性格 *the other side...* 10月25日

この日の守護石

カーネリアン

ダイオプテーズ

### 仲間と成し遂げる喜び

大切な人たちと何かを成し遂げることに喜びを感じる人です。会社や個人的な仲間、また自分にとって大切な人たちと何かの活動に関わることが多く、その中で協力し合うことの重要さを実感し、ひとりでは体験できない深い感動を心に刻み込むのです。こうした気持ちの高鳴りを求めて、仲間たちの行動や感情傾向に合わせていく様子も見られますが、時にはわがままを抑える必要もあるようです。信頼できる協力者を得ることで人生の面でも発展していきやすいでしょう。

♡ 2/22、2/23、6/23、6/24、8/14、8/15 ☺ 5/29、5/30、8/25、8/26、12/24、12/25 ◎ 1/23、1/24、3/23、3/24、7/25、7/26 ☆ 4/22、4/23、5/23、5/24、9/25、9/26

## 裏性格 *the other side...* 10月26日

この日の守護石

カーネリアン

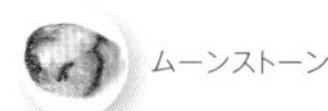
ムーンストーン

### 共感できる思想と歩む

心の中に明かりをともすような教えや思想を通じて、多くの人たちと心の交流を求める人です。自分の心を揺さぶるような深い心理を内包した思想などに興味を抱き、深く研究していきます。この感動を個人のものだけに押しとどめるのではなく、同じように共感できる他者とともに、感動や喜びを分かち合うことを望むでしょう。内面には熱い力がみなぎっていますが、共感できない相手やそりが合わない人にはこうした面を決して見せないようです。

♡ 2/23、2/24、6/24、6/25、8/15、8/16 ☺ 5/30、5/31、8/26、8/27、12/25、12/26 ◎ 1/24、1/25、3/24、3/25、7/26、7/27 ☆ 4/23、4/24、5/24、5/25、9/26、9/27

# 10月27日〜10月30日

＊ 蠍座4〜7度　水星 ＊

♏

## 物事の裏側を探る

物事に対して深く考え、その裏側に何があるかを探っていこうとします。人と関わる時も表面的に見えることだけで判断するのではなく、相手の内面を丁寧に推察し、人となりの深いところまで認識しようとするでしょう。流れの早い場では気後れを感じるかもしれませんが、じっくり何かを研究したり、ひとつのことを探求したりするような機会を得ることができれば、充実した毎日を送ることができるはずです。また、探求の後に研究対象そのものに対して劇的な変化や変革をもたらすこともあるようです。レッドジャスパーは必要な時に集中的に行動する力強さを与え、ブルーカルセドニーは緊張を緩和しつつ、心身を整えてくれるでしょう。レピドライトは没頭後に心身を緩め、メタモルフォーシスは変革をもたらす力を与えてくれます。

守護石

レッドジャスパー
⇒P216

ブルーカルセドニー
⇒P255

レピドライト
⇒P266

メタモルフォーシス
⇒P278

### ＊ 恋愛･人間関係 ＊

気持ちを読み取り接近

相手の心を丁寧に読み取り、それを活用して意中の人との距離を縮めていきます。お互いの秘密を明かすなどして共感を高め、絆を深めていくでしょう。フローライトは相手の気持ちをスムーズに読み取れるようサポートし、モスアゲートは安定感のある関係を継続できるよう助けてくれます。

恋愛運アップに良い石

フローライト
⇒P246

モスアゲート
⇒P247

### ＊ 仕事 ＊

繰り返しから熟達

新しい作業に関してはなかなかなじめないのですが、繰り返す中で分析しつつ熟達していくので、最終的には他者を圧倒するような力を発揮することも。パイライトは自分のペースで仕事を進められるよう保護し、アクアオーラは目的に集中させて作業になじめるよう働きかけます。

仕事運アップに良い石

パイライト
⇒P223

アクアオーラ
⇒P250

### ＊ お金 ＊

長期的にやりくり

長期的な視点を持ちつつ、きちんとした管理ができ、やりくりもうまいでしょう。大きな買い物を意識すると、お金に対する意欲も高まり、結果的に金運も上がってきます。ワーベライトは意識をクリアにして長期的な運用計画などをフォローし、水晶は総合的に金運をアップさせてくれるでしょう。

金運アップに良い石

ワーベライト
⇒P248

水晶
⇒P269

＊ この日の石を使うと……物事に対する洞察力が高まります。真実を見抜くこともあるでしょう。

## 裏性格 *the other side...* 10月27日

この日の守護石  レッドジャスパー  メタモルフォーシス

### 困難さの中で成長

情熱だけでは越えられない経験を元に、成長していく人です。個人の意欲や勢いだけでは達成できないという体験を踏まえて、自分自身をよりストイックに鍛えていったり、学びを深めたりしながらひたすらその資質や技量を磨き続けるでしょう。この時、ひとりで頑張るよりも仲間と一緒であるならば乗り越えられることを実感するような体験を得ることで、生き方が大きく変わっていくはず。人とともに歩む在り方を会得し、人生を力強く邁進していくでしょう。

♡ 2/24、2/25、6/25、6/26、8/16、8/17 ✿ 5/31、6/1、8/27、8/28、12/26、12/27 ◎ 1/25、1/26、3/25、3/26、7/27、7/28 ✪ 4/24、4/25、5/25、5/26、9/27、9/28

## 裏性格 *the other side...* 10月28日

この日の守護石  レッドジャスパー  ブルーカルセドニー

### やりたいことに地道に取り組む

自分のやりたいことに対しては積極的に展開していこうとする人です。豊かで輝かしい何かを求めて全力で取り組んでいきますが、成果を得ることが困難な状況でもあっさり諦めたりせず、地道にアプローチを重ねるでしょう。時には勇気を振り絞る必要がある場面に突き当たるかもしれませんが、強い胆力でそれを乗り越え、成果を勝ち取るでしょう。常に目的を意識することで、全身に力が湧き、諦めることなく前進していけるはずです。

♡ 2/25、2/26、6/26、6/27、8/17、8/18 ✿ 6/1、6/2、8/28、8/29、12/27、12/28 ◎ 1/26、1/27、3/26、3/27、7/28、7/29 ✪ 4/25、4/26、5/26、5/27、9/28、9/29

## 裏性格 *the other side...* 10月29日

この日の守護石  ブルーカルセドニー  レピドライト

### 気持ちを読みつつ懐に入る

他者の感情や集団の動向に対して慎重にアプローチし、関係を深めていける人です。集中力が高く、細心の注意を払って相手の懐に潜り込み、心をつかむことができるでしょう。集団内の微妙な対人バランスを調整したり、気持ちをひとつにまとめて何らかの成果を挙げたりすることもあるようです。また、その集中力を駆使して特定の研究などに没頭する可能性も大。何かに精通していたり、マニアな面もあったりしますが、静かな実力者でもあるでしょう。

♡ 2/26、2/27、6/27、6/28、8/18、8/19 ✿ 6/2、6/3、8/29、8/30、12/28、12/29 ◎ 1/27、1/28、3/27、3/28、7/29、7/30 ✪ 4/26、4/27、5/27、5/28、9/29、9/30

## 裏性格 *the other side...* 10月30日

この日の守護石  レピドライト  メタモルフォーシス

### タイミングを待って関係形成

愛情深く、人やそのほかの物事に対して、丁寧にタイミングを読みながらより良い関係を作り上げることのできる人です。状況を読み取る能力に優れ、他者の心境や自然サイクル的な変化について焦ることなく最適な様相に変わるまで待ち、望みの結果を手に入れるでしょう。ここぞというチャンスでは鋭く、大胆に行動することもあり、穏やかに待つ姿勢とのギャップに驚かれるかもしれません。しかしそれも思いやりからの振る舞いであるので、魅力として映るはずです。

♡ 2/27、2/28、6/28、6/29、8/19、8/20 ✿ 6/3、6/4、8/30、8/31、12/29、12/30 ◎ 1/28、1/29、3/28、3/29、7/30、7/31 ✪ 4/27、4/28、5/28、5/29、9/30、10/1

# 10月31日〜11月4日

＊ 蠍座8〜12度／金星 ＊

♏

## 大切な人々との心の交流

大切な人たちとの関わりを重視しつつ、心の交流を求めていくようです。仲間と苦楽を分かち合いながら、その共通体験を心の支えにしていくでしょう。時には相手の気持ちや意思を優先することになり、その分自分は我慢しなければならない状況に置かれることもありますが、相手からの感謝など、その見返り的な何かを得ることができれば大きな喜びに浸ることができる傾向も。あまり我慢がすぎたり、見返りを得ることができなかったりするとフラストレーションを抱えることにもなるようです。サードオニキスは情緒を安定させて周囲の人たちとの関係が良いものになるようサポートし、ロードクロサイトはハートを開いて心の交流を促進します。マラカイトはフラストレーション解消に良く、カイヤナイトはさみしさを埋めてくれるでしょう。

守護石

サードオニキス
⇒P219

ロードクロサイト
⇒P233

マラカイト
⇒P247

カイヤナイト
⇒P260

### ＊ 恋愛･人間関係 ＊

#### 裏切りは許さない深い愛

深い愛情の持ち主で、好きな相手に対してはできる限り助け、尽くしてあげるようです。ただし、自分を裏切る行為に対しては決して許さず、徹底的に相手を追い込むことも。ユーディアライトは関係を安定させ、クンツァイトは許せないというような重い感情を真の愛の波動で軽減してくれるでしょう。

恋愛運アップに良い石

ユーディアライト
⇒P212

クンツァイト
⇒P234

### ＊ 仕事 ＊

#### 興味により集中

着実に作業を進め、成果を挙げていきます。ただし、疲れていたり、作業への面白みが感じられなかったりする時は作業の精度が落ち、ミスを招いてしまうことも。ファイヤーアゲートは気力をチャージして着実に仕事を進められるよう促し、ティファニーストーンは仕事への興味を回復させてくれます。

仕事運アップに良い石

ファイヤーアゲート
⇒P221

ティファニーストーン
⇒P266

### ＊ お金 ＊

#### 欲しいものへの強い欲求

金運は比較的高め。それなりに長い目でお金について考慮できるのですが、欲しいものがあるとそれまでのやりくりを忘れてつぎ込んでしまうほど欲求が高まることも。アイオライトはお金に対する長期的な展望を意識させ、セレナイトは欲求を解消し、無駄遣いを防いでくれるでしょう。

金運アップに良い石

アイオライト
⇒P258

セレナイト
⇒P273

＊ この日の石を使うと……大切な人たちとの関係性をより良いものにしてくれるでしょう。

## 裏性格 *the other side...* 10月31日

この日の守護石

ロードクロサイト

マラカイト

### 能力で不可能を可能へ

高い状況判断力と技術力で、不可能と思えるようなタスクをやり遂げることのできる人です。自分自身の技能を信じ、そのうえで周囲の状態を適切に読み取って、最高の結果を打ち出していくでしょう。技能に関しては、時間をかけて研鑽を積み重ねていくほど精度が上がり、さらなる高みへと歩みを進めることができるはずです。

2/28、2/29、6/29、6/30、8/20、8/21 6/4、6/5、8/31、9/1、12/30、12/31 1/29、1/30、3/29、3/30、7/31、8/1 4/28、4/29、5/29、5/30、10/1、10/2

## 裏性格 *the other side...* 11月1日

この日の守護石

ロードクロサイト

カイヤナイト

### 信頼関係から発展

信頼できる他者を、全面的に受け入れることのできる人です。実力、技能など自分と同等もしくはそれ以上と思うような人物に対しては、心を開いて積極的に関わっていくでしょう。また、時間をかけて信頼関係を築き上げていくので、周囲には結束力の強い仲間の輪が形成されるようです。その一方で相手の裏切りには容赦しない姿勢も。

2/29、3/1、7/1、7/2、8/21、8/22 1/1、6/5、6/6、9/1、9/2、12/31 1/30、1/31、3/30、3/31、8/1、8/2 4/29、4/30、5/30、5/31、10/2、10/3

## 裏性格 *the other side...* 11月2日

この日の守護石

サードオニキス

カイヤナイト

### 頼り頼られることの大切さ

人に頼ったり、頼られたりという関係性の意義を理解している人です。仲間に助けを求めるなど、甘えるような様子も見せますが、いざという時にはその相手を全力で助け、その中で相互的な信頼を築き上げていくでしょう。いつまでも人から受けた恩を忘れない情の深さを持ちますが、損害を受けた場合も忘れず返していきます。

3/1、3/2、7/2、7/3、8/22、8/23 1/1、1/2、6/6、6/7、9/2、9/3 1/31、2/1、3/31、4/1、8/2、8/3 4/30、5/1、5/31、6/1、10/3、10/4

## 裏性格 *the other side...* 11月3日

この日の守護石

サードオニキス

ロードクロサイト

### 人脈で自分を高める

レベルが高めの人物や人脈を選んで付き合い、それに見合うよう自分を鍛えていく人です。時には背伸びしなければならない場面もありますが、それに釣り合うような実力や技能なども身につけていくようです。どんな人物の中にも優れた部分を見いだせるようになると、人間関係の質が良くなり、周囲からの信頼も高まっていきます。

3/2、3/3、7/3、7/4、8/23、8/24 1/2、1/3、6/7、6/8、9/3、9/4 2/1、2/2、4/1、4/2、8/3、8/4 5/1、5/2、6/1、6/2、10/4、10/5

## 裏性格 *the other side...* 11月4日

この日の守護石

マラカイト

カイヤナイト

### 人との化学反応を形成

周囲の人間関係をうまく組み合わせ、新たな化学反応を起こす人です。他者の才能や技能を鋭く見抜き、さらに誰と誰を組み合わせると双方により発展的な展開がもたらされるかを計算できるようです。ビジネスの仲介やコラボレーションの達人であり、また仲人的な働きをしながら、双方からのメリットも手に入れるでしょう。

3/3、3/4、7/4、7/5、8/24、8/25 1/3、1/4、6/8、6/9、9/4、9/5 2/2、2/3、4/2、4/3、8/4、8/5 5/2、5/3、6/2、6/3、10/5、10/6

# 11月5日〜11月9日

＊ 蠍座13〜17度／太陽 ＊

♏

## 強い意志で目的を達する

一度設定した目的や方向性を曲げることなく、困難を乗り越える強い意志と突破力が、心の深い部分に内在しているようです。普段は気持ちの交流を大切にしながら、仲間とともに歩んでいきます。非常時や目の前に高い壁が立ちはだかるような状況では、その苦境をものともせず、最終的にそれらを乗り越えていくでしょう。また、仲間が窮地に立たされた時、すぐに駆けつけ助けようとする面も。健康に留意し、自分の感情に関してもこまめにケアしていくことができれば、どんな場でも強い力を発揮できるようになっていくはずです。キャストライトはストレスを軽減して意欲を高め、ジンカイトは困難を乗り越えるサポートに。サーペンティンは心身のバランスを整え、パールは重圧感から解放して心を癒します。

守護石

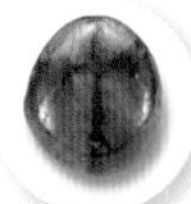
キャストライト
⇒P202

ジンカイト
⇒P220

サーペンティン
⇒P228

パール
⇒P275

＊ 恋愛·人間関係 ＊

### 時間をかけて関係を作る

好きになった相手に対しては相手の内面や状況を丁寧に読み取り、時間をかけて徐々に距離を詰めていくようです。相手を待つようなことも多いのですが、それがストレスになることも。エメラルドは良い関係を築くなど、恋愛全般のお守りに。アメジストは恋のストレスを軽減してくれます。

恋愛運アップに良い石

エメラルド
⇒P241

アメジスト
⇒P265

＊ 仕事 ＊

### 人を率いる立場

あまり人前に立つのは得意ではないようですが、仕事上そういった立場に置かれることも多い様子。また、「うまくいかないかも」という思考から失敗を引き寄せやすい面も。サンストーンは人前に立つ気力をチャージし、ルチルクォーツはプラス思考を引き出して、仕事を成功に導きます。

仕事運アップに良い石

サンストーン
⇒P220

ルチルクォーツ
⇒P226

＊ お金 ＊

### ためるのは得意

財運は高め安定。長期的な展望を意識しつつ、今どのように運用すべきかを考慮し、それを着実に実行していきます。ただし、貯金額が高くなるほど大きな出費に対しては躊躇してしまう場合も。ターコイズは出費に対する心の壁を取り除いて金運を循環させ、アンモライトは金運全般を高めます。

金運アップに良い石

ターコイズ
⇒P255

アンモライト
⇒P283

＊ この日の石を使うと…… 目的達成への強い意志力が注入され、困難も乗り越えられるでしょう。

## 裏性格 *the other side* 11月5日

この日の守護石

キャストライト

ジンカイト

### 最短距離で結果を出す

シンプルに物事を考え、最適な方法で実行し、結果を出すことのできる人です。見栄やプライドよりも、最も大切なものに焦点を当てながら最低限の手段と労力で着実に成果を挙げるでしょう。また、人間関係もシンプルで、少数の信頼できる仲間を持ち、お互いに支え合える心温まる関係から、安らぎと気力を得るようです。

3/4、3/5、7/5、7/6、8/25、8/26　1/4、1/5、6/9、6/10、9/5、9/6　2/3、2/4、4/3、4/4、8/5、8/6　5/3、5/4、6/3、6/4、10/6、10/7

## 裏性格 *the other side* 11月6日

この日の守護石

サーペンティン

パール

### 信頼ある仲間との活動

信頼できる人たちを率いて、意義のある事柄を成し遂げようとするリーダーシップのある人です。熱くなると子どものように熱中する単純さもありますが、それが魅力となって多くの人が引き寄せられてくるでしょう。仲間を大切にすることが成功に繋がるカギですが、特に頭脳明晰な良き相談相手を得ることが重要です。

3/5、3/6、7/6、7/7、8/26、8/27　1/5、1/6、6/10、6/11、9/7、9/8　2/4、2/5、4/4、4/5、8/6、8/7　5/4、5/5、6/4、6/5、10/7、10/8

## 裏性格 *the other side* 11月7日

この日の守護石

ジンカイト

パール

### ほほえみで人を受け入れる

にこやかに人を受け入れ、心の通い合いを求めていく人です。自分の力の限度をわきまえているため、自分の持っていない資質を持っている人たちに興味を抱き、心を開きながら関わろうとします。新しい可能性や未来がそうした人物たちから示されることも多く、仲間と温かい関係を作ることが幸運に繋がりやすいでしょう。

3/6、3/7、7/7、7/8、8/27、8/28　1/6、1/7、6/11、6/12、9/8、9/9　2/5、2/6、4/5、4/6、8/7、8/8　5/5、5/6、6/5、6/6、10/8、10/9

## 裏性格 *the other side* 11月8日

この日の守護石

キャストライト

パール

### 人の中で成長する

人と関わる中で自分というものを意識し、より良い自分自身を作り上げていこうとする人です。豊かな感受性を持つ静かな努力家で、どんな場面でも自分に求められるものを繊細に察知していきます。そして何ができるかを常に自身に問いかけ、丁寧に提供しようとするでしょう。その真摯な姿は大きな魅力として映るようです。

3/7、3/8、7/8、7/9、8/28、8/29　1/7、1/8、6/12、6/13、9/9、9/10　2/6、2/7、4/6、4/7、8/8、8/9　5/6、5/7、6/6、6/7、10/9、10/10

## 裏性格 *the other side* 11月9日

この日の守護石

ジンカイト

サーペンティン

### 集中力をうまく使う

集中力の効用を無意識に理解している人です。何かのテーマに関して完全に没頭することで新しいスイッチが入り、新たな資質を手に入れることなども多いでしょう。また、深く集中して取り組んだ事柄は豊かな結果に繋がりやすく、意図的に自分を追い込むことも。専心できるように周りの環境を整えることが大切です。

3/8、3/9、7/9、7/10、8/29、8/30　1/8、1/9、6/13、6/14、9/10、9/11　2/7、2/8、4/7、4/8、8/9、8/10　5/7、5/8、6/7、6/8、10/10、10/11

# 11月10日〜11月13日

＊ 蠍座18〜21度／火星 ＊

♏

## 静かなる実力者

普段はあまり自分の感情を見せず、落ち着いた雰囲気で何事も地道にこなしていくようです。しかしいざ何か起こった時、特に自分の道を阻むものや自分の仲間の困難に際しては、強い力を発揮して突破するでしょう。秘密主義な面もありますが、「能ある鷹は爪を隠す」を地で行くような奥ゆかしさによるものかもしれません。集中力も高いので、興味のあることや気になる事柄を調べるような時は、短期間に集中的に行なうようです。何かにハマる傾向もあり、楽しんで没頭できる趣味を持つと、ストレスも軽減されるでしょう。レッドジャスパーは突破力と行動力をサポートし、パイライトは直感力を高めて危機を退けてくれます。ミルキークォーツはストレスを軽減し、天眼石は実行力を後押しして目的を遂げさせます。

守護石

レッドジャスパー
⇒P216

パイライト
⇒P223

ミルキークォーツ
⇒P277

天眼石
⇒P287

### ＊ 恋愛・人間関係 ＊
丁寧に相手の気持ちをつかむ

意中の人には積極的に近づいていきますが、状況をきちんと読み、着実に相手の心をつかむようです。恋のチャンスをつかむのもうまく、好機を鋭く突いて進展させていくでしょう。グリーントルマリンは豊かな愛情を表現させ、スギライトは心身を整えて恋を引き寄せるでしょう。

### ＊ 仕事 ＊
鋭いスペシャリスト

強い集中力から、他者ができないような作業をこなしたり、深く研究したりするなど何かのスペシャリストになる可能性が高いようです。ハードに頑張りすぎて、体調を崩すこともあるかもしれません。ヘマタイトは生命力を高めて作業促進を守護し、ジンカイトは体調の回復を促します。

### ＊ お金 ＊
熱中から散財

金運は比較的高め、かつ安定傾向です。ただし、趣味や何かの収集などに熱中しすぎると、そこに対してかなりの額をつぎ込むことも多い様子。モスコバイトは趣味などへの過集中を緩和してバランス良くお金をやりくりしていけるよう促し、サルファーは金運全般をアップさせます。

恋愛運アップに良い石

グリーントルマリン
⇒P242

スギライト
⇒P265

仕事運アップに良い石

ヘマタイト
⇒P210

ジンカイト
⇒P220

金運アップに良い石

モスコバイト
⇒P215

サルファー
⇒P228

＊ この日の石を使うと……集中力が高まり、どんなことでも乗り越えて物事を達成できるでしょう。

## 裏性格 *the other side...* 11月10日

この日の守護石

レッドジャスパー

パイライト

### 直感を活用

直感や潜在意識をここぞというタイミングで使うことのできる人です。ふと思ったことや一瞬見えたビジョンをきちんと受け止め、未来を指し示す指針やヒントとしながらそれをうまく活用していくでしょう。特に意識せず口にした発言が核心をついていることも多く、周りの人からは鋭い人物とみなされやすいかもしれません。意識的にリラックスしたり、また大自然の中でゆっくり過ごしたりするような機会を得るよう心掛けるとさらに勘も冴えるようです。

3/9、3/10、7/10、7/11、8/30、8/31　1/9、1/10、6/14、6/15、9/11、9/12　2/8、2/9、4/8、4/9、8/10、8/11　5/8、5/9、6/8、6/9、10/11、10/12

## 裏性格 *the other side...* 11月11日

この日の守護石

ミルキークォーツ

天眼石

### 相手次第で自分の見せ方を調整

状況や関わる相手によって、自分の本質をどれだけ見せるか調整できる人です。すごい技を持っていても相手がその良し悪しを理解できない場合、そんなそぶりを一切見せないのですが、理解者が相手の時はいかんなくその資質を発揮し、積極的に実力を提示していきます。状況判断能力が高いスペシャリストでもありますが、仕事や趣味など場面によって見せる顔が違うということも。こうしたギャップ感も本人にとっては気力をチャージする要素となっているでしょう。

3/10、3/11、7/11、7/12、8/31、9/1　1/10、1/11、6/15、6/16、9/12、9/13　2/9、2/10、4/9、4/10、8/11、8/12　5/9、5/10、6/9、6/10、10/12、10/13

蠍座

## 裏性格 *the other side...* 11月12日

この日の守護石

レッドジャスパー

天眼石

### 信念を貫く

自分の信じるものや確信に対して真っ向から向き合い、その意志を貫いていく人です。たとえそれにより慣習やルールを破るようなことになっても、自分にとって大切なものを中心に据え、その姿勢を維持し続けるでしょう。ストイックさが魅力ではありますが、時には信念を重視するあまり、行きすぎた行動に出ることもある様子。客観的なものの見方をする友人を持つことができると、のめり込みすぎることから脱することができ、トラブルを回避できるはずです。

3/11、3/12、7/12、7/13、9/1、9/2　1/11、1/12、6/16、6/17、9/13、9/14　2/10、2/11、4/10、4/11、8/12、8/13　5/10、5/11、6/10、6/11、10/13、10/14

## 裏性格 *the other side...* 11月13日

この日の守護石

レッドジャスパー

ミルキークォーツ

### 不満を楽しみにすり替える

自制心が強く、内面に湧き上がる衝動を遊びやゲームなど楽しい事柄に置き換え、うまく発散できる人です。不平や不満を持っていても、それを別の形に振り替えることができるため、結果的にメンタルは安定しているでしょう。また、仕事やプライベートにおいてシビアな状況が発生しても、慌てることなく別の側面から現状をとらえていきます。そのうえで解決策を見つけ、望みの方向へと変化をもたらすので、トラブルの時に頼りになる人とみなされているでしょう。

3/12、3/13、7/13、7/14、9/2、9/3　1/12、1/13、6/17、6/18、9/14、9/15　2/11、2/12、4/11、4/12、8/13、8/14　5/12、5/13、6/11、6/12、10/14、10/15

# 11月14日～11月17日

＊蠍座22～25度／木星＊

♏

## 交流から力を蓄える

大切な人たちとの交流を通してエネルギーをチャージしていくようです。人当たりが良く、どのような相手でも穏やかに関わっていける資質がありますが、特に大事な人たちに対しては手厚くフォローし、情を注いでいくでしょう。助けを求めて飛び込んできた相手にも最大限の保護を提供し、細やかに世話をしていきます。懐の深さから何かと周りの人たちに頼られることも多いのですが、その分我慢してストレスを抱える場合もあるので、意識的に発散する機会を持つようにしてください。スモーキークォーツは物事の実行力を高め、マラカイトはあらゆる面でのサポートに役立ちます。マザーオブパールはストレスを軽減し、オーシャンジャスパーは人に振り回されすぎないよう促してくれるでしょう。

守護石

スモーキークォーツ
⇒P203

マラカイト
⇒P247

マザーオブパール
⇒P277

オーシャンジャスパー
⇒P284

＊恋愛・人間関係＊

### 相手を温かい愛情で包む

相手の在り方を受け入れつつ、温かい愛情で包んでいきます。思いやりのある振る舞いから相手の気持ちをつかみますが、裏切られた時など、相手を責める気持ちと許したい気持ちで強く葛藤することも。アンバーは良い関係を持続するお守りに、アポフィライトは恋における葛藤を緩和します。

恋愛運アップに良い石

アンバー
⇒P225

アポフィライト
⇒P270

＊仕事＊

### 仲間との協力で達成

多くの人たちと気持ちを合わせながら大きな仕事を成し遂げていきます。ひとりよりも誰かと作業をしたほうが力も湧き、素晴らしい成果を挙げるでしょう。スピネルは仕事への意欲を高めて成功へ導き、ダンビュライトは心身のバランスを取って仕事を円滑に進められるようサポートします。

仕事運アップに良い石

スピネル
⇒P214

ダンビュライト
⇒P273

＊お金＊

### 縁から財運アップ

金運はなかなか高め。長い目で見通しをつけつつ、丁寧に管理していきます。また、人の縁からお金が回ってくることも多く、交際費がかさんでもそれ以上の見返りがありそう。アズライトはお金に関する直感力を高めて管理・運用をさらに発展させ、ペタライトは他者から回ってくる財運をさらにアップ。

金運アップに良い石

アズライト
⇒P259

ペタライト
⇒P276

＊この日の石を使うと……大切な人たちから心温まる援助が舞い込むでしょう。気持ちも安定します。

## 裏性格 *the other side* 11月14日

この日の守護石

スモーキークォーツ

マザーオブパール

### 感情から創造する

豊かな想像力と表現力を持った人です。自分の中にある衝動や様々な感情をクリエイティブな力へと変換し、何かに取り組む意欲や伸びやかな発想として昇華していくでしょう。また、特定の創作活動などに関わることも多く、作品を通して自分の内側にある揺るぎない熱意や深く心揺さぶられた事柄を表現していくようです。ただ単に技能を高めるのではなく、一歩踏み込んだディープな経験を重ねていくことで、表現力もさらに磨かれていくはずです。

3/13、3/14、7/14、7/15、9/3、9/4 1/13、1/14、6/18、6/19、9/15、9/16 2/12、2/13、4/12、4/13、8/14、8/15 5/13、5/14、6/12、6/13、10/15、10/16

## 裏性格 *the other side* 11月15日

この日の守護石

スモーキークォーツ

マラカイト

### 目標を明示して邁進

何かに関わる際にきちんと全体像をとらえ、その目標を明確にしてから取り組んでいく人です。目的やテーマをきちんととらえると、長いスパンで取り組む必要がある作業でも途中で心が折れず、最後までやり遂げられることを自覚しているのでしょう。どんなに難しい案件でも、自分や仲間にとって意義のあることと感じられたならば、丁寧に進めながら結果を出していくようです。明晰な精神と着実な歩みを繰り出す姿勢に、周囲は厚い信頼を寄せるでしょう。

3/14、3/15、7/15、7/16、9/4、9/5 1/14、1/15、6/19、6/20、9/16、9/17 2/13、2/14、4/13、4/14、8/15、8/16 5/14、5/15、6/13、6/14、10/16、10/17

蠍座

## 裏性格 *the other side* 11月16日

この日の守護石

スモーキークォーツ

オーシャンジャスパー

### 本質を見抜く

物事に対して丁寧に観察し、深く熟考してその本質を見抜く人です。推察する能力も高く、とらえた情報を緻密に組み上げて、人の一歩先を読むようなことも多いかもしれません。また、ディテールにとらわれず大きな視点で物事を見ていくので、部分的なところから全体を考察する能力も高いようです。事象を深く読み取るだけではなく他者の感情の深読みも巧みで、人間関係もそつなくこなしたり、ライバルの気持ちを揺さぶったりする行動から相手に差をつけるでしょう。

3/15、3/16、7/17、7/18、9/5、9/6 1/15、1/16、6/20、6/21、9/17、9/18 2/14、2/15、4/14、4/15、8/17、8/18 5/15、5/16、6/14、6/15、10/17、10/18

## 裏性格 *the other side* 11月17日

この日の守護石

マラカイト

オーシャンジャスパー

### どんな場でも生き抜く能力

深い洞察力と優れた技能を駆使して、どんな場でも生きていける適応力の高い人です。まったくなじみのない場所でも、目の前の状況やそこでの人間関係などを瞬時に判断し、うまくその中に滑り込んでいきます。さらにその場でどう振る舞えば自分の有利な状況を得られるかを察知し、主導権を握るでしょう。様々な場での体験を積み重ねるほど資質が磨かれ、スキルと状況判断力が蓄積されていくので、こだわりを持たず、いろいろなものにチャレンジしていってください。

3/16、3/17、7/18、7/19、9/6、9/7 1/16、1/17、6/21、6/22、9/18、9/19 2/15、2/16、4/15、4/16、8/18、8/19 5/16、5/17、6/15、6/16、10/18、10/19

# 11月18日～11月21日

＊ 蠍座26～29度／土星 ＊

♏

## 手堅い手法で困難を乗り越える

長期的な視点で物事を見ながら、手堅く計画を立て、地道にそれらを進めていきます。困難に見舞われても、持ち前のスタミナと地道な歩みで、時間とともにそれを乗り越えていくでしょう。ただし、一度決めたことの方向転換に関しては難しい部分もあり、続けてきたものに対して路線変更を迫られると、心的な圧迫感に押しつぶされるような気持ちになることも。物事に対してより広い視点で見ていくことを心掛けていくと、追い詰められるような切迫感も消え、着実に進めていくことができるはずです。ペトリファイドウッドは意志力をサポートし、ブラックトルマリンは心身のバランスを取りつつ圧迫感を解消します。ハーキマーダイヤモンドは心のゆとりを思い出させて前向きにし、ガレナは状況の変化に対応させます。

守護石

ペトリファイドウッド
⇒P204

ブラックトルマリン
⇒P208

ハーキマーダイヤモンド
⇒P275

ガレナ
⇒P279

### ＊ 恋愛・人間関係 ＊

誠意をもって相手に尽くす

一度好きになった相手に対しては、誠心誠意を尽くして関係を育てていくでしょう。ただし、相手に対する期待が叶わないと、静かにフラストレーションをためることも。セレスタイトは恋を進めるうえでのフラストレーションを解消し、ガーデンクォーツは安定した関係をもたらします。

### ＊ 仕事 ＊

強い意志力で達成

仕事に関しては人が無理だと断念するようなことでも、強い意志力をもって着実に進み、大きな成果を挙げていきます。結果的に人を率いるような立場に立たされることも多いでしょう。ハイパーシーンは実行力と統率力を育んで仕事を促進し、オーラライト23は仕事における引きの強さを与えます。

### ＊ お金 ＊

長期的に手堅く運用

お金は高め安定。将来を見越して、着実にためるなど管理もうまいでしょう。ただし、自分の趣味や楽しみに使うことに対しては、どことなく罪悪感を覚える場合も。ラピスラズリは財運の長期的な運用をサポートし、スコレサイトはお金に関わる罪悪感を浄化し、さらなる金運を引き寄せます。

恋愛運アップに良い石

セレスタイト
⇒P254

ガーデンクォーツ
⇒P271

仕事運アップに良い石

ハイパーシーン
⇒P207

オーラライト 23
⇒P285

金運アップに良い石

ラピスラズリ
⇒P262

スコレサイト
⇒P272

＊ この日の石を使うと……つらい状況でもそれに耐える力が養われ、困難を克服できるでしょう。

## 裏性格 *the other side...* 11月18日

この日の守護石

ペトリファイドウッド

ハーキマーダイヤモンド

### 感動を分かち合う

豊かな感受性でキャッチした情動を、多くの人へ伝えていく人です。同じ感動を多くの人と分かち合いたいという願いが心の奥底にあり、自分がこれと思ったものや強く感銘を受けたものに関して、周りの人たちへ積極的に表現していくでしょう。また、多くの人との共感を分かち合うことで、大きな力がチャージされるようです。他者への説得力に厚みをつけることが人生を力強く歩むカギとなるので、日ごろから言葉などの表現力を磨いていくようにしてください。

3/17、3/18、7/19、7/20、9/7、9/8　1/17、1/18、6/22、6/23、9/19、9/20　2/16、2/17、4/16、4/17、8/19、8/20　5/17、5/18、6/16、6/17、10/19、10/20

## 裏性格 *the other side...* 11月19日

この日の守護石

ブラックトルマリン

ハーキマーダイヤモンド

### 心の中の王国で回復

自分の中にある確信や思いに目を向け、それを大切にしていく人です。日常生活や仕事などでいくら振り回されるようなことがあっても、心の中に美しい王国を持ち、そこに浸ることで心身を回復させていけるでしょう。ひとりで趣味に没頭したり、精神的に充実できる活動にいそしんだりしますが、場合によっては空想を心の中で広げ、そこで大きな充足感を得て気力をチャージすることも。ひとりになれる時間や状況を確保することが、人生全体の安定に繋がるようです。

3/18、3/19、7/20、7/21、9/8、9/9　1/18、1/19、6/23、6/24、9/20、9/21　2/17、2/18、4/17、4/18、8/20、8/21　5/18、5/19、6/17、6/18、10/20、10/21

## 裏性格 *the other side...* 11月20日

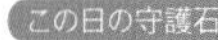
この日の守護石

ペトリファイドウッド

ガレナ

### 現実と救済の間に立つ

現実のシビアさを理解しつつも、感情的な期待や思いを大切にしようとする人です。冷静な判断力と優れた技能を持ちながらも、すべてのことを合理的に割り切ることができず、その間で迷うことも多いかもしれません。心優しく、つらい状況に置かれた人を見ると、全身全霊をなげうって助けることもあるでしょう。相手の気持ちを深く読み取りながら、自然に共感関係を形成していくので、セラピストやカウンセラーなどの資質も高いかもしれません。

3/19、3/20、7/21、7/22、9/9、9/10　1/19、1/20、6/24、6/25、9/21、9/22　2/18、2/19、4/18、4/19、8/21、8/22　5/19、5/20、6/18、6/19、10/21、10/22

## 裏性格 *the other side...* 11月21日

この日の守護石

ハーキマーダイヤモンド

ガレナ

### 心的圧力を笑いで発散

ストレスや感情的なわだかまりなどを、笑いや遊びの中で吹き飛ばして発散できる人です。自分のつらい体験やコンプレックスなどをあえて明るく話すことで、心の中の圧力を軽減していくのでしょう。また、感情面において強い苦しみを抱いている他者に対しても、そのエネルギーを明るい方向に変換し、重苦しさを軽くしてあげることができるため、何かと悩みの相談を持ちかけられることが多いかもしれません。自虐的になりすぎると落ち込むこともあるので注意しましょう。

3/20、3/21、7/22、7/23、9/10、9/11　1/20、1/21、6/25、6/26、9/22、9/23　2/19、2/20、4/19、4/20、8/22、8/23　5/20、5/21、6/19、6/20、10/22、10/23

# 11月22日～11月25日

＊ 射手座0～3度／月 ＊

## 熱い自由人

自由を愛し、自分の思うままに歩んでいくでしょう。素直に自分の気持ちを表現していくので、単純な面も大いにあるのですが、人との関わりの中で自分の意欲や熱意を実感し、それを周りの人に受け止めてもらうことで喜びを感じます。また、ゲームやルールのある遊びの中で、人と競り合いながら自分を高めていこうとしますが、思いがけず熱くなりすぎて本気になってしまうことも。オープンな雰囲気と人懐っこい表情が多くの人を呼び寄せ、周りの人たちと楽しい輪を広げながら伸びやかに生きていきます。オレンジカルサイトはクリエイティビティを引き出して自由に資質を伸ばす際のフォローをし、タンジェリンクォーツは意欲を高めてくれます。アンデシンは悩みの解消を助け、オパールは才能発掘と心の癒しに良いでしょう。

守護石

オレンジカルサイト
⇒P219

タンジェリンクォーツ
⇒P221

アンデシン
⇒P270

オパール
⇒P285

### ＊ 恋愛･人間関係 ＊

明るい恋愛

明るい雰囲気に包まれながら、恋愛を進展させていきます。時には自分からアプローチを仕掛けていきますが、自分の気持ちを素直に表現すると成功する確率は高まるでしょう。カーネリアンは積極的に恋を進展させる力を与え、セレナイトは素直な感情表現を促し、恋の成就に繋げます。

### ＊ 仕事 ＊

気分で差が出る

仕事に関してはその時の気分や体調で成果に違いが出るようです。元気な時はざくざくとこなしていきますが、いまいち良くない場合は気持ちも散りやすく、時にはミスなどを連発してしまうことも。モスアゲートは心身の疲れを回復させてミスを防ぎ、アメトリンは気持ちのムラを解消します。

### ＊ お金 ＊

アバウトな管理

お金の管理はやや緩めで、アバウトさからいつの間にか財布の中身が減っているなどということも。また、感情の揺れ動きで衝動買いなどをしてしまう傾向もあるようです。ジェットは気持ちを落ち着かせて、お金の管理へ意識を向けるよう促し、サンゴは感情の揺れを安定させてくれるでしょう。

恋愛運アップに良い石

カーネリアン
⇒P218

セレナイト
⇒P273

仕事運アップに良い石

モスアゲート
⇒P247

アメトリン
⇒P283

金運アップに良い石

ジェット
⇒P209

サンゴ
⇒P213

＊ この日の石を使うと……気持ちが明るくなり、息苦しさから解放されるでしょう。

## 裏性格 the other side… 11月22日

この日の守護石

タンジェリンクォーツ

オパール

### 競い合って成長

周りの人たちと切磋琢磨し合い、自分を高めていく人です。現状に甘んじず、どうすれば成長していけるかを模索し、自分なりに実践していくでしょう。特にゲーム的な要素を加えたり、人と競争するような状況をうまく活用したりして自分の気力とやる気を高め、積極的に前進していくのです。また、自分だけではなく、周りを盛り上げつつ、競い合う中で周囲の人たちも鍛えていく様子。場合によってはコーチ的なポジションを得やすいかもしれません。

3/21、3/22、7/23、7/24、9/11、9/12　1/21、1/22、6/26、6/27、9/23、9/24　2/20、2/21、4/20、4/21、8/23、8/24　5/21、5/22、6/20、6/21、10/23、10/24

## 裏性格 the other side… 11月23日

この日の守護石

オレンジカルサイト

アンデシン

### 場を盛り上げる天才

周りのテンションを高め、場を盛り上げるのがうまい人です。自分だけでなく周りに対しても、面白いものやワクワクするものを提供していきますが、その際他者の気持ちをうまくつかみながら徐々に大きな盛り上がりを作っていくでしょう。イベントなどでは先頭を切ってそれを企画・実行していくリーダーになりやすいようですが、細かいことや周囲への配慮をサポートしてくれるような人物をブレインにすると、さらに安定感が増すはずです。

3/22、3/23、7/24、7/25、9/12、9/13　1/22、1/23、6/27、6/28、9/24、9/25　2/21、2/22、4/21、4/22、8/24、8/25　5/22、5/23、6/21、6/22、10/24、10/25

## 裏性格 the other side… 11月24日

この日の守護石

オレンジカルサイト

オパール

### ほがらかな戦略家

冷静に戦略を積み重ね、勝利を得る人です。ほほえみの裏に闘志を燃やしていますが、実際、何かを進める際には知略を巡らせ、丁寧に物事を進めながら着実に勝ちをつかみ取るでしょう。遊びやゲームのような場でも本気で戦っていくので子どもっぽいように見られることも。しかし、どんな戦いでも終わった後はさわやかに相手の功績や素晴らしい部分を称賛することもできるので、以前に戦った相手と仲良くなっていくなど、自然と仲間が増えていくようです。

3/23、3/24、7/25、7/26、9/13、9/14　1/23、1/24、6/28、6/29、9/25、9/26　2/22、2/23、4/22、4/23、8/25、8/26　5/23、5/24、6/22、6/23、10/25、10/26

## 裏性格 the other side… 11月25日

この日の守護石

タンジェリンクォーツ

アンデシン

### 地道な成長

丁寧に一歩一歩、歩みを進めていく人です。向上心は高いのですが、一足飛びに結果を求めるようなことはなく、ひとつひとつ地道に研鑽を重ね、自分自身を磨き続けるでしょう。「ウサギとカメ」のカメのような歩みで最終的には大きな成果を示す可能性も大きいようです。また、人に何かを教えるのもうまく、そうした活動と自分の勉強を並行して行なっていきますが、人を励ます中で自身の成長に繋がるヒントや心を鼓舞させる何かを見つけることが多いかもしれません。

3/24、3/25、7/26、7/27、9/14、9/15　1/24、1/25、6/29、6/30、9/26、9/27　2/23、2/24、4/23、4/24、8/26、8/27　5/24、5/25、6/23、6/24、10/26、10/27

# 11月26日～11月29日

＊ 射手座4～7度　水星 ＊

## 幅広い興味の範囲

様々な事柄に興味を抱き、関心を広げていきます。ひとつのことを調べている時でも、数珠繋ぎに別のことへと興味を移しつつ、知識を広げていくでしょう。比較的壮大なテーマや概論的なことに意識を向けつつ、具体的な発想を展開していくので、頭の良い人と思われている可能性も。また、向上心も強く、より良い自分を作るために必要な情報や手法をあれこれと調べ、それを素直に行動へ移していくようです。こだわりのない自由な雰囲気が多くの人の心をつかむため、人気者でもあるかもしれません。ペリドットは軽やかに心を癒し、アクアオーラは集中力を高めて目的達成の後押しをしてくれます。アズライトは理想を具体化して向上心を高め、水晶は様々な場面で得た知識や着想を包括的にまとめて知性をサポートします。

守護石

ペリドット
⇒P238

アクアオーラ
⇒P250

アズライト
⇒P259

水晶
⇒P269

＊ 恋愛･人間関係 ＊

### 積極的な対話で作る愛

好きな相手と積極的にコミュニケーションを取りつつ、恋を進展させていきます。本音で相手に関わっていきたい気持ちがありますが、あれこれ考えすぎて余計な発言をし、関係がこじれることも。スピネルは恋愛運全般を高め、レモンクォーツは思考をクリアにして余計な発言を回避させます。

＊ 仕事 ＊

### マルチタスクで混乱も

先々を意識しつつ、今行なうべき作業を進めていくことができるようです。複数のことを同時にこなすスキルもありますが、どんどん増やしていき、次第に混乱するようなことも。アンバーは気持ちを落ち着かせて混乱を鎮め、アマゾナイトは明晰性を高めて仕事をスムーズに進行させます。

＊ お金 ＊

### 気前の良さが問題に

お金のやりくりは比較的得意ですが、気持ちが乗ってくると気前が良くなって人におごったり、うっかり高価なものを購入したりしてしまうことも。チューライトは気持ちを整えてうっかりからくる散財を抑え、ソーダライトは意志力を高めて手堅い金銭管理を促してくれるでしょう。

恋愛運アップに良い石

スピネル
⇒P214

レモンクォーツ
⇒P227

仕事運アップに良い石

アンバー
⇒P225

アマゾナイト
⇒P241

金運アップに良い石

チューライト
⇒P235

ソーダライト
⇒P261

＊ この日の石を使うと……様々なことに対する関心が高まります。心に新しい風が吹き込むでしょう。

## 裏性格 *the other side...* 11月26日

この日の守護石  アズライト  水晶

### 広い視野で見ていく

常に大きな視点で物事を見ていく人です。自分をより良く向上させるために学び続けますが、ある程度習熟していくと、その分野に関して、広い見識でとらえていくようになっていくようです。この時、自分であれこれ細やかに動くよりも、全体を見て人を動かすほうが手っ取り早いので、いつの間にか影のリーダー的ポジションを得ることも。様々な分野の知識をどん欲に吸収するよう心掛けていくと、さらにものの見方に厚みが生まれ、実力が上がっていくでしょう。

3/25、3/26、7/27、7/28、9/15、9/16 1/25、1/26、6/30、7/1、9/27、9/28 2/24、2/25、4/24、4/25、8/27、8/28 5/25、5/26、6/24、6/25、10/27、10/28

## 裏性格 *the other side...* 11月27日

この日の守護石  アクアオーラ  水晶

### 敬意をもって戦う

人と競り合う中で、精神性と実力を高めていくことのできる人です。自分自身の熱意や能力だけではなく、相手の意欲や知性なども認めることができるので、敵対する相手であっても尊敬の念を忘れずに応対していくでしょう。そのため、相手とぶつかる際には、相手に恥じぬよう全力を尽くし、正々堂々と戦うようです。人生の中で好敵手を見つけることができれば、お互いに切磋琢磨し合ううちに、能力、精神性ともに飛躍的に成長していくはずです。

3/26、3/27、7/28、7/29、9/16、9/17 1/26、1/27、7/1、7/2、9/28、9/29 2/25、2/26、4/25、4/26、8/28、8/29 5/26、5/27、6/25、6/26、10/28、10/29

## 裏性格 *the other side...* 11月28日

この日の守護石  ペリドット  アクアオーラ

### 自分の楽しみを追求する

人と協調しながらも、自分の楽しみも追求していく人です。おおらかで茶目っ気のある魅力を持ちますが、個人的にやりたいことや楽しみを求める傾向もあり、他者に合わせつつもちゃっかり自分にメリットを引き寄せていくこともできるでしょう。しかし持ち前の明るさがプラスに働き、最終的には相手が納得してくれたり、そのやり方を理解してくれたりすることも多いかもしれません。ほがらかな笑顔と陽気さが良い意味で武器となっている人物といえます。

3/27、3/28、7/29、7/30、9/17、9/18 1/27、1/28、7/2、7/3、9/29、9/30 2/26、2/27、4/26、4/27、8/29、8/30 5/27、5/28、6/26、6/27、10/29、10/30

## 裏性格 *the other side...* 11月29日

この日の守護石  ペリドット  アズライト

### 理想の実現を目指す

理想を掲げながらも、自分の資質や能力を考慮しつつ、その実現をもくろむ人です。未来の夢や希望に対して、押し切るように目指していくのではなく、自分の状況や能力をかえりみて、できること・できないことを見極めながら、自分に適した道程を通じて目的へと歩みを進めようとするでしょう。自分を振り返って、悩んだり落ち込んだりすることもありますが、その迷いと真摯な内省の姿勢が丁寧な歩みと成長に繋がっていくようです。

3/28、3/29、7/30、7/31、9/18、9/19 1/28、1/29、7/3、7/4、9/30、10/1 2/27、2/28、4/27、4/28、8/30、8/31 5/28、5/29、6/27、6/28、10/30、10/31

# 11月30日～12月3日

＊ 射手座8～11度／金星 ＊

## 楽しみの中で成長

自分の興味のあること、楽しいことについて力の限り取り組んでいこうとします。楽しさの中に自分を成長させる何かを見つけたり、また学びの中に楽しみを見いだしたりするのもうまいので、ゲームをクリアしていくように精神性を育てていくでしょう。また、より広い視点を持とうと意識し、そのために外国に行って見識を広げたり、様々な本を読んで知識を習得したりしていきます。その場その時の興味で行動を決定しやすいのですが、先々のことを踏まえて物事を考えるようにするとさらにスムーズに成長していけるはずです。ファイヤーアゲートはあらゆる場面で心身を保護し、クリソコラはストレスを緩和してくれるでしょう。アイオライトは未来や人生のビジョンを明らかにし、アンデシンは問題解決に役立ちます。

守護石

ファイヤーアゲート
⇒P221

クリソコラ
⇒P254

アイオライト
⇒P258

アンデシン
⇒P270

### ＊ 恋愛・人間関係 ＊

情熱を伝える

相手の気持ちを考慮しつつ、熱心に自分の情熱を伝えながら愛を育んでいきます。一緒に楽しめる趣味や活動を行ない、明るくさわやかな関係を作っていくでしょう。レッドガーネットは情熱のやりとりを活性化し、アゲートは調和的な関係を築いていく際のサポートをしてくれるでしょう。

恋愛運アップに良い石

レッドガーネット
⇒P216

アゲート
⇒P282

### ＊ 仕事 ＊

キャパオーバーに注意

周囲の人と協調的に作業しつつ、自分なりに課題を意識して、より良い方法を模索していきます。ただし、人当たりの良さから仕事を頼まれても断れず、キャパオーバーになることも。ペリドットは仕事への前向きな気持ちを高め、アベンチュリンは課題点を見いだす時に気づきをもたらしてくれます。

仕事運アップに良い石

ペリドット
⇒P238

アベンチュリン
⇒P240

### ＊ お金 ＊

楽しいことへの出費

金運は比較的高めです。しかし面白いものや趣味の活動などへの出費も多く、また人脈の広さから交際費がかさみがちかもしれません。ネフライトは気持ちを安定させつつ、無駄な出費を抑え、フェアリーストーンは基本的な財運を高めて、豊かさへと導いてくれるでしょう。

金運アップに良い石

ネフライト
⇒P244

フェアリーストーン
⇒P288

＊ **この日の石を使うと……** ワクワクするような楽しさが広がってきます。落ち込む時にも良いでしょう。

裏性格 *the other side...*

## 11月30日

この日の守護石

クリソコラ

アイオライト

### 援助者と歩む

ひとりで頑張りすぎず、必要に応じて適切な先生や援助者を見つけ、目的に到達する人です。多少性急な面があり、目標を掲げるとそれに最適な人に援助を求め、最短距離で結果を出そうとするでしょう。ただし、援助を求めた相手に対しては全幅の信頼を置き、その人のペースにきちんと合わせるので、学びの足取り自体は着実で丁寧な様子。高い精神性を持つ師匠的な人物を見つけることができれば、人生全般を豊かに過ごすことができるはずです。

3/29、3/30、7/31、8/1、9/19、9/20　1/29、1/30、7/4、7/5、10/1、10/2　2/28、2/29、4/28、4/29、8/31、9/1　5/29、5/30、6/28、6/29、10/31、11/1

裏性格 *the other side...*

## 12月1日

この日の守護石

ファイヤーアゲート

アンデシン

### 自分を乗せてテンションを上げる

自分自身を演出して見せることで、内面が高揚していく仕組みをうまく活用していく人です。自分の体験に関して積極的に人に表現していきますが、良かった面やラッキーなポイントなどを特に強調することで、プラスになる経験として自分の中に定着させていくようです。さらにはこうした振る舞いが、実際に幸運を引き寄せることにも繋がりやすいかもしれません。ポジティブシンキングから、強運体質を自ら作り上げることができる人ともいえるでしょう。

3/30、3/31、8/1、8/2、9/20、9/21　1/30、1/31、7/5、7/6、10/2、10/3　2/29、3/1、4/29、4/30、9/1、9/2　5/30、5/31、6/29、6/30、11/1、11/2

射手座

裏性格 *the other side...*

## 12月2日

この日の守護石

ファイヤーアゲート

アイオライト

### 学びを現実に落とし込む

精神的成長に繋がる学びを現実の中に落とし込んで行動していく人です。大枠的な思想や概念であっても、実際の生活や行動としてどう表現していくかを丁寧に模索し、具体的に実行していくことができるでしょう。心理学や宗教からくる発想をビジネスや日常に生かすのもうまく、それを人に説明してより良い生き方をわかりやすく提案することも。結果的に、人がより良い道を歩むよう促す立場を得やすく、講師や教師などをする可能性も高いといえます。

3/31、4/1、8/2、8/3、9/21、9/22　1/31、2/1、7/6、7/7、10/3、10/4　3/1、3/2、4/30、5/1、9/2、9/3　5/31、6/1、6/30、7/1、11/2、11/3

裏性格 *the other side...*

## 12月3日

この日の守護石

アイオライト

アンデシン

### 目標に集中して成長

目標を設定し、それに集中することで格段に成長を遂げる人です。一心不乱に何かに関わったり、また修業的に自分をストイックに鍛えたりしていこうとするようです。その集中の中で潜在的な活力が引き出され、自分が認識している以上の力を感じられる体験を持っているかもしれません。さらにこうした手法を意識的に活用して、必要に応じて自分の能力の限界以上の力を発揮したり、短期間で周囲が驚くほどの成長ぶりを見せたりすることも多いでしょう。

4/1、4/2、8/3、8/4、9/22、9/23　2/1、2/2、7/7、7/8、10/4、10/5　3/2、3/3、5/1、5/2、9/3、9/4　6/1、6/2、7/1、7/2、11/3、11/4

# 12月4日〜12月7日

＊ 射手座12〜15度／太陽 ＊

## 理想に向かって歩む

広い視点で物事を見つつ、それが自分にとってどんな意味があるのか、どう活用できるのかを考えながら、より良い自分を作り上げていこうとするようです。理想的な自分自身を意識しつつ努力を重ねますが、先の見通しが見えないと内心落ち込むこともあるようです。しかしそれらを表面に表さず、周囲の人たちと協調しながら理想の未来へと歩んでいくでしょう。陽気で積極的なようでいて、周りに振り回されることなどもあり、それによって調子を崩すことも。時折、ひとりになって好きなことに取り組む時間を持つと良いかもしれません。シナバーは心身を安定させ、サンストーンは気力を高めてくれるでしょう。ターコイズは理想や信念を強化し、スーパーセブンは経験や知識をわかりやすく統合する助けになります。

### 守護石

シナバー
⇒P214

サンストーン
⇒P220

ターコイズ
⇒P255

スーパーセブン
⇒P286

### ＊ 恋愛・人間関係 ＊

成長を促す恋

ともに成長できそうな人物に興味を抱き、関係を進展させていくでしょう。地道に恋を育てていくこともできますが、直感的にこれと感じた相手に対して、素早くチャンスをつかみ、恋が成就することも。パイライトは恋の瞬発力を高め、シトリンは手堅い関係形成をサポートします。

### ＊ 仕事 ＊

目的をもって大胆に歩む

高い理想と目的意識を掲げつつ、力強く仕事をしていくでしょう。大胆な発想とアプローチから成果を挙げていきますが、細やかな配慮を忘れてトラブルになることも。グリーントルマリンは他者への配慮の助けに、サファイアは細やかな部分も見落とさない明晰さをもたらしてくれます。

### ＊ お金 ＊

アバウトさが問題に

目的をもって貯蓄などをする場合は良いのですが、それ以外の時はお金に関して割とアバウトで、収支が合わないなどもあるかもしれません。タイガーアイは特に目的がない時でも貯蓄への意欲を高めてくれます。ハウライトは対人関係を良好にしつつ、人の縁からやってくる財運をアップします。

### 恋愛運アップに良い石

パイライト
⇒P223

シトリン
⇒P229

### 仕事運アップに良い石

グリーントルマリン
⇒P242

サファイア
⇒P261

### 金運アップに良い石

タイガーアイ
⇒P203

ハウライト
⇒P276

＊ **この日の石を使うと……** 将来や未来についての指針が見えてきます。自己向上へのカギを見つけることも。

## 裏性格 *the other side...* 12月4日

この日の守護石

シナバー

スーパーセブン

### 過去を成長の糧に

過去の出来事を成長の糧として活用していく人です。常に自身の成長を求めていきますが、時折過去を振り返り、経験によって得た発想や視点を持ってそれを分析します。これによりそれまでのやり方の不備や改善ポイントを発見したり、また長い間探し求めてきた回答や物事の本質に触れるテーマを見いだしたりすることも。周囲で起こる出来事に関しても、それまでの経緯を考慮しつつ、最適な方向を見いだすことができるため、長期的な指針を打ち出す役割を担うでしょう。

♡ 4/2、4/3、8/4、8/5、9/23、9/24 ☺ 2/2、2/3、7/8、7/9、10/5、10/6 ✿ 3/3、3/4、5/2、5/3、9/4、9/5 ☆ 6/2、6/3、7/2、7/3、11/4、11/5

## 裏性格 *the other side...* 12月5日

この日の守護石

サンストーン

スーパーセブン

### 古代思想から成長

なじみの薄い分野や思想の中から、輝くような発想を見いだし、活用していく人です。時には古代文明や歴史上の出来事なども参考にしながら、今の人たちの胸に響くような思想を引き出すことも多いでしょう。また、そうして得た考え方や生きるうえでの手法を多くの人たちに伝え、精神的な成長を促していくようです。ひとつのテーマにこだわらず、心惹かれる事柄をあれこれ学ぶとものの見方がさらに広範になり、自分自身だけではなく多くの人たちを成長に導くはずです。

♡ 4/3、4/4、8/5、8/6、9/24、9/25 ☺ 2/3、2/4、7/9、7/10、10/6、10/7 ✿ 3/4、3/5、5/3、5/4、9/5、9/6 ☆ 6/3、6/4、7/3、7/4、11/5、11/6

射手座

## 裏性格 *the other side...* 12月6日

この日の守護石

シナバー

ターコイズ

### 隠れた賢者

優れた観察力と豊富な知識、そして鋭い実行力を併せ持つ人です。しかしあまりあからさまにそれをひけらかすことなく、タイミングをうかがいつつ、必要に応じて効果的にそれを打ち出していくようです。そのため、スムーズに良い成果を挙げたり、チャンスをつかむ結果になったりする様子。自分のためにその力を使うのではなく、多くの人のために……ということを念頭に置くと着実に実力と自信がつき、それまで以上に人生を力強く歩んでいくことができるはずです。

♡ 4/4、4/5、8/6、8/7、9/25、9/26 ☺ 2/4、2/5、7/10、7/11、10/7、10/8 ✿ 3/5、3/6、5/4、5/5、9/7、9/8 ☆ 6/5、6/6、7/4、7/5、11/6、11/7

## 裏性格 *the other side...* 12月7日

この日の守護石

サンストーン

ターコイズ

### 自己観察からの弱点克服

自分自身をよく観察し、丁寧に弱点を克服していける人です。自分に対する客観的な視点があり、強みとなる部分やウイークポイントなどをきちんと自覚しているようですが、特に弱いところに関して放置せず、地道に経験を重ねてそれを克服していくでしょう。時には修正の際に人に頼ったり、他者のやり方を学んだりするなどしつつ、自分にあった解決方法を研究していくようです。一見、歩みは遅く、要領は悪いようでも、着実に成長するタイプといえます。

♡ 4/5、4/6、8/7、8/8、9/26、9/27 ☺ 2/5、2/6、7/11、7/12、10/8、10/9 ✿ 3/6、3/7、5/5、5/6、9/8、9/9 ☆ 6/6、6/7、7/5、7/6、11/7、11/8

# 12月8日〜12月12日

＊射手座16〜20度　火星＊

## ライバルとともに成長

周囲に対して積極的に自分をアピールしつつ、自分自身を高めていこうと努力するようです。ライバルがいたほうが燃えるタイプなので、人と競って物事に取り組むような場面では大きく成長したり、強い力を発揮できたりするでしょう。また、理想や大きな目標を掲げつつ、それに向かって全力で取り組みますが、ほかのやり方で成果を挙げている人を見ると、つい迷って蛇行しがちな面も。しかし本当に自分に必要なこと、自分の成長にプラスになることを念頭に置くようにすると、混乱も静まり、自分らしい道を邁進できるはずです。クロコアイトは前進力と活力を高め、ジンカイトは迷いから引き戻し、エネルギーをチャージしてくれるでしょう。サルファーは向上心をサポートし、マラカイトは本当に大切なことを見いだす洞察力を与えます。

守護石

クロコアイト
⇒P213

ジンカイト
⇒P220

サルファー
⇒P228

マラカイト
⇒P247

### ＊恋愛・人間関係＊

#### リベンジに燃える恋愛

気になる相手に対しては一直線に愛情を表現していきます。振られるようなことがあっても、状況を読みつつさりげなくアプローチを続け、ついには相手の心をつかむことも。ルビーは愛情面全般の運気を高め、スティルバイトは直感力を高めて恋のチャンスをしっかりつかむようサポートしてくれます。

### ＊仕事＊

#### 情熱的に展開

周りの人を巻き込みながら熱意をもって仕事を推進していくようです。時折熱くなりすぎて判断を見誤ったり、浮き足立って見切り発車したりすることもある様子。冷静を心掛けて進めるようにしましょう。モリオンは内面を安定させ、カイヤナイトは思考をクリアにして判断力を高めてくれるでしょう。

### ＊お金＊

#### 勢いで散財

その場の勢いで散財してしまう傾向が財運をピンチに立たせる様子。特に、人に見栄を張ったり、負けたくないという思いから余計なものを買ってしまったりするようです。ブラックトルマリンは負けたくないという意識を落ち着かせて散財を防ぎ、サンゴは金運全般を高めてくれるでしょう。

恋愛運アップに良い石

ルビー
⇒P215

スティルバイト
⇒P272

仕事運アップに良い石

モリオン
⇒P211

カイヤナイト
⇒P260

金運アップに良い石

ブラックトルマリン
⇒P208

サンゴ
⇒P213

＊この日の石を使うと……自分の中の熱意の高まりを感じ、やる気に満ちてくるでしょう。テンションが低めの時に。

## 裏性格 *the other side...* 12月8日

この日の守護石

クロコアイト

ジンカイト

### 周りから元気に

周囲を元気にしながら、自分自身の勢いを取り戻していく人です。ストイックな努力家ですが、生真面目にやりすぎてテンションが下がることも。この時、あえて周りの人たちをあおるように盛り上げ、その雰囲気から気力を高めていくでしょう。ストレスがたまる時ほど楽しいイベントを打ち上げたい衝動が高まる傾向も。

♡ 4/6、4/7、8/8、8/9、9/27、9/28 ✿ 2/6、2/7、7/12、7/13、10/9、10/10 ● 3/7、3/8、5/6、5/7、9/9、9/10 ✪ 6/7、6/8、7/6、7/7、11/8、11/9

## 裏性格 *the other side...* 12月9日

この日の守護石

クロコアイト

マラカイト

### 安全に楽しむ

心の中に、はつらつとした子どもと優しい保護者が同居した人です。遊ぶ時は思い切りはじけたようにそれを楽しみますが、心の片隅に節度ある自分もいるため、限度を超えそうになった時、自然に自分をセーブすることができるでしょう。また、自分だけではなく、周囲の人たちが楽しんでいるのを見ると満足できるようです。

♡ 4/7、4/8、8/9、8/10、9/28、9/29 ✿ 2/7、2/8、7/13、7/14、10/10、10/11 ● 3/8、3/9、5/7、5/8、9/10、9/11 ✪ 6/8、6/9、7/7、7/8、11/9、11/10

## 裏性格 *the other side...* 12月10日

この日の守護石

サルファー

マラカイト

### 能力に適した環境を求める

特定の場や特定の分野にこだわらず、自分の夢や能力に合わせて環境を変えることができる人です。周りに自分を合わせることに対して息苦しさを感じ、自分の可能性や資質に見合った環境を求めて自分を成長させていくでしょう。また、他者の能力を見抜く力もあり、その人に適した場をアドバイスすることも。

♡ 4/8、4/9、8/10、8/11、9/29、9/30 ✿ 2/8、2/9、7/14、7/15、10/11、10/12 ● 3/9、3/10、5/8、5/9、9/11、9/12 ✪ 6/9、6/10、7/8、7/9、11/10、11/11

## 裏性格 *the other side...* 12月11日

この日の守護石

ジンカイト

マラカイト

### 準備して進める

用意周到に行動し、結果を出していく人です。繊細な感受性と先見の明があり、次に起こる展開を先読みしてその準備をし、必要なタイミングで重要な行動を打ち出していくでしょう。ひとりで画策するというよりも、周りの人たちと協力しながら進める傾向があるので、自然とチームリーダー的な立ち位置を得やすいかもしれません。

♡ 4/9、4/10、8/11、8/12、9/30、10/1 ✿ 2/9、2/10、7/15、7/16、10/12、10/13 ● 3/10、3/11、5/9、5/10、9/12、9/13 ✪ 6/10、6/11、7/9、7/10、11/11、11/12

## 裏性格 *the other side...* 12月12日

この日の守護石

ジンカイト

サルファー

### 高い目標を目指す

自分の能力や資質以上の目標を掲げ、そこへ向かって努力していく人です。理想とする在り方や望みの職種などを常に念頭に置き、たとえそれが今の実力よりも高いところにあったとしても、自分を信じて到達しようと鍛錬していくでしょう。時には無理に背伸びをしながらも次第に自分の内に取り入れ、成長していくようです。

♡ 4/10、4/11、8/12、8/13、10/1、10/2 ✿ 2/10、2/11、7/17、7/18、10/13、10/14 ● 3/11、3/12、5/10、5/11、9/13、9/14 ✪ 6/11、6/12、7/10、7/11、11/12、11/13

# 12月13日～12月17日

＊射手座21～25度　木星＊

## 広い視野で必要なものを模索

広く物事を見つつ、自分を含めた多くの人がより良く生きていくために何が必要なのかを模索していきます。興味の対象に限定はなく、あらゆる分野に意識を広げ、知識を蓄えていくでしょう。そのため、人からアドバイスを求められることも多いかもしれません。また、蓄えたものを活用して、人に何かを教えるなど、コーチや教師的なポジションを得ることも。相手にとって何が重要で、どうすれば成長に繋がるのかを考慮しつつ、多くの人たちに将来的な、あるいは理想へ続く道を指し示すことなどもあるようです。アズライトは霊性と直感力を高めて広い意識をもたらし、スギライトは心身を浄化しつつ保護をもたらします。アゼツライトは成長へのサポートを促し、ダンビュライトは問題解決への独創的なアイデアを与えます。

守護石

アズライト
⇒P259

スギライト
⇒P265

アゼツライト
⇒P268

ダンビュライト
⇒P273

＊恋愛・人間関係＊

### 成長できる相手を求める

相手の気持ちをきちんと受け止めつつ、自分の気持ちも丁寧に表現して恋を進展させていくでしょう。お互いに成長できる関係を求めますが、そのせいで甘い雰囲気になりにくい場合も。ルチルクォーツは前向きな姿勢から恋を引き寄せ、ピンクトルマリンは甘い愛情のやりとりを促進します。

＊仕事＊

### 広い知識を活用

仕事の面では先々をとらえつつ、広い知識を活用して展開していくでしょう。応用力や融通をきかせて状況を乗り切りますが、仕事が立て込んでくるとストレスがたまり、作業が混乱することも。タンザナイトはストレスを軽減し、ガーデンクォーツは気持ちを落ち着かせて混乱を収めます。

＊お金＊

### 金運は高いがアバウト

金運は比較的高め。ただし、やりくりのアバウトさから、収入が多くとも、それと同じくらい様々な事柄にお金を使ってしまうようです。また、本や旅行への出費はかなりかさむ様子。ジェイドは財運をさらに高め、オパールは新しい発想をもたらし、本や旅行をせずとも気分を盛り上げ出費を抑えます。

恋愛運アップに良い石

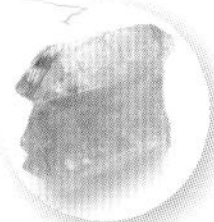

ルチルクォーツ
⇒P226

ピンクトルマリン
⇒P231

仕事運アップに良い石

タンザナイト
⇒P262

ガーデンクォーツ
⇒P271

金運アップに良い石

ジェイド
⇒P243

オパール
⇒P285

＊この日の石を使うと……広いものの見方が備わるでしょう。問題解決のヒントを得ることも。

裏性格 *the other side...*

## 12月13日

この日の守護石

アズライト

アゼツライト

### 着実な成長

本来の自分の資質や能力にきちんと目を向け、それに適した活動をしていく人です。どんなに無理をしてもできないことについては考慮に入れず、できることを確実に行ない、結果を出していくでしょう。やれると踏んだ際には最大限の努力をし、手堅く成長していくので、周囲に安心感を与えることも多いようです。

♡ 4/11、4/12、8/13、8/14、10/2、10/3 ☺ 2/11、2/12、7/17、7/18、10/14、10/15 ✪ 3/12、3/13、5/12、5/13、9/14、9/15 ✪ 6/12、6/13、7/11、7/12、11/13、11/14

裏性格 *the other side...*

## 12月14日

この日の守護石

アズライト

ダンビュライト

### 大胆なチャレンジャー

自分の資質に対してきちんと見極める力があり、それを駆使して様々な事柄にチャレンジしていく人です。一見、無謀な行動に出ることもありますが、冷静に最大限の実力を活用してそれらを乗り越えていくでしょう。常に新しいテーマを探して挑戦しますが、新鮮な感動を受けると充電できるので、疲れ知らずかもしれません。

♡ 4/12、4/13、8/14、8/15、10/3、10/4 ☺ 2/12、2/13、7/18、7/19、10/15、10/16 ✪ 3/13、3/14、5/13、5/14、9/15、9/16 ✪ 6/13、6/14、7/12、7/13、11/14、11/15

裏性格 *the other side...*

## 12月15日

この日の守護石

スギライト

アゼツライト

### 心を開いてチャンスを得る

確固たる自分を持ちつつ、人の在り方や意見に対して心を開くことで新しいチャンスやヒントを得ていく人です。自分の気持ちが固まっていても、人の意見や方針などを受け止めることで新たな可能性が生まれることを感じ、それを受け止めていくでしょう。人との対話の中に未来に繋がる新たなカギをつかむことも多いようです。

♡ 4/13、4/14、8/15、8/16、10/4、10/5 ☺ 2/13、2/14、7/19、7/20、10/16、10/17 ✪ 3/14、3/15、5/14、5/15、9/16、9/17 ✪ 6/14、6/15、7/13、7/14、11/15、11/16

裏性格 *the other side...*

## 12月16日

この日の守護石

スギライト

ダンビュライト

### 豊かな発想を自由に展開

広大な想像力と緻密で繊細な工夫力を持っている人です。何か行動を起こす際にシミュレーション的に小規模で実験したり、様々な方向へ展開させながら、その可能性を広げていくでしょう。生真面目に行なうというよりも、子どもの遊びのように自由に発展させていくので、本人は仕事や作業の一貫ということを忘れている場合も。

♡ 4/14、4/15、8/17、8/18、10/5、10/6 ☺ 2/14、2/15、7/20、7/21、10/17、10/18 ✪ 3/15、3/16、5/15、5/16、9/17、9/18 ✪ 6/15、6/16、7/14、7/15、11/16、11/17

裏性格 *the other side...*

## 12月17日

この日の守護石

アズライト

スギライト

### 厳しい場で自分を試す

あえて厳しい環境に自分の身を置き、自分の実力を試そうとする人です。人のやっていないことや、まだ世間に知られていない未開の分野に率先して切り込んでいき、新しい場を開拓していきます。ひとりではなく、仲間を率いつつ先陣を切っていくので、リーダー的な立場を得たり、時には特定の分野のパイオニアになったりすることも。

♡ 4/15、4/16、8/18、8/19、10/6、10/7 ☺ 2/15、2/16、7/21、7/22、10/18、10/19 ✪ 3/16、3/17、5/16、5/17、9/18、9/19 ✪ 6/16、6/17、7/15、7/16、11/17、11/18

# 12月18日～12月21日

＊射手座26～29度／土星＊

## 落としどころを見据えて学ぶ

様々なことに興味を抱き、広い見解と視点を持ちますが、最終的に何に役立つかというところを念頭に置きながら、学びを進めていくようです。自分自身の成長についても着実に歩みを進めていきますが、資格や検定など目に見える成果をステップとしてうまく活用し、自分の資質を伸ばしていこうとします。また、自分のいる地域、国に限定せず、あらゆるところから情報を得つつ、世界や人類全体を包括するような総論的な何かを探す様子も。そこでつかんだ認識を活用して、さらに多くの人の意識を引き上げる活動に邁進するでしょう。ハイパーシーンは多くの人たちを率いるけん引力を高め、アンバーは気持ちを安定させます。ラピスラズリは潜在能力を引き出し、水晶は包括的な発想を見いだすサポートをしてくれるでしょう。

守護石

ハイパーシーン
⇒P207

アンバー
⇒P225

ラピスラズリ
⇒P262

水晶
⇒P269

### ＊恋愛･人間関係＊
### 学びを介して進展

お互いに成長できる相手や勉強好きな人物に惹かれやすく、趣味や学びなどを介して関係を進展させていくようです。ただし、理屈っぽくなる傾向から、熱意のありようを相手から疑われることも。アラゴナイトは恋愛全般をサポートし、ブラッドストーンは熱意を素直に表現させてくれるでしょう。

### ＊仕事＊
### 先々を考えて進める

先々を考慮しながら手堅く仕事を進めていきます。ただし、仕事相手が押しの強いタイプだと相手のペースに巻き込まれ、次第に自分が何をしたいかわからなくなってストレスをためることに。ボージーストーンはストレスを癒し、クォンタムクワトロシリカは自己を確立させ、押しの強い相手に対抗させます。

### ＊お金＊
### 程よい手堅さ

お金に関しては多少アバウトな傾向があり、収支の管理などは特に苦手な様子。しかし、何もしなくても自然に貯蓄ができるので、比較的安定した財運の持ち主といえるでしょう。スモーキークォーツはアバウトさを改善し、ミルキークォーツは情緒を整えつつ金運を高め安定へ。

恋愛運アップに良い石

アラゴナイト
⇒P202

ブラッドストーン
⇒P245

仕事運アップに良い石

ボージーストーン
⇒P201

クォンタムクワトロシリカ
⇒P286

金運アップに良い石

スモーキークォーツ
⇒P203

ミルキークォーツ
⇒P277

＊この日の石を使うと……自分の活動における目的が明確になります。迷いが晴れることも。

## 裏性格 *the other side* 12月18日

この日の守護石

ハイパーシーン

ラピスラズリ

### 理想を形に

自分自身や多くの人の理想を念頭に置きつつ、それを具体的に形にしていく人です。より良い未来、より良い生き方などイマジネーションを広げながら実際にそれを実行する方法を模索し、積極的に打ち出していくでしょう。また、多くの人に理解してもらうことを常に意識し、よりわかりやすい言葉や表現を用いようと工夫することも。言語や図形など様々な表現方法について研究していくと理解者が増え、さらに協力してもらえるといったことも起こりそうです。

♡ 4/16、4/17、8/19、8/20、10/7、10/8 ◎ 2/16、2/17、7/22、7/23、10/19、10/20 ● 3/17、3/18、5/17、5/18、9/19、9/20 ✪ 6/17、6/18、7/17、7/18、11/18、11/19

## 裏性格 *the other side* 12月19日

この日の守護石

アンバー

水晶

### 見慣れたものから真理を得る

当たり前のものや見慣れたものの中から、その素晴らしさを再確認できる人です。自らの足元を丁寧に確認しつつ、その中にある優れた機能性や実践的な精神性などに着目し、あらためて実践していくでしょう。また、そうした事柄を周囲の人に伝えていき、周りの人の心を目覚めさせることも多いかもしれません。他者の背景にある利点を指摘し、その活用方法を教えるなどして成長を促すので、コーチ的な役割を担う場合もあるようです。

♡ 4/17、4/18、8/20、8/21、10/8、10/9 ◎ 2/17、2/18、7/23、7/24、10/20、10/21 ● 3/18、3/19、5/18、5/19、9/20、9/21 ✪ 6/18、6/19、7/17、7/18、11/19、11/20

## 裏性格 *the other side* 12月20日

この日の守護石

ラピスラズリ

水晶

### 地に足の着いた理想

精神性を重視しながらも､現実的な感性を持つ人です｡多くの人にとって必要なものを具体的に見極め、時には不要なものをシビアに切り落としていくようです。しかしその行動の裏側には豊かな精神性が裏付けされており、より良い方向に進むための決断と認識しているので迷いがないのです。一見、ストイックでビジネスライクなように見えても、人の在り方や理想というところから物事を考えていくため、最終的には感謝されることも多いかもしれません。

♡ 4/18、4/19、8/21、8/22、10/9、10/10 ◎ 2/18、2/19、7/24、7/25、10/21、10/22 ● 3/19、3/20、5/19、5/20、9/21、9/22 ✪ 6/19、6/20、7/18、7/19、11/20、11/21

## 裏性格 *the other side* 12月21日

この日の守護石

アンバー

ラピスラズリ

### 理想を体現する

様々な知識や発想を駆使して、自分の理想とする姿を体現しようとする人です。自分自身がこうありたいと願う思想や理想的な在り方を日々の振る舞いや発言などに盛り込みつつ、それを実際に行動として打ち出していくようです。理想の実践家であるため、いつの間にか多くの人にそれを教えるような立場に置かれることも多いかもしれません。実践の中で培ってきたことや蓄積してきたものを、きちんと周囲にアピールすることでさらに成長していくはずです。

♡ 4/19、4/20、8/22、8/23、10/10、10/11 ◎ 2/19、2/20、7/25、7/26、10/22、10/23 ● 3/20、3/21、5/20、5/21、9/22、9/23 ✪ 6/20、6/21、7/19、7/20、11/21、11/22

# 12月22日〜12月25日

＊ 山羊座0〜3度／月 ＊

## チーム活動に安心を求める

チームとして動いていく仲間たちとともに何かの目的に向かって働きかけたり、活動する中で自分の居場所を確認したりすることで安心感を得るようです。シビアな面もありますが、人の気持ちには敏感に反応し、自分なりに極力くみ取っていこうとします。しかし子どもっぽさや感情をなるべく出さないよう頑張る在り方が、相手にとって冷たく見えてしまい、共感を形成することが難しいかもしれません。それでも仲間と認識した人たちに配慮しつつ、力を合わせて何かを成し遂げようと努力するでしょう。ジェットは安心できる場の形成に役立ち、サーペンティンは気力を充実させてくれます。デンドライトは安らぎを与えて心身を癒し、アメトリンは周囲との関係をより良いものにし、調和を保ちつつ何かを成し遂げるよう促すでしょう。

守護石

ジェット
⇒P209

サーペンティン
⇒P228

デンドライト
⇒P274

アメトリン
⇒P283

### ＊ 恋愛・人間関係 ＊

#### 大人と子どもが同居

好きな相手に対しては極力大人として関わっていこうとしますが、より関係が進展すると甘えたくなる様子。甘える姿と普段とのギャップに相手が戸惑うこともありそうです。アベンチュリンは良い相手を引き寄せ、ムーンストーンは素直な感情表現を引き出し、恋にプラスに働きます。

### ＊ 仕事 ＊

#### 仲間により意欲アップ

仕事ぶりは丁寧で、どんなことでもレベル以上にこなしますが、良い仲間ができるとさらに意欲も高まり、バリバリこなすようです。ただし、戦力不足の人には冷たく当たり、そこからトラブルになることも。レモンクォーツは仕事上の疲れを癒し、ロードナイトは仕事仲間との絆を強化します。

### ＊ お金 ＊

#### 手堅く管理

お金に関しては、計画的に少しずつ貯蓄するなど、やりくりも含めて手堅く管理するようです。ただし、仕事や対人関係のストレスがたまると衝動買いなどもありそう。アクアオーラはストレスを緩和して衝動買いを防ぎ、ブルーレースアゲートは貯蓄への地道な気持ちを後押しします。

恋愛運アップに良い石

アベンチュリン
⇒P240

ムーンストーン
⇒P278

仕事運アップに良い石

レモンクォーツ
⇒P227

ロードナイト
⇒P236

金運アップに良い石

アクアオーラ
⇒P250

ブルーレースアゲート
⇒P256

＊ この日の石を使うと……自分の落ち着ける場を見つけ、安心感を得られるでしょう。

## 裏性格 *the other side...* 12月22日

この日の守護石

サーペンティン

アメトリン

### 勇敢なリーダー

多くの人たちの意思をまとめ、それに必要な行動を率先して行なう人です。周囲の人の話を取りまとめているうちに、自然にリーダー的な立場に押し出され、その役割を担っていくでしょう。平穏な道のりだけではなく、時には勇気を奮わなくてはならない場面もあるようですが、それによって自分の意思を確認しつつ、人を率いていく覚悟が固まっていくようです。怖がりな面もありますが、その分慎重にことを進め、また経験を積むごとにリーダーとしての資質も伸びていくはずです。

4/20、4/21、8/23、8/24、10/11、10/12　2/20、2/21、7/26、7/27、10/23、10/24　3/21、3/22、5/21、5/22、9/23、9/24　6/21、6/22、7/20、7/21、11/22、11/23

## 裏性格 *the other side...* 12月23日

この日の守護石

ジェット

サーペンティン

### 果敢な挑戦者

シビアな状況でも果敢に挑戦していく人です。現実的なものの見方と実行力を持っていて、守るもののため、仲間を生かすために全力を尽くしていくでしょう。場合によっては今まで関わったことのない新しい分野に取り組まなければならないこともありますが、生き残る道として認識すると大きな力が湧くのを感じ、勇気を奮ってチャレンジしていくようです。平穏な時は人の後ろに回りがちですが、追い詰められた時のほうが積極性も増し、力を発揮するタイプといえます。

4/21、4/22、8/24、8/25、10/12、10/13　2/21、2/22、7/27、7/28、10/24、10/25　3/22、3/23、5/22、5/23、9/24、9/25　6/22、6/23、7/21、7/22、11/23、11/24

## 裏性格 *the other side...* 12月24日

この日の守護石

デンドライト

アメトリン

### 具体的な成果を求める

自分自身の内面的な成長の証しとして、何か具体的なものを打ち出していこうとする人です。言葉だけで夢や理念を語るのではなく、実際にそれをやってみたり、明確な形で表現したりしていくでしょう。理想とする仕事や活動を社会に向けて発信したり、それに関連した資格を取得して実践したりしていくなど、現実部分に落とし込んでこそ価値を感じる傾向も。将来への希望を手帳などに書き残しておくと、予定のようにそれらが実現していく引き寄せ力もあるようです。

4/22、4/23、8/25、8/26、10/13、10/14　2/22、2/23、7/28、7/29、10/25、10/26　3/23、3/24、5/23、5/24、9/25、9/26　6/23、6/24、7/22、7/23、11/24、11/25

## 裏性格 *the other side...* 12月25日

この日の守護石

ジェット

アメトリン

### 力を合わせて成し遂げる

多くの人と力を合わせながら、ひとりでは成し遂げることのできない成果を挙げていく人です。自分ひとりの力の限度を熟知し、様々な人と能力や技能を組み合わせながら、具体的な結果を出していくようです。優れた観察眼から他者の才能を鋭く見抜き、仲間に引き込むことも多いかもしれません。チームワークを大切にしつつも、その関係に甘えが出すぎないよう配慮することもできるので、実力派が揃うデキる集団を形成するのがうまいでしょう。

4/23、4/24、8/26、8/27、10/14、10/15　2/23、2/24、7/29、7/30、10/26、10/27　3/24、3/25、5/24、5/25、9/26、9/27　6/24、6/25、7/23、7/24、11/25、11/26

山羊座

# 12月26日〜12月29日

＊山羊座4〜7度／水星＊

## システムへの理解力

高い状況判断能力と素早い決断力を持ち、どんな場でも適切に物事を進めていくでしょう。物事のシステムや構造を見抜く力に優れているため、初めて置かれた場でも、情報を丁寧に拾い上げて、そこで何が起こっているかを見つつ流れに乗っていきます。また、その場の中心人物を素早く見極めて、積極的になじんでいくようです。自分に対して厳しい面もあり、弱音を吐いたり、子どもっぽいわがままなどを極力抑えようとしたりします。しかしあまりそれが行きすぎるといつの間にかストレスが蓄積し、心身に負担がかかるので注意が必要です。アラゴナイトはストレスを緩和し、オブシディアンは気力をチャージしてくれます。アマゾナイトは心身への負荷を軽くし、ソーダライトは目的を明確にして実行力を高めてくれるでしょう。

守護石

アラゴナイト
⇒P202

オブシディアン
⇒P209

アマゾナイト
⇒P241

ソーダライト
⇒P261

### ＊恋愛·人間関係＊

確認しながら手堅く進展

意中の人とはじっくりと愛情を確認しながら恋を進展させていきます。しかし好機をつかんで素早くアプローチすることもできるので、結果的に成就率も高いでしょう。モスアゲートは恋を引き寄せ、ブルーカルセドニーは相手との心の繋がりをより深めてくれるはずです。

### ＊仕事＊

メリットを見抜く

物事のメリットや優先順位などを素早く見抜き、確かな選択と決断を下して、着々と進めていきます。ただし、メリット優先で仕事上の対人トラブルを招く場合も。ピンクスミソナイトは仕事相手との調和的な関係形成をサポートし、ワーベライトは仕事がスムーズに進むよう助けます。

### ＊お金＊

ゆとりを持つことがカギ

お金に関してはきちんと管理しつつ、急な出費などへの対策も万全でしょう。ただし、そのきっちり感が臨時収入などの豊かさの流れをせき止めている部分も。ファイヤーアゲートは外界から流れてくる金運の流量を増やし、アクアマリンは心にゆとりを持たせて財運の扉を開きます。

恋愛運アップに良い石

モスアゲート
⇒P247

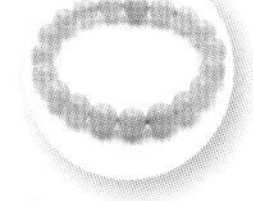

ブルーカルセドニー
⇒P255

仕事運アップに良い石

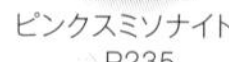

ピンクスミソナイト
⇒P235

ワーベライト
⇒P248

金運アップに良い石

ファイヤーアゲート
⇒P221

アクアマリン
⇒P251

＊この日の石を使うと……問題や状況の構造などを見抜くことができるでしょう。トラブルの理由が解明することも。

## 裏性格 *the other side...* 12月26日

この日の守護石  オブシディアン  アマゾナイト

### 全体の中の立ち位置を知る

多くの人たちの中で自分の資質や能力を見極めて、自分のなすべきことを実行できる人です。全体を見渡す視点を持ち、大きなチームの中での自分の技能やポジション、人間関係の相関などを考慮しながら、求められる振る舞いを察知し、きちんと実行していけるようです。時には裏方に回ったり、逆に場のテンションを上げていくような立場に置かれたりしますが、全体の意図をくみ取れるので、真摯にその役割をこなしながら、仲間たちに大きく貢献していくでしょう。

4/24、4/25、8/27、8/28、10/15、10/16　2/24、2/25、7/30、7/31、10/27、10/28　3/25、3/26、5/25、5/26、9/27、9/28　6/25、6/26、7/24、7/25、11/26、11/27

## 裏性格 *the other side...* 12月27日

この日の守護石  アラゴナイト  アマゾナイト

### 集団に適応する

チームワークを重んじ、時には自分の意思や熱意を抑えながら、仲間と行動していくことのできる人です。ひとりのわがままや独断が仲間の和を損ね、さらに集団としての生産性が落ちることを熟知しているので、必要とあらば自分を消しつつ仲間と心を合わせていこうとするようです。また、影のチームリーダーとなる場合も多く、集団として状況に応じた振る舞いもしていくので、着実に大きな成果を挙げていく可能性も大いにあるでしょう。

4/25、4/26、8/28、8/29、10/16、10/17　2/25、2/26、7/31、8/1、10/28、10/29　3/26、3/27、5/26、5/27、9/28、9/29　6/26、6/27、7/25、7/26、11/27、11/28

## 裏性格 *the other side...* 12月28日

この日の守護石  オブシディアン  ソーダライト

### 危険を察知する

予期しないものや水面下で進行していることに意識を向け、人にその状況を知らせることのできる人です。着実な実行力や行動力ももちろん備えていますが、持ち前の直感的な認識力を用いて、ちょっとした不備や不穏なムードから危険な状況を察知し、事前に対処していくでしょう。多くの場合、自分の仕事や社会活動に関した危険であるほど鋭くキャッチしていくようですが、それは自分の足場が崩れることと同等であると認識しているからなのかもしれません。

4/26、4/27、8/29、8/30、10/17、10/18　2/26、2/27、8/1、8/2、10/29、10/30　3/27、3/28、5/27、5/28、9/29、9/30　6/27、6/28、7/26、7/27、11/28、11/29

## 裏性格 *the other side...* 12月29日

この日の守護石  アラゴナイト  ソーダライト

### 丁寧な基盤作り

自分の足場や環境を整えて、丁寧に過ごす喜びを知っている人です。当たり前の中にある幸せをきちんと理解できているため、衣食住といった生活の基盤をしっかりと固め、仕事などを地道にこなしながら、明るくほがらかに過ごしていくでしょう。また、その陽気な雰囲気で周囲の仲間たちを和ませ、その場に安心感を提供したりモチベーションアップに貢献したりすることも。多くの人のためになる習慣的な活動があるとより幸運度が上がっていくはずです。

4/27、4/28、8/30、8/31、10/18、10/19　2/27、2/28、8/2、8/3、10/30、10/31　3/28、3/29、5/28、5/29、9/30、10/1　6/28、6/29、7/27、7/28、11/29、11/30

# 12月30日～1月3日

＊ 山羊座8～12度／金星 ＊

## 地位を確立して行動

大人としての自分を確立し、そのスタンスから多くの人と関わっていくようです。意識的に自身の社会性を高めたり、常識を身につけつつ人に応対したりするので、周りからの信頼は厚いでしょう。また、若いころから社会的立場の高い人たちやセレブと関わる可能性も大です。そのため、わがままを抑えたり、感情的になったりしないよう努力しますが、時折それがストレスとして蓄積し、疲れきってしまうことも多いかもしれません。素のままの自分で付き合える仲間を持つことが、ストレス回避に繋がるでしょう。ロードクロサイトはハートを開いて肩に力を入れずに付き合える友人を引き寄せ、ペリドットは心身のストレス全般を軽減します。ネフライトは心の安らぎをもたらし、エレスチャルクォーツは社交力を高めます。

守護石

ロードクロサイト
⇒P233

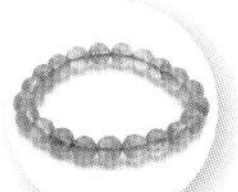

ペリドット
⇒P238

ネフライト
⇒P244

エレスチャルクォーツ
⇒P271

＊ 恋愛·人間関係 ＊

### ルールを活用して進展

意中の人との間にある程度のルールを決めつつ、関係をじっくりと進展させていきます。ルールがうまく働いている場合は良いのですが、それに縛られすぎて、かえって苦しくなることも。ユーディアライトは恋愛運全般を高め、サードオニキスは融通をきかせる能力を高めて恋の苦しさを取り除きます。

＊ 仕事 ＊

### センスを生かした仕事

求められた仕事をきちんとこなしつつ、その中に自分のセンスを生かしていくことができるでしょう。ただし、それについて周りの人たちが認めてくれない場合、ストレスをためることに。ストロベリークォーツは美的センスを高めて仕事運を強化し、セレナイトは仕事のストレスを緩和します。

＊ お金 ＊

### 高品質のものを選ぶ

きちんと計画的にお金をやりくりしていきますが、長く使えるものやブランド品など質の良い商品を求める傾向から、それなりに支出も多いようです。クリソプレーズは金運全般を安定させ、ダンビュライトは選択眼をさらに高め、本当に必要な良い品を選ばせてお金の無駄遣いを減らします。

恋愛運アップに良い石

ユーディアライト
⇒P212

サードオニキス
⇒P219

仕事運アップに良い石

ストロベリークォーツ
⇒P234

セレナイト
⇒P273

金運アップに良い石

クリソプレーズ
⇒P242

ダンビュライト
⇒P273

＊ この日の石を使うと……状況に適した振る舞いやセンスなどを発揮できるでしょう。

## 裏性格 *the other side...* 12月30日

この日の守護石

ロード
クロサイト

ネフライト

### 自然サイクルに合わせて活動

気候や季節変化など自然のサイクルや、周囲の環境要素に心身を同調させながら、目的とする活動を展開していく人です。環境との折り合いが悪いと結果的に良い成果が得られないことを直感的に理解しているので、周りの状況に合わせて自分のなすべきことを行なっていくでしょう。運気の流れをつかんでチャンスを得ることも。

4/28、4/29、8/31、9/1、10/19、10/20　2/28、2/29、8/3、8/4、10/31、11/1　3/29、3/30、5/29、5/30、10/1、10/2　6/29、6/30、7/28、7/29、11/30、12/1

## 裏性格 *the other side...* 12月31日

この日の守護石

ロード
クロサイト

ペリドット

### 異質な人との関わり

異質な人や、異業種の人脈と積極的に関わり、自分の幅を広げていく人です。自分の関連する分野に収まらず、それ以外のテーマの事柄を前向きに取り入れ、自分の手持ち札にしていくでしょう。たとえ自分の身を危険にさらすようなことになってもそれを恐れず、高い実力で自分にメリットを引き寄せるようです。

4/29、4/30、9/1、9/2、10/20、10/21　2/29、3/1、8/4、8/5、11/1、11/2　3/30、3/31、5/30、5/31、10/2、10/3　7/1、7/2、7/29、7/30、12/1、12/2

## 裏性格 *the other side...* 1月1日

この日の守護石

ネフライト

エレスチャル
クォーツ

### 上を目指す

良い意味での上昇志向があり、上を目指して頑張れる人です。得意分野など人より抜きんでている何かがあると、さらに自信を持って邁進できるでしょう。セレブな人たちに縁があり、そこから生き方やものとらえ方など様々なものを学ぶ傾向もあります。良い人脈に飛び込んでいくことで人として磨かれていくようです。

4/30、5/1、9/2、9/3、10/21、10/22　3/1、3/2、8/5、8/6、11/2、11/3　3/31、4/1、5/31、6/1、10/3、10/4　7/2、7/3、7/30、7/31、12/2、12/3



## 裏性格 *the other side...* 1月2日

この日の守護石

ペリドット

エレスチャル
クォーツ

### 物事の仕組みを見抜く

物事をシステムとしてとらえ、その良し悪しや仕組みを判断できる人です。真面目で誠実な資質を持ち、周りの人たちに貢献することで自分の居場所や、生きる道を発見することも多いかもしれません。自分の望みを積極的に押すよりも、外からやってきたものをうまく活用しながら、目的を遂げていくでしょう。

5/1、5/2、9/3、9/4、10/22、10/23　3/2、3/3、8/6、8/7、11/3、11/4　4/1、4/2、6/1、6/2、10/4、10/5　7/3、7/4、7/31、8/1、12/3、12/4

## 裏性格 *the other side...* 1月3日

この日の守護石

ロード
クロサイト

エレスチャル
クォーツ

### 本質に着目する

集中力が高く、物事の本質に着目しようと、丁寧にアプローチする姿勢を持つ人です。一見静かな雰囲気を醸していますが、内面には確固たる熱意があり、一度これと決めたことに対しては素早く行動し、その結果完成度の高いものを作り上げるでしょう。誰に対しても熱心に働きかけますが、その熱さが周囲の人を惹きつけるようです。

5/2、5/3、9/4、9/5、10/23、10/24　3/3、3/4、8/7、8/8、11/4、11/5　4/2、4/3、6/2、6/3、10/5、10/6　7/4、7/5、8/1、8/2、12/4、12/5

# 1月4日〜1月8日

＊ 山羊座13〜17度／太陽 ＊

## 全体に貢献する

自分だけではなく、多くの人たちにとってプラスになることを率先して行ない、周りと力を合わせて成果を挙げていくようです。目的を明確に意識し、そこに向かって一直線に突き進んでいくので、無駄なく、素早く結果に導かれていきます。ただし、一直線すぎる傾向から、自分の心身にかかるストレスを見落とし、大事な場面で体調を崩すことがある様子。心と体のことを置き去りにせず、丁寧にケアしながら前進していくことができれば、最終的に人がたどり着けないような高みに上りつめることも可能かもしれません。タイガーアイは目的へ力強く歩むパワーをチャージし、オニキスは判断力を高めてベストな道を選ぶ助けに。サファイアは心身への観察力を高め、オーラライト23は有利に進められるよう一歩先を提示します。

守護石

タイガーアイ
⇒P203

オニキス
⇒P206

サファイア
⇒P261

オーラライト23
⇒P285

＊ 恋愛・人間関係 ＊

### 落ち着いて距離を縮める

じっくりと心を通わせながら、相手との距離を縮め、愛を育んでいくでしょう。ただし、コミュニケーションが乏しくなると不満を抱えたり、相手の考えがわからず悩んだりすることも。エメラルドは愛情あるコミュニケーションを促進し、パールは不満や悩みを解きほぐして心を癒してくれます。

＊ 仕事 ＊

### 丁寧な仕事ぶり

仕事に対して、きちんとやってこそという意識が高く、丁寧に進めながら結果を出していきます。しかし良い成果が出ないと自信を失い、意欲喪失しがちな面も。ローズクォーツは自己肯定感を促して自信を回復させ、アンモライトは内在する可能性を引き出し、仕事への後押しをします。

＊ お金 ＊

### 未来の設定で変わる

将来を見据えて、お金を計画的に活用していくようです。未来への設定次第で金運の流量が変わっていく傾向があるので、堅実すぎるよりもいっそ夢を広げていったほうが良いかもしれません。ソラリスは未来への前向きな意思を広げて財運アップへ。ラブラドライトはお金にまつわる直感力を高めます。

恋愛運アップに良い石

エメラルド
⇒P241

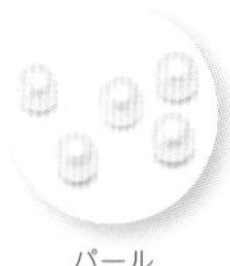

パール
⇒P275

仕事運アップに良い石

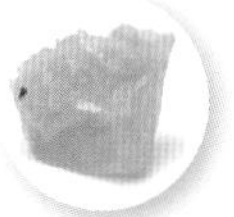

ローズクォーツ
⇒P232

アンモライト
⇒P283

金運アップに良い石

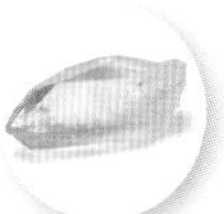

ソラリス
⇒P224

ラブラドライト
⇒P281

＊ この日の石を使うと…… 皆のために何かを行なう意欲が高まります。目標への具体的なステップが見えることも。

## 裏性格 *the other side...* 1月4日

この日の守護石  タイガーアイ  オニキス

### 自分のペースで楽しむ

楽しいことや興味のあることに対して、自分のペースで取り組むことができる落ち着いた人です。趣味的な活動であっても丁寧に関わっていくため、プロ級の腕前まで技能が高められることもある様子。また、楽しい活動が日々のモチベーションに繋がるので、どんなに忙しくとも趣味の時間を取るようにすると良いでしょう。

5/3、5/4、9/5、9/6、10/24、10/25　3/4、3/5、8/8、8/9、11/5、11/6　4/3、4/4、6/3、6/4、10/6、10/7　7/5、7/6、8/2、8/3、12/5、12/6

## 裏性格 *the other side...* 1月5日

この日の守護石  オニキス  オーラライト23

### 人の心を守る

子どものようなやわらかい感受性を持ち、それを丁寧に表現できる人です。人々に満ち足りた平穏をもたらそうと努力し、特に困っている人たちに優しく手を差し伸べ、喜びを分かち合おうとするでしょう。他者をフォローするための具体的なシステムを作る才能もあり、大きな場でそれを活用できると満足できるはずです。

5/4、5/5、9/7、9/8、10/25、10/26　3/5、3/6、8/9、8/10、11/6、11/7　4/4、4/5、6/5、6/6、10/7、10/8　7/6、7/7、8/3、8/4、12/6、12/7

## 裏性格 *the other side...* 1月6日

この日の守護石 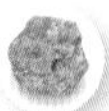 サファイア  オーラライト23

### みずみずしい感受性

誠実で落ち着いた雰囲気を持ちますが、ちょっとしたことの中に面白さや美しさを感じ、それを素直に喜べる人です。普段は大人として振る舞っていても、内面にはみずみずしい感受性が存在しており、周囲に潜んでいる美しいものを発見しながら気力をチャージしていくでしょう。少年少女のような感性を生かして活動することも。

5/5、5/6、9/8、9/9、10/26、10/27　3/6、3/7、8/10、8/11、11/7、11/8　4/5、4/6、6/6、6/7、10/8、10/9　7/7、7/8、8/4、8/5、12/7、12/8



## 裏性格 *the other side...* 1月7日

この日の守護石  タイガーアイ  サファイア

### 息抜きを活用

物事をきちんとこなしながら、その隙間に休憩を入れつつ、完成させていく人です。自分なりのリラックス方法や息抜きなどを熟知しており、ストレスや疲れがたまるタイミングを見計らってそれを入れるので、長いプロジェクトでも丁寧に仕上げることができるようです。他者の疲れにも敏感で、率先して癒してあげることも。

5/6、5/7、9/9、9/10、10/27、10/28　3/7、3/8、8/11、8/12、11/8、11/9　4/6、4/7、6/7、6/8、10/9、10/10　7/8、7/9、8/5、8/6、12/8、12/9

## 裏性格 *the other side...* 1月8日

この日の守護石  タイガーアイ  オーラライト23

### 時間をかけて自分磨き

自分の魅力や技能について、時間をかけながら磨き、しっかりとした成果を出していく人です。社会や多くの人たちに認めてもらうための努力を怠らず、資格取得や賞・成績といった目に見える形で、それを表していこうとするでしょう。また、それを活用して堂々と自分の地位や権利を主張し、有利な状況を得ていくようです。

5/7、5/8、9/10、9/11、10/28、10/29　3/8、3/9、8/12、8/13、11/9、11/10　4/7、4/8、6/8、6/9、10/10、10/11　7/9、7/10、8/6、8/7、12/9、12/10

# 1月9日～1月12日

＊ 山羊座18～21度／火星 ＊

## 手堅く勝機をつかむ

その場の状況を素早く読み取り、今何をすべきかを適切に判断しながら、力強く、かつ手堅くそれを実行していくようです。また、その資質を生かして、何かを成し遂げたり、人より優れた成果を挙げたりすることも多いでしょう。負けず嫌いな面もあり、戦う相手がいると一層燃えますが、それによってテンションが上がりすぎることはなく、地に足を着けつつ闘志を燃やすのです。集団の場でもライバルの動向を見ながら自分を高めていきますが、集団に迷惑をかけるような競り合いをすることはなく、最終的には仲間全体を成功へ導くようです。ブラックトルマリンは心身のバランスを取って行動をよりスムーズにし、カイヤナイトは心身を癒してくれます。ソーダライトは勝負運を高め、ハーキマーダイヤモンドは思考をクリアにしてくれるでしょう。

守護石

ブラックトルマリン
⇒P208

カイヤナイト
⇒P260

ソーダライト
⇒P261

ハーキマーダイヤモンド
⇒P275

＊ 恋愛･人間関係 ＊

### 常識がカギに

丁寧に関係を作っていき、恋を成就させるでしょう。しかし関係の在り方に関して、こうするべき、こういうべき……など、常識に当てはめて考えすぎ、それが叶わないとうっ憤をためがちに。グリーントルマリンは愛の本質をよみがえらせ、ミルキークォーツは状況に合わせた柔軟な対応を促します。

恋愛運アップに良い石

グリーントルマリン
⇒P242

ミルキークォーツ
⇒P277

＊ 仕事 ＊

### 困難を乗り越える力

高い集中力と手堅い実行力を駆使して、着実に仕事を進めていきます。人が困難と思うこともやってのけますが、その分疲れをためることも。モスコバイトは平常心をもたらして作業を効率良く進められるよう促し、ピンクトルマリンは集中後の疲れを取りつつ心身を回復させます。

仕事運アップに良い石

モスコバイト
⇒P215

ピンクトルマリン
⇒P231

＊ お金 ＊

### ストレスから散財

普段は高め安定傾向の財運ですが、様々なことで忙しさが立て込んでくると、途端にそのストレスを解消するためにグルメや買い物などで散財してしまう様子。シナバーは持ち前の金運をさらに安定させ、アズライトマラカイトは忙しさからくる心的圧力を緩和して無駄遣いを防いでくれるでしょう。

金運アップに良い石

シナバー
⇒P214

アズライトマラカイト
⇒P282

＊ **この日の石を使うと……**意欲を高め、さらに実行力へ変換していきます。やる気が起こらない時にもおすすめです。

## 裏性格 *the other side...* 1月9日

この日の守護石

ブラック トルマリン

ソーダライト

### 難題に燃える

課題の難易度が高くなるほど、俄然燃える人です。特に自分のためではなく、多くの人にとってプラスになるような状況であれば、一層やる気がみなぎり、ぐいぐい結果を出していくでしょう。また、少しずつ難しい課題を自分に課すよう心掛けると、自然にステップアップしていけるはず。さらにほめてくれる人が周りにいる環境で、資質を伸ばしていく傾向があるので、先生や指導者と合わない場合はそこを離れることを考慮に入れる必要もあるかもしれません。

♡ 5/8、5/9、9/11、9/12、10/29、10/30 ◎ 3/9、3/10、8/13、8/14、11/10、11/11 ◎ 4/8、4/9、6/9、6/10、10/11、10/12 ✪ 7/10、7/11、8/7、8/8、12/10、12/11

## 裏性格 *the other side...* 1月10日

この日の守護石

ブラック トルマリン

ハーキマー ダイヤモンド

### 全体を見て行動

周りとの協調性が高く、常に全体を見て、その中で最善の行動ができる人です。自分ひとりが目立つことは好きではないようですが、皆と頑張ったプロジェクトなどで評価されたことについては素直に喜べるでしょう。また、集団で何かを成し遂げるような体験を積み重ねることで、技能や能力はもちろん、人間性も磨かれていくはず。チームプレイを重視する職場で働いたり、グループやサークルなどの活動があったりすると、毎日を生き生きと過ごせるでしょう。

♡ 5/9、5/10、9/12、9/13、10/30、10/31 ◎ 3/10、3/11、8/14、8/15、11/11、11/12 ◎ 4/9、4/10、6/10、6/11、10/12、10/13 ✪ 7/11、7/12、8/8、8/9、12/11、12/12

## 裏性格 *the other side...* 1月11日

この日の守護石

カイヤナイト

ソーダライト

### 能力を読み取る

人の気持ちや能力を読み取る才能を持つ人です。ひとりひとりが持つ技能や性格を考慮しながら、自分の属する集団や仲間などをまとめ上げ、力をうまく引き出しつつプロジェクトを進展させていくでしょう。仲間内の感情的な衝突なども未然に防ぐことができるので、トップに立つ人物からは何かと重宝がられることも。また、最初は仲介役のような立場で動き回りますが、いつの間にかリーダー的な立場に押し上げられることも多いかもしれません。

♡ 5/10、5/11、9/13、9/14、10/31、11/1 ◎ 3/11、3/12、8/15、8/16、11/12、11/13 ◎ 4/10、4/11、6/11、6/12、10/13、10/14 ✪ 7/12、7/13、8/9、8/10、12/12、12/13

## 裏性格 *the other side...* 1月12日

この日の守護石

ソーダライト

ハーキマー ダイヤモンド

### 長期的視点から判断

優れた判断力を持ち、状況が悪いとなるとさっと方針を変え、結果的に良い成果へ導くことができる人です。たとえそれまでの積み重ねやそれなりに出してきた成果があったとしても、長期的な視点から見て無駄な要素と感じられたならば、あえて切り捨てることもいとわないでしょう。トラブルや厄介な案件などを経験することで、さらに人間性や精神性が磨かれていくので、年を経るほど深みのある人間へと成長していくことができるはずです。

♡ 5/12、5/13、9/14、9/15、11/1、11/2 ◎ 3/12、3/13、8/16、8/17、11/13、11/14 ◎ 4/11、4/12、6/12、6/13、10/14、10/15 ✪ 7/13、7/14、8/10、8/11、12/13、12/14

# 1月13日～1月16日

＊ 山羊座22～25度／木星 ＊

## その場での役割をこなす

自分の関わる集団や社会などの在り方を受け入れつつ、その中の役割を自分なりにこなしていくようです。思いがけず責任のある立場に置かれることも多いのですが、その中で自分の居場所を見つけるので、豊かさにも繋がりやすいでしょう。多くの人たちと目的に向かって活動していきますが、それなりに周りの心情を受け入れたいという思いからシビアになりきれず、それによってトラブルを引き起こしてしまう場合も。それでも自分の姿勢を周りにきちんと説明していくことで仲間に理解してもらい、失敗を挽回できるはずです。ジェットは緊張を緩和し、ジェイドは豊かさへと導いてくれます。サファイアは今すべきことを明確に意識するためのフォローをし、タンザナイトは神経を安定させて失敗の挽回を助けてくれるでしょう。

守護石

ジェット
⇒P209

ジェイド
⇒P243

サファイア
⇒P261

タンザナイト
⇒P262

＊ 恋愛･人間関係 ＊

### 世話を焼く恋

落ち着いた雰囲気と優しさを兼ね備え、着実な歩みで恋を進展させていきます。相手に対して世話を焼きすぎる傾向もあり、そこから関係のバランスが崩れることも。アンバーは恋の進展をサポートし、マザーオブパールは相手が本当に必要とするフォローについて気づかせ、良い関係へ回復させます。

恋愛運アップに良い石

アンバー
⇒P225

マザーオブパール
⇒P277

＊ 仕事 ＊

### 緩急を切り替えて進める

丁寧に作業を進めていきますが、あまりルールや規則に縛られすぎず、柔軟に対応していきます。緩急の切り替えもうまいので、周囲からの信頼も厚いでしょう。クリソコラは落ち着いて作業を進められるよう仕事全体をバックアップし、ペタライトは先々をとらえて大きな成果へと導きます。

仕事運アップに良い石

クリソコラ
⇒P254

ペタライト
⇒P276

＊ お金 ＊

### 立場次第の金運

金運は高め安定傾向。ただし、社会的な立場が高くなるに伴って、仕事がらみのお付き合いや後輩におごることなどがあり、出費が増えそう。アパタイトは社交関連の出費がある分、別の形で豊かさを引き寄せるよう促し、オレンジカルサイトは財運全体をさらに高めてくれるでしょう。

金運アップに良い石

オレンジカルサイト
⇒P219

アパタイト
⇒P253

＊ この日の石を使うと…… 自分の置かれた状況に対して前向きに受け入れることができるでしょう。

## 裏性格 *the other side...* 1月13日

この日の守護石

サファイア

タンザナイト

### 客観性からチャンスを得る

客観的なものの見方ができ、いろいろな人の考え方や価値観を受け入れつつ、周囲へ調和をもたらす人です。失敗してもその中での成果やプラス面を見つけることがうまく、あまり落ち込むこともないかもしれません。また、こうした失敗の原因も丁寧に分析し、それを次の機会に活用することができるので、その後チャンスをつかむことができるはず。失敗の原因を構造的にとらえ、再発しないように整えていくので、トラブルそのものも減っていくでしょう。

5/13、5/14、9/15、9/16、11/2、11/3　3/13、3/14、8/17、8/18、11/14、11/15　4/12、4/13、6/13、6/14、10/15、10/16　7/14、7/15、8/11、8/12、12/14、12/15

## 裏性格 *the other side...* 1月14日

この日の守護石

ジェット

サファイア

### 一歩引いて本質を見極める

一歩引いた立ち位置から物事をとらえ、何が重要かを常に意識し、それを見いだそうとする人です。歯車の中で何かの役割を担うような場でも、大きな視点からその目的をとらえるので混乱することも少なく、モチベーションも維持できるようです。また、社会の中で活動しながらも、本質的な人の成長とは何かを意識し、地道に自分の精神を磨いていく傾向があるでしょう。その姿勢から、何かと周囲の人たちに頼られることが多いかもしれません。

5/14、5/15、9/16、9/17、11/3、11/4　3/14、3/15、8/18、8/19、11/15、11/16　4/13、4/14、6/14、6/15、10/16、10/17　7/15、7/16、8/12、8/13、12/15、12/16

## 裏性格 *the other side...* 1月15日

この日の守護石

ジェイド

タンザナイト

### 新しい発想を盛り込む

安定した実力を備えつつも、新しいアイデアや突飛な発想を楽しみ、それを盛り込んでいくことができる人です。求められた作業はきちんとできますが、マンネリや定番からは極力脱したいと願い、より面白い選択をしていく傾向があるでしょう。自分の殻を破りたい衝動も少なからずあり、普段通りに仕上げれば終わるものにアレンジを加えて、さらに展開させていく様子も見られます。また、時折本質を突く発言を放ち、周囲をびっくりさせることもあるようです。

5/15、5/16、9/17、9/18、11/4、11/5　3/15、3/16、8/19、8/20、11/16、11/17　4/14、4/15、6/15、6/16、10/17、10/18　7/17、7/18、8/13、8/14、12/16、12/17

## 裏性格 *the other side...* 1月16日

この日の守護石

ジェイド

サファイア

### 柔軟な表現力

優れた想像力とセンスを持ち、周りの人たちに対して、みずみずしい感性を注入していくことができる人です。人の気持ちの奥にあるものを瞬時にとらえ、やわらかな表現でそれを代弁していく力があるため、率直に述べると場が凍りつくような事柄でも優しく表現し、軟着陸させて周囲に理解を求めるでしょう。また、社会への警告のようなシビアなものを作品として提示していくことも。本人の優しい資質に、周囲の人々は魅了され、惹きつけられていくようです。

5/16、5/17、9/18、9/19、11/5、11/6　3/16、3/17、8/20、8/21、11/17、11/18　4/15、4/16、6/16、6/17、10/18、10/19　7/18、7/19、8/14、8/15、12/17、12/18

# 1月17日～1月20日

＊山羊座26～29度／土星＊

## より良い指針を打ち出す

自分の置かれた場で起こっていることや社会の状況を丁寧に見極めつつ、そのタイミングにおいて必要な行動を起こし、トラブルなどを収めていくようです。ルールや前例を意識し、その実績や安定性を前向きにとらえつつ、多くの人たちにより良い指針を指し示していくでしょう。ストイックに頑張りすぎる傾向もありますが、時には直感を活用したり、少々怪しいものに触れたりすることでガス抜きができ、柔軟性も生まれそうです。また、自分の社会的な立場と関連しない仲間を持つことで、ストレスを緩和しつつ、広い視野を持つことができるはずです。スモーキークォーツは運気全般を高め、ネフライトは心にゆとりを与えます。フローライトは直感を受け入れさせ、クォンタムクワトロシリカは内的な静けさと広い視野をもたらします。

守護石

スモーキークォーツ
⇒P203

ネフライト
⇒P244

フローライト
⇒P246

クォンタムクワトロシリカ
⇒P286

### ＊恋愛･人間関係＊
### 真っすぐな恋愛

真っすぐな愛情表現が好感に繋がり、恋がスタートしていきます。ただし、態度の硬さから恋を逃すことも多いので、好きな人の前では意識的に肩の力を抜くようにしましょう。ガーデンクォーツは程よく気持ちを緩めながら恋に繋げ、ハーキマーダイヤモンドは恋全般をサポートします。

### ＊仕事＊
### 作業を着実にこなす

真面目で丁寧な仕事ぶりから、周囲の信頼を得るようです。決められたことを着実にこなすのは得意ですが、人との交渉や説得などは苦手な様子。スコレサイトは仕事の疲れを癒して新たな気力をチャージし、ウォーターメロントルマリンは仕事相手との調和的な関係形成を促してくれるでしょう。

### ＊お金＊
### 計画的に運用

きちんとやりくりしつつ、貯蓄なども計画的に行なっていくでしょう。一度ためるとそれを手放すのが惜しくなり、ここぞという時に使えず、運気を逃してしまうことも。サンストーンは財運全般を高め、モルダバイトは直感力を高めて運気をつかむためのお金の利用を後押ししてくれるでしょう。

恋愛運アップに良い石

ガーデンクォーツ
⇒P271

ハーキマーダイヤモンド
⇒P275

仕事運アップに良い石

スコレサイト
⇒P272

ウォーターメロントルマリン
⇒P284

金運アップに良い石

サンストーン
⇒P220

モルダバイト
⇒P239

＊この日の石を使うと……物事を丁寧に処理していく堅実さが身につきます。やるべきことに関する気づきも。

## 裏性格 *the other side* 1月17日

この日の守護石　スモーキークォーツ　ネフライト

### 目的へ努力を重ねる

目的をきちんと定め、それに向かってコツコツと努力を重ねていける人です。歩みは遅くとも着実に結果を出していくので、周囲からの信頼は厚いでしょう。また、積み重ねの日々の中で、自分自身の心身を磨きあげ、より豊かで精錬された精神性を身につけていくようです。心と体を同時に鍛えられるような習慣を持ったり、長い歴史の中で培われた精神性の高い発想などを日常に取り入れたりすると、日々の繰り返しの中でより速やかに成長していけるでしょう。

5/17、5/18、9/19、9/20、11/6、11/7　3/17、3/18、8/21、8/22、11/18、11/19　4/16、4/17、6/17、6/18、10/19、10/20　7/19、7/20、8/15、8/16、12/18、12/19

## 裏性格 *the other side* 1月18日

この日の守護石　ネフライト　クォンタムクワトロシリカ

### 散漫なものをまとめる

一見バラバラな事柄の特性を見抜き、ジグソーパズルのようにうまく組み合わせ、それらをまとめ上げることのできる人です。構造や本質に着目し、共通点や相反する点などを観察しながら、その性質をうまく利用して、大きな何かを組み上げていくでしょう。人の特性を考慮して、効率の良いチームを作ることもうまいかもしれません。また、ひとつのことをまとめて完成させた後に、さらにその先の可能性を模索していくので、先見の明があるとみなされている場合も。

5/18、5/19、9/20、9/21、11/7、11/8　3/18、3/19、8/22、8/23、11/19、11/20　4/17、4/18、6/18、6/19、10/20、10/21　7/20、7/21、8/16、8/17、12/19、12/20

## 裏性格 *the other side* 1月19日

スモーキークォーツ　フローライト

### 直感と実行力

現実的な能力と直感力をうまく組み合わせて、成果を出すことのできる人です。直感的にチャンスやベストタイミングをつかんだうえに、丁寧に実行していくため、いつもの延長のような形で結果を出していくでしょう。また、こうした成功の積み重ねにより、自然と物事の中心に押し出されていることも多いかもしれません。ただし、本人にはあまり野心がないため、このようなポジションにいても面倒に思うばかりで気づかない場合もありそうです。

5/19、5/20、9/21、9/22、11/8、11/9　3/19、3/20、8/23、8/24、11/20、11/21　4/18、4/19、6/19、6/20、10/21、10/22　7/21、7/22、8/17、8/18、12/20、12/21

## 裏性格 *the other side* 1月20日

この日の守護石　スモーキークォーツ　クォンタムクワトロシリカ

### 心静かに実行する

優れた実力と、達観した視点を持つ人です。越えなければならない課題やトラブルがあっても、目の前の状況だけにとらわれず、心静かにそれらを淡々と処理していけるため、一目置かれている場合も多いでしょう。広い視野を持ち、さらに長いスパンで物事を考えていくので、小さな失敗にも慌てずに必要な作業を進め、最終的に大きな結果を提示していくようです。また、異業種・ジャンルの違うテーマで活躍する友人が増えるほど視野が広がり、資質が高まります。

5/20、5/21、9/22、9/23、11/9、11/10　3/20、3/21、8/24、8/25、11/21、11/22　4/19、4/20、6/20、6/21、10/22、10/23　7/22、7/23、8/18、8/19、12/21、12/22

# 1月21日〜1月24日

＊ 水瓶座0〜3度／月 ＊

## 他者の個性を尊重

どんな状況でもいつも変わらない自分を保とうと、極力感情を揺らさないなど、自分なりに意識をしているようです。そのため周りからはクールだとか、落ち着いているなどと思われている様子。しかし冷たいわけではなく、誰に対しても相手の個性や人格を尊重しつつ関わっているのでしょう。人との距離感を読みながら、どんな人とも調和的に長い視点を持ちつつ関わっていきますが、テリトリーに押し入ってくる相手は苦手かもしれません。また、疲れている時は距離調整が重荷で、あえてすべての人を遠ざけることもありそうです。テクタイトはインスピレーションを高め、ロードナイトは対人バランスを調和的にしてくれます。ブルーレースアゲートは心身全体をサポートし、アンデシンはジレンマを緩和してくれるでしょう。

守護石

テクタイト
⇒P210

ロードナイト
⇒P236

ブルーレースアゲート
⇒P256

アンデシン
⇒P270

＊ 恋愛・人間関係 ＊

### 友達から恋愛へ発展

友達のような関係から、徐々に愛情のやりとりを深めていきます。安心できる人物か確認するまで時間がかかるため、相手が焦って関係がこじれることも。オレンジカルサイトはコミュニケーションを円滑にしてトラブルを回避し、セレナイトは自分なりのペースで恋を育てるよう促します。

恋愛運アップに良い石

オレンジカルサイト
⇒P219

セレナイト
⇒P273

＊ 仕事 ＊

### 優れた状況確認力

状況を適切に読み取りつつ、必要な作業をきちんと行なっていきます。慣れ親しんだ作業を繰り返すのは得意ですが、常に変化する局面に対処するような内容はストレスを感じやすいでしょう。サンゴは落ち着いて仕事ができるよう助けてくれ、ダイオプテーズはストレスですり減った心を癒してくれます。

仕事運アップに良い石

サンゴ
⇒P213

ダイオプテーズ
⇒P243

＊ お金 ＊

### 不安を補うための散財

お金に関しては比較的安定傾向。先々を見越してやりくりしていきますが、内面に不安を抱える時はそれを補うために不必要なものをつい購入してしまいがちに。ユナカイトは心を癒しつつ不安をなだめて金運そのものを安定させ、ラリマーは不安を解消して無駄遣いを防いでくれるでしょう。

金運アップに良い石

ユナカイト
⇒P248

ラリマー
⇒P252

＊ この日の石を使うと……他者の在り方を認められるようになるでしょう。対人関係のトラブル解決にも。

## 裏性格 *the other side...* 1月21日

この日の守護石　テクタイト　アンデシン

### 理想を体現する

理想を掲げ、それを実現しようと邁進していく人です。口だけ、夢だけになることはなく、自分自身が率先して行動していくため、その姿に引き寄せられる形で、周りに多くの人たちが集まってくるでしょう。同じ志の人たちとともに歩むことを望みますが、基本的には個人の意思を尊重するため、その行動を縛ることはなく、自分のペース、相手のペースに干渉することはないようです。自由な仲間たちと、自由に未来を切り拓いていくことを望んでいるのかもしれません。

5/21、5/22、9/23、9/24、11/10、11/11　3/21、3/22、8/25、8/26、11/22、11/23　4/20、4/21、6/21、6/22、10/23、10/24　7/23、7/24、8/19、8/20、12/22、12/23

## 裏性格 *the other side...* 1月22日

この日の守護石

テクタイト

ブルーレースアゲート

### 型を打ち破る

型を壊すことで前に進んでいく人です。定番やマンネリなどを見ると改善したくなり、自分からそれを打ち破っていくでしょう。ただし、落としどころを意識しながら行動しているわけではないので、結果的に思ってもみない状況が引き出され、自分自身がびっくりすることも。壊してみてからあらためて自分の意思を確認したり、自分自身の求めるものを発見したりすることも多く、必然的に未来へと引き込まれていくことになるようです。

5/22、5/23、9/24、9/25、11/11、11/12　3/22、3/23、8/26、8/27、11/23、11/24　4/21、4/22、6/22、6/23、10/24、10/25　7/24、7/25、8/20、8/21、12/23、12/24

## 裏性格 *the other side...* 1月23日

この日の守護石

ロードナイト

アンデシン

### 自由と理想へ歩む

形骸化したルールや常識などにひるむことなく、自由と理想を掲げ、自分の力で行動していくことのできる人です。自分なりに目指すものがあり、それを常に意識しながら真っすぐに行動していくでしょう。自由を求める傾向から誰かと歩調を合わせる必要を感じず、同じ志の人がいればお互いの自主性を踏まえて、同じ方向へと歩んでいきます。さらに心理的に縛りのきつい集団や関係に置かれるとかえって反発して、自分なりの在り方を押し出す場合も。

5/23、5/24、9/25、9/26、11/12、11/13　3/23、3/24、8/27、8/28、11/24、11/25　4/22、4/23、6/23、6/24、10/25、10/26　7/25、7/26、8/21、8/22、12/24、12/25

## 裏性格 *the other side...* 1月24日

この日の守護石

テクタイト

ロードナイト

### 自分を信じて歩む

自分の中にある力を信じて、自分のペースで歩んでいこうとする人です。目に見えないものを察知するような不思議な才能や能力がある場合も多く、そうした感受性を活用して自分なりの経歴を積み重ねていくでしょう。異質なものとの関わりが人生を大きく進展させるので、様々な人、場所に行くよう心掛けるように。また、異なる文化に惹かれる傾向もあり、その発想をベースに日々を送ることで心身を整えたり、発想の転換を得たりすることも多いようです。

5/24、5/25、9/26、9/27、11/13、11/14　3/24、3/25、8/28、8/29、11/25、11/26　4/23、4/24、6/24、6/25、10/26、10/27　7/26、7/27、8/22、8/23、12/25、12/26

# 1月25日～1月28日

＊ 水瓶座4～7度／水星 ＊

## 未来やグローバルを意識

様々な事柄に精通し、情報を収集していくようです。自分の地域や国などローカルな情報だけという状況に不足を感じ、地域外や海外の情報など、より広範囲なものを求めていきます。また、常に未来を意識して物事を考える傾向もあり、先読み能力が高いと周囲から認められている場合も。その一方で、理想を追い求めすぎて、現実味がないなどといわれることもあるかもしれません。理想を理解しにくい相手に対して、道理のわからない人と切ってしまうのではなく、相手にもわかるよう言葉を選びながら時間をかけて話をしていくようにすると、距離のある相手からも信頼を得られるでしょう。ルチルクォーツは理想を推し進める力を強化し、ピンクスミソナイトは相互理解に繋がる言葉を引き出します。アクアマリンは心に冷静さをもたらし、ギベオン隕石は心身のバランスを整えます。

守護石

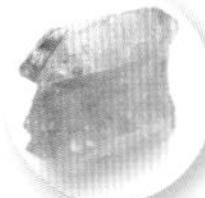

ルチルクォーツ
⇒P226

ピンクスミソナイト
⇒P235

アクアマリン
⇒P251

ギベオン隕石
⇒P279

＊ 恋愛・人間関係 ＊

### 対話を重ねて愛を育む

意中の相手には積極的に会話しつつ距離を詰めていくようです。しかし自分が乗り気な時は良いのですが、相手がその気になると面倒さを感じて方向転換することも。レモンクォーツは対話を活性化して恋を円滑に進展させ、アクアオーラは自分の熱意を高めてバランスの取れた関係をもたらします。

＊ 仕事 ＊

### 事前に調べて作業する

事前に最適なやり方をリサーチして、作業を効率的に進めていくようです。トラブルが起こっても冷静に対処するので周囲の信頼も厚いでしょう。チューライトは周りからの信頼をさらに高めて仕事が円滑に進むよう後押しし、メタモルフォーシスは突然のトラブルへの対応力をアップします。

＊ お金 ＊

### 情報機器への散財

物欲は比較的低いほうですが、PCや通信関連機器に関して極力良いものを求める傾向があり、思い切った散財も見られそう。デザートローズはより良い機器を求める焦りを鎮めて大きな散財を防ぎ、フローライトはお金に関する思考をクリアにして財運を安定させてくれるでしょう。

恋愛運アップに良い石

レモンクォーツ
⇒P227

アクアオーラ
⇒P250

仕事運アップに良い石

チューライト
⇒P235

メタモルフォーシス
⇒P278

金運アップに良い石

デザートローズ
⇒P204

フローライト
⇒P246

＊ この日の石を使うと…… 広い視点から物事を判断したくなります。海外のニュースを見てヒントを得ることも。

## 裏性格 *the other side...* 1月25日

この日の守護石

ピンク
スミソナイト

アクアマリン

### 人の縁から好機を得る

縁が人生を形作っていく人です。自発的に行動したことよりも、人の依頼や、誘われて行なったことの中に心躍るテーマや、充実感を得られる事柄を見つけることができるでしょう。また、重要な場面で他者に助けられることも多く、自分でももう諦めざるを得ないという追い込まれた状況で、誰かがそれをひっくり返すことなどもある様子。助けてくれた人に感謝を返すだけではなく、意識的に周りの人へ優しくしていくと運気が高まっていくようです。

5/25、5/26、9/27、9/28、11/14、11/15　3/25、3/26、8/29、8/30、11/26、11/27　4/24、4/25、6/25、6/26、10/27、10/28　7/27、7/28、8/23、8/24、12/26、12/27

## 裏性格 *the other side...* 1月26日

この日の守護石

ルチルクォーツ

ピンクス
ミソナイト

### 求められる役割を担う

適応力が高く、人から求められた役割を難なくこなせる人です。周囲に対する鋭い観察力と、自分に対する客観的な視点を持つため、状況に適した振る舞いをすぐに察知して表現していけるでしょう。自分自身の自我に対するこだわりも薄く、自分らしさをごり押しするよりも、様々な人の在り方を理解していくことに対して面白さを感じるようです。時折思い切ったキャラを演じたり、コスプレなどを楽しむことで気分転換したりすることもあるかもしれません。

5/26、5/27、9/28、9/29、11/15、11/16　3/26、3/27、8/30、8/31、11/27、11/28　4/25、4/26、6/26、6/27、10/28、10/29　7/28、7/29、8/24、8/25、12/27、12/28

## 裏性格 *the other side...* 1月27日

この日の守護石

アクアマリン

ギベオン隕石

### 自由に動き回る

立場やしがらみにとらわれず、自由に発想し行動できる人です。必要に合わせて仲間と活動していくことができますが、基本的には自分の自由を尊重するので単独で動くことを好むでしょう。また、生まれたばかりの子どものような純粋さと、哲学者のような視点から物事を判断していくので、意見を発すると周囲の人たちに大きな衝撃を与えることも多いかもしれません。時折所在ないことへの不安を感じますが、それに対する癒しを自分なりに用意しておくと良いようです。

5/27、5/28、9/29、9/30、11/16、11/17　3/27、3/28、8/31、9/1、11/28、11/29　4/26、4/27、6/27、6/28、10/29、10/30　7/29、7/30、8/25、8/26、12/28、12/29

## 裏性格 *the other side...* 1月28日

この日の守護石

ルチルクォーツ

ギベオン隕石

### こだわりなくチャレンジ

自分らしさというこだわりがなく、面白いことならばどんなことにでも挑戦し、周囲を驚かせる人です。しかし客観的に自分を見ることができているので、どんな振る舞いが人にインパクトを与えるのかもきちんと考えられるクールさも備えているでしょう。こうした経験を重ねることで、人がそのようなものに心揺さぶられるのかを知ろうとしているのかもしれません。万華鏡のような多彩な資質を持ち、多くの人たちがそこに魅力を感じて惹きつけられてくるようです。

5/28、5/29、9/30、10/1、11/17、11/18　3/28、3/29、9/1、9/2、11/29、11/30　4/27、4/28、6/28、6/29、10/30、10/31　7/30、7/31、8/26、8/27、12/29、12/30

# 1月29日～2月1日

＊ 水瓶座8～11度／金星 ＊

## 様々な出会いを楽しむ

他者の個性や人格に興味を抱き、様々な立場・性質の人物と関わっていく人です。社会的な肩書きにはあまり興味を示さず、その人自身の本質を見抜いて、そのうえで付き合っていこうとするので、面白い人たちが周りに集まることになるでしょう。また、人脈も広く、何かことを起こそうという時に人に手伝ってもらい、それを実現することも多いかもしれません。ただし、いきなり距離を詰めてくるような相手にはテリトリーを侵害されてしまうような感触を抱き、近寄ってきても距離を取ろうとし、それが元でトラブルに発展することもあるようです。ストロベリークォーツは対人トラブルを緩和し、クリソプレーズは資質を高めてくれます。アパタイトは心身の安定に良く、アゼツライトは意識を広げて様々な人との関わりを促進してくれます。

守護石

ストロベリークォーツ
⇒P234

クリソプレーズ
⇒P242

アパタイト
⇒P253

アゼツライト
⇒P268

＊ 恋愛・人間関係 ＊

### 新鮮な友達同士

好きな相手とは友達のような関わり方をしながら、新鮮さを失わないよう愛を育てていきます。しかし、自分なりに愛情を注いでいても、相手からはクールだと思われることも。ファイヤーアゲートは愛情表現に情熱を加えて相手の気持ちを引き寄せ、アゲートは着実に愛を育んで関係を安定させます。

恋愛運アップに良い石

ファイヤーアゲート
⇒P221

アゲート
⇒P282

＊ 仕事 ＊

### 情報とセンスを活用

周囲とのバランスを取り、また情報をうまく活用しながら着実に作業を進めていきます。独自のセンスを持ち、それを仕事に生かすことができれば、さらなる発展へ。ロードクロサイトは美的センスを高めて仕事運をサポートし、フェアリーストーンは仕事の疲れやストレスを癒してくれるでしょう。

仕事運アップに良い石

ロードクロサイト
⇒P233

フェアリーストーン
⇒P288

＊ お金 ＊

### 直感的金運

金運が直感的な要素と強く結びついているようです。一見衝動買いのように見えても、思いがけず良い品物をつかんで、かえってお得なことになる場合も。クンツァイトは金銭面での直感力と霊的な守護をさらに強め、アメトリンはお金に関するバランス感覚を養って、財運を安定させます。

金運アップに良い石

クンツァイト
⇒P234

アメトリン
⇒P283

＊ この日の石を使うと…… 友達との遊びを通してなど、他者との交流で心の広がりを感じられるでしょう。

## 裏性格 *the other side...* 1月29日

この日の守護石  クリソプレーズ  アゼツライト

### 計画し素早く結果を得る

高い分析力と判断力を持ち、何事も計画してからことを進めていく人です。先々を考え、常に何がベストかを念頭に置きながら、最適な方法を選ぶことができるので、スムーズに良い成果を得ることができるようです。また、判断・計画・行動のすべてが素早いため、人よりも早く結果に至るでしょう。必然的に他者より先行したポジションを得ることになり、何かと人に頼られることも多いはず。ただし、それにより親密さが失われ、さみしさを感じることもあるかもしれません。

5/29、5/30、10/1、10/2、11/18、11/19　3/29、3/30、9/2、9/3、11/30、12/1　4/28、4/29、6/29、6/30、10/31、11/1　7/31、8/1、8/27、8/28、12/30、12/31

## 裏性格 *the other side...* 1月30日

この日の守護石  ストロベリークォーツ  アゼツライト

### 自分の興味で歩む

周囲の状況や他者の反応よりも、自分の興味を中心に歩んでいくことのできる人です。自分の気持ちがそそられれば素直にそれを実行しますが、人が見てびっくりするようなことであっても、気にせず自分の好きなように振る舞っていきます。またその一方で、長い目で物事をとらえていくため、些細なことに惑わず、冷静であるように見られることも多く、異色さと冷静さのギャップがある意味魅力であることも。ひとりの時間を確保することが心身の健康に繋がります。

5/30、5/31、10/2、10/3、11/19、11/20　3/30、3/31、9/3、9/4、12/1、12/2　4/29、4/30、7/1、7/2、11/1、11/2　1/1、8/1、8/2、8/28、8/29、12/31

## 裏性格 *the other side...* 1月31日

この日の守護石  アパタイト  アゼツライト

### 独自の発想で勝負

独自の優れた発想力を持ち、そのアイデアを元に活動していく人です。たとえそれが他者からの理解や協力を得にくいようなものであっても、気にせずそれを表現し、自由に活動していきます。時に突飛な発言で周囲をびっくりさせることもあるようですが、最終的にはそれが正解であることも多いため、抜きんでた才能を見せつける結果に。アイデアは次々湧いてくるので、メモなどを持ち、常に記録できるようにしておくと良いでしょう。

5/31、6/1、10/3、10/4、11/20、11/21　3/31、4/1、9/4、9/5、12/2、12/3　4/30、5/1、7/2、7/3、11/2、11/3　1/1、1/2、8/2、8/3、8/29、8/30

## 裏性格 *the other side...* 2月1日

この日の守護石  ストロベリークォーツ  アパタイト

### 面白い人との交流

独自の価値観、判断基準を持つため、常に才能のある面白い人たちが周りに集まりやすいようです。人と違っていても構わないという発想から自分の独自性を中心に据えて歩んでいきますが、そうした姿勢が同じような人たちを引き寄せることになるのでしょう。また、こうした人たちとの交流から、違うものの見方や異業種の在り方を知り、人生が開けていくようです。通常とは違う価値基準を持つことから、常識的な場では若干浮きやすいかもしれません。

6/1、6/2、10/4、10/5、11/21、11/22　4/1、4/2、9/5、9/6、12/3、12/4　5/1、5/2、7/3、7/4、11/3、11/4　1/2、1/3、8/3、8/4、8/30、8/31

# 2月2日～2月5日

＊ 水瓶座12 ～ 15度／太陽 ＊

## 理想を生きる

未来を意識しつつ、人はどのように生きていくべきかを追求し、自分自身もそれに準じて生きていこうとします。人としての理想を掲げつつ、実際に実践していくストイックな姿に周囲の人たちは敬意を払うでしょう。また、同じ志を持つ人たちと協力し合いながら、その未来を実現すべく働きかけていくことも。人の資質を見極める能力が高いので、そうした活動の中でも適材適所に人を配して、成果を挙げていくでしょう。しかし、相手の自由を尊重し、むやみに縛るようなことはないので、そのオープンな性質が人気となるようです。ローズクォーツは多くの人たちとの関係をより良いものにし、アイオライトは先を見通す力を育みます。カバンサイトは心のゆとりと楽しみをもたらし、ラブラドライトは進むべき道を示します。

守護石

ローズクォーツ
⇒P232

アイオライト
⇒P258

カバンサイト
⇒P260

ラブラドライト
⇒P281

＊ 恋愛・人間関係 ＊

### 未来まで共に

好きな人とはいつまでも一緒にいたいと願い、関係を思い切って進展させる時には未来まで一緒にいられる相手かを丁寧に吟味します。そのため奥手と思われることも。サンストーンは温かみのある関係を末永くフォローし、シトリンは相手に対する判断力を高めて恋を速やかに進展させてくれます。

恋愛運アップに良い石

サンストーン
⇒P220

シトリン
⇒P229

＊ 仕事 ＊

### 情報と人材を活用

業務の目的をきちんと意識しつつ、最後まで丁寧に物事を進めていきます。必要に応じて情報や人材を活用して着実に作業するため、最適な道筋で結果を出すでしょう。サーペンティンは心を落ち着かせて作業をはかどらせ、ハウライトは仕事全体がスムーズに進むよう助けてくれます。

仕事運アップに良い石

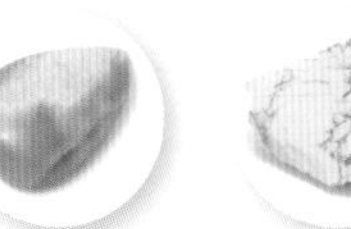
サーペンティン
⇒P228

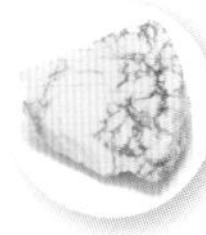
ハウライト
⇒P276

＊ お金 ＊

### 調べてから購入

何かを買う時は様々な情報を考慮しつつ、しっかりと吟味して購入するので、金運は安定的といえます。ただし、ストレスがたまると無意識に散財しがちな面も。アメジストはストレスを緩和して無駄遣いを防ぎ、クォンタムクワトロシリカはお金への冷静な判断力を高め、金運上昇へと導きます。

金運アップに良い石

アメジスト
⇒P265

クォンタムクワトロシリカ
⇒P286

＊ この日の石を使うと……未来へのビジョンが見えてきます。先のわからない不安が解消されることも。

## 裏性格 *the other side...* 2月2日

この日の守護石

カバンサイト

ラブラドライト

### 先入観を外して観察

偏見や先入観にとらわれず、物事を冷静に読み解き、未来を予測できる人です。以前に経験したことや誰かから聞いたことであっても、すでに知っているというフィルターを外して、いま現在の状況を自ら確認しようとします。また、以前とのちょっとした変化を情報として的確にとらえ、その後を予測していく才能があります。それにより、誰よりも先んじて行動することも多くなるので、人よりちょっと上の立場や優位な立場を得やすいでしょう。

6/2、6/3、10/5、10/6、11/22、11/23　4/2、4/3、9/6、9/7、12/4、12/5　5/2、5/3、7/4、7/5、11/4、11/5　1/3、1/4、8/4、8/5、8/31、9/1

## 裏性格 *the other side...* 2月3日

この日の守護石

アイオライト

ラブラドライト

### 観察力を活用して歩む

鋭い状況観察力を活用して、効率の良い方法を実行していく人です。自分の置かれた状況に対して細かく観察し、分析していきながら、そこからどうすれば効率的に物事が進んでいくかを判断していくようです。また、それを迷いなく実行していくため、スムーズに結果や成果を得ることになるでしょう。自分にとって自然な流れのため、意識しにくいかもしれませんが、結果的に周りの人たちの2、3倍以上働いている……という場合も多いようです。

6/3、6/4、10/6、10/7、11/23、11/24　4/3、4/4、9/7、9/8、12/5、12/6　5/3、5/4、7/5、7/6、11/5、11/6　1/4、1/5、8/5、8/6、9/1、9/2

## 裏性格 *the other side...* 2月4日

この日の守護石

ローズクォーツ

アイオライト

### 資質を見抜くプロデューサー

素早く状況をつかみ、人を采配できる人です。鋭い観察力から人の資質や周囲の状態を察知していきます。そこから物事の全体像をとらえ、どんな場所にどんな人を配置すれば良いかを素早く判断していくでしょう。また、他者の才能をいち早く見抜くことができるので、さらにどうすれば成長していくかを提示したり、どんな人と組み合わせるとより才能が開花していくかを提案したりするようなコーチやプロデューサー的な立場を得られると成功しやすくなるかもしれません。

6/5、6/6、10/7、10/8、11/24、11/25　4/4、4/5、9/8、9/9、12/6、12/7　5/4、5/5、7/6、7/7、11/6、11/7　1/5、1/6、8/6、8/7、9/2、9/3

水瓶座

## 裏性格 *the other side...* 2月5日

この日の守護石

ローズクォーツ

カバンサイト

### 広い人脈で望みを叶える

いろいろな立場の人たちとの交流を持ち、その人たちの特性を活用して、物事を実現させていく人です。どんな人に対しても人としては平等という態度を取り、肩書に惑わされず、真摯に相手に向き合います。そのため様々な分野の人と関わることになるでしょう。望みなどがある場合、広い人脈を活用して実現していくようです。また、実際には目立たなくとも、いつの間にか渦の中心にいて、そこから大きな流れを生み出す役割を担うことも多いでしょう。

6/6、6/7、10/8、10/9、11/25、11/26　4/5、4/6、9/9、9/10、12/7、12/8　5/5、5/6、7/7、7/8、11/7、11/8　1/6、1/7、8/7、8/8、9/3、9/4

# 2月6日〜2月10日

＊水瓶座16〜20度／火星＊

## 理想へと突き進む

理想とする在り方や多くの人たちが互いに喜び合えるような未来に向かって真っすぐに突き進んでいきます。自分個人の欲求やわがままを極力抑えながら、そうした活動に精を出すので、周囲の人たちからは他愛的でストイックな人物とみなされているかもしれません。また、人前でも感情を乱さず、常に友愛的な雰囲気を見せるので、多くの人たちと交流し、広い人脈を持っているようです。ただし、突っ走っていると時折心身の疲れを感じ、何もやりたくないという心境に陥る場合もありそう。心身の疲労度をチェックしておくことも大切でしょう。モリオンは疲労回復を促し、ピンクトルマリンは意欲低下時に心に潤いを与えて回復させます。アパタイトは情緒安定に良く、アズライトマラカイトは多くの人たちとの協調的な活動をサポートします。

守護石

モリオン
⇒P211

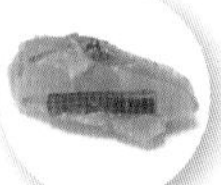

ピンクトルマリン
⇒P231

アパタイト
⇒P253

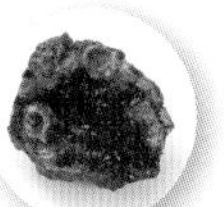

アズライトマラカイト
⇒P282

＊恋愛･人間関係＊

### 人として信頼を築く愛

相手の人間性を重要視し、人格的に信頼できる相手と関係を進展させていきます。ただし、相手が自分の理想から外れた行動をすると急に幻滅してしまうことも。ジンカイトは理想へのこだわりを緩めて距離のできた関係を回復させ、スティルバイトは直感力を高めて良い相手を引き寄せます。

＊仕事＊

### 情報を押さえて先んじる

仕事に関しては周囲の状況を的確にとらえつつ、あらゆる情報を活用しながら集中的に取り組んでいきます。そのため他者よりも進捗が早いなど、抜きんでた存在になることも。サンゴは集中後の緊張を緩和して疲れを癒し、レッドジャスパーは集中力と実行力をサポートして仕事運を高めます。

＊お金＊

### 趣味にハマると散財も

基本的にお金の使い方は安定傾向ですが、趣味や興味のある事柄などができると、集中的にそれに関する品物を購入していくので、急激な散財もある様子。ホークスアイはヒートアップした気持ちを落ち着かせ、散財で金運に負担をかけないよう促し、スギライトは安定的な財運を守ります。

恋愛運アップに良い石

ジンカイト
⇒P220

スティルバイト
⇒P272

仕事運アップに良い石

サンゴ
⇒P213

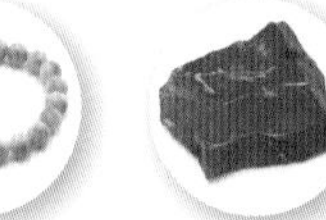

レッドジャスパー
⇒P216

金運アップに良い石

ホークスアイ
⇒P211

スギライト
⇒P265

＊この日の石を使うと……様々な要素を活用しながら目的を達成できるでしょう。良い情報が舞い込むことも。

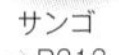

## 裏性格 the other side... 2月6日

この日の守護石

アパタイト

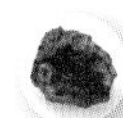
アズライト
マラカイト

### 公正に力を使う

人としての公正さを持ち、その気持ちを心の中心に据えて多くの人たちを守っていこうとする人です。鋭い観察力やバランス感覚から、静かに進行する危機を察知して、ことが起こる前に適切に処理していくでしょう。この力を利己的に使うのではなく、多くの人のために使っていくことで、良好な人間関係を築けるようです。

6/7、6/8、10/9、10/10、11/26、11/27　4/6、4/7、9/10、9/11、12/8、12/9　5/6、5/7、7/8、7/9、11/8、11/9　1/7、1/8、8/8、8/9、9/4、9/5

## 裏性格 the other side... 2月7日

この日の守護石

ピンク
トルマリン

アパタイト

### オープンな愛情

人との間に心の隔たりのない人です。隠しておきたいことがあっても、それを隠し通す心の圧迫感のほうにストレスを感じ、明るくそれを表に出してしまうことも多いかもしれません。あけっぴろげではありますが、雑な感じはなく、明るさが前面に出ている様子。他者に対して広い意味での愛情を常に抱いているでしょう。

6/8、6/9、10/10、10/11、11/27、11/28　4/7、4/8、9/11、9/12、12/9、12/10　5/7、5/8、7/9、7/10、11/9、11/10　1/8、1/9、8/9、8/10、9/5、9/6

## 裏性格 the other side... 2月8日

この日の守護石

モリオン

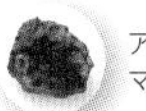
アズライト
マラカイト

### 非常時に本領発揮

目の前で起こっていることに対して、適切に行動し、対処できる人です。普段はオープンな性格が魅力で、多くの人との交流を楽しみながら過ごすことが多いようです。しかし非常時には、目を見張るような力量を発揮していくでしょう。特に仲間を助ける状況では迅速に対応し、トラブルそのものがなかったように収めることも。

6/9、6/10、10/11、10/12、11/28、11/29　4/8、4/9、9/12、9/13、12/10、12/11　5/8、5/9、7/10、7/11、11/10、11/11　1/9、1/10、8/10、8/11、9/6、9/7

## 裏性格 the other side... 2月9日

この日の守護石

ピンク
トルマリン

アズライト
マラカイト

### 人々をまとめ上げる

人と人との心の架け橋になろうとする人です。未来に対して前向きにとらえていきますが、周りの人たちに対してもポジティブな発言をしていき、それが人々の心をまとめ上げていくでしょう。また、観察力も秀逸で、自身にとっての重要なヒントを身の周りからうまく拾い上げながら、最善の未来を選択できるようです。

6/10、6/11、10/12、10/13、11/29、11/30　4/9、4/10、9/13、9/14、12/11、12/12　5/9、5/10、7/11、7/12、11/11、11/12　1/10、1/11、8/11、8/12、9/7、9/8

## 裏性格 the other side... 2月10日

この日の守護石

モリオン

ピンク
トルマリン

### 喜びを分かち合う

物質や関係性にこだわりがなく、個人的に愛着のある何かを所有するよりも、周囲の人と分かち合うことに喜びを感じられる人です。他者に対して自分の技能で何かをやってあげたり、持ち物を人に与えたりすることもあるかもしれません。しかしその後相手からの見返りもあるため、結果的にはプラスになっていくでしょう。

6/11、6/12、10/13、10/14、11/30、12/1　4/10、4/11、9/14、9/15、12/12、12/13　5/10、5/11、7/12、7/13、11/12、11/13　1/11、1/12、8/12、8/13、9/8、9/9

# 2月11日〜2月15日

＊ 水瓶座21 〜 25度／木星 ＊

## 同じ志の人と繋がり合う

多くの人とコミュニケーションを取りつつ、同じ志を持つ人たちと繋がり、未来に向かって歩んでいこうとします。理想を掲げても現実の難しさなどもきちんと押さえているので、実現可能なところから着実に物事を進めていきます。また、ひとりで頑張るのではなく、特定の活動に対して必要な力を持った仲間たちに手伝ってもらいながら、丁寧に未来を形作っていくでしょう。インターネットなどの通信手段に適性が高く、グローバルなものを活用しながら、意思を発信したり、情報を得たり、協力者を見つけることも多いようです。マーカサイトは叡智と繋げて理想の具体化を促進し、ルチルクォーツは他者との創造的活動をサポートします。アパタイトは気持ちを安定させ、クリソコラはストレスや疲れを緩和してくれます。

守護石

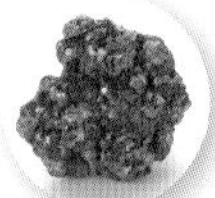

マーカサイト
⇒P224

ルチルクォーツ
⇒P226

アパタイト
⇒P253

クリソコラ
⇒P254

### ＊ 恋愛・人間関係 ＊

#### 友情的な恋

誰に対しても優しく振る舞うため、自然に恋愛関係などが成立していくようです。しかし友達からあまり進展しなかったり、熱意が見えない状況に相手がやきもきしてしまったりすることも。ダンビュライトは愛情を明確に表現するよう促してふたりの絆を強め、トパーズは素敵な異性を引き寄せます。

### ＊ 仕事 ＊

#### 客観的に対処

目の前の仕事に集中しつつも、周りの状況にも目を配り、かつ客観的な視点で物事を判断しつつ作業を進めていくようです。常に周辺に意識を向けて緊張状態が続き、いつの間にか疲労をためている場合も。マラカイトは思考をクリアにして作業を進展させ、オパールは程よく緊張感を緩めます。

### ＊ お金 ＊

#### 自然体で運気アップ

金運は比較的高め。意図的にお金を得よう・稼ごうと欲を出すよりも、自然体で直感に任せて行動したほうが金運アップに繋がるようです。ペリドットはお金への前向きな展望を持たせて財運を高め、アポフィライトは霊性を高めつつ自然な流れを引き寄せて金運向上をサポートしてくれます。

恋愛運アップに良い石

ダンビュライト
⇒P273

トパーズ
⇒P274

仕事運アップに良い石

マラカイト
⇒P247

オパール
⇒P285

金運アップに良い石

ペリドット
⇒P238

アポフィライト
⇒P270

＊ この日の石を使うと……未来への希望や夢が広がっていきます。先々への不安を感じている時にも。

## 裏性格 *the other side...* 2月11日

この日の守護石

アパタイト

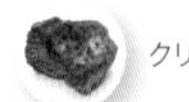
クリソコラ

### 屈託なく伸びやかな感性を大切にする

子どものような屈託のなさを持ち、さらに周りの人たちの伸びやかな感性も大切にできる人です。また、人の心にあるインナーチャイルドを癒すような力を自然に発揮できるので、その温かい雰囲気にいつの間にか人が集まってくるでしょう。時折、思い切り体を動かして遊ぶと、ストレスや疲れを解消できるはずです。

6/12、6/13、10/14、10/15、12/1、12/2　4/11、4/12、9/15、9/16、12/13、12/14　5/12、5/13、7/13、7/14、11/13、11/14　1/12、1/13、8/13、8/14、9/9、9/10

## 裏性格 *the other side...* 2月12日

この日の守護石

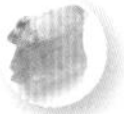
ルチルクォーツ

アパタイト

### 高いコントロール能力

コントロール能力が卓越している人です。周辺の状況はもちろん、自分自身の心や体に関しても、ちょっとした偏りやバランスの悪さなどを素早く察知し、それを改善するようあれこれ手段を講じます。また、そうした能力を他者に発揮することができるので、トレーナーや治療師的な仕事をする場合も多いでしょう。

6/13、6/14、10/15、10/16、12/2、12/3　4/12、4/13、9/16、9/17、12/14、12/15　5/13、5/14、7/14、7/15、11/14、11/15　1/13、1/14、8/14、8/15、9/10、9/11

## 裏性格 *the other side...* 2月13日

この日の守護石

ルチルクォーツ

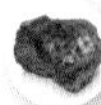
クリソコラ

### 理想を実現する

理想や夢だけで邁進せず、現実や経験などを踏まえて、物事を実現していける人です。それまでの人生の中で起こったことについて丁寧に考え、考察を深める傾向もあるので、何か失敗をしてもそれを次の糧にできるでしょう。また、経験の豊富さからアドバイスを求められることも多いかもしれません。

6/14、6/15、10/16、10/17、12/3、12/4　4/13、4/14、9/17、9/18、12/15、12/16　5/14、5/15、7/15、7/16、11/15、11/16　1/14、1/15、8/15、8/16、9/11、9/12

## 裏性格 *the other side...* 2月14日

この日の守護石

マーカサイト

アパタイト

### 違和感から本質を見抜く

とても理性的な人で、客観的な視点を自分に対しても持ち続ける人です。論理的に物事を考える傾向があり、ちょっとした違和感や引っ掛かりについても深く追求し、そこから問題の中核となる部分を発見していきます。時には多くの人に共通するような、核心的な真実を見つけ出すこともあるかもしれません。

6/15、6/16、10/17、10/18、12/4、12/5　4/14、4/15、9/18、9/19、12/16、12/17　5/15、5/16、7/17、7/18、11/16、11/17　1/15、1/16、8/17、8/18、9/12、9/13

## 裏性格 *the other side...* 2月15日

この日の守護石

マーカサイト

クリソコラ

### 観察して解決する

鋭い観察眼を持った人です。目の前で起こることやキャッチした情報について、丁寧に分析し、正確にそれをつかみ取るでしょう。また、人の気持ちなどのちょっとした動きも同様に読み取るので、対人関係などで何か問題が起こった時でも、見抜いた事柄を活用して最善の方法で解決していくようです。

6/16、6/17、10/18、10/19、12/5、12/6　4/15、4/16、9/19、9/20、12/17、12/18　5/16、5/17、7/18、7/19、11/17、11/18　1/16、1/17、8/18、8/19、9/13、9/14

# 2月16日～2月19日

＊ 水瓶座26～29度／土星 ＊

## 理想への強い意志

常に理想とする未来を意識しつつ、実現に向けて一歩一歩歩んでいくようです。たとえ先が長くとも強い意志を持ち、それを遂行していくでしょう。また、ネットなどを介しながら、多くの人たちと理想を共有したり、心の繋がりを実感したりすることも多いようです。その一方で、リアルな人付き合いには慎重で、人との距離を測って、あまり深く立ち入られないように気をつける傾向も。人と関わりたいけれど深く踏み込まれたくないという気持ちからジレンマを感じたり、孤独を募らせたりすることもあるかもしれません。モルダバイトは直感力を高めて未来への歩みを促進し、クリソプレーズは資質を開花させます。メタモルフォーシスは向上心を後押しし、ウォーターメロントルマリンはハートを開いて孤独感を和らげるでしょう。

守護石

モルダバイト
→P239

クリソプレーズ
→P242

メタモルフォーシス
→P278

ウォーターメロントルマリン
→P284

### ＊ 恋愛・人間関係 ＊
#### 敬意を払い合う愛情

お互いの個人生活を大切にしたり、相手への敬意を払ったりしながら関係を進展させていきます。ただし、付き合ううえでのルールやこだわりを優先し、かえって関係が硬直する場合も。アラゴナイトは安定感のある関係を守り、ハイパーシーンはルールよりも大切なものに気づかせ、絆を強めます。

### ＊ 仕事 ＊
#### すべてを考慮しつつ進める

あらゆることを考慮しつつ、着実に作業を進めていきます。かなり難しい状況であったとしても、持ち前の情報収集能力や分析力を駆使してそれらを突破していくでしょう。ペトリファイドウッドは意思の力を強化して目的達成をフォローし、ミルキークォーツは全力で働いた後の疲れを癒します。

### ＊ お金 ＊
#### こだわりから出費

お金の管理は結構きっちりしていますが、物品に対しては自分なりのこだわりがあり、場合によっては結果的にかなりの出費となる場合も。プレナイトはこだわりを緩めて本当に必要なものへお金を使うよう促し、セレスタイトはお金への直感力を高めて金運全体をアップさせます。

恋愛運アップに良い石

アラゴナイト
→P202

ハイパーシーン
→P207

仕事運アップに良い石

ペトリファイドウッド
→P204

ミルキークォーツ
→P277

金運アップに良い石

プレナイト
→P246

セレスタイト
→P254

＊ この日の石を使うと……希望や理想へ向かう意思が固まっていきます。迷いのある場合も良いでしょう。

## 裏性格 *the other side...* 2月16日

この日の守護石　モルダバイト　ウォーターメロントルマリン

### バランス感覚の良さを活用する

洗練された表現力と真実を見極める目を持つ人です。そのため、複雑な問題や課題などに対して、重要な部分や本質を鋭く見抜いていきます。そしてあらゆることを考慮に入れながら、バランスの取れた判断力を用いて最も適切に対処していくでしょう。バランス感覚の高さは問題解決能力で活用するだけではなく、すべてにおいて発揮されるので、ちょっとした発言や立ち居振る舞いの端々に美しさが宿り、その魅力に多くの人が惹きつけられてくるようです。

6/17、6/18、10/19、10/20、12/6、12/7　4/16、4/17、9/20、9/21、12/18、12/19　5/17、5/18、7/19、7/20、11/18、11/19　1/17、1/18、8/19、8/20、9/14、9/15

## 裏性格 *the other side...* 2月17日

この日の守護石　モルダバイト　クリソプレーズ

### 孤独の利点を熟知

孤独の良さを知っている人です。ひとりの時間の重要さを理解していて、それを活用して自分を丁寧に見つめ、心の軸となる部分をきちんと作り上げるでしょう。しかし人嫌いというわけではなく、人と一緒にいるような状況では、周りに合わせつつも本質的にブレることなく、協調的に活動していく傾向も。集団の中にいても個人性を確立しているので、同調圧力などに巻き込まれず、自分らしさをしなやかに貫いていくことができるのでしょう。

6/18、6/19、10/20、10/21、12/7、12/8　4/17、4/18、9/21、9/22、12/19、12/20　5/18、5/19、7/20、7/21、11/19、11/20　1/18、1/19、8/20、8/21、9/15、9/16

## 裏性格 *the other side...* 2月18日

この日の守護石　クリソプレーズ　メタモルフォーシス

### 自分の内側を確認する

自分の時間を大切にする人です。たとえ忙しい最中でも心を落ち着かせる時間を見つけ、自分の気持ちや感覚を確認していきます。そしてそれらを考慮しながら、自分にとって最良の答えを見つけ出そうとするでしょう。さらにこうした答えを元に行動していくので、動き方が明快でブレがないようです。そのため周囲からは実行力のある人とみなされやすいかもしれません。様々な知識を得ることで、自分の感覚確認がより速やかになるため、常に学ぶ姿勢を持つように。

6/19、6/20、10/21、10/22、12/8、12/9　4/18、4/19、9/22、9/23、12/20、12/21　5/19、5/20、7/21、7/22、11/20、11/21　1/19、1/20、8/21、8/22、9/16、9/17

## 裏性格 *the other side...* 2月19日

この日の守護石　モルダバイト　メタモルフォーシス

### より大きな視点から見る

ほがらかで明るい資質を持っていますが、浮き世離れしたような達観した風情に満ちている人でしょう。常により大きな視点から物事をとらえていくので、何かことが起こった際にも、皆の気持ちが落ち着くような良いアイデアを提案することができるようです。また、「結局は皆同じ人間」という見方から多くの人たちに等しく愛情を注ぎ、大切にしていく様子も。花や植物に縁があり、身の周りに飾ったり、育てたりすると心が癒されるでしょう。

6/20、6/21、10/22、10/23、12/9、12/10　4/19、4/20、9/23、9/24、12/21、12/22　5/20、5/21、7/22、7/23、11/21、11/22　1/20、1/21、8/22、8/23、9/17、9/18

# 2月20日～2月23日

＊魚座0～3度／月＊

## 豊かな共感力

感受性が豊かで、どんな人・どんなものに対しても気持ちを寄せつつ大切にしていくようです。つらい目にあっている人を見ると、まるで自分がそのような状況に置かれているかのように胸が痛み、その人のために何ができるかをいろいろと考えることも多いでしょう。ただし、実際にどうすれば良いかについてわからなくなって立ちつくしてしまうことも。具体的にどうするか、どう動くかということに意識を向けつつ、今の自分にできることを丁寧に行なっていくことで、良い方向に進んでいくはずです。ダイオプテーズは多くの人と接して傷ついた心を癒し、フックサイトは他者に対して具体的にどう動くべきか示してくれます。ラリマーは豊かな感受性に磨きをかけ、アゼツライトは魂の成長を促してくれるでしょう。

守護石

ダイオプテーズ
⇒P243

フックサイト
⇒P245

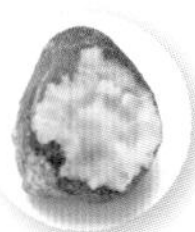

ラリマー
⇒P252

アゼツライト
⇒P268

＊恋愛・人間関係＊

### 思いやりの愛

共感から恋が始まるようです。特に相手がつらい状況に置かれている時、つらい気持ちを共有しつつ、助けてあげたいという意欲から愛を温めていくでしょう。ムーンストーンは心のやりとりを促進して愛を育み、アメトリンはバランス感覚を養い、一方的に助けるばかりにならないよう促します。

＊仕事＊

### 人の気持ちを受け止める

数字などを扱う仕事では苦手意識を覚えやすいのですが、人相手の業務はうまくいきやすく、その気持ちを受け止めて相手の求めるものをスムーズに提供できるようです。タンジェリンクォーツは仕事の疲れを癒して気力と体力を回復させ、アクアオーラは資質を開花させてくれるでしょう。

＊お金＊

### アバウトなやりくり

お金の管理はややアバウト。やりくりしようとすると気力がそがれて疲れてしまうのが原因かもしれません。また、相手に同情してだまされるなど、詐欺には注意しましょう。カーネリアンは気力をチャージしつつ金運全般を高め、チャロアイトは詐欺などの危機を退けるお守りに。

恋愛運アップに良い石

ムーンストーン
⇒P278

アメトリン
⇒P283

仕事運アップに良い石

タンジェリンクォーツ
⇒P221

アクアオーラ
⇒P250

金運アップに良い石

カーネリアン
⇒P218

チャロアイト
⇒P264

＊**この日の石を使うと**……多くの人たちへの共感力が高まります。他者への理解から関係改善も。

## 裏性格 *the other side...* 2月20日

この日の守護石

フックサイト

ラリマー

### 多様性を楽しむ

様々なことに興味を抱き、それらを純粋に楽しむことで豊かな人生を歩む人です。関わっていく物事のひとつひとつに対して、丁寧にその印象を受け取り、その違いを実感してあらゆるものがあることを知るでしょう。また、多種多様な人たちと出会う傾向がありますが、受容性の高さからその在り方をありのままに受け止められるため、未知の可能性に触れることができるかもしれません。多くの人が集まってきやすく、多彩な毎日を送ることになりそうです。

6/21、6/22、10/23、10/24、12/10、12/11　4/20、4/21、9/24、9/25、12/22、12/23　5/21、5/22、7/23、7/24、11/22、11/23　1/21、1/22、8/23、8/24、9/18、9/19

## 裏性格 *the other side...* 2月21日

この日の守護石

ダイオプテーズ

ラリマー

### 細やかな感受性

感受性が豊かで繊細な人です。周囲の状況や他者の感情などについても細やかに受け止めるため、人との交流が多いと気疲れしてしまい、時としてひとりになることを好む場合もあるかもしれません。自分だけの趣味や制作活動などをもって、気持ちのままに没頭できるシチュエーションがあると、心身ともに健康に保てるでしょう。また、ファンタジーの世界に触れたり、空想の中で自由に心の翼を広げたりするのも、疲労回復に一役買ってくれるようです。

6/22、6/23、10/24、10/25、12/11、12/12　4/21、4/22、9/25、9/26、12/23、12/24　5/22、5/23、7/24、7/25、11/23、11/24　1/22、1/23、8/24、8/25、9/19、9/20

## 裏性格 *the other side...* 2月22日

この日の守護石

ダイオプテーズ

アゼツライト

### 本質を受け止める

物事の深いところ、本質的なところを豊かな感受性でキャッチできる人です。ちょっとした雰囲気の違いを読み取るため、表面的な部分に惑わされることなく、その内側にあるものを推察していくでしょう。また、人に対しても同様で、気持ちを読み取りつつ、相手の意向を感覚的につかむようです。多くの人たちの中にある美徳に目を向ける傾向があり、それを中心に他者へ愛情を注ぐ傾向も。純粋な内面性は他者にも影響し、周囲は温かい雰囲気に包まれているでしょう。

6/23、6/24、10/25、10/26、12/12、12/13　4/22、4/23、9/26、9/27、12/24、12/25　5/23、5/24、7/25、7/26、11/24、11/25　1/23、1/24、8/25、8/26、9/20、9/21

魚座

## 裏性格 *the other side...* 2月23日

この日の守護石

ラリマー

アゼツライト

### 伸びやかな子どものよう

子どものような弾む心を持ち、それを外に向かって表現していく人です。ちょっとした興味から行動していき、その楽しさや豊かさなどを周囲に伝えていくため、周囲の人たちは結果的に引き込まれていくことに。さらに周りを巻き込んで大きな潮流を作るようなことにもなりそうです。意図的に方針を打ち出したり、何か特別な狙いがあったりするわけではないので、どの方向に進むかわからないのですが、それによって周囲の人々や環境そのものが大きく変化していくでしょう。

6/24、6/25、10/26、10/27、12/13、12/14　4/23、4/24、9/27、9/28、12/25、12/26　5/24、5/25、7/26、7/27、11/25、11/26　1/24、1/25、8/26、8/27、9/21、9/22

# 2月24日〜2月27日

＊ 魚座4〜7度／水星 ＊

## 雰囲気を認識する

全体の雰囲気やムードのような他者がなんとなくという形でしか感じられないものについて、五感を通してはっきり認識するようです。そのため自分が感じた良し悪しを人に伝えた時、あまり同調してもらえない場合もあるかもしれません。しかし、自分の感覚を信じ、言葉に表して人に伝えていくことで、次第に共感してもらえるようになるはずです。表現したものが多くの人たちの気持ちを揺さぶることにもなりうるので、自分なりに言葉やコミュニケーション能力を磨いていくと良いでしょう。アズマーは心身の疲れを癒し、フローライトは意識をクリアにして自身の実感を後押しします。ペタライトは認識を広げて他者の感覚の理解を促し、メタモルフォーシスは自分を磨いて向上させる際のサポートをしてくれます。

守護石

アズマー
⇒P240

フローライト
⇒P246

ペタライト
⇒P276

メタモルフォーシス
⇒P278

＊ 恋愛・人間関係 ＊

### 気持ちを読み取り進展

意中の相手の気持ちを自然に読み取り、それに合わせていくようにして関係を進展させていきます。ただし、相手が本当にしてほしいこととずれている場合もあるので、きちんとコミュニケーションも取っていきましょう。アマゾナイトは対話力を引き出し、ブルーカルセドニーは恋の進展を助けます。

＊ 仕事 ＊

### イメージの表現力

イメージや雰囲気を言葉で表現するような仕事ができると手ごたえを感じられるでしょう。ただし、自分のやっている作業の意味や意義を見落として混乱することも。ファイヤーアゲートはクリエイティビティを刺激して表現力を高め、水晶は仕事全体を見通す視点を養ってくれるでしょう。

＊ お金 ＊

### 予定外の出費で混乱も

お金のやりくりはそこそこうまいのですが、急な出費などで一度予定が狂うと、細かく考えることが面倒になり、収支が合わなくなっていく様子。スピネルは丁寧な金銭管理をサポートし、ピンクトルマリンは心のバランスを回復させ、予定外の出費にも対応できるよう支えてくれます。

恋愛運アップに良い石

アマゾナイト
⇒P241

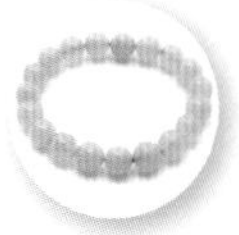
ブルーカルセドニー
⇒P255

仕事運アップに良い石

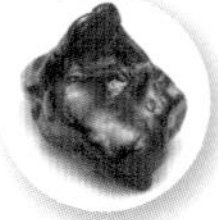
ファイヤーアゲート
⇒P221

水晶
⇒P269

金運アップに良い石

スピネル
⇒P214

ピンクトルマリン
⇒P231

＊ この日の石を使うと……あいまいなものへの理解力が高まります。人の気持ちを察して、関係も良好に。

## 裏性格 *the other side...* 2月24日

この日の守護石　アズマー　フローライト

### 気持ちを受け止めて表現

人の気持ちを揺さぶるような表現力を持つ人です。周りの人々の心の動きなどに対して感覚的に鋭い部分があり、それらを丁寧に受け止めます。そのうえで状況に応じて言葉や別の表現方法を用いて適切に表していくので、大きく驚かれることになったり、相手の心を強く揺さぶったりすることになるでしょう。そのため、何かと周囲に一目置かれている様子も。気持ちを理解してほしいという期待を寄せられ、多くの人から何かと相談を持ちかけられることも多いようです。

6/25、6/26、10/27、10/28、12/14、12/15　4/24、4/25、9/28、9/29、12/26、12/27　5/25、5/26、7/27、7/28、11/26、11/27　1/25、1/26、8/27、8/28、9/22、9/23

## 裏性格 *the other side...* 2月25日

この日の守護石

アズマー

メタモルフォーシス

### 信念に自らを捧げる

社会的な名誉や名声よりも、自分の信じている事柄を中心に置き、純粋にその活動に身を捧げられる人です。自分のことよりも多くの人のためになることを常に念頭に置き、自発的にそうした人たちのための行動をとることが多いかもしれません。他愛的という以上に他者の痛みに敏感なため、それを自分なりにどうにかしたいという気持ちが根本にあるようです。人助けに関連するような仕事をしたり、ボランティア活動などに専心したりする場合も。

6/26、6/27、10/28、10/29、12/15、12/16　4/25、4/26、9/29、9/30、12/27、12/28　5/26、5/27、7/28、7/29、11/27、11/28　1/26、1/27、8/28、8/29、9/23、9/24

## 裏性格 *the other side...* 2月26日

この日の守護石

フローライト

メタモルフォーシス

### 直感に飛び込む

最後は直感がものをいうタイプです。自分なりに考え、準備し、行動していきますが、最終的な判断を天性の直感力や感性に任せ、そこに飛び込むことができるようです。一見無謀なやり方のようでもありますが、結果的には最も適切な道を選んでいたということも多いはず。また場合によっては、積み重ねてきたことと違う決断をする可能性もありますが、それによってさらに新しい世界が開けてくることも多く、より豊かな未来を引き寄せてくるでしょう。

6/27、6/28、10/29、10/30、12/16、12/17　4/26、4/27、9/30、10/1、12/28、12/29　5/27、5/28、7/29、7/30、11/28、11/29　1/27、1/28、8/29、8/30、9/24、9/25

## 裏性格 *the other side...* 2月27日

この日の守護石

アズマー

ペタライト

### 深淵にあるものを拾う

周囲の人たちの気持ちの深い部分を無意識にとらえ、それを拾い上げていく人です。受け止めたものを象徴するような言動を発信していきますが、本人も無自覚なことが多く、なぜそれをやるのかわからないことも多いでしょう。しかし結果的に周りの人たちはその行動から、はっきりとそれぞれの心の中にあるものに気づいていき、衝撃を覚えるようです。ブログなどのある程度まとまった意見などを発する場を持つと、自分の気持ちも整理されていくはずです。

6/28、6/29、10/30、10/31、12/17、12/18　4/27、4/28、10/1、10/2、12/29、12/30　5/28、5/29、7/30、7/31、11/29、11/30　1/28、1/29、8/30、8/31、9/25、9/26

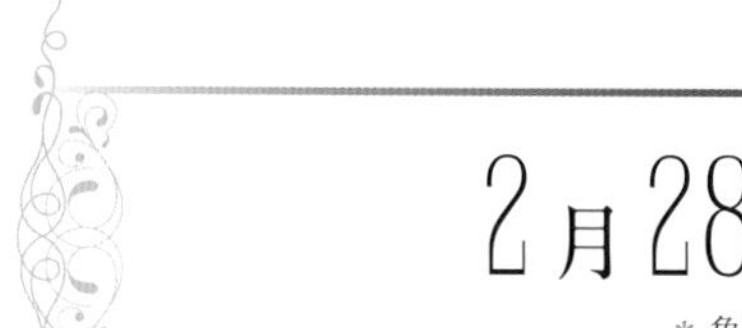

# 2月28日〜3月3日

＊ 魚座8 〜 12度／金星 ＊

♓

## 心揺さぶる表現力

繊細な感受性と優れた美的センスを持ち、他者の気持ちを揺さぶるような何かを表現していくことができるようです。共感力が高く、多くの人たちの心の中に共通して存在するものを察知し、それをセンス良く表していくので、作品などに込められた思いに人々は感銘するのです。また、人当たりも良く、誰とでも平等に良好な関係を形成していきたいという願いから、相手の立場や素性などあまり気にせず、オープンに付き合っていきます。多少異色な相手であったり、たとえ敵対する人物であったりしても、その心情をくみ取り、共感を軸に関わっていくでしょう。ロードクロサイトは生きる実感を確信させ、クンツァイトは愛情ある表現を促します。クリソコラは人付き合いの際の疲れを癒し、パールは気持ちを安定させてくれます。

守護石

ロードクロサイト
⇒P233

クンツァイト
⇒P234

クリソコラ
⇒P254

パール
⇒P275

＊ 恋愛・人間関係 ＊

### 癒し系の魅力

ふんわりとした癒し系の魅力に、異性は惹きつけられてくるようです。ただし、交際となると相手に合わせすぎ、甘やかして相手がわがままになってしまうことも。サードオニキスは持ち前の魅力をさらに引き出し、ペリドットは相手とのバランスを意識させ、相互的な思いやりを育むよう促します。

恋愛運アップに良い石

サードオニキス
⇒P219

ペリドット
⇒P238

＊ 仕事 ＊

### センスを活用

センスの良さとインスピレーションをうまく活用して仕事を進展させます。ただし、大きなプロジェクトでは混乱気味で、自分の立ち位置や次にやることがわからなくなる場合も。アイオライトは先を意識させて混乱を解消し、ダンビュライトは直感力を高めて仕事をサポートします。

仕事運アップに良い石

アイオライト
⇒P258

ダンビュライト
⇒P273

＊ お金 ＊

### 素敵なものに浪費

素敵なものを見るとつい買ってしまうなど、お金に関してはやや浪費傾向があるようです。特にさみしさを感じたり、気力が落ちていたりする時にうっかり購入してしまいそう。レッドガーネットは気力を高めて浪費を防ぎ、チャロアイトは心を落ち着かせ、お金を安定的に活用するよう促します。

金運アップに良い石

レッドガーネット
⇒P216

チャロアイト
⇒P264

＊ この日の石を使うと……美的センスが高まります。癒し系の魅力も備わるでしょう。

## 裏性格 *the other side...* 2月28日

この日の守護石

クンツァイト

クリソコラ

### 人のために限界を超える

自分よりも人のために動ける人です。ただし、一度そのスイッチが入ると、ものすごい推進力で、物事を実現へと導くでしょう。また、その様子に自分でも驚くことも。自分だけなら怖いことや越えるのが難しい壁であっても、誰かのためであるならば大きなエネルギーと勇気が溢れ出し、それらを蹴散らしていけるようです。

♡ 6/29、6/30、10/31、11/1、12/18、12/19 ☺ 4/28、4/29、10/2、10/3、12/30、12/31 ✪ 5/29、5/30、7/31、8/1、11/30、12/1 ✩ 1/29、1/30、8/31、9/1、9/26、9/27

## 裏性格 *the other side...* 2月29日

この日の守護石

ロードクロサイト

クンツァイト

### あいまいなものを活用する

目に見えないことや不思議なことに興味を抱く人です。しかしあいまいなものの中から現実の生活に活用できる何かを見つけることができるため、ただの怪しいこと止まりになることはないでしょう。個人や社会の枠にとらわれない広い視点を持ち、その中から実感のこもった、最も大切なものに着目していく姿勢が魅力です。

♡ 7/1、7/2、11/1、11/2、12/19、12/20 ☺ 1/1、4/29、4/30、10/3、10/4、12/31 ✪ 5/30、5/31、8/1、8/2、12/1、12/2 ✩ 1/30、1/31、9/1、9/2、9/27、9/28

## 裏性格 *the other side...* 3月1日

この日の守護石

クンツァイト

パール

### 多角的視点から成長する

自分の成長に繋げるものを求め、様々な要素の中からそれを見つけようとする人です。精神的にも実際面でも、自分自身に足りないものを感じ、それらを突破したいという願いから、様々な思想、発想、スキルなどを身につけていくでしょう。多角的な視点を得る一方で、散漫になりすぎないよう注意が必要かもしれません。

♡ 7/2、7/3、11/2、11/3、12/20、12/21 ☺ 1/1、1/2、4/30、5/1、10/4、10/5 ✪ 5/31、6/1、8/2、8/3、12/2、12/3 ✩ 1/31、2/1、9/2、9/3、9/28、9/29

## 裏性格 *the other side...* 3月2日

この日の守護石

ロードクロサイト

クリソコラ

### 安定と不自由を行き来する

安定と自由の間を常に行き来する人です。安定している時は何かに縛られているように感じ、自由な状況では足元の不安定さを覚え、その結果、その間で揺らぐことになるかもしれません。安定した活動と自由な活動の両方をきちんと意識したうえで、生活の中に取り入れると、伸びやかな精神性が発達してくるでしょう。

♡ 7/3、7/4、11/3、11/4、12/21、12/22 ☺ 1/2、1/3、5/1、5/2、10/5、10/6 ✪ 6/1、6/2、8/3、8/4、12/3、12/4 ✩ 2/1、2/2、9/3、9/4、9/29、9/30

## 裏性格 *the other side...* 3月3日

この日の守護石

クリソコラ

パール

### ふさわしい振る舞い

アイドルのように、属する集団を象徴する立場に収まりやすい人です。関わった集団や組織に対して、その本質的な部分を無意識に受け止めて、それにふさわしい態度を自然にとる傾向があるからかもしれません。周囲からの無意識の要求に振り回されすぎないよう、自分の意思や気持ちも大切にするよう心掛けましょう。

♡ 7/4、7/5、11/4、11/5、12/22、12/23 ☺ 1/3、1/4、5/2、5/3、10/6、10/7 ✪ 6/2、6/3、8/4、8/5、12/4、12/5 ✩ 2/2、2/3、9/4、9/5、9/30、10/1

# 3月4日～3月8日

＊ 魚座13 ～ 17度／太陽 ＊

## 受け身から自分を知る

自分自身のことはなかなかわからないという実感が大きいかもしれません。受け身な傾向もあり、いつの間にか人に巻き込まれたり、いいように使われたりすることもあるでしょう。しかしそうした経験を重ねる中で、人の気持ちの様々な面を理解しつつ、多くの人たちに対して共感を寄せていくのです。人を助けたい気持ちもありますが、気持ちばかり先行しすぎて実際に何をすれば良いかわからないということも。自分なりにできることを丁寧に打ち出していくことで、大きな幸運や思いがけない見返りを受けるでしょう。サーペンティンは丁寧に歩んでいくようサポートし、セラフィナイトは不安を解消してくれます。アベンチュリンは具体的に何をするべきかを教え、アメジストは人との関わりの中での疲れを癒してくれます。

守護石

サーペンティン
⇒ P228

セラフィナイト
⇒ P237

アベンチュリン
⇒ P240

アメジスト
⇒ P265

＊ 恋愛・人間関係 ＊

### 穏やかな愛情

意中の人物と気持ちを通わせながら、じっくり愛情を育てていくでしょう。穏やかな関係を求めますが、恋人が危機に立たされるといったことがあるとものすごい力を発揮し、相手を支え、全力で守るようです。サファイアはいざという時に速やかに力を発揮するよう促し、パールは愛情の育成を促します。

＊ 仕事 ＊

### 目的意識次第

仕事に対する意義や目的をきちんととらえることができれば、人一倍意欲的に働けますが、そうでない場合は、何をして良いのか迷い、また気落ちしてしまうことも。ソラリスは所在なさからくる落ち込みや心の傷を癒して回復させ、ターコイズは目的意識を明確にして結果を出せるよう支えます。

＊ お金 ＊

### 願いにより引き寄せ

お金に関して、普段はやや緩めで管理も甘い様子。無駄遣いが多いかもしれません。しかし夢や願いなどが明確になるとそれに必要なお金が引き寄せられることも。パイライトはお金に関する運気全体を高め、バリサイトは願望実現のためのお金を引き寄せる力をさらに高めてくれるでしょう。

恋愛運アップに良い石

サファイア
⇒ P261

パール
⇒ P275

仕事運アップに良い石

ソラリス
⇒ P224

ターコイズ
⇒ P255

金運アップに良い石

パイライト
⇒ P223

バリサイト
⇒ P244

＊ この日の石を使うと……美的センスが高まります。癒し系の魅力も備わるでしょう。

## 裏性格 the other side... 3月4日

この日の守護石

セラフィナイト

アベンチュリン

### スマートな問題解決

柔軟な発想を持つ、チャーミングな人です。トラブルが起こった時には、持ち前の知恵と行動力でそれらをスマートに回避することができるでしょう。それなりに自分にプラスになるように落としどころを持ってくるちゃっかりさも持ち合わせていますが、結果的に人のためになっていることも多いようです。

♡ 7/5、7/6、11/5、11/6、12/23、12/24 ◎ 1/4、1/5、5/3、5/4、10/7、10/8 ◎ 6/3、6/4、8/5、8/6、12/5、12/6 ☆ 2/3、2/4、9/5、9/6、10/1、10/2

## 裏性格 the other side... 3月5日

この日の守護石

アベンチュリン

アメジスト

### 共感へのこだわり

人に気持ちを伝え、共感を作り出すことに対してこだわりを持つ人です。自分の実感だけではなく、目に見えない事柄、複雑な状況について、きちんと理解してもらえるよう自分なりにあれこれ工夫していくでしょう。こうした工夫の積み重ねと、豊かな感受性と表現力を用いて人生を切り拓いていくようです。

♡ 7/6、7/7、11/6、11/7、12/24、12/25 ◎ 1/5、1/6、5/4、5/5、10/8、10/9 ◎ 6/5、6/6、8/6、8/7、12/6、12/7 ☆ 2/4、2/5、9/7、9/8、10/2、10/3

## 裏性格 the other side... 3月6日

この日の守護石

サーペンティン

セラフィナイト

### 直感で独自に歩む

独自の感性と、直感力をうまく使って歩んでいく人です。ただし、周りの人たちのペースと若干ずれることもあり、不思議な人物としてみなされる場合も多いかもしれません。自分の内側から湧き出す豊かなインスピレーションを信頼し、それを元に自由に歩んでいくことで実り多い人生を手に入れるでしょう。

♡ 7/7、7/8、11/7、11/8、12/25、12/26 ◎ 1/6、1/7、5/5、5/6、10/9、10/10 ◎ 6/6、6/7、8/7、8/8、12/7、12/8 ☆ 2/5、2/6、9/8、9/9、10/3、10/4

## 裏性格 the other side... 3月7日

この日の守護石

セラフィナイト

アメジスト

### 楽しみの中で解放する

ワクワクする活動の中で、心の中にある様々なものを解放できる人です。ちょっとしたイベントや遊びの中で、自分や他者の中にある不満や内側に隠れた力を無理のない形で引き出し、それを良い形で表現できるよう促す力があるでしょう。様々な遊びやゲームなどに精通すると、こうした能力も高まっていくはずです。

♡ 7/8、7/9、11/8、11/9、12/26、12/27 ◎ 1/7、1/8、5/6、5/7、10/10、10/11 ◎ 6/7、6/8、8/8、8/9、12/8、12/9 ☆ 2/6、2/7、9/9、9/10、10/4、10/5

## 裏性格 the other side... 3月8日

この日の守護石

サーペンティン

アメジスト

### 制約を活用して楽しむ

ルールをうまく使って、楽しい場を作ることができる人です。ちょっとした制約をゲームのルールであるかのように楽しみながら活用していきますが、退屈そうな仕事や形骸化した手順なども面白いものへと変換させ、周囲を明るく活性していくことも。イベントや遊びの中でオーガナイザー的な立場になることも多いでしょう。

♡ 7/9、7/10、11/9、11/10、12/27、12/28 ◎ 1/8、1/9、5/7、5/8、10/11、10/12 ◎ 6/8、6/9、8/9、8/10、12/9、12/10 ☆ 2/7、2/8、9/10、9/11、10/5、10/6

# 3月9日～3月12日

＊ 魚座18～21度／火星 ＊

## 望みを引き寄せる

何かやりたい、何か欲しいなど欲求を抱いた時、思いがけない形で成果を得たり、欲しいものを手に入れたりすることが多いかもしれません。特に、単に自分のためだけではなく、多くの人たちのためにプラスになるような事柄については、とても運気の引きが強く、自分でもびっくりするようなチャンスをつかむこともあるでしょう。その一方で個人的すぎる欲求に関してはあまり良いリアクションを得られないことも。より多くの人のため、という視点で自分の力を使っていくことが運命の波に乗る秘訣といえるようです。レッドジャスパーは行なうべきことをスムーズに打ち出せるようパワーチャージし、マラカイトは運の引きの強さを高めます。ヘミモルファイトは本来持つ資質を強化して多面的にサポートし、スギライトは疲れを癒します。

守護石

レッドジャスパー
⇒P216

マラカイト
⇒P247

ヘミモルファイト
⇒P256

スギライト
⇒P265

＊ 恋愛･人間関係 ＊

### 恋への勘の強さ

一度好きになると相手に対していろいろと手助けしながら、相手の気持ちをつかみ取るでしょう。恋に関する直感力は強めで、相手の浮気や隠しごとなどもすぐに察知し、トラブルの芽を摘むことも。カイヤナイトは直感力をさらに高め、ミルキークォーツは穏やかに絆を強めて恋の進展を助けます。

恋愛運アップに良い石

カイヤナイト
⇒P260

ミルキークォーツ
⇒P277

＊ 仕事 ＊

### 先読みから混乱も

様々な事柄を総合的に判断しながら作業を進めていくようです。勘も働き、他者への配慮もしつつ先を読んだ行動をしていくのですが、そのやり方に周りがついていけず混乱され気味に。シナバーは表現力を高めて、周囲と調和的に作業できるよう助け、サルファーは全体を見通す力をさらに高めます。

仕事運アップに良い石

シナバー
⇒P214

サルファー
⇒P228

＊ お金 ＊

### 気力次第の財運

気力が高まり元気な時はお金が流入しやすく、気落ちしてやる気のない時はいつの間にか無駄にお金が消費されるなど、内面の在り方が金運に大きく影響するようです。ルビーは気力をチャージして金運全体をサポートし、クリソコラは心を癒してお金の運気を回復させてくれるでしょう。

金運アップに良い石

ルビー
⇒P215

クリソコラ
⇒P254

＊ **この日の石を使うと……** 運勢の波をつかむことができるでしょう。望みが叶うこともありそう。

## 裏性格 *the other side...* 3月9日

この日の守護石 マラカイト ヘミモルファイト

### 共感を交えて伝える

経験したことについて、共感を交えながら人に伝えられる人です。相手にどんな背景があっても、感受性の高さから瞬時にそれをとらえ、共通するものを土台にして相手に伝え理解を促していくでしょう。相互理解を促す力があるため、異質な人同士の仲介者になったり、多くの人をまとめたりするような役割を担うことも多いかもしれません。また、相手の性質や経歴、さらに性格に基づいた行動についても理解できるため、誰に対しても共感していき、優しく接するようです。

7/10、7/11、11/10、11/11、12/28、12/29 1/9、1/10、5/8、5/9、10/12、10/13 6/9、6/10、8/10、8/11、12/10、12/11 2/8、2/9、9/11、9/12、10/6、10/7

## 裏性格 *the other side...* 3月10日

この日の守護石

ヘミモルファイト

スギライト

### 広い愛情を注ぐ

誰に対しても豊かな愛情を注ぐことのできる人です。ただし、相手が目の前から去るようなことがあっても、相手の心情を配慮し、相手のしたいようにさせてあげることができる懐の広さも持っているでしょう。こうしたオープンな資質が天性の魅力であり、その性質に多くの人が引き寄せられてくるかもしれません。他者に対する配慮は申し分ないのですが、自分自身をいたわることをうっかり忘れ、疲れをためることも多いので、心身の健康には極力留意してください。

7/11、7/12、11/11、11/12、12/29、12/30 1/10、1/11、5/9、5/10、10/13、10/14 6/10、6/11、8/11、8/12、12/11、12/12 2/9、2/10、9/12、9/13、10/7、10/8

## 裏性格 *the other side...* 3月11日

この日の守護石

レッドジャスパー

ヘミモルファイト

### 見えないものからの守護

目に見えない何かに愛され、守られて歩んでいく純真な人です。いざという時に素晴らしいタイミングで救いの手が差し伸べられたり、危険を回避したりすることも多いかもしれません。また、なんとなく感じて行動したことが正解であることも多いので、そうした面をより一層意識し、活用すると良いでしょう。例えば、街で出会った見知らぬ人に対する親切も、巡り巡って良い出来事として戻ってくる運気を持っているので、知人ではない相手に対しても優しく接すると良いようです。

7/12、7/13、11/12、11/13、12/30、12/31 1/11、1/12、5/10、5/11、10/14、10/15 6/11、6/12、8/12、8/13、12/12、12/13 2/10、2/11、9/13、9/14、10/8、10/9

## 裏性格 *the other side...* 3月12日

この日の守護石

レッドジャスパー

スギライト

### 想像力からの独自性

インスピレーションが豊かで、そこから自分なりの理論や法則を編み出すことのできる人です。本質をとらえる能力や分析力が高く、そこに直感力が加わる形で、独自の方法を組み上げていくでしょう。結果としてリーダー的な存在になることも多いかもしれません。最先端を突き進むため理解者は少なめかもしれませんが、人に対してわかりやすい表現を心掛けながら伝える努力を重ねていくと、多くの支持者を得て、大きなムーブメントを作り出すこともありそうです。

1/1、7/13、7/14、11/13、11/14、12/31 1/12、1/13、5/12、5/13、10/15、10/16 6/12、6/13、8/13、8/14、12/13、12/14 2/11、2/12、9/14、9/15、10/9、10/10

# 3月13日〜3月16日

＊ 魚座22 〜 25度／木星 ＊

## 広範な共感性

国境や時間を超えた様々なものに対して興味を抱き、共感していきます。動物・植物や目に見えない存在などとも気持ちを通わせることがあり、不思議な人とみなされていることも多いかもしれません。多くの存在がそれぞれに幸せであるように望み、そのために自分でできることを精いっぱい実践していくでしょう。さらにそうした姿が同じ気持ちを持つ人たちの共感を呼び、大きなムーブメントになっていく場合も。また、他愛的な行動や人目につかない善行が幸運を引き寄せやすいので、運気が停滞している時は率先して他者のための活動をしていってください。マラカイトは魔除けに役立ち、エンジェライトは心身の安らぎを与えます。アポフィライトは霊的な繋がりを強化し、ガーデンクォーツは地に足の着いた行動を促します。

守護石

マラカイト
⇒P247

エンジェライト
⇒P253

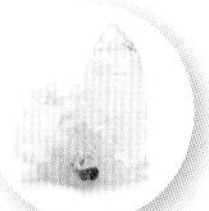

アポフィライト
⇒P270

ガーデンクォーツ
⇒P271

＊ 恋愛·人間関係 ＊

### 優しさから誤解も

誰に対しても優しく接することから、気の合う相手と自然に交際がスタートするなど多いかもしれません。しかしその優しさから勘違いする異性も現れ、関係が混乱することも。タンザナイトはトラブルに対して適切に対応できるよう助け、マザーオブパールは穏やかに愛ある関係を育みます。

恋愛運アップに良い石

タンザナイト
⇒P262

マザーオブパール
⇒P277

＊ 仕事 ＊

### 直感を活用

直感をうまく使いつつ、タイミング良く動いていくでしょう。また、おっとりした雰囲気により周りの人が助けてくれることも多いのですが、卑屈になるとこの力もダウンしがちに。オレンジカルサイトは陽気さを与えて他者からの助けを引き寄せ、アズライトは直感力をさらに高めて仕事を支えます。

仕事運アップに良い石

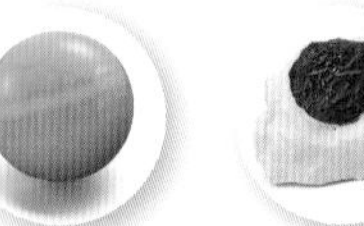

オレンジカルサイト
⇒P219

アズライト
⇒P259

＊ お金 ＊

### 前向きな姿勢で引き寄せる

金運はかなり高め。前向きな姿勢がお金を引き寄せるでしょう。その分、ネガティブに陥ったり、お金が足りないという感覚がさらにお金を遠ざけたりしそう。ルチルクォーツはプラス思考を強化して金運を高め、ハックマナイトは豊かさを意識させ、お金との繋がりを定着させてくれるでしょう。

金運アップに良い石

ルチルクォーツ
⇒P226

ハックマナイト
⇒P287

＊ **この日の石を使うと……** うまくいくという感覚が宿り、実際の物事が良い方向へ進んでいきます。

## 裏性格 *the other side...* 3月13日

この日の守護石

### 静かに内面を育む

落ち着いた内面性と豊かな感受性を持つ人です。その資質から自分自身の精神性や、時には霊性といわれる部分を高めていきますが、人に見せるよりも自分の生活の中で丁寧に実践していくことを好むでしょう。また、地に足の着いた日常の中から、小さな発見や気づきを得て、精神的に成長していくことも。素晴らしい発見や気づきをなんとなく待つよりも、自分なりにテーマを設定し、それに関して日々意識を巡らせると答えも見つかりやすくなっていくはずです。

1/1、1/2、7/14、7/15、11/14、11/15　1/13、1/14、5/13、5/14、10/16、10/17　6/13、6/14、8/14、8/15、12/14、12/15　2/12、2/13、9/15、9/16、10/10、10/11

## 裏性格 *the other side...* 3月14日

この日の守護石

### 自然の流れの中で生きる

自然に対して自分自身をその一部としてとらえ、自然の流れの中を生きていこうとする人です。自然サイクルを含めた自分を取り巻く環境に対して、その状況を速やかに把握していきます。そしてそれに沿って歩んでいくため、何かとタイミングが良かったりチャンスが舞い込む頻度も高いでしょう。また、鉱物・動植物と目に見えない繋がりを持つ場合もあり、日常の中でそうしたものと交流することで、内面の豊かさや健やかな精神性を育てることができるようです。

1/2、1/3、7/15、7/16、11/15、11/16　1/14、1/15、5/14、5/15、10/17、10/18　6/14、6/15、8/15、8/16、12/15、12/16　2/13、2/14、9/16、9/17、10/11、10/12

## 裏性格 *the other side...* 3月15日

この日の守護石

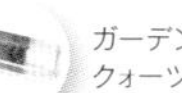


### 日常からヒントを見いだす

毎日の生活の中から生きるうえでのヒントや成長のカギを見いだすことのできる人です。日々の中にあるものを当たり前のものとして流さず、そこに含まれる深い示唆を実感の中から拾ってくるでしょう。料理ひとつ、家事ひとつの中に悟りを得る場合も。日記など文章として気づいたことをまとめたり、またブログのような形で多くの人たちに伝えていったりすると、同じような体験をした人から共感ある反応が送られてくるので、自分の考えにさらに確信が得られるはずです。

1/3、1/4、7/17、7/18、11/16、11/17　1/15、1/16、5/15、5/16、10/18、10/19　6/15、6/16、8/17、8/18、12/16、12/17　2/14、2/15、9/17、9/18、10/12、10/13



## 裏性格 *the other side...* 3月16日

この日の守護石

### 丁寧に見つめる

周りに何が起こっていても、丁寧に自分の心を見つめ続ける人です。また、周囲の出来事に対して、自分の心の揺らぎや感情の高まりなども見据えつつ、そこで何が起こっているのかを静かに観察しているようです。そのため同じような体験をした人たちに対してどんな心境なのかも推察でき、気持ちを理解してあげられるため、相手に対して寛容に、優しく接する傾向もあるでしょう。相手の求める何かを察して提供できるため、周囲の人たちに頼られることも。

1/4、1/5、7/18、7/19、11/17、11/18　1/16、1/17、5/16、5/17、10/19、10/20　6/16、6/17、8/18、8/19、12/17、12/18　2/15、2/16、9/18、9/19、10/13、10/14

# 3月17日〜3月20日

＊ 魚座26〜29度／土星 ＊

## 多くの人のための活動

感受性が高く、目に見えること、見えないことに対しても敏感に反応していきます。また、霊的なものと関わる傾向も強く、場合によっては無視できず、引きずられることも。しかしそれを恐れるのではなく、自分の一部としてとらえていくことで、大きく視界が開けるような感覚を覚えるはずです。絶対にこれをしたいという意欲が強くはなく、人生傾向も蛇行気味かもしれません。しかし個人の損得ではなく、より多くの人のために活動していくことで、生きている意味を実感できたり、生きるということの確信を得られたりするでしょう。ペトリファイドウッドは他者のための活動を支え、リビアングラスは魂の目的を提示してくれます。ジェイドは大きな幸運を引き寄せ、セレスタイトはより広い意味での愛を実感させます。

守護石

ペトリファイドウッド
⇒P204

リビアングラス
⇒P229

ジェイド
⇒P243

セレスタイト
⇒P254

＊ 恋愛・人間関係 ＊

### 深い思いやりの気持ち

相手を大切に思う気持ちを言動に表しながら、心の通い合う関係を作り上げていこうとします。ただし、ストイックに尽くしすぎて関係がアンバランスになりやすい面も。ハーキマーダイヤモンドは内面を整えて愛情ある関係形成を支え、クォンタムクワトロシリカは相互的な関係を作るよう促します。

恋愛運アップに良い石

ハーキマーダイヤモンド
⇒P275

クォンタムクワトロシリカ
⇒P286

＊ 仕事 ＊

### 柔軟なトラブル処理

トラブルなどに対して柔軟に処理できる資質を持つようです。特に人相手の仕事では絶妙なタイミングで相手の気持ちをつかみ、プロジェクトを成功に導きます。サンストーンは心に気力をチャージし、ゆとりある姿勢をもたらして問題解決を助け、ラピスラズリは潜在能力をさらに高めます。

仕事運アップに良い石

サンストーン
⇒P220

ラピスラズリ
⇒P262

＊ お金 ＊

### 大まかに管理を

金運は強いほうでしょう。ただし、細かく管理しようとすると、かえってわけがわからなくなってしまうので不要な消費なども多いかもしれません。ストロベリークォーツはお金に関するバランス感覚を磨いてさらに金運を強化し、ブラッドストーンは思考をクリアにして浪費を抑えます。

金運アップに良い石

ストロベリークォーツ
⇒P234

ブラッドストーン
⇒P245

＊ **この日の石を使うと……** 意識の広がりを感じ、ひとりではないという安心感を得られるでしょう。

裏性格 *the other side...* **3月17日**

この日の守護石

ペトリファイドウッド

ジェイド

### こだわりなく受け止める

あまりこだわりがなく、置かれた状況を受け入れられる人です。そのため、あまり不満がたまらず、穏やかに日々を過ごせるでしょう。さらにどんなことでもポジティブにとらえる傾向もあるため、自分の周りに良いものが溢れているという認識を持ちやすい様子も。しかしこうした考えが実際に幸せを引き寄せることが多く、自分自身を幸せで豊かな人生へと導いているといえます。プラス思考を人に伝えることで、周りの人たちまでも幸せにしていくでしょう。

1/5、1/6、7/19、7/20、11/18、11/19 1/17、1/18、5/17、5/18、10/20、10/21 6/17、6/18、8/19、8/20、12/18、12/19 2/16、2/17、9/19、9/20、10/14、10/15

---

裏性格 *the other side...* **3月18日**

この日の守護石

リビアングラス

ジェイド

### いざという時に勝負

寛容さを持ちつつも、いざという時には大きな勝負に出る人です。豊かな才能があり、普段はそれをうまく使って物事を進めていけるようです。しかし処理できる範囲を上回るような状況や非常時などでは、たとえ無理な勝負であっても全身全霊をかけて取り組んでいくでしょう。それにより積み上げてきたものをすべて投げ打つこともありますが、その一方で思いがけず素晴らしい成果を手にすることも。全力の先に新しい世界を見る人です。

1/6、1/7、7/20、7/21、11/19、11/20 1/18、1/19、5/18、5/19、10/21、10/22 6/18、6/19、8/20、8/21、12/19、12/20 2/17、2/18、9/20、9/21、10/15、10/16

---

裏性格 *the other side...* **3月19日**

この日の守護石

ペトリファイドウッド

リビアングラス

### 構造から分析

物事の構造や基盤的な部分に着目して全体を把握し、計画を立てて実行していける人です。この分析力により、物事の停滞を解消したり、流れを変えたりすることも多いかもしれません。また、古代から連なる思想や、宇宙観のようなものが根底にあり、それに基づいて日常を営んでいったり、また長い人生の指針としたりすることもある様子。他者から見て不可解な行動をとるため、不思議な人とみなされやすいのですが、貫き通すことで賛同者も見つかるかもしれません。

1/7、1/8、7/21、7/22、11/20、11/21 1/19、1/20、5/19、5/20、10/22、10/23 6/19、6/20、8/21、8/22、12/20、12/21 2/18、2/19、9/21、9/22、10/16、10/17

---

裏性格 *the other side...* **3月20日**

この日の守護石

リビアングラス

セレスタイト

### 大きなビジョンを実現

ビジョンを現実のものとする力のある人です。自分の描いた夢や理想だけではなく、周囲の人たちが望むものも吸収しつつ、それらを実際のものとして形成していくでしょう。イメージ力が強く、想像したものを具体的に実感に落とし込みながら、細かい部分まで明確に形にしていくようです。時には本当にそれがあるかのように振る舞いますが、それによって実際の事柄として引き寄せていくことも。作家やクリエイターとしての素養も高いでしょう。

1/8、1/9、7/22、7/23、11/21、11/22 1/20、1/21、5/20、5/21、10/23、10/24 6/20、6/21、8/22、8/23、12/21、12/22 2/19、2/20、9/22、9/23、10/17、10/18

# Chapter 2の見方

恋愛、お金、仕事など……目的別に役立つ石を紹介しています。
守護石と組み合わせる時の参考としても活用できます。

恋愛運 *Love*

金運 *Finance*

仕事運 *Career*

健康運 *Healthcare*

人間関係 *Relationships*

才能・成長 *Talent & Growth*

お守り *Amulet*

## ここで紹介する石の活用方法

Chapter1では誕生日のエリアごとに、テーマ別の石も含めて計10個の守護石を紹介しました。しかし、もちろんこの守護石だけが良いエネルギーをもたらすというわけではありません。アクセサリーを購入したり手作りしたりする際に、「守護石だけではもの足りない……」という人もいるでしょう。そのような時は、守護石とは別に好きな石や、自分の望むエネルギーを持つ石などを組み合わせてOKです。むしろ、自分が気に入ったアイテムを身につけるほうが、石との繋がりを強く感じられるはずです。

Chapter2では、目的別に効果が期待できる石を厳選して紹介しています。具体的に叶えたい願いごとがある人はぜひ参考にしてみてください。

ターコイズ
⇒P255

石の詳しい解説はChapter3で確認しましょう。

*Chapter 2*

# 目的別 パワーストーン

各目的において、特におすすめの石を厳選しました。
守護石にそれ以外の石を組み合わせる時は
今のあなたにとってプラスに働く石を選ぶと良いでしょう。

# 恋愛運
Love

パートナーがいる人もそうでない人も恋愛には悩みがつきもの。
良縁を引き寄せ、幸運をもたらす石を紹介します。

## 片思いを成就させたい

ローズクォーツ
⇒P232

親友のような癒しの波動により、あなたの恋をそっと後押しします。

ロードクロサイト
⇒P233

持ち主の魅力を引き出し、ドラマチックな恋愛に導きます。

ストロベリークォーツ
⇒P234

映画のヒロインのように、甘い恋がしたい時に良いでしょう。

エメラルド
⇒P241

意中の人を優しく包み込めるような無条件の愛をもたらします。

## 恋人との関係を長続きさせたい

モルガナイト
⇒P236

やわらかな女性らしさを高め、相手に癒しをもたらす存在に。

ロードナイト
⇒P236

嫉妬や不安を吸収し、ゆっくり愛を育めるようにサポートします。

エメラルド
⇒P241

持ち主の感情を安定させてくれます。ヤキモチ妬きの人におすすめ。

アパタイト
⇒P253

恋人との絆を深めてくれる、癒しの石です。

## 安定した結婚生活を送りたい

サンゴ
⇒P213

古くから女性のお守りとされ、夫婦円満のサポートにも力を発揮。

フックサイト
⇒P245

夫婦がお互いに、ありのままの姿を愛せるような関係性に。

アクアマリン
⇒P251

清らかな癒しのエネルギーで、夫婦を調和させてくれます。

マザーオブパール
⇒P277

順調な結婚生活を送れるよう、慈愛のエネルギーを高めます。

## セックスレスを解消したい

レッドガーネット
⇒P216
冷めかけた情熱をもう一度呼び起こしてくれます。

カーネリアン
⇒P218
互いの良さに気づけるよう、官能的な魅力を引き出します。

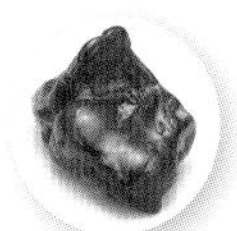
ファイヤーアゲート
⇒P221
セクシャリティを活性化し、マンネリを打ち砕きます。

ウォーターメロントルマリン
⇒P284
人を愛することの素晴らしさを思い起こさせてくれます。

## 出会いが欲しい

オレンジカルサイト
⇒P219
行動力やカリスマ性を高め、たくさんの異性を惹きつけます。

ロードクロサイト
⇒P233
ソウルメイトを引き寄せ、情熱的な恋愛の始まりをサポート。

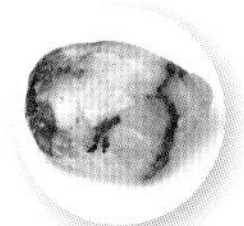
ムーンストーン
⇒P278
持ち主をおおらかな愛で満たし、最高の恋を呼び込みます。

オパール
⇒P285
希望と幸福のエネルギーによって、素敵な出会いを運びます。

## 失恋の傷を癒したい

ピンクトルマリン
⇒P231
失望・嫉妬などのマイナスエネルギーを強力に浄化します。

ローズクォーツ
⇒P232
ささくれた気持ちをやわらかく解きほぐし、再び人を愛せるように。

ロードナイト
⇒P236
感情の起伏を抑え、本来の自分を取り戻せるよう促します。

アベンチュリン
⇒P240
もつれた感情を安定させ、傷を癒し、心に平和を呼び込みます。

## 復縁したい

オブシディアン
⇒P209
過去のしがらみを解放し、再び手をとり合って歩き出せるように。

レッドガーネット
⇒P216
相手が再び恋に落ちるよう、女性的な魅力を高めます。

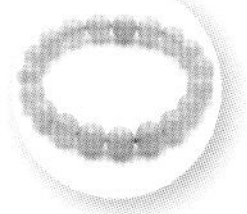
ブルーカルセドニー
⇒P255
ふたりに一体感をもたらし、途切れた絆を再び結び合わせます。

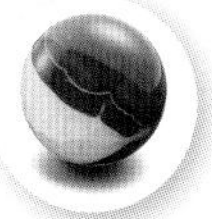
アゲート
⇒P282
精神的な傷を修復し、ふたりの間のわだかまりを解消します。

# 金運
## Finance

金運アップは誰もが叶えたいと願っていることかもしれません。
良いお金の流れを作り、手元に集め、残してくれる石を紹介します。

### ＊ お金をためたい ＊

シナバー
⇒P214

富と栄光を呼び込むので、商売繁盛を願う人におすすめ。

アンバー
⇒P225

長い年月を経てできたこの石のように、堅実な貯蓄を可能にします。

ルチルクォーツ
⇒P226

アンテナのように運をキャッチし、最強の財運をもたらします。

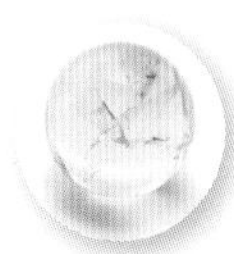

シトリン
⇒P229

他者に分け与えてもなお、富の維持をサポートしてくれます。

### ＊ ギャンブル運を上げたい ＊

ホークスアイ
⇒P211

勝負ごとにおける決断力を高めます。

パイライト
⇒P223

駆け引きが必要な場面において、集中力を発揮できるように。

バリサイト
⇒P244

心の豊かさをもたらし、富と幸運を引き寄せる基盤を作ります。

ラピスラズリ
⇒P262

洞察力と直感力を高め、冷静な判断によって勝利に導きます。

### ＊ 失敗しない買い物をしたい ＊

タイガーアイ
⇒P203

広い視野と決断力で、確実に必要なものを選べる買い物上手に。

オニキス
⇒P206

冷静な判断力を授け、浪費癖を抑えます。

ヘマタイト
⇒P210

地に足を着け、落ち着いた心で必要なものを見極められるように。

ガーデンクォーツ
⇒P271

自分に必要なものを取り込み、外に逃がさないようにします。

# 仕事運
## Career

仕事で結果を出すことは人生の充実度を高める大きなポイント。
自分の持つ実力を発揮したり、向上させるのに役立つ石を紹介します。



### ＊ 出世したい ＊

カーネリアン
⇒P218

高いバイタリティと実行力で、同僚より頭ひとつ抜きんでた存在に。

ジェイド
⇒P243

人徳を高め、皆が仰ぎ見るような職場の重要人物に。

ターコイズ
⇒P255

積極性と行動力を高め、野心を遂げさせるように促します。

水晶
⇒P269

潜在能力を開花させ、出世の階段を駆け上がる力になります。

### ＊ 事業を成功させたい ＊

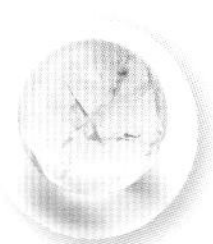

シトリン
⇒P229

商売繁盛と豊かな富を引き寄せてくれる幸運の石です。

ネフライト
⇒P244

ビジネスにおいて必要な叡智を授け、道をきわめるサポートに。

サファイア
⇒P261

経営を安定させ、目標を貫徹させる力となってくれます。

ガーデンクォーツ
⇒P271

成功と繁栄を約束するとされ、経営者に特におすすめ。

### ＊ 進むべき道を明確にしたい ＊

テクタイト
⇒P210

魂の目的、この世に生まれてきた真の意味を思い出させます。

ホークスアイ
⇒P211

未来までも見通せるよう、透徹した眼を与えます。

アマゾナイト
⇒P241

希望の光によって心の曇りを吹き払い、思考を明確にします。

アイオライト
⇒P258

先見の明を与え、ビジョンを明確にする人生の羅針盤です。

## ＊ 夢を実現させたい ＊

クロコアイト
⇒P213

目標に向かい、情熱を保ちながら前進する力を与えます。

スピネル
⇒P214

持ち主に奇遇の才をもたらし、絶対勝利を約束します。

クリソプレーズ
⇒P242

隠れた才能を開花させ、思いがけない形で願いを叶えます。

アクアオーラ
⇒P250

インスピレーションを高め、願望の達成を促します。

## ＊ 転職を成功させたい ＊

ヘマタイト
⇒P210

変化への恐れを克服し、あらゆる状況で堂々と振る舞えるように。

シナバー
⇒P214

緊張する大一番で実力を発揮できるよう、落ち着きをもたらします。

レピドライト
⇒P266

現状を打破し、スムーズに変革の波に乗れるようサポートします。

オパール
⇒P285

気の滅入りがちな転職活動中も、明るい心を維持できるように。

## ＊ 職業別 ＊

### ～研究者～

ネフライト
⇒P244

高い叡智を授け、洞察力や思考力を高めてくれます。

カイヤナイト
⇒P260

探究心が向上し、独自の世界観を確立できるように導きます。

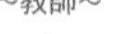

### ～教師～

ハイパーシーン
⇒P207

指導力と統率力を高め、リーダーシップを発揮できるように。

レッドジャスパー
⇒P216

明確な判断力と実行力をもたらし、有能で求心力のある指導者に。

### ～聖職者～

クンツァイト
⇒P234

俗世と離れた高次の愛を体現できるように。

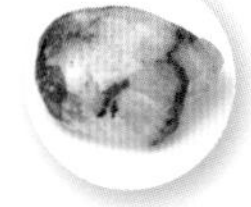

ムーンストーン
⇒P278

この世のものならぬ聖性、神秘性を秘めています。

### ～営業職～

タイガーアイ
⇒P203

洞察力を高め、人を説得する押しの強さをもたらします。

アイオライト
⇒P258

緊張を和らげ、冷静さを保ちながら力強く行動できるように。

## 職業別

### ～接客業～

オレンジカルサイト
⇒P219

コミュニケーション能力を高め、人と接する楽しさを教えます。

ハックマナイト
⇒P287

思考をポジティブにし、あらゆるタイプの人に順応できるように。

### ～事務系～

スモーキークォーツ
⇒P203

集中力を高めて仕事の精度を上げ、ケアレスミスを防ぎます。

フローライト
⇒P246

明晰性を高め、クリアな思考で作業ができるように。

### ～芸術家・クリエイター～

カバンサイト
⇒P260

宇宙からインスピレーションを得て、創造力を育みます。

ダンビュライト
⇒P273

自分の個性の理解を促し、伸び伸びとその力を発揮できるように。

### ～占い師～

シナバー
⇒P214

内なる目を養い、天啓を授かれるように。

アズマー
⇒P240

相談者に共感し、今一番必要としている気づきを与えられるように。

### ～ヒーラー～

モルダバイト
⇒P239

依頼者から受け取ったマイナスエネルギーを癒す助けに。

アゼツライト
⇒P268

第三の眼を開眼し、霊性進化を促進します。

### ～ボディワーカー～

ボージーストーン
⇒P201

肉体のバランスを取り戻し、エネルギーの活性化をサポート。

ソラリス
⇒P224

すべてのチャクラを癒し、生命力を高めてくれます。

### ～水商売～

オレンジカルサイト
⇒P219

明るく陽気な雰囲気をまとえるようになり、人を惹きつけます。

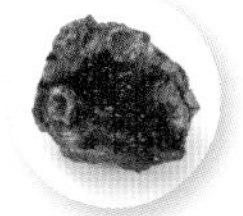

アズライトマラカイト
⇒P282

他者との調和を生み、客のみならずスタッフからも好かれるように。

### ～芸能～

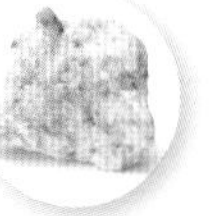

ルビー
⇒P215

カリスマ性を引き出し、華やかな雰囲気を表現できるように。

ジェイド
⇒P243

大衆の注目を集める人物に。成功と繁栄を引き寄せます。

# 健康運

*Healthcare*

健康でなければ何事も十分に楽しむことができません。
今ある不調の改善や、健康維持を応援してくれる石を紹介します。
※石がもたらす健康効果は、すべてが科学的に立証されているものではありません。



## ＊ 健康維持、健康促進 ＊

ブラックトルマリン
⇒P208

マイナスイオンを発生させ、電磁波を軽減してくれます。

サードオニキス
⇒P219

あらゆる邪気を遠ざけ、家族を病気から守ってくれます。

ブラッドストーン
⇒P245

血液を浄化し、生きることに対して前向きな気持ちに。

スコレサイト
⇒P272

浄化と再生を促し、深い癒しを与えます。

## ＊ 疲労回復 ＊

ヘマタイト
⇒P210

血液に力を与え、疲れ知らずの体に。

タンジェリンクォーツ
⇒P221

強力なエネルギー活性作用で、元気をもたらします。

グリーントルマリン
⇒P242

スタミナをアップし、エネルギッシュに活動できるように。

マラカイト
⇒P247

強い浄化作用と癒し効果で、心身の緊張をほぐします。

## ＊ 安眠・リラックス ＊

レモンクォーツ
⇒P227

感情の高ぶりを落ち着かせ、悪夢を取り払ってくれます。

アメジスト
⇒P265

強力なヒーリング効果で、精神の乱れを安定させます。

トパーズ
⇒P274

ストレスを緩和し、憂うつな気持ちを吹き飛ばしてくれます。

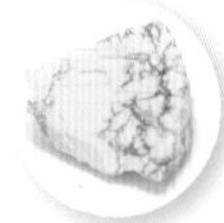

ハウライト
⇒P276

マイナス感情を浄化し、心穏やかに生きられるよう導きます。

## ＊女性特有の不調＊

サンゴ
⇒P213

血の巡りを良くし、ホルモンバランスを整えます。

クリソコラ
⇒P254

心身のバランスを安定させ、蓄積したマイナスの感情を和らげます。

パール
⇒P275

心を癒し、平安をもたらす女性のための守り石です。

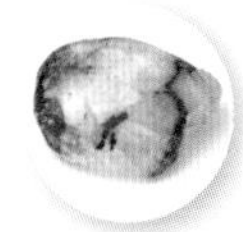

ムーンストーン
⇒P278

月のバイオリズムに同調し、女性の体調のリズムを整えます。

## ＊ストレス緩和＊

セラフィナイト
⇒P237

天使的なエネルギーにより、癒しと保護の効果をもたらします。

アベンチュリン
⇒P240

ハートに直接働きかけ、情緒的な問題の解決を促します。

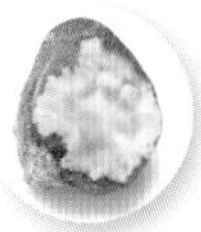

ラリマー
⇒P252

カリブ海の波間に浮かんでいるような癒しのエネルギーを持ちます。

アゲート
⇒P282

不安や緊張を取り除き、心身のバランスを取り戻すサポートに。

## ＊うつ状態の改善＊

モリオン
⇒P211

強力なグラウンディング力で生きる気力を取り戻します。

モスコバイト
⇒P215

すべての戒めを解き放ち、楽天的に生きたい時に役立ちます。

ジンカイト
⇒P220

無気力状態から回復させ、不死鳥のような情熱をもたらします。

ダイオプテーズ
⇒P243

心の痛みを取り除き、愛の欠乏を補ってくれます。

## ＊生活習慣の改善＊

デザートローズ
⇒P204

長年の悪習慣を断ち切り、誘惑から守ります。

カイヤナイト
⇒P260

「やめられない」という固定観念を外し、悪習慣をリセットします。

タンザナイト
⇒P262

精神が安定し、過去からの悪いパターンを克服できるよう促します。

デンドライト
⇒P274

自然との繋がりを強め、生命の本来の営みに近づけてくれます。

# 人間関係

*Relationships*

人は皆、常に様々なコミュニティの中で生活をしているはずです。
悪縁を遠ざけ、かけがえのない関係を築いてくれる石を紹介します。



## 争いなく、円滑にしたい

エメラルド
⇒P241

友愛の精神を持って、人と接することができるように。

アクアマリン
⇒P251

海のような癒しをもたらし、周囲の人に優しく対応できるように。

ブルーレースアゲート
⇒P256

心をオープンにできるよう促し、穏やかな自己表現を可能にします。

アンデシン
⇒P270

人間的な成長を促し、周囲との調和をもたらします。

## 良縁に恵まれたい

ピンクトルマリン
⇒P231

結婚できない焦りや苛立ちを洗い流したい時に。

ロードクロサイト
⇒P233

異性か同性かに関わらず、幸福な関係性を築きます。

モルガナイト
⇒P236

慈愛の心を育み、女性的な魅力を高めます。

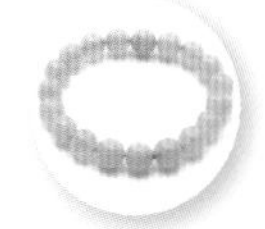

ブルーカルセドニー
⇒P255

安定した絆をもたらし、嫉妬などのマイナスの感情を抑えます。

## 集団行動ができるようになりたい

アズマー
⇒P240

共感力やコミュニケーション能力を高め、無理のない関係性に。

クリソプレーズ
⇒P242

自己中心的な考えを改め、チームプレイができるようサポート。

アパタイト
⇒P253

引っ込み思案な人でも、集団の中で自己表現できるように。

ハックマナイト
⇒P287

喜びの感情を高め、集団に溶け込む適応力をもたらします。

## ＊ 家族の絆を深めたい ＊

サードオニキス
⇒P219

家庭の基盤を安定させ、家族同士を強い絆で結びます。

アンバー
⇒P225

家庭の繁栄と家内安全を約束してくれます。

アベンチュリン
⇒P240

家庭に平和を呼び込み、永続的な繁栄をもたらします。

マザーオブパール
⇒P277

母親的な慈愛のエネルギーに包まれ、家族に優しくなれます。

## ＊ 人気運を高めたい ＊

アラゴナイト
⇒P202

“人脈の石”とされ、人間的魅力を引き出します。

ハイパーシーン
⇒P207

優れたリーダーとして、周囲の信頼を勝ち取れるように。

オレンジカルサイト
⇒P219

エネルギッシュなカリスマ的魅力で、一目置かれる人に。

ジンカイト
⇒P220

個性を強め、唯一無二の存在感を放てるようサポートします。

## ＊ 悪縁を絶ちたい ＊

オニキス
⇒P206

自分の軸を安定させ、他者に振り回されない強さをもたらします。

モリオン
⇒P211

ストーン界最強の邪気払い効果で、悪縁を回避します。

パイライト
⇒P223

苦手な人と関わる時の守り石。他者の悪意を寄せつけません。

天眼石
⇒P287

ネガティブなエネルギーから身を守る力を高めます。

## ＊ 人間関係のトラブルを解決したい ＊

オブシディアン
⇒P209

冷静な心を取り戻し、穏やかな人間関係を導きます。

フックサイト
⇒P245

傷ついた心を優しく癒し、寛容になれるよう導きます。

エンジェライト
⇒P253

無欲な心をもたらし、他者を許して受け入れられるようになります。

ウォーターメロントルマリン
⇒P284

ハートチャクラに癒しを与えるヒーリングストーンです。

# 才能・成長

## Talent & Growth

どんなに頑張っていても、時には行き詰まりを感じてしまうもの。
本来持つ才能を引き出し、さらなる成長へと導く石を紹介します。



### ＊ 心の成長を促す ＊

リビアングラス
⇒P229

無意識の領域にアクセスし、魂の浄化を促します。

アゼツライト
⇒P268

高次元の光の存在と繋がり、霊的進化を促進します。

メタモルフォーシス
⇒P278

人生の変容を受け入れ、前進する勇気を与えてくれます。

スーパーセブン
⇒P286

宇宙意識と繋がりつつ、グラウンディングも強化します。

### ＊ 才能を伸ばす ＊

サンストーン
⇒P220

クリエイティブで個性溢れる生き方を発揮できるように。

ティファニーストーン
⇒P266

感受性を強め、高次元からの情報を現実に生かせるように。

アンモライト
⇒P283

自分の中に隠された輝く可能性を示します。

オパール
⇒P285

創造力を高め、新たな自分の可能性に気づけるよう導きます。

### ＊ 自立心を育てる ＊

ペトリファイドウッド
⇒P204

力強く前進できるよう、強固な意志と決断力をもたらします。

セレスタイト
⇒P254

愛のエネルギーで心を満たし、自分の足で立てるよう導きます。

カイヤナイト
⇒P260

依存心や甘えをなくし、独立心を強めます。

クォンタムクワトロシリカ
⇒P286

行動力と勇気をもたらし、自己改革のサポートとなります。

# お守り
# *Amulet*

トラブルから保護する力や願いを叶える力が強く、
あらゆるシーンでサポートしてくれる守り石を紹介します。

## ＊ 受験 ＊

スモーキークォーツ
⇒P203

集中力を高め、不屈の忍耐力で目標達成を導きます。

デザートローズ
⇒P204

神経を鎮め、知性を高めてくれるので、受験生の強い味方です。

フローライト
⇒P246

頭の疲れを解消し、インスピレーションをもたらします。

アズライト
⇒P259

洞察力を養い、明晰な頭脳が必要な場面で力を発揮します。

## ＊ 旅行 ＊

ルチルクォーツ
⇒P226

旅での良い出会いや幸運を引き寄せ、災難を遠ざけます。

サーペンティン
⇒P228

持ち主に強い生命力を与え、過酷な長旅をサポート。

ターコイズ
⇒P255

勇気と冒険心を授け、危険から身を守ってくれます。

アイオライト
⇒P258

羅針盤のような働きがあり、特に海に関連した旅におすすめ。

## ＊ 家内安全 ＊

アンバー
⇒P225

家庭の平和をつかさどり、成功や繁栄をもたらします。

ジェイド
⇒P243

家族が互いに尊重し合えるような、平和な関係性を築きます。

フックサイト
⇒P245

家族に対して寛容になり、ありのままを受け入れられるように。

アゲート
⇒P282

家族の一体感を強め、繁栄に導く縁起の良い石です。

## ＊ 霊障害 ＊

スモーキークォーツ
⇒P203

大地の力を宿し、悪霊を払うエネルギーに優れています。

ブラックトルマリン
⇒P208

絶大な浄化力で悪霊・生霊のマイナスエネルギーを跳ね返します。

プレナイト
⇒P246

汚れて滞ったエネルギーを清め、良い気をもたらします。

水晶
⇒P269

持ち主のみならず、物や場所のエネルギーも浄化します。

## ＊ 厄除け ＊

オニキス
⇒P206

グラウンディングを強化し、不幸や災難から守ります。

モリオン
⇒P211

不幸を一切寄せつけない、強い邪気払い効果を持ちます。

レモンクォーツ
⇒P227

精神の混乱や恐怖を鎮め、魔除けのお守りとして役立ちます。

天眼石
⇒P287

石の表面に浮かぶ眼によって、邪気を撃退します。

## ＊ 子宝 ＊

レッドガーネット
⇒P216

夫婦の情熱を高め、コウノトリを呼び寄せてくれます。

カーネリアン
⇒P218

新しい命を創造するためのバイタリティと官能性を強化。

パール
⇒P275

子宝を授かるための愛情に満ちたエネルギーをもたらします。

アゲート
⇒P282

多くの子どもに恵まれ、家庭が繁栄するようにサポート。

## ＊ 安産 ＊

サンゴ
⇒P213

胎児が健康に成長し、安全に産まれるようサポート。

チューライト
⇒P235

女性の生理的な悩みを解決し、出産への不安を取り除きます。

ブラッドストーン
⇒P245

貧血を緩和するとされ、お産に必要な体力を強化。

パール
⇒P275

女性の健康を守り、安らかなお産ができるよう導きます。

## 産後・子育て

クンツァイト
⇒P234

慈愛の心を育み、無償の愛で我が子を包み込めるように。

マザーオブパール
⇒P277

母性で満たし、余裕を持って子育てを楽しめるように。

ミルキークォーツ
⇒P277

不安定になりがちな産後に、安心と癒しを与えます。

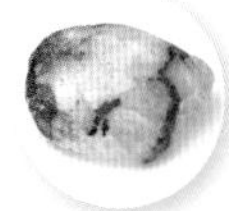

ムーンストーン
⇒P278

産後の乱れたホルモンバランスを調整してくれます。

## 人生の転機

タンザナイト
⇒P262

重要な局面で光をもたらし、人生を良い方向へ導きます。

レピドライト
⇒P266

変革や転機への順応力を高め、楽観的な気持ちで前進できるように。

ペタライト
⇒P276

人生をポジティブに転換し、軽やかに飛翔できるように。

メタモルフォーシス
⇒P278

人生の転換期の波に乗れるよう、前向きな心を育みます。

## 女性の魅力を高める

ユーディアライト
⇒P212

心を深い愛情で満たし、女性である自分を誇れるように。

ストロベリークォーツ
⇒P234

若々しさをキープし、愛と美を人生に呼び込みます。

ピンクスミソナイト
⇒P235

幸福のオーラをまとったやわらかな女性に。

クリソコラ
⇒P254

女性性を活性化し、人を慈しむ気持ちを育ててくれます。

## 男性の魅力を高める

タイガーアイ
⇒P203

抜群の実行力と仕事運で、成功者の仲間入りを果たせるように。

ハイパーシーン
⇒P207

リーダーシップを開花させ、周囲の信頼を獲得できるように。

オブシディアン
⇒P209

自信と不屈の精神をもたらし、問題解決に導きます。

ホークスアイ
⇒P211

鋭い判断力で物事の本質をとらえ、野心を叶えます。

# Chapter3の見方

エネルギー特性をはじめ、DATA、特徴、浄化方法など、
Chapter1、2に登場した石をチャクラ別に解説しています。

## チャクラとパワーストーン

チャクラについてはP291で詳しく解説していますが、9つのチャクラにはそれぞれに対応する色があり、この色と同じ色をしたパワーストーンがチャクラを開く（活性化させる）といわれています。

●第0チャクラ（足の裏）…ブラウン／●第1チャクラ（尾骨、背骨の付け根）…ブラック・レッド／●第2チャクラ（おへその1～2cm下）…オレンジ／●第3チャクラ（胸の下）…ゴールド・イエロー／●第4チャクラ（胸の中心）…ピンク・グリーン／●第5チャクラ（のどの下部）…スカイブルー／●第6チャクラ（頭蓋骨の底、延髄、眉間）…インディゴブルー／●第7チャクラ（頭頂部全体）…バイオレット／●第8チャクラ（頭頂の上部）…ホワイト・シルバー

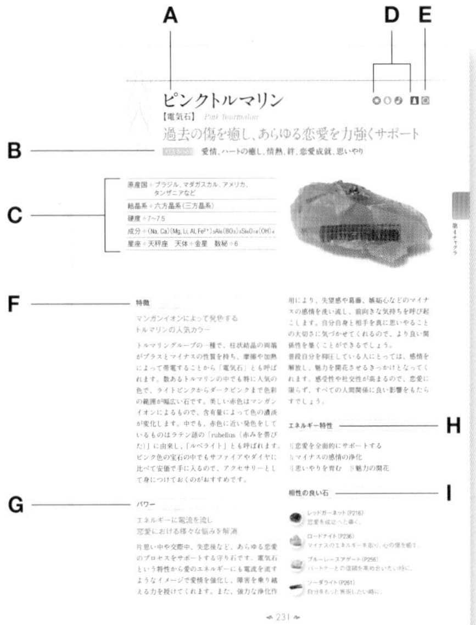


**A 石の名前／和名／欧文名**

石の名前は、正式な鉱物名ではなく、流通名で表記されているものもあります。

**B KEYWORD**

石のエネルギー特性を簡潔に表した言葉です。

**C DATA**

石の原産国、結晶系、硬度、成分と、石に対する星座と支配天体（Chapter1と対応）、数秘（P.6参照）をまとめています。

**D 浄化方法のマーク**

おすすめの浄化方法です。
日光浴／月光浴／流水／セージ（煙）／クラスター／音／塩

**E 使用方法のマーク**

おすすめの使用方法です。
置石／アクセサリー

**F 特徴**

石の歴史、色や形といった鉱物的な特徴などについて詳しく解説しています。

**G パワー**

石のエネルギー特性を詳しく解説しています。

**H エネルギー特性**

石のエネルギー特性を簡略化してまとめています。

**I 相性の良い石**

組み合わせるのにおすすめな石と、組み合わせた場合に強化されるエネルギーについて解説しています。

*Chapter 3*

# パワーストーンのプロフィール

本書に守護石として登場しているパワーストーンの
鉱物的特徴やエネルギー特性をご紹介。
石は対応するチャクラ別（色別）にまとめています。

# 第0チャクラ
（ブラウン）

✤

ボージーストーン

アラゴナイト

キャストライト

スモーキークォーツ

タイガーアイ

デザートローズ

ペトリファイドウッド

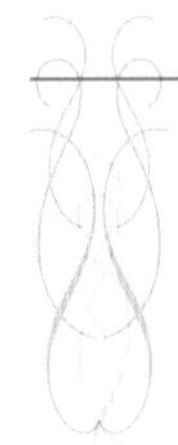

# ボージーストーン

【褐鉄鉱】 *Boji Stone*

## 陰陽のバランスを整え、エネルギーの調和を図る

KEYWORD 陰陽のバランス、統合、瞑想、ヒーリング、エネルギー再生

原産国✤アメリカ(カンザス州)

結晶系✤不明

硬度✤6~6.5

成分✤不明

星座✤牡牛座　天体✤月　数秘✤4

### 特徴

**男性石と女性石を組み合わせて使う ヒーリングストーン**

ネイティブインディアンの聖地である、アメリカ・カンザス州のみで産出されます。浸食によって自然に地表に現れたものしか拾ってはいけないため、大変希少な石です。

表面がでこぼこしたものが男性石、滑らかなものが女性石とされ、ヒーリングにはペアで使います。両手に持って近づけると、磁石のように反発し合う力が感じられるでしょう。中には、男性性と女性性の両方のエネルギーを持つ「レインボーボージーストーン」と呼ばれるものもあり、これは単体でも十分なエネルギーを持ちます。偽物が多く出回っていますが、本物はアメリカのヒーラー、カレン・ギルスピー女史が発行する商標書がついてきます。

### パワー

**両極性を持ち、物事のバランスを整え グラウンディング力を高める**

陰陽のエネルギーをバランス良く保つ石で、陰と陽のほかにも男性性と女性性、現実と霊性、肉体と精神、自分自身と社会といったすべての両極性を持つもののバランスを整えます。心身の不調を感じた時に使うと、気の流れが促され、活力が湧いてくるでしょう。大地との繋がりを意識できるようになるので、グラウンディング力も高まります。ヒーリングや瞑想などに使う際は、男性石を左手、女性石を右手に持つとより効果的です。

健康面では、体のあらゆる歪みを改善する働きを持つといわれています。細胞を活性化するので、痛みを感じる部分に挟むようにして置くと症状の緩和に役立つようです。

### エネルギー特性

§陰陽両方のエネルギーを持つ

§エネルギーのバランスを保つ

§心身に活力を与える

### 相性の良い石

ヘマタイト(P210)
心身のバランスをとり、活力アップ。

マラカイト(P247)
ストレス、緊張を緩和する。

ミルキークォーツ(P277)
バランスを整え、穏やかな日常を手に入れる。

ラブラドライト(P281)
集中力、やる気を高める。

# アラゴナイト

【霰石】 *Aragonite*

## 自信を持って前進する力を与え、存在感を高める

KEYWORD 社交運、グラウンディング、出会いの引き寄せ、潜在能力、リラックス

| | |
|---|---|
| 原産国 | スペイン、オーストラリア、モロッコ、イギリスなど |
| 結晶系 | 斜方晶系 |
| 硬度 | 3.5～4 |
| 成分 | $CaCO_3$ |

星座 ✤ 双子座　天体 ✤ 土星　数秘 ✤ 4

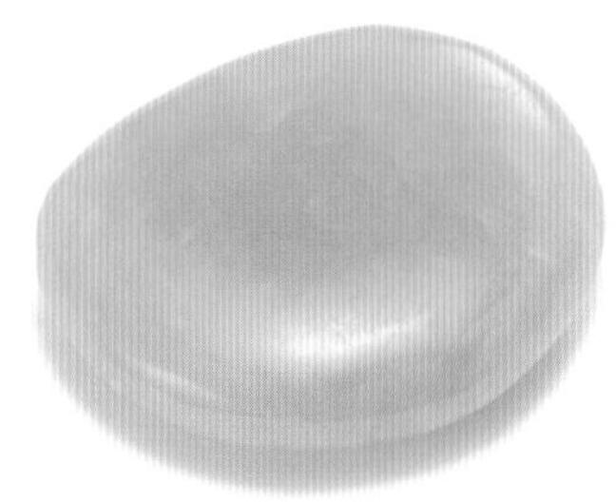

### 特徴

**古くから印鑑として利用された石**

含有物の違いにより、黄以外にも無色、白、青などがありますが、性質や意味はほぼ同じです。紀元前4000年・メソポタミア文明のころには、絵を刻んで印鑑のように使われていました。

### パワー

**魅力を高め、良い出会いを引き寄せる**

安定したエネルギーがグラウンディングを強化し、心を前向きにしてくれます。持ち主の潜在能力を引き出し、人間的な魅力を高めるサポートになるでしょう。気になる異性がいる人や、良縁を導きたい人にもおすすめです。

# キャストライト

【空晶石】 *Chiastolite*

## 新たな世界へチャレンジする力を強化

KEYWORD 意欲、ストレス軽減、情緒安定、不安や恐怖を取り除く

| | |
|---|---|
| 原産国 | ブラジル、中国、オーストラリア、スペインなど |
| 結晶系 | 斜方晶系 |
| 硬度 | 6.5～7.5 |
| 成分 | $Al_2SiO_5$ |

星座 ✤ 蠍座　天体 ✤ 月　数秘 ✤ 8

### 特徴

**解熱薬として使われた、黒い十字模様の石**

日本でもわずかに産出される、アンダリューサイト（紅柱石）の仲間。黒い十字の模様を持つことから「十字石」とも呼ばれます。古くは解熱薬としても重宝されました。

### パワー

**感情を安定させ、意欲を高める**

精神力を高め、逆境を乗り越える力を授ける石です。感情のコントロールを促して不安や恐怖を取り除き、意欲的に行動できるようにサポートしてくれるでしょう。精神的なストレスからくる体の不調の予防・緩和にも役立ちます。

# スモーキークォーツ

【煙水晶】 *Smoky Quartz*

## 肉体と大地を繋げ、自分の中心に軸を持つ

KEYWORD 集中力、魔除け、潜在能力開花、目標達成

原産国 ✤ ブラジル、アメリカ、イギリス、スペイン、オーストラリア、スコットランドなど

結晶系 ✤ 六方晶系（三方晶系）

硬度 ✤ 7

成分 ✤ $SiO_2$

星座 ✤ 山羊座　天体 ✤ 土星・冥王星　数秘 ✤ 8

### 特徴

**透明度が高いほど貴重な邪気払いの石**

茶や漆黒を帯びた水晶。大地との強い繋がりを持ち、古くから邪気払いとして重用されてきました。照射処理が施されていない天然の原石は透明度が高く、上品な輝きが魅力です。

### パワー

**潜在能力を引き出すサポートに**

忍耐力や集中力を高めてくれる石で、心身のエネルギーを強化し、潜在能力を引き出すサポートにもなるでしょう。また、不安や焦りを鎮め、安らぎを与えるヒーリングの力が高いので、枕元などに置いておくと安眠を促します。

# タイガーアイ

【虎目石】 *Tiger's eye*

## 地に足を着け、着実に成功を引き寄せる

KEYWORD 貯蓄、決断力、浪費防止、計画性、堅実、目標達成

原産国 ✤ 南アフリカ、オーストラリア、インドなど

結晶系 ✤ 単斜晶系

硬度 ✤ 6.5〜7

成分 ✤ $NaFe(SiO_3)_2$＋混合物

星座 ✤ 山羊座　天体 ✤ 太陽　数秘 ✤ 1

### 特徴

**縞模様が美しい、虎の目のような石**

クロシドライトに石英が浸み込んで硬くなり、酸化した石。研磨すると光の反射で縞模様が浮かび、その様子が虎の目に見えることからこの名がつきました。キャッツアイの代用品でもあります。

### パワー

**意志の強さをもたらし、金運を引き寄せる**

“富の石”として知られ、お金をコントロールする力を養い、貯蓄を殖やすサポートをします。また、目標を達成するために、堅実さと強い意志をもたらします。洞察力も高まるので、理想に繋がるチャンスを導いてくれるでしょう。

# デザートローズ

【砂漠の薔薇】 *Desert Rose*

## あらゆる依存から脱却し、生まれ変わる力をサポート

KEYWORD 依存からの脱却、鎮静、学力向上、縁切り

原産国 ✣ メキシコ、オーストラリア、チュニジア、モロッコなど

結晶系 ✣ 単斜晶系

硬度 ✣ 2～3.5

成分 ✣ $BaSO_4$または$CaSO_4$

星座 ✣ 乙女座　天体 ✣ 月　数秘 ✣ 6

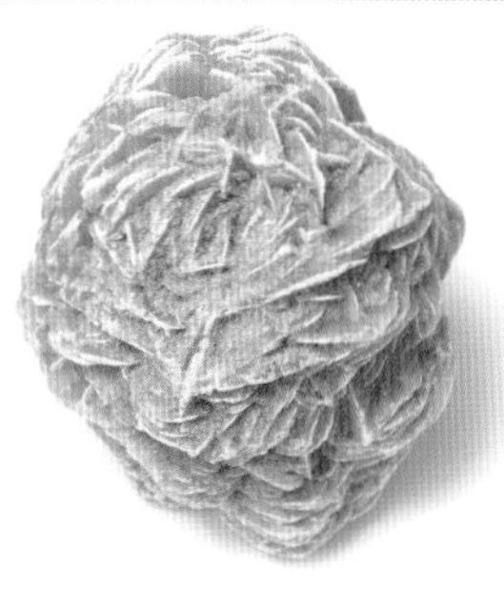

### 特徴

**自然の力によって薔薇の形に**

砂漠の中から産出されるセレナイトやバライトの仲間で、地底から染み出た水が周囲のミネラル分を溶かして形成されます。硬度が低くやわらかいので、この石の加工は不可能とされています。

### パワー

**長年の習慣を解除し、変化をもたらす石**

悪習慣や悪縁を断ち切り、誘惑や障害を遠ざける石です。持ち主に良い変化をもたらし、新しい一歩を踏み出す力を与えてくれるでしょう。知性を高める働きがあるので、勉強のお守りとしてデスクに置いておくのもおすすめです。

# ペトリファイドウッド

【珪化木・化石木】 *Petrified Wood*

## 大自然の恩恵にあずかり、揺るぎない信念を確立

KEYWORD 強固な意志、決断力、実行力、信念、勇気

原産国 ✣ 世界各地(ブラジル、マダガスカル、ジンバブエ、アメリカなど)

結晶系 ✣ 不定

硬度 ✣ 6～7

成分 ✣ $SiO_2$＋銅、炭素、マンガンなど

星座 ✣ 蠍座　天体 ✣ 土星・冥王星　数秘 ✣ 8

### 特徴

**自然の偉大さを感じられる、木の化石**

太古の時代の樹木に珪酸が浸透し、何億年もの時を経て石化した“木の化石”です。含まれるイオンによって茶やクリーム、黒などに発色し、自然が作り上げる様々な模様を持ちます。

### パワー

**夢を実現するための強い精神を養う**

自然の力強さを宿し、勇気と決断力を授ける石です。たとえ壁にぶつかっても、強い信念を持って迷わず前進できるようにサポートしてくれます。忍耐力の強化や気づきをもたらすのに役立つので、夢の実現を促してくれるでしょう。

# 第1チャクラ
（ブラック・レッド）

✤

オニキス
ハイパーシーン
ブラックトルマリン
オブシディアン
ジェット
テクタイト
ヘマタイト
ホークスアイ
モリオン

ユーディアライト
クロコアイト
サンゴ
シナバー
スピネル
モスコバイト
ルビー
レッドガーネット
レッドジャスパー

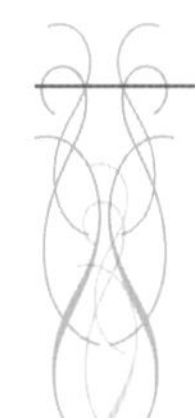

# オニキス

【黒瑪瑙】 *Onyx*

## 困難を乗り越える力を授け、成功を導く

KEYWORD　サイキックプロテクション、忍耐力、判断力、グラウンディング

原産国 ✣ 世界各地（インド、ブラジル、スリランカ、ドイツ、中国、チェコなど）

結晶系 ✣ 六方晶系（三方晶系）

硬度 ✣ 7

成分 ✣ $SiO_2$

星座 ✣ 山羊座　天体 ✣ 土星・冥王星　数秘 ✣ 8

### 特徴

**古くから魔除けにも使われた縞模様を持つ黒いアゲート**

ギリシャ語の「Onyxis（爪）」を名前の由来とする、数あるパワーストーンの中でもポピュラーな石のひとつです。鉱物学的にはクォーツの仲間になり、世界各地で採掘されます。元々は縞模様のあるアゲート（瑪瑙）全般を指していましたが、現在は黒のアゲートに限定してオニキスと呼ばれています。

魔除けの力を持つとして、キリスト教では古くからロザリオの石に使用されてきました。その一方で、悪夢や恐怖をもたらすという迷信が広まったこともあります。しかし、そのようなイメージとは程遠く、優しいエネルギーを持つ石です。誰が身につけても比較的効果が期待できることから、近年人気が高まっています。

### パワー

**外的干渉から守って自己の確立を促し物事の継続や目標達成をサポート**

自分自身の中心軸をしっかりと安定させ、ネガティブなエネルギーを寄せつけないようにしてくれる"守護の石"です。ネガティブな波動を吸収して冷静さをもたらし、あらゆる物事に対する自制心や判断力を高めます。自分の意思に自信を持てるようになるので、他者の意見に振り回されることなく、目標の実現に向けて着実に前進できるでしょう。

また、重厚感のある漆黒は、持ち主にグラウンディングすることを促します。いかなる障害があっても諦めず、最後までやり遂げるための忍耐力や意思の強さを養ってくれるでしょう。周りに流されやすい人や、物事の継続が苦手な人におすすめです。

### エネルギー特性

§ネガティブなエネルギーからの保護

§冷静さ、自制心、判断力

§自信　§グラウンディング

### 相性の良い石

アンバー（P225）
心身のバランスを整え、強さを持ちたい時に。

ストロベリークォーツ（P234）
女性性を高め、新しい出会いを導く。

アメジスト（P265）
強い意志を持ち、感情を安定させる。

天眼石（P287）
困難なことを乗り越える力に。

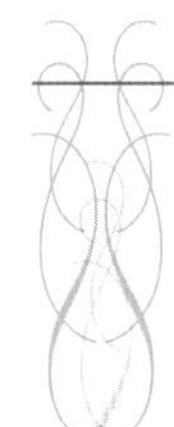

# ハイパーシーン

【紫蘇輝石】 *Hypersthene*

## 自らの規律を正し、リーダーの資質を高める

KEYWORD 指導力、リーダーシップ、統率力、自制心、瞑想、リラックス



原産国✤ブラジル、カナダ、アメリカなど

結晶系✤斜方晶系

硬度✤5〜6

成分✤(Fe,Mg)$SiO_3$

星座✤獅子座　天体✤土星・冥王星　数秘✤8

### 特徴

**見る角度によって輝きが異なる男性的でパワフルな石**

ギリシャ語の「huper（超越）」と「sthenos（強さ）」に因むほど、男性的でパワフルなエネルギーを持つ石です。シーン効果、キャッツアイ効果、スター効果による輝きがあり、光に当てると漆黒の中に銀や紫が浮かびます。
エンスタタイトと呼ばれる輝石に分類され、マグネシウム、鉄、珪酸を主成分とします。ブロンザイトとほぼ同じ化学組成ですが、鉄分が30%以上になるとハイパーシーンになります。硬度が低く、衝撃に弱いので取り扱いには注意が必要です。また、日光に当てるのも避けましょう。

### パワー

**自分への厳しさと他者への優しさでチームの信頼関係を築く**

リーダーシップの石として知られ、決断力や誠実さ、思慮深さといったリーダーに必要な資質を高めてくれます。まずは悪習慣を絶ち、自分自身の規律を正すことで、周囲からの信頼を得ることができるでしょう。また、他者についていくのではなく、自分が先頭を切って道を切り拓くための行動力を授けます。成長したいという姿勢を持つことが、幸運を引き寄せるためのカギとなるでしょう。
邪念や誘惑を遠ざける魔除けの石としても知られ、誤った方向に進みそうになった時には軌道修正をサポートします。感情の起伏を鎮める働きもあるので、リラックスすることで冷静な判断を下せるように導きます。瞑想に利用するのも良いでしょう。
健康面では、足の不調の緩和や頭髪の悩み解消に役立つといわれています。

### エネルギー特性

§リーダーシップ　§悪習慣を絶つ
§信頼関係の構築　§行動力
§魔除け　§感情の起伏を鎮める

### 相性の良い石

レッドジャスパー（P216）
意志力を強化する。

モルダバイト（P239）
願いをしっかりと定着させる。

アゼツライト（P268）
高次元へ導く。

ムーンストーン（P278）
周囲から信頼を得る助けに。

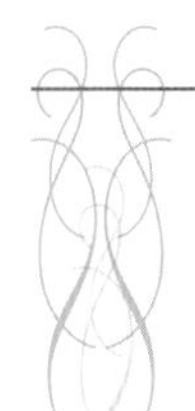

# ブラックトルマリン

【電気石】 *Black Tourmaline*

## マイナスエネルギーを跳ね除け、精神を保護する

KEYWORD 有害エネルギーのブロック、浄化、心身のバランス、お守り

原産国✤ブラジル、アメリカなど

結晶系✤六方晶系（三方晶系）

硬度✤7～7.5

成分✤$NaFe_3Al_6(BO_3)_3Si_6O_{18}(OH)_4$

星座✤山羊座　天体✤火星　数秘✤8

### 特徴

**摩擦や加熱によって静電気を帯び 健康促進にも良いといわれる石**

名前はシンハリ語の「turmali（宝石の砂や小石）」に由来します。両端が異極となっており、摩擦や加熱によって静電気を帯びることから、「電気石」とも呼ばれる石です。金属をイオン化する働きの強いナトリウム、マグネシウム、アルミニウムを多く含有し、マイナスイオンを発生させることでも知られています。

ブラック以外にもピンク、ブルー、グリーンなど様々で、鉱物グループの中では最多のカラーバリエーションを持ちます。それぞれ微妙にパワーは異なりますが、共通してヒーリングや健康促進に役立つといわれています。邪気を強力に吸い取るので、こまめに浄化しましょう。

### パワー

**有害なエネルギーから保護し 心身のストレスを緩和**

トルマリングループの中でも特に、マイナスエネルギーから保護する働きに優れています。邪念、サイキックアタックといった他者のマイナス感情から、携帯電話や家電による電磁波まで、あらゆる有害なエネルギーをカットしてくれるでしょう。さらに、マイナスイオンを発生させるので、水や空気を浄化するほか、心身のストレスを緩和する働きもあります。ネガティブな感情を和らげ、エネルギーの循環を促すことから、円滑な人間関係の構築にも繋がるでしょう。お守りとして身につけたり、人の出入りが多い場所に置いたりするのがおすすめです。

健康面では、内分泌系のバランスを整えて身体的な活力をもたらすので、のどの不調改善や肥満予防などに有効だといわれています。

### エネルギー特性

§邪念、サイキックアタックからの保護

§有害な電磁波をカット

§円滑な人間関係の構築

### 相性の良い石

ヘマタイト（P210）
ネガティブなエネルギーを跳ね返す。

ルチルクォーツ（P226）
強力な浄化作用。周りに流されやすい人に。

アベンチュリン（P240）
心をよみがえらせ、疲労を回復。

ブルーレースアゲート（P256）
円滑なコミュニケーションに。

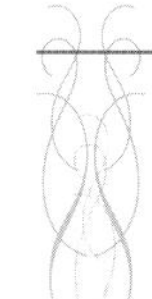

# オブシディアン

【黒曜石】 *Obsidian*

## 悪縁から守り、目標達成に向けて力強く後押しする

KEYWORD リーダーシップ、統率力、保護、自信



原産国 ✤ メキシコ、アメリカ、アイスランドなど

結晶系 ✤ 非晶質

硬度 ✤ 5

成分 ✤ $SiO_2$ ＋ CaO、Na、Kほか

星座 ✤ 山羊座　天体 ✤ 太陽　数秘 ✤ 8

### 特徴

**光の加減で表情が変わる石**

火山性の溶岩が急速に冷却されてできる天然ガラス。古代には矢じりの先にも使用されていました。マイクロライトと呼ばれる小さな結晶や微粒子が、様々な光学現象を生み出します。

### パワー

**エネルギーを飛躍的に高める**

強力な保護作用を持ち、悪縁を寄せつけません。心理的な強さや的確な判断力を与え、目標達成までの道のりを驚異的に縮めてくれるでしょう。潜在意識にある問題に気づかせ、本当の自分を知る助けになります。

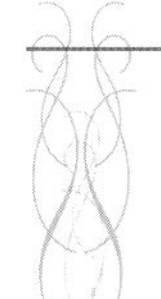

# ジェット

【黒玉】 *Jet*

## 否定的なエネルギーを浄化する、魔除けの石

KEYWORD 魔除け、忘却、追悼、鎮静、浄化、トラウマ

原産国 ✤ イギリス、スペイン、ロシア、中国など

結晶系 ✤ 非晶質

硬度 ✤ 2.5〜4

成分 ✤ C ＋ 不純物

星座 ✤ 山羊座　天体 ✤ 月　数秘 ✤ 4

### 特徴

**美しい光沢を放つ、木の化石**

海底に沈んだ木が長い年月をかけて炭化した、いわゆる“木の化石”。研磨すると光沢が生まれます。歴史は紀元前からと非常に古く、ビクトリア女王が愛用したことでも有名です。

### パワー

**感情をクリアにし、前進する強さを与える**

否定的なエネルギーを吸収、浄化してくれる魔除けの石です。心の混乱を鎮め、悲しみやトラウマをクリアにする働きを持ちます。障害を乗り越える強さも与えてくれるので、決断力を高め、前向きに行動できるようになるでしょう。

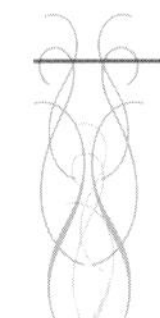

# テクタイト

*Tektite*

## 宇宙と潜在意識を繋げ、核心的な問題を解決する

KEYWORD カルマの浄化、宇宙意識との繋がり、意識の進化、人生の方向づけ

原産国✤タイ、フィリピン、カンボジアなど
結晶系✤非晶質
硬度✤5~6
成分✤$SiO_2$が主成分
星座✤水瓶座　天体✤天王星　数秘✤11

### 特徴

**隕石の成分を含む天然ガラス**

ギリシャ語の「tektos（融解した）」という言葉に因んで名づけられた天然ガラス。隕石が衝突した時の熱と衝撃によって融解し、急激に冷却されたことによってできたといわれています。

### パワー

**負のエネルギーを浄化し、心を癒す**

宇宙との繋がりを強化してインスピレーションを刺激します。孤独、悲しみ、不安といったマイナスの感情を和らげてくれるでしょう。また、“デトックスの石”としても有名です。カルマを浄化する作用を持つので、自身のヒーリングにも有効です。

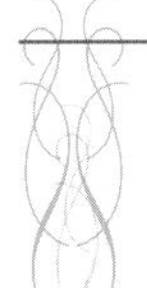

# ヘマタイト

【赤鉄鉱】 *Hematite*

## 困難を乗り越え、勝利をもたらす戦いの守り神

KEYWORD 生命力の活性化、目標達成、勝負強さ、転職

原産国✤イギリス、イタリア、アメリカ、ブラジルなど
結晶系✤六方晶系
硬度✤5~6.5
成分✤$Fe_2O_3$
星座✤牡羊座　天体✤火星　数秘✤1

### 特徴

**血液に深い関わりを持つ石**

研磨すると光沢が現れる石です。鉄を主成分とし、すり潰すと赤くなります。止血や貧血改善といった血液にまつわる良い効果が信じられ、治療にも使われたと言い伝えられています。

### パワー

**変化に立ち向かう力を与える**

自信と勇気を与え、堂々と前進できるようにサポートしてくれる、勝利の守り石です。変化に対する不安が解消され、自立心や自尊心を持てるようになるので、チャレンジ精神が高まるでしょう。転職活動中の人にもおすすめです。

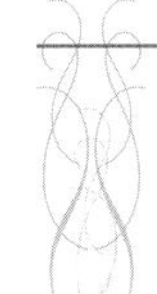

# ホークスアイ

【鷹目石·青虎目石】 *Hawk's Eye*

## 心眼で未来を見極め、成功と豊かさをもたらす

KEYWORD 富、冷静さ、判断力、仕事運、前進する力

原産国✤南アフリカ、オーストラリア、ナミビアなど

結晶系✤単斜晶系

硬度✤6.5~7

成分✤$Na_2Fe^{2+}{}_3Fe^{3+}{}_2(OH|Si_4O_{11})_2$

星座✤乙女座　天体✤太陽　数秘✤8

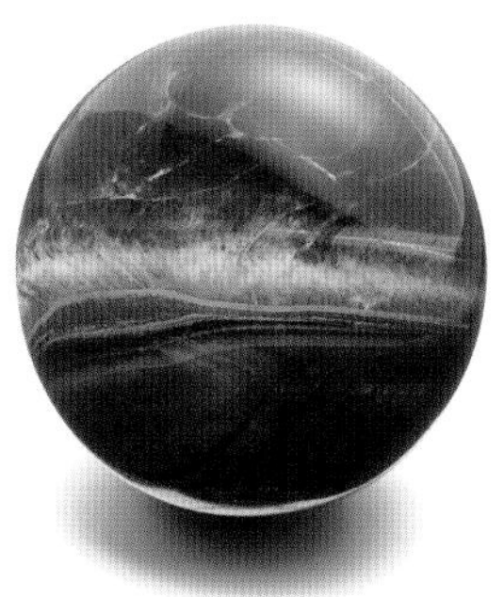

### 特徴

**鷹の目のように輝く、強力な守り石**

黒地に縞模様が入った石で、研磨すると鷹の目のように見えます。タイガーアイと同じくクロシドライトが一部珪酸によって置き換わったもので、古くから護符として使われました。

### パワー

**目的意識を明確にし、成功を導く**

障害を跳ね除け、前進する力を授ける石です。視野が広がり、洞察力が高まるので、冷静な判断で道が拓けるようになります。また、目的意識が芽生えて迷いをなくすので、ビジネスでの大きな成功に繋がりやすくなるでしょう。

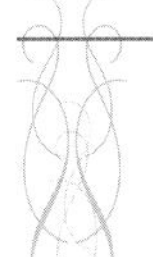

# モリオン

【黒水晶】 *Morion*

## 最強の邪気払い·浄化作用を持つストーン界の賢者

KEYWORD 邪気払い、魔除け、カルマの浄化、強力な保護、憂うつ改善

原産国✤ブラジル、中国、アメリカ、カザフスタンなど

結晶系✤六方晶系(三方晶系)

硬度✤7

成分✤$SiO_2$

星座✤牡牛座　天体✤土星　数秘✤4

### 特徴

**黒く色づき、光を通さない水晶**

元々はスコットランドのケアンゴーム山地で産出された水晶。放射線の影響で不透明な黒になりますが、天然のものは大変希少で、放射線照射処理を施されている場合がほとんどです。

### パワー

**強力な浄化作用で悪習慣を改善**

外的エネルギーの干渉から保護する力を持ち、邪気払いのお守りとして使われます。また、強力な浄化作用により、悪習慣の改善や先祖代々から続く問題の解決を導きます。心の鎮静化を促し、落ち着きを取り戻してくれるでしょう。

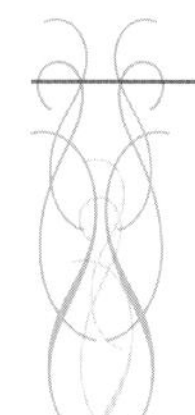

# ユーディアライト

【ユーディアル石】 *Eudialyte*

## 女性であることの誇りと喜びを高める、女性性のシンボル

KEYWORD 女性性、愛情、自然や宇宙との調和

| | |
|---|---|
| 原産国 | ロシア、カナダ、ブラジル、ノルウェー、オーストラリアなど |
| 結晶系 | 六方晶系（三方晶系） |
| 硬度 | 5.5 |
| 成分 | $Na_4(Ca,Ce)_2(Fe,Mn,Y)ZrSi_8O_{22}(OH,Cl)_2$ |
| 星座 | 牡牛座　天体✤金星　数秘✤2 |

※濃いピンクの部分

### 特徴

**深みのある色合いが美しく
良質なものはルビーのように透明度が高い**

ジルコニウムなどを含む珪酸塩鉱物の一種で、1819年にグリーンランドで発見されました。酸に溶けやすい性質を持つことから、名前はギリシャ語の「eu dialytos（よく分解可能な）」に由来します。産出量が少なく大変希少ですが、ワインレッドや濃いピンクが美しく、中にはルビーのように透明度が高いものもあります。単体ではなく、黒のエジリンや白のネフェリンといった鉱物とともに、モザイク模様を織り成した状態で産出されるのが一般的です。
産地のひとつであるロシア北西部・コラ半島では、外敵から民族を守るために戦った祖先の血がこの石になったと伝承されています。

### パワー

**女性性のエネルギーを活性化し
愛情に溢れた優しい心を育む**

女性性に深く関係し、愛情と神秘性を持つ女性の素晴らしさを再認識させてくれる石です。女性の場合、特有の葛藤やストレス、何らかの不満を感じている時に使うと良いでしょう。抑圧的な思いを解放し、女性として生まれてきた意味を教えてくれます。
なお、この石が持つ優しい癒しの力は、女性に限らず、すべての人におすすめです。自然や宇宙が奏でるリズムとの調和をはかり、感情の混乱を鎮めてくれるので、物事を前向きにとらえられるようになります。また、他者の考えを素直に受け入れる寛容さを授け、人の縁に恵まれるようサポートしてくれます。良好な人間関係は身体エネルギーの活性化にも繋がるので、充実した生活を送れるようになるでしょう。

### エネルギー特性

§女性性に影響を与える
§癒し　§自然や宇宙との調和
§良縁に恵まれる

### 相性の良い石

ロードクロサイト（P233）
愛情溢れる関係を持ちたい時に。

モスアゲート（P247）
自然のリズムに繋がる。

クリソコラ（P254）
女性性をもっと高めたい時に。

ムーンストーン（P278）
女性特有の不満やストレスに。

# クロコアイト

【紅鉛鉱】 *Crocoite*

## 生命エネルギーを高め、人生の豊かさをもたらす

KEYWORD 前進する力、情熱、活力、現状打破

原産国 ✤ オーストラリア（タスマニア島）、ロシア

結晶系 ✤ 単斜晶系

硬度 ✤ 2.5〜3

成分 ✤ $PbCrO_4$

星座 ✤ 射手座　天体 ✤ 太陽　数秘 ✤ 1

### 特徴

**鮮やかな色合いと個性的な結晶を成す石**

金属元素のクロムを含み、赤やオレンジ、黄に色づいた角柱状の結晶を成す、大変珍しい形の石です。オイルへの練りやすさから、粉末にしたものは油絵の具の材料として使われます。

### パワー

**情熱を引き出し、現状打破をサポート**

強力な波動を持ち、大地からの生命エネルギーで全身を満たしてくれる石です。心身のバランスが整い、活力がみなぎってくるので、何事にも情熱を持って取り組めるようになるでしょう。現状を打破したい時におすすめです。

# サンゴ（コーラル）

【珊瑚】 *Coral*

## 女性の健やかさを養い、子孫繁栄をつかさどる

KEYWORD 女性性、子宝、女性の幸せ、幸福な結婚、安産

原産国 ✤ イタリア、ハワイ、日本

結晶系 ✤ 非晶質

硬度 ✤ 3.5

成分 ✤ $CaCO_3 + MgCO_3$

星座 ✤ 蟹座　天体 ✤ 月　数秘 ✤ 2

### 特徴

**サンゴ虫の骨格部分を加工して作られる**

クラゲやイソギンチャクの仲間（腔腸動物）である「サンゴ虫」の骨格部分で、厳密には鉱物ではありません。色は白、ピンク、赤などがあり、美しさによって価格が大きく変動します。

### パワー

**女性としての幸せを呼び込む**

結婚や出産、家庭の繁栄をサポートし、女性の幸運を呼び込みます。特に、子宝を授けるお守りとして知られ、古くから大切にされてきました。安産を願う時は、体を温めて血の巡りを良くするとされる、赤に近いものがおすすめです。

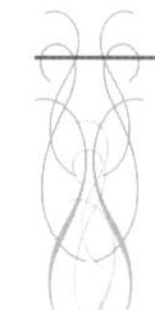

# シナバー

【辰砂】 *Cinnabar*

## 既成概念にとらわれないひらめきで、富を呼び込む

KEYWORD 天啓、内なる目、富、栄光、直感力、安定

原産国✤中国、スペイン、日本

結晶系✤六方晶系（三方晶系）

硬度✤2～2.5

成分✤HgS

星座✤獅子座　天体✤木星　数秘✤3

### 特徴

**錬金術において重宝された賢者の石**

血液を思わせる真っ赤な色をした水銀の硫化鉱物で、名前はギリシャ語の「kinnabaris（赤い色のもの）」に由来します。西洋では錬金術の霊薬として使用され、"賢者の石"とも呼ばれました。

### パワー

**創造力を高め、ビジネスを成功に導く**

思考を柔軟にし、新しいアイデアやビジョンを授ける石です。創造力や直感力が高まることで、ビジネスの成功に繋がりやすくなるでしょう。チャクラのバランスを整える働きもあるので、恐れや怒りなどを鎮め、心に余裕をもたらします。

# スピネル

【尖晶石】 *Spinel*

## 強さと情熱を呼び起こし、夢を叶える

KEYWORD 自己実現、目標達成、現実化、エネルギーの活性化

原産国✤ミャンマー、スリランカなど

結晶系✤等軸晶系

硬度✤7.5～8

成分✤$MgAl_2O_4$

星座✤牡羊座　天体✤火星　数秘✤3

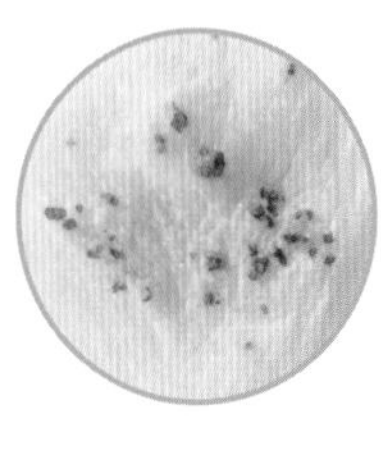

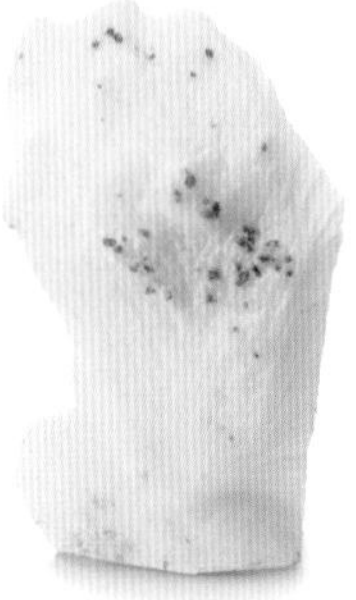

### 特徴

**ダイヤモンドと同じく、八面体の原石**

原石が八面体であることから、名前はラテン語の「spinella（棘）」に由来します。多彩なカラーバリエーションを持ち、長い間ルビーなどのコランダムグループと混同されていました。

### パワー

**目標達成に向け、正しい道を示す**

強力に生命エネルギーを活性化させる石です。仕事や恋愛などのあらゆる目標を明確にし、現実化できるように促してくれるでしょう。自分自身の魅力に気づかせ、表現する力をもたらすので、自己アピールが苦手な人におすすめです。

# モスコバイト

【白雲母】 *Muscovite*

## 高次元の魂と繋げ、精神の安定をもたらす

KEYWORD 疲労緩和、鎮静、しがらみからの解放、平常心

原産国 ✤ ロシア、ブラジル、中国など

結晶系 ✤ 単斜晶系

硬度 ✤ 2.5

成分 ✤ $KAl_2(AlSi_3O_{10})(F,OH)_2$

星座 ✤ 双子座　天体 ✤ 月　数秘 ✤ 6

### 特徴

**不老長寿に効く漢方薬として珍重された**

名前はモスクワ経由でヨーロッパに輸入されたことに由来し、古くは漢方薬として珍重されました。マンガンを含んだ赤みのある石が多く流通していますが、透明、白、ピンクなども存在します。

### パワー

**感情を穏やかにし、冷静な判断力を与える**

心の傷を癒し、失った自信を取り戻してくれる石です。サイキックアタックを防ぐ力を持つので、感情的になりやすい人も落ち着いて物事を判断できるようになるでしょう。高次元の魂や自然との繋がりを強化するのにも役立ちます。

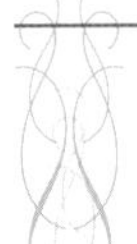

# ルビー

【紅玉】 *Ruby*

## 女王のような風格とパワーを与えてくれる、勝利の石

KEYWORD 生命力、勝利、情熱、勇気、カリスマ

原産国 ✤ ミャンマー、スリランカ、アフガニスタン、マダガスカルなど

結晶系 ✤ 六方晶系（三方晶系）

硬度 ✤ 9

成分 ✤ $Al_2O_3$

星座 ✤ 牡羊座　天体 ✤ 太陽　数秘 ✤ 1

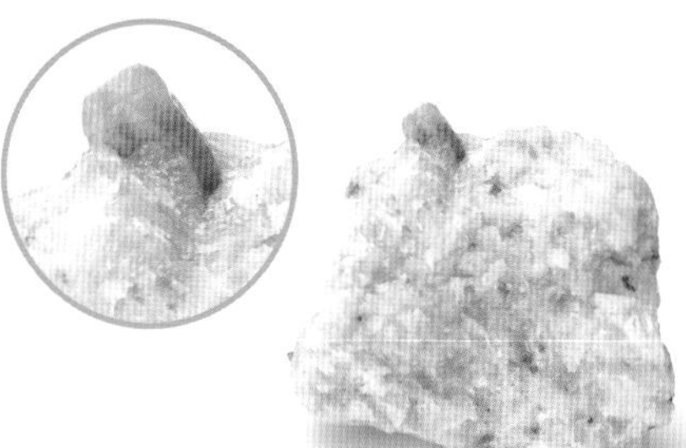

### 特徴

**艶やかな赤が美しい、宝石の女王**

名前はラテン語の「Ruber（赤）」に由来し、その華やかさから“宝石の女王”とも呼ばれます。発色要因はクロムで、ダイヤモンドの次に硬いコランダムという鉱物グループに属します。

### パワー

**情熱的なパワーで勝利を呼ぶ石**

非常にエネルギーが強い石で、心身の強壮剤のような働きをします。情熱と集中力をもたらし、アクティブな行動ができるように促してくれるでしょう。勝利や繁栄を呼び込む力もあるので、賭けごとに勝ちたい時などにおすすめです。

# レッドガーネット

【柘榴石】 *Red Garnet*

## 魅力や快活さを引き出す、愛と情熱の石

KEYWORD 願望成就、愛情、情熱、愛を再燃

| | |
|---|---|
| 原産国 | インド、ブラジル、マダガスカル、スリランカ |
| 結晶系 | 等軸晶系 |
| 硬度 | 7.5 |
| 成分 | $Fe^{2+}{}_3Al_2(SiO_4)_3$ |
| 星座 | 牡羊座　天体 ✤ 金星　数秘 ✤ 1 |

**特徴**

**遺跡からも出土している、歴史ある石**

名前はラテン語の「granatus（種子）」に由来します。古くから「神聖な石」として崇められ、護符などに使われていました。古代エジプト遺跡からは彫刻を施したものが出土しています。

**パワー**

**マンネリ関係に刺激を与え、愛情を深める**

“愛と情熱の石”として知られ、大切な人との関係性を活気づけます。持ち主の魅力や、相手を思いやる気持ちが高まるので、マンネリの解消にも良いでしょう。努力の成果を実らせ、成功へと導くので、恋愛以外でも力を発揮します。

# レッドジャスパー

【碧玉】 *Red Jasper*

## 信念を強化する、大地のシンボル

KEYWORD グラウンディング、判断力、行動力

| | |
|---|---|
| 原産国 | インド、ベネズエラ、アメリカ、ロシアなど |
| 結晶系 | 六方晶系（潜晶質） |
| 硬度 | 7 |
| 成分 | $SiO_2$ ＋ 不純物 |
| 星座 | 蠍座　天体 ✤ 火星　数秘 ✤ 1 |

**特徴**

**石英質なのに不透明なのが魅力の石**

宝飾品や観賞用の彫刻などに多く使われる、赤褐色のジャスパー。不純物を多く含むクォーツの集合体で、透明感はありませんが、それが逆に「自然の芸術」として愛されています。

**パワー**

**自分の意思で前進する強さをもたらす**

自然との繋がりが強く、安定感のあるエネルギーを持ちます。自分に正直に行動する力を授けるので、他者の意思に左右されず、信念を持って前進できるようになるでしょう。視野を広げ、洞察力や勝負強さを高める働きもあります。

*2nd chakra*

# 第2チャクラ

（オレンジ）

✤

カーネリアン

オレンジカルサイト

サードオニキス

サンストーン

ジンカイト

タンジェリンクォーツ

ファイヤーアゲート

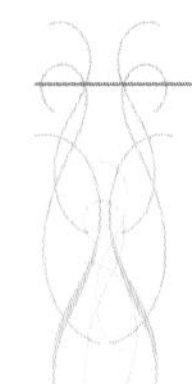

# カーネリアン

【紅玉髄】 *Carnelian*

## 積極的な行動を促し、自らの可能性を広げる

KEYWORD 成功、勝利、勇気、実行力、積極性、バイタリティ、官能



原産国 ✣ インド、ブラジル、ウルグアイ、インドネシア、マダガスカル、アメリカなど

結晶系 ✣ 六方晶系（潜晶質）

硬度 ✣ 6.5～7

成分 ✣ $SiO_2$

星座 ✣ 牡羊座　天体 ✣ 火星　数秘 ✣ 1

### 特徴

**装飾品に多く使われ
古くから歴史に名を残している石**

カルセドニー（玉髄）グループの中でも情熱的な赤～オレンジの石を指し、その色合いからラテン語の「carnis（肉）」に由来して名づけられました。艶やかで気品のある美しさを持つにも関わらず、良質なものを比較的安価で入手できることから、根強い人気を誇ります。
古くから強力なパワーを宿す石として宗教者や権力者を中心に愛され、エジプト文明、メソポタミア文明の王墓からは多くの装飾品が発見されています。ほかにも、この石を使った八角形の印章を生涯大事にしていたフランス皇帝・ナポレオンや、“悟りの石”として身につけていたイスラム教の教祖・マホメットなど、歴史上の偉人と深く関係する石です。

### パワー

**自分自身が置かれた状況を理解し
目標を達成するための活力を高める**

エネルギーの活性化を得意とする石です。積極性や勇気、バイタリティをもたらし、仕事、恋愛、夢の可能性を広げてくれるでしょう。目標達成に必要なことを明確にし、それを実行に移す力を授けるので、行き詰まりを感じている人やこれから新しいことを始めようとしている人におすすめです。やりたいことが見つからず意欲が湧かない時には、視野を広げるようサポートし、見落としていた自分自身の長所に気づくきっかけを作ってくれます。
基本的には活性の石ですが、怒りや不満を抑え、感情を安定させる力も持ちます。恋愛においては、官能的な魅力を引き出してくれるので、意中の人に対するアピール力が高まるでしょう。

### エネルギー特性

§可能性を広げる
§実行力を高める
§官能的な魅力を高める

### 相性の良い石

タイガーアイ（P203）
仕事での決断力を高めたい時に。

ルビー（P215）
エネルギーを高めたい時に。

ローズクォーツ（P232）
情熱的な恋愛をサポート。

フローライト（P246）
学習能力の向上に。

# オレンジカルサイト

【方解石】 *Orange Calcite*

## 意思の疎通を円滑にし、穏やかな人間関係を築く

KEYWORD コミュニケーション能力、カリスマ性、クリエイティビティ、陽気、行動力

原産国 ✣ メキシコ、ブラジル、中国など

結晶系 ✣ 六方晶系（三方晶系）

硬度 ✣ 3

成分 ✣ $CaCO_3$

星座 ✣ 獅子座　天体 ✣ 木星　数秘 ✣ 3

### 特徴

**色とりどりのカルサイトの一種**

古代ローマなどでは、建材や彫刻の素材として使われていました。純粋なカルサイトは無色透明ですが、含まれる物質によって様々な色に変化します。流通量が多く、比較的安価な石です。

### パワー

**持ち主の能力を最大限に引き出す**

コミュニケーション能力をサポートし、人間関係を円満な状態に導く石です。また、エネルギッシュなオレンジ色が生命力を高め、内に秘めた能力を引き出してくれます。センスが求められるクリエイティブ職の人におすすめです。

# サードオニキス

【紅縞瑪瑙】 *Sardonyx*

## 家庭の平和を守り、豊かさを引き寄せる

KEYWORD 情緒安定、家族の繁栄、健康増進、パートナーシップ

原産国 ✣ ブラジル、ウルグアイ、インド、中国、ドイツ、トルコなど

結晶系 ✣ 六方晶系（潜晶質）

硬度 ✣ 7

成分 ✣ $SiO_2$

星座 ✣ 蟹座　天体 ✣ 金星　数秘 ✣ 2

### 特徴

**多くの歴史書に登場する、縞模様の石**

縞模様が層状に見られる石で、赤～オレンジの部分はカーネリアンと同じ成分ですが、白い縞が入るとサードオニキスになります。旧約聖書をはじめとする多くの歴史書に登場します。

### パワー

**家族を強い絆で結び、繁栄をもたらす**

身近な人との絆を強める働きがあり、古くから夫婦の幸福を象徴する石としても知られています。高い保護力によってマイナスエネルギーを遠ざけるほか、健康や衣食住に深い関わりを持つので、家庭の繁栄をもたらしてくれます。

# サンストーン

【日長石】 *Sun Stone*

## 明るさと自尊心をもたらす太陽の石

KEYWORD 自己表現、クリエイティビティ、自尊心、心の余裕

原産国 ✣ インド、タンザニア、カナダ、アメリカ、ノルウェーなど

結晶系 ✣ 三斜晶系

硬度 ✣ 6～6.5

成分 ✣ $(Na,Ca)Al(Al,S)Si_2O_8$

星座 ✣ 獅子座　天体 ✣ 太陽　数秘 ✣ 3

### 特徴

別の鉱物を内包し、キラキラと輝く石

アベンチュレッセンスという光学効果によって、キラキラとした輝きを持つ長石の一種。同じく長石であるムーンストーンの静かな光とは対照的であることから、この名がつきました。

### パワー

人生を楽しむための自信を育てる

心に明るさをもたらす石で、自尊心や自己表現力を高める働きがあります。常に前向きな気持ちで人生を開拓できるようになるでしょう。クリエイティブな才能を磨く石でもあり、新しい考えを発信したい人におすすめです。

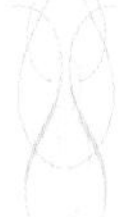

# ジンカイト

【紅亜鉛鉱】 *Zincite*

## 魂を燃え上がらせる、復活のシンボル

KEYWORD 復活、個性、人間関係、無気力からの回復

原産国 ✣ ナミビア、ドイツ、アメリカなど

結晶系 ✣ 六方晶系

硬度 ✣ 4～4.5

成分 ✣ $ZnO$

星座 ✣ 獅子座　天体 ✣ 火星　数秘 ✣ 1

### 特徴

ダイヤモンド並みの輝きを持つ石

名前の由来は、主成分である亜鉛を意味する「Zinc」。現在は、ナミビアのツメブ鉱山が主な産地となっています。屈折率が高く、「ダイヤモンド光沢」とも称される輝きを持ちます。

### パワー

活力を与え、希望に満ちた人生に

個性や直感力を高め、豊かな創造力を育む石です。希望や喜びに敏感になり、活力が湧いてくるでしょう。無気力状態に陥っている時には、内に秘めた思いを燃え上がらせてくれます。良好な人間関係の構築にも有効です。

# タンジェリンクォーツ

【蜜柑水晶】 *Tangerine Quartz*

## エネルギー循環を促し、元気を呼び起こす

KEYWORD 癒し、浄化、疲労回復、エネルギー活性、病後の回復促進

原産国 ブラジル、インドなど

結晶系 六方晶系（三方晶系）

硬度 7

成分 $SiO_2$

星座 射手座　天体 水星　数秘 5

### 特徴

オレンジ色が美しい、錆びた水晶

表面に付着したヘマタイト成分が酸化し、オレンジに色づいた水晶。ブラジル語の「tange（みかん）」を語源としています。表面の錆びた部分を酸で溶かすと、元の透明な水晶に戻ります。

### パワー

活性作用が強く、疲労回復に役立つ

水晶の持つ浄化作用が頭をクリアにし、知性や想像力を高めます。また、体内のエネルギー循環を活性化させる働きがあります。心に明るさをもたらし、疲労回復にも有効です。病気療養時には、ベッドサイドに置くと良いでしょう。

# ファイヤーアゲート

【瑪瑙】 *Fire Agate*

## ネガティブなエネルギーを浄化し、健やかさを保つ

KEYWORD セクシャリティ、生命力、強力な保護、安心感

原産国 メキシコ、アメリカ、インド、ブラジルなど

結晶系 六方晶系（潜晶質）

硬度 6.5〜7

成分 $SiO_2$ ＋ 不純物

星座 獅子座　天体 月　数秘 3

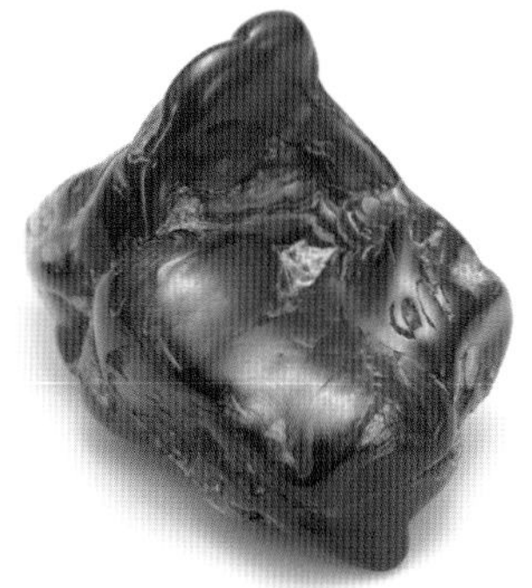

### 特徴

特殊な遊色効果を見せるアゲート

褐色や赤の炎のような縞模様を持ち、大変希少価値の高いアゲート。リモナイトなどの別の鉱物がインクルージョンし、イリデッセンスという虹色の遊色効果を見せるのが魅力です。

### パワー

強力な保護作用で、心身のストレスを緩和

心身のエネルギーを保護する力に優れ、健康や長寿のお守りとして有名です。邪悪なエネルギーを跳ね返し、精神的なダメージを軽減する働きがあります。将来への不安を抱えている時には、一歩踏み出す勇気を与えてくれるでしょう。

*3rd chakra*

# 第3チャクラ
（ゴールド・イエロー）

パイライト

ソラリス

マーカサイト

アンバー

ルチルクォーツ

レモンクォーツ

サーペンティン

サルファー

シトリン

リビアングラス

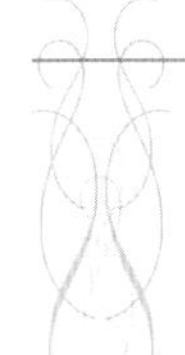

# パイライト

【黄鉄鉱】 *Pyrite*

## 邪気から守り、自信をもたらして勝利に導く

KEYWORD 邪気払い、勝負強さ、危機回避、防衛フィールド、バリアー

原産国 ✤ スペイン、イタリア、ペルーなど
結晶系 ✤ 等軸晶系
硬度 ✤ 6〜6.5
成分 ✤ $FeS_2$
星座 ✤ 牡羊座　天体 ✤ 火星　数秘 ✤ 22

第3チャクラ

### 特徴

金属のような光沢を持ち
ユニークな形で産出される石

硫黄と鉄を含む硫化鉱物の一種で、人工的にカットされたかのような立方体または多面体で産出されます。ハンマーなどで叩くと火花が飛び散ることから、ギリシャ語の「pyr（火）」に由来して名づけられました。金色がかった色合いで、金に間違えられることも多く、「Fool's gold（愚か者の金）」とも呼ばれています。
比較的簡単に入手できたことから、18世紀ごろには「マルカジット」というダイヤモンドの代用品として人気を集めました。大変希少ではあるものの、現在でもアンティークジュエリーとして市場に出回っています。

### パワー

上昇のエネルギーが意志を強化し
目的達成に導く

優れた保護力を持ち、邪気払いの石として知られています。邪念や災難などのネガティブなエネルギーを遠ざけてくれるので、集中力を高めたい時や苦手な人と関わる時などに役立ちます。
なお、他者のために尽くしすぎて自己犠牲を繰り返している人には、穴がゴツゴツと空いているタイプのものがおすすめです。バランスの取れた人間関係を意識的に教えてくれるでしょう。
火山活動によって生成されることから、上昇を象徴する石でもあります。意志を強固なものにするので、目標達成に向け、自信を持って前進できるでしょう。駆け引きが必要な場面でも勝負強さを発揮できるようサポートします。大地の恩恵を享受した安定感のあるエネルギーは、グラウンディングにも有効です。健康面では、気管支や肺の不調に良いとされています。

### エネルギー特性

§ 邪念や災難からの回避
§ 上昇志向　§ 勝負強くなる
§ グラウンディング

### 相性の良い石

オニキス（P206）
保護力を強化する。

ルチルクォーツ（P226）
勝負運を高める。

エメラルド（P241）
勝利を勝ち取りたい時に。

サファイア（P261）
思考をクリアにし、冷静さを保つ。

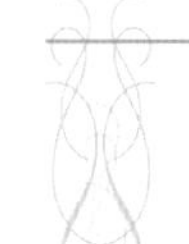

## ソラリス(ゴールデンヒーラー)

Solaris (Golden Healer)

### ヒーリングエネルギーで心身に光を注ぐ石

KEYWORD ヒーリング、金色の治療者、瞑想、過去の傷を癒す

原産国 ✤ ブラジル、アメリカなど

結晶系 ✤ 六方晶系(三方晶系)

硬度 ✤ 7

成分 ✤ $SiO_2$ + 酸化鉄

星座 ✤ 獅子座　天体 ✤ 太陽　数秘 ✤ 33

特徴

虹色に輝く、ゴールデンヒーラーの一種

土壌の鉄分やマグネシウムなどが表面に付着し、黄金色に輝いた水晶をゴールデンヒーラー（金色の治療者）と呼びます。中でも、虹色皮膜を持つものがソラリスとして区別されています。

パワー

失った自信を取り戻すサポートに

強力なヒーリングエネルギーによって、肉体的にも精神的にもストレスを軽減してくれる石です。過去に負った傷を癒し、自信を取り戻してくれます。瞑想に利用すると、自分に合ったヒーリング方法を知ることができるでしょう。

## マーカサイト

【白鉄鉱】 Marcasite

### 心の落ち着きを維持し、見極める力を養う

KEYWORD 冷静さ、知性、落ち着き、叡智

原産国 ✤ スペイン、イタリア、ペルーなど

結晶系 ✤ 斜方晶系

硬度 ✤ 6~6.5

成分 ✤ $FeS_2$

星座 ✤ 水瓶座　天体 ✤ 太陽　数秘 ✤ 33

特徴

パイライトとは同質異像の関係にある

金属のような光沢を持つ石で、パイライトとは化学組成が同じで結晶系が異なる「同質異像」の関係にあります。水分に触れると劣化しやすいので、汗や湿度に注意して取り扱いましょう。

パワー

視野を広げ、前進する勇気を授ける

叡智や知性を養う石です。心に落ち着きをもたらし、客観的な視点で物事を考えられるようになるでしょう。不安や苛立ちなどのマイナスの感情を鎮め、的確な判断を導くので、夢や目標に向けて前進する勇気がほしい時に最適です。

# アンバー

【琥珀】 *Amber*

## 人生に豊かさをもたらし、永久に持続させる

KEYWORD 富、安定、家内安全、家庭の繁栄、不安やさみしさの解消

第3チャクラ

原産国 ロシア、ラトビア、リトアニア、ポーランド、メキシコなど

結晶系 なし

硬度 2〜2.5

成分 C,H,O＋$H_2S$

星座 牡牛座　天体 木星　数秘 4

### 特徴

**長い年月をかけて形成された樹液の化石**
**不純物の混入で価値が上がることも**

地層から発見されるため鉱物の一種とされていますが、実際は松柏類の樹液が長い年月をかけて凝固し、化石化したものです。地上で産出されるものは「ピット・アンバー」、海で産出されるものは「シー・アンバー」に分類されます。燃やすと龍涎香（クジラからとれる香料）に似た良い香りがすることから、アラビア語で「amber（龍涎香）」と名づけられました。
歴史は古く、旧石器時代から装飾品などに使用されました。不純物の混入は価値を下げることがほとんどですが、アンバーの場合は“虫入り琥珀”となると、ぐんと価値が上がります。

### パワー

**マイナスエネルギーを排出して**
**家内安全や財産を守る**

心を明るく照らし、より豊かな人生を歩めるよう導いてくれる石です。エネルギーを活性化させ、滞ったマイナスエネルギーの排出を促して心身のバランスを整えます。どんな時も前向きな心を保てるようサポートしてくれるので、成長に繋がるチャンスを引き寄せやすくなるでしょう。また、緊張を解きほぐす働きもあり、落ち着いて物事に臨めるようになるので、出産や受験などのお守りとしてもおすすめです。
長い年月をかけて形成されるアンバーは、永続的な富の象徴としても知られています。安定感のある波動が的確な判断力を養い、お金のコントロール力を高めるので、無理なく貯蓄を殖やしてくれるでしょう。健康面では、子どもが持つと病気にかかりにくくなり、大人が持つと健康と長寿に繋がるとされています。

### エネルギー特性

§ あらゆる豊かさを引き寄せる
§ 心を前向きにする
§ 緊張緩和　§ 不老長寿

### 相性の良い石

タイガーアイ（P203）
計画的に貯蓄を殖やしたい時に。

シトリン（P229）
富と繁栄をもたらす。

クリソコラ（P254）
前向きに取り組み、人生を成功へ導く。

トパーズ（P274）
願いごとを叶えたい時に。

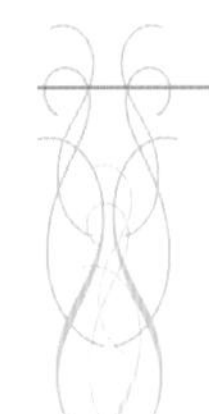

# ルチルクォーツ

【金紅石入り水晶】 *Rutilated Quartz*

## 針状のアンテナであらゆる幸運をキャッチする

KEYWORD 財力、幸運、浄化、邪気払い、プラス思考、創造力



原産国 ❖ ブラジル、オーストラリア、カザフスタン、パキスタン、アメリカ、マダガスカルなど

結晶系 ❖ 六方晶系（三方晶系）

硬度 ❖ 7

成分 ❖ $SiO_2$ ＋ 金紅石$TiO_2$

星座 ❖ 牡羊座　天体 ❖ 木星　数秘 ❖ 22

### 特徴

金運を呼び込むシンボルとして
世界中の富豪に愛された石

金色に輝く二酸化チタンの針状結晶を含み、きらびやかな印象を持つ水晶です。金色の針が天使の髪の毛のように見えることから、「エンジェルヘア」や「ビーナスヘア」とも呼ばれます。針の色が美しく、水晶の透明度が高いものがエネルギー的に優れています。色はほかにも銀、赤、緑など様々で、それぞれエネルギー特性は異なります。
“金運を呼び込む石”として世界中で有名になり、富豪を中心に人気です。古くは中国の歴代皇帝、古代エジプトのファラオ、ローマ帝国の貴族などに愛された石でもあります。現在でも、世界経済の中心である中国・華僑では、繁栄のお守りとして代々受け継がれているそうです。

### パワー

情熱的なエネルギーを高め
金運や愛情運など、全体的な運気アップに

ルチルがアンテナのように働き、金運をはじめ、あらゆる幸運を引き寄せます。強い活性作用を持ち、内に秘めた情熱を呼び起こすきっかけとなる石なので、障害を跳ね除ける力を高め、進むべき道を歩めるようになるでしょう。物事を創造し、発展させる力をもたらすだけでなく、それを補うように、危機管理能力やマイナスエネルギーからの防御力も高めます。そのため、事業の成功を願う経営者には、特におすすめの石といえます。
また、ルチルはキューピットの矢の象徴でもあり、愛情面で心強い味方となります。活性作用が性エネルギーにも影響し、持ち主の魅力を高めてくれるでしょう。ルチルが多く入っているものか、太い針が1本だけ入っているものが恋のお守りとして強力とされています。

### エネルギー特性

§強い活性作用　§障害を跳ね除ける
§創造と発展　§防御力
§性的魅力を高める

### 相性の良い石

シトリン（P229）
金運を高める最強の組み合わせ。

クンツァイト（P234）
愛を維持し続けたい時に。

アメジスト（P265）
困難な問題、ネガティブなエネルギーを取り除く。

アポフィライト（P270）
古いパターンを取り除き、自信を高める。

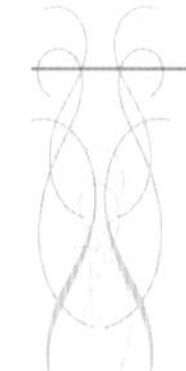

# レモンクォーツ

【レモン水晶／硫黄水晶】 *Lemon Quartz*

## 精神の混乱を鎮め、明るさと自信をもたらす

KEYWORD　魔除け、安眠のお守り、心身の癒し、思考をクリア



原産国 ✤ ブラジル、スペイン、オーストラリア
結晶系 ✤ 六方晶系（三方晶系）
硬度 ✤ 7
成分 ✤ $SiO_2$ ＋ S
星座 ✤ 双子座　天体 ✤ 月　数秘 ✤ 5

### 特徴

硫黄独特の香りと濁りを持つ
レモンカラーの水晶

シトリンにも似たさわやかな黄は、硫黄が混入することによって色づいています。表面をこすったり傷つけたりすると、硫黄（厳密には硫化水素）の香りがします。刺激が強いので、触った後は必ず手を洗いましょう。香りがとれない場合は、レモン汁や重曹を使うと落ちやすくなります。内部に硫黄独特の濁りが見られるのがこの石の特徴ですが、市場には透明度が高いものも流通しています。これは水晶やスモーキークォーツに放射線照射・加熱処理を施したもので、水晶の中に含まれる鉄分によって発色しており、硫黄は含まれていません。加工品ではありますが、アクセサリーとして使用する場合は、匂いを伴わない後者のほうが一般的です。

### パワー

冷静さを取り戻し、発想力を高める
魔除けや安眠サポートにも

肉体と精神のバランスを取り戻し、神経の高ぶりや混乱状態を落ち着かせてくれる、鎮静化の性質を持つ石です。その一方で、胸の下辺りにある第3チャクラに対応する石なので、体中に快活なエネルギーを巡らせ、明るさや自信をもたらす作用もあります。不安が解消されることで思考がクリアになり、新しい発想が生まれやすくなります。行動力が高まり、自ずと道が拓けるようになるでしょう。
また、魔除けや安眠サポートにも力を発揮するといわれています。部屋や玄関に置くのがおすすめですが、精神的な不安定さから夜間に恐怖を感じやすい人や、悪夢を見ることが多い人は枕元に置くのが良いでしょう。

### エネルギー特性

§肉体と精神のバランスを取り戻す
§思考をクリアにする　§魔除け
§安眠サポート

### 相性の良い石

ヘマタイト（P210）
魔除けのお守りに。

アメジスト（P265）
感情の高ぶりを抑え、リラックスさせる。

アゼツライト（P268）
思考をクリアにし、ヒーリング力を高める。

ハウライト（P276）
安らかな睡眠が欲しい時に。

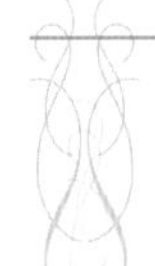

## サーペンティン

【蛇紋石】 *Serpentine*

### 現状を打破し、新しい人生を切り拓く

KEYWORD 門出、旅のお守り、魂と肉体の統合、リラックス

| | |
|---|---|
| 原産国 | 中国、韓国、日本、ニュージーランド、アメリカ、南アフリカ、パキスタンなど |
| 結晶系 | 単斜晶系 |
| 硬度 | 3〜4 |
| 成分 | $(Mg,Fe,Ni,Al,Zn,Mn)_{2\text{-}3}(Si,Al,Fe)_2O_5(OH)_4$ |
| 星座 | 蠍座　天体 ✤ 木星　数秘 ✤ 6 |

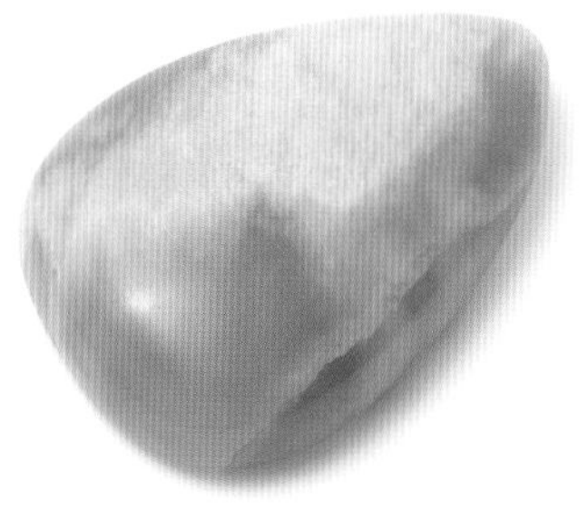

#### 特徴

蛇を思わせる模様を成す石

アンチゴライト、クリソタイル、リザード石などが含まれる、透明度の低い黄色や緑色の石です。色や模様が蛇のようなことから、名前は「serpent（大蛇）」に由来します。

#### パワー

生命力を強化する、旅のお守り

蛇の脱皮のように現状から抜け出す力を授け、再生をサポートする石です。また、蛇は長期間何も食べずに生きられる強い生命力を持つので、長旅のお守りにも最適です。魂と肉体を統合させる働きもあり、感情の高ぶりを鎮めてくれるでしょう。

## サルファー

【硫黄】 *Sulphur*

### 魂を浄化し、穏やかな心に導く

KEYWORD 鎮静、マイナスエネルギーの吸収、変容、内面の浄化

| | |
|---|---|
| 原産国 | イタリア、ボリビア、カナダなど |
| 結晶系 | 斜方晶系 |
| 硬度 | 1.5〜2.5 |
| 成分 | S |
| 星座 | 射手座　天体 ✤ 月　数秘 ✤ 3 |

#### 特徴

使用や保管には注意が必要

火薬の原料にもなる硫黄は、温泉の噴出口付近から産出します。アレルギー反応や、ほかの鉱物（特に金属質のもの）の変色・劣化を起こす可能性があるので、使用には十分注意しましょう。

#### パワー

感情の混乱を取り除く、魔除けの石

ネガティブな感情を浄化し、精神疲労を癒してくれる石です。マイナスエネルギーを吸収する力に優れているので、魔除けの石としても知られています。混乱状態の思考をクリアにし、冷静な判断ができるように促してくれるでしょう。

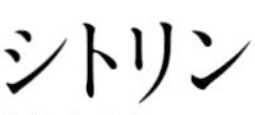

# シトリン

【黄水晶】 *Citrine*

## 自信と好奇心の向上を促し、人生を充実させる

KEYWORD 願望成就、金運、商売繁盛、仕事の成功、豊かさ

| | |
|---|---|
| 原産国 | ブラジル、ロシア、インド、アメリカ、チリ、ジンバブエなど |
| 結晶系 | 六方晶系（三方晶系） |
| 硬度 | 7 |
| 成分 | $SiO_2$ |
| 星座 | 双子座　天体 ✤ 太陽　数秘 ✤ 3 |

### 特徴

商人に大切にされた、金運のお守り

古くから“商売繁盛の守り石”として、商人に人気がありました。現在入手できるもののほとんどはアメジストを熱処理しており、天然のものは希少です。日光で脱色しやすいので注意しましょう。

### パワー

精神的にも物理的にも豊かさを引き寄せる

強い精神力を養い、前向きに歩んでいくサポートとなる石です。好奇心が高まり、自己肯定感が身につきます。仕事の成功や財力アップといった家庭の繁栄をもたらす働きもあるので、より豊かな人生を送れるようになるでしょう。

# リビアングラス

*Libyan Glass*

## 宇宙エネルギーが凝縮されたヒーリングストーン

KEYWORD カルマの浄化、魂の目的、解放、精神性の向上

| | |
|---|---|
| 原産国 | リビア、エジプトなど |
| 結晶系 | 非晶質 |
| 硬度 | 5〜6 |
| 成分 | $SiO_2$（シリカ約95%+Al,Ca,Fe,K,Mg,Mn,Na,Ti） |
| 星座 | 魚座　天体 ✤ 海王星　数秘 ✤ 33 |

### 特徴

起源が解明されていない、神秘的な石

エジプト西部のリビア砂漠で産出される希少な天然ガラスです。明確な起源は解明されていませんが、隕石の衝突による熱によって地表の岩盤が溶けてできたという説などがあります。

### パワー

不要な情報を浄化し、精神を向上

凝縮された宇宙エネルギーが、強力な浄化作用をもたらします。無意識に蓄積した葛藤、こだわり、執着から解放し、精神面での自己成長を促してくれるでしょう。また、癒しの波動を持つので、優れたヒーリング効果を発揮します。

# 第4チャクラ
（ピンク・グリーン）

ピンクトルマリン
ローズクォーツ
ロードクロサイト
クンツァイト
ストロベリークォーツ
チューライト
ピンクスミソナイト
モルガナイト
ロードナイト

セラフィナイト
ペリドット
モルダバイト
アズマー
アベンチュリン
アマゾナイト
エメラルド
グリーントルマリン
クリソプレーズ
ジェイド
ダイオプテーズ
ネフライト
バリサイト
フックサイト
ブラッドストーン
プレナイト
フローライト
マラカイト
モスアゲート
ユナカイト
ワーベライト

# ピンクトルマリン

【電気石】 *Pink Tourmaline*

## 過去の傷を癒し、あらゆる恋愛を力強くサポート

KEYWORD 愛情、ハートの癒し、情熱、絆、恋愛成就、思いやり

原産国 ブラジル、マダガスカル、アメリカ、タンザニアなど

結晶系 六方晶系（三方晶系）

硬度 7~7.5

成分 $(Na, Ca)(Mg, Li, Al, Fe^{2+})_3Al_6(BO_3)_3Si_6O_{18}(OH)_4$

星座 天秤座　天体 金星　数秘 6

第4チャクラ

### 特徴

マンガンイオンによって発色する
トルマリンの人気カラー

トルマリングループの一種で、柱状結晶の両端がプラスとマイナスの性質を持ち、摩擦や加熱によって帯電することから「電気石」とも呼ばれます。数あるトルマリンの中でも特に人気の色で、ライトピンクからダークピンクまで色彩の範囲が幅広い石です。美しい赤色はマンガンイオンによるもので、含有量によって色の濃淡が変化します。中でも、赤色に近い発色をしているものはラテン語の「rubellus（赤みを帯びた）」に由来し、「ルベライト」とも呼ばれます。ピンク色の宝石の中でもサファイアやダイヤに比べて安価で手に入るので、アクセサリーとして身につけておくのがおすすめです。

### パワー

エネルギーに電流を流し
恋愛における様々な悩みを解消

片思い中や交際中、失恋後など、あらゆる恋愛のプロセスをサポートする守り石です。電気石という特性から愛のエネルギーにも電流を流すようなイメージで愛情を強化し、障害を乗り越える力を授けてくれます。また、強力な浄化作用により、失望感や葛藤、嫉妬心などのマイナスの感情を洗い流し、前向きな気持ちを呼び起こします。自分自身と相手を真に思いやることの大切さに気づかせてくれるので、より良い関係性を築くことができるでしょう。

普段自分を抑圧している人にとっては、感情を解放し、魅力を開花させるきっかけとなってくれます。感受性や社交性が高まるので、恋愛に限らず、すべての人間関係に良い影響をもたらすでしょう。

### エネルギー特性

§恋愛を全面的にサポートする
§マイナスの感情の浄化
§思いやりを育む　§魅力の開花

### 相性の良い石

レッドガーネット（P216）
恋愛を成功へと導く。

ロードナイト（P236）
マイナスのエネルギーを取り、心の傷を癒す。

ブルーレースアゲート（P256）
パートナーとの信頼を高め合いたい時に。

ソーダライト（P261）
自分をもっと表現したい時に。

# ローズクォーツ

【紅水晶·紅石英】 *Rose Quartz*

## 穏やかな波動で女性らしさを育む愛の石

KEYWORD 美、調和、女性性、愛情、恋愛成就、癒し、自己肯定感



原産国 ✣ 世界各地（ブラジル、マダガスカル、インドなど）

結晶系 ✣ 六方晶系（三方晶系）

硬度 ✣ 7

成分 ✣ $SiO_2$

星座 ✣ 天秤座　天体 ✣ 金星　数秘 ✣ 6

### 特徴

女神に捧げた薔薇を名前の由来とし
恋愛のシンボルとして人気の高い石

愛を象徴する石としては最もメジャーともいえるローズクォーツ。ギリシャ神話に登場する愛と美の女神・アフロディーテと関連づけて語られることも多く、彼女の美しさを讃え、捧げられた花が薔薇であったことに由来して名づけられたとされています。
淡いピンク～赤紫色を帯び、不透明や半透明のものが多く見られます。石英の仲間ですが、透明度が高くなるほど水晶に近づくので、和名は「紅石英」または「紅水晶」と呼びます。大きめな塊で産出されることも多く、古くから彫刻の材料や、カメオ・インタリオなどの装飾品、印章にも多く使われてきました。

### パワー

女性として、人としての魅力を高め
愛に溢れた人間関係を築く

穏やかな波動を持ち、女性らしさや慈愛の心を育む愛の石です。誰に対しても心をオープンにし、共感する力や繊細な気遣いの心をもたらします。老若男女問わず、愛に溢れた温かい関係性を築くことができるでしょう。また、失恋やコンプレックスなどによる心の傷を癒す作用があるので、ささくれた気持ちをやわらかくして、再び自信を取り戻してくれます。表情や仕草、行動に持ち主の魅力が現れ、人を惹きつける力が高まるでしょう。恋愛面に限らず、美的センスを磨くのにも役立つので、クリエイティブ職の人などにおすすめです。クセが少なく比較的扱いやすい石ですが、発色の良いものを選ぶほうがこの石のパワーをより強く感じることができるでしょう。

### エネルギー特性

§女性らしさや慈愛の心を育む
§共感と気遣いができるようになる
§心の傷を癒す
§美的センスを磨く

### 相性の良い石

スモーキークォーツ（P203）
パートナーとの仲に安定をもたらし、愛を育む。

フローライト（P246）
困難な問題を解決に導く。

アクアマリン（P251）
夫婦、パートナーとの愛情を高める。

アメジスト（P265）
恋愛運を高める最強の組み合わせ。

# ロードクロサイト

【菱マンガン鉱】 *Rhodochrosite*

## 運命の相手を引き寄せ、恋愛への発展をサポート

KEYWORD　恋愛成就、情熱、美意識、運命の相手を引き寄せる

| | |
|---|---|
| 原産国 | アルゼンチン（アンデス山脈）、アメリカ（コロラド州）、チリ、ペルー、日本（北海道、青森県）、南アフリカ、メキシコなど |
| 結晶系 | 六方晶系（三方晶系） |
| 硬度 | 3.5〜4 |
| 成分 | $Mn^{2+}CO3$ |
| 星座 | 蠍座　天体 ✣ 金星　数秘 ✣ 8 |

### 特徴

**薔薇色の人生を象徴し
その美しさで人々を魅了してきた石**

かつてはインカ帝国が栄えたアンデス山脈で多く産出され、「薔薇色の人生を象徴する石」として愛されていました。そのため、別名「インカローズ」とも呼ばれ、日本では逆にこの名のほうが広く知られているかもしれません。マンガン鉱石の一種で、鉄分を多く含むほど赤みの強いピンクになります。

産地によって色合いは様々ですが、一般的にはピンクの地に白い縞模様が入ったものが多く見られ、この石独特の味わいを感じることができます。中には濃いピンクで白い縞模様がなく、透明感の高いものがありますが、これは希少価値が高く、宝飾品クラスの美しさを持つので、市場ではハイグレード品として扱われています。

### パワー

**女性の魅力を高め、
幸せなパートナーシップを授ける**

華やかなエネルギーを持ち、生きることの喜びを教えてくれる石です。特に、恋愛成就に良い影響を与えるとされ、美意識や内に秘めた魅力を引き出し、運命の相手を引き寄せてくれます。また、自分自身や他者を愛する気持ちが高まるので、愛に溢れたエネルギー循環を促します。恋愛に関するトラウマを抱えている場合には、心の傷を癒し、次に踏み出す勇気を与えてくれるでしょう。女性を魅力的に見せる働きもあるので、片思い中でアピール力を高めたい人にもおすすめです。

健康面では、ホルモンの分泌を促し、老化防止に役立つといわれています。この作用によって心身のエネルギーが高まるので、うつ病の改善にも効果が期待できます。

### エネルギー特性

§恋愛成就を叶える
§愛のエネルギー循環を促す
§トラウマの解消　§女性の魅力を高める

### 相性の良い石

ルビー（P215）
意中の相手を引き寄せたい時に。

ピンクトルマリン（P231）
愛情溢れる人生を手に入れる。

クリソプレーズ（P242）
前に進む勇気がほしい時に。

ブルーレースアゲート（P256）
友情から恋愛へと発展させたい時に。

# クンツァイト

【リチア輝石】 *Kunzite*

## 思いやりのある優しい心を養う、愛の石

KEYWORD 慈悲、高次の愛、共感、無償の愛、母性

| | |
|---|---|
| 原産国 | ブラジル、アフガニスタン、マダガスカル、アメリカなど |
| 結晶系 | 単斜晶系 |
| 硬度 | 6.5～7 |
| 成分 | $LiAlSi_2O_6$ |
| 星座 | 魚座　天体：金星　数秘：33 |

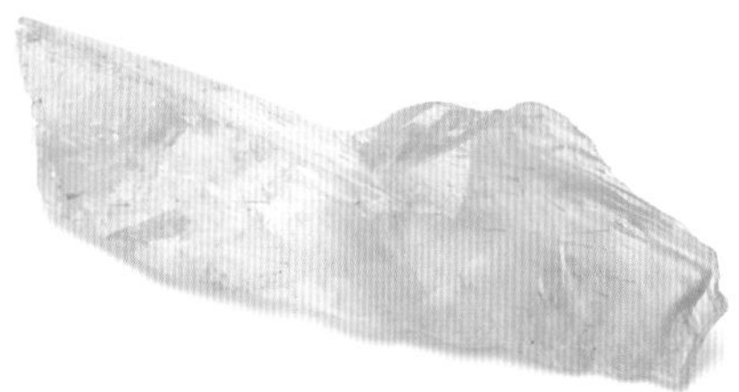

### 特徴

淡く優しい色合いで、女性に人気

1902年にアメリカ・カリフォルニア州で発見された比較的新しい石です。ほかにも緑、黄色、紫などがありますが、繊細な美しさを持つピンクが"愛の石"ともいわれ、最も人気です。

### パワー

愛を教え、人間性を高める

やわらかなエネルギーが慈愛の精神を養い、持ち主の心に優しさを与えます。他者への愛情を注ぐことの大切さを教えてくれるので、イライラや憎悪を取り除きたい時や、信頼し合える人間関係を築きたい時に役立つ石です。

# ストロベリークォーツ

【苺水晶】 *Strawberry Quartz*

## 華やかなエネルギーで、愛と幸運を導く

KEYWORD 女性的な魅力、愛、女性美、勝利の女神、寛容、若々しさ

| | |
|---|---|
| 原産国 | カザフスタン、ロシア、ブラジル、メキシコなど |
| 結晶系 | 六方晶系（三方晶系） |
| 硬度 | 7 |
| 成分 | $SiO_2$ ＋ ゲーサイトFeO(OH)、レピドクロサイト FeO(OH) |
| 星座 | 天秤座　天体：金星　数秘：2 |

### 特徴

様々な鉱物を内包した、イチゴのような石

ゲーサイト（針鉄鉱）、レピドクロサイト（鱗鉄鉱）、微細結晶（金紅石）がインクルージョンされたルチルクォーツの一種。標高の高い山岳地帯でのみ産出されるので、大変希少です。

### パワー

女性の魅力を高める、美の石

愛と幸運を呼び込む石です。持ち主のエネルギーに情熱と華やかさをもたらし、物事を良い方向に運びます。美を象徴する石でもあり、女性の魅力を高めます。内外ともに美しさを引き出し、若さを保ってくれるでしょう。

# チューライト

【桃簾石】 *Thulite*

## 女性的なエネルギーを強化し、誰からも愛される存在に

KEYWORD 妊娠、出産のサポート、女性性、転機、社交性、母子関係の改善

原産国 ✣ ノルウェー、オーストラリア、ブラジル、タンザニア、アメリカ、デンマークなど

結晶系 ✣ 斜方晶系

硬度 ✣ 6~6.5

成分 ✣ $Ca_2Al_3(SiO_4)_3(OH)$

星座 ✣ 蟹座　天体 ✣ 金星　数秘 ✣ 2

### 特徴

マンガンを発色要因とするゾイサイトの仲間

謎の島「チューレ」に因んで名づけられた石で、チューレは現在のノルウェー付近とされています。ゾイサイト（灰簾石）の仲間で、赤みがかったピンクはマンガンによるものです。

### パワー

心身に再生と癒しをもたらす

女性性を象徴し、妊娠中や出産後など母子関係の悩みに役立つ石です。また、再生と癒しのエネルギーを持つ石でもあり、心身の健康に良い影響をもたらします。人生の転機における不安を解消し、心強い味方となってくれるでしょう。

# ピンクスミソナイト

【菱亜鉛鉱】 *Pink Smithsonite*

## やわらかな優しさをまとった女性になりたい時に

KEYWORD 穏やかさ、調和、優しさ、安らぎ、信頼

原産国 ✣ メキシコなど

結晶系 ✣ 六方晶系（三方晶系）

硬度 ✣ 4~4.5

成分 ✣ $ZnCO_3$

星座 ✣ 天秤座　天体 ✣ 月　数秘 ✣ 4

### 特徴

コバルトを発色源とするピンク

スミソナイトの一種で、コバルトによってピンクに発色します。結晶体では菱形の結晶が見られますが、葡萄状や皮膜状の塊で産出されることがほとんどで、結晶を示すことは稀です。

### パワー

調和を保ち、他者との結びつきを強化

穏やかでやわらかいエネルギーを持ち、心に安らぎを与えます。否定的、批判的な思考を思いやりに変換し、平和を願う心を育みます。周囲の人々にも良い影響をもたらすので、調和を保ち、信頼関係を深めるのに役立つでしょう。

# モルガナイト

【モルガン石】 *Morganite*

## 高次の愛を芽生えさせ、内面の優美さを育む石

KEYWORD 高次の愛、真の優しさ、癒し、精神安定、自由、幸せな結婚

原産国 ✤ ブラジル、パキスタン、アメリカなど

結晶系 ✤ 六方晶系

硬度 ✤ 7.5〜8

成分 ✤ $Be_3Al_2Si_6O_{18}$

星座 ✤ 魚座　天体 ✤ 金星・海王星　数秘 ✤ 9

### 特徴

アクアマリンなどと同じ、ベリルの一種

ベリルグループに属す石で、淡いピンクに色づいたものを指します。産出されたものの多くは加熱処理を施され、アクアマリンとして流通しています。

### パワー

女性性を高め、優しさや柔軟性が身につく

慈愛の心を育み、女性的な魅力を高める石です。高次の愛が芽生え、精神的な安定をもたらすので、真の優しさや思いやり、柔軟性が身につくでしょう。健康面では、呼吸器、肺、心臓の強化や、ストレス性の症状の緩和に役立つとされています。

# ロードナイト

【薔薇輝石】 *Rhodonite*

## 不要な感情を吸収し、深い愛情を育む

KEYWORD 情緒安定、真実の愛、ハートの癒し、穏やかさ、友愛、寛大さ、包容力

原産国 ✤ ブラジル、スペイン、オーストラリア、アメリカなど

結晶系 ✤ 三斜晶系

硬度 ✤ 5.5〜6.5

成分 ✤ $(Mn^{2+},Fe^{2+},Mg,Ca)SiO_3$

星座 ✤ 天秤座　天体 ✤ 金星　数秘 ✤ 6

### 特徴

薔薇のように上品なピンク色の石

ピンク色に黒や白の模様が入り、薔薇のような美しさを持ちます。和名は「薔薇輝石」ですが、後に珪酸マンガン鉱物と判明しました。ジュエリーに加工される良質なものは大変希少です。

### パワー

感情の解放を促し、愛情を安定させる

不安や恐怖、嫉妬などのマイナスの感情を吸収し、落ち着きを取り戻してくれます。感情の解放を穏やかに促すので、ストレスを緩和し、安定した愛情を維持できるようになるでしょう。恋愛で負った傷を癒したい時にもおすすめです。

# セラフィナイト

【緑泥石】 *Seraphinite*

## 稳やかな作用で、魂に休息を与える

KEYWORD　安心感、平穏、リラックス、魂の癒し、高次の波動

原産国 ✣ ロシア、イタリア、アメリカ、メキシコ、マダガスカルなど

結晶系 ✣ 単斜晶系

硬度 ✣ 2〜2.5

成分 ✣ $(Mg,Fe^{2+})Al_3(OH)_2|AlSi_3O_{10}\cdot(Mg,Fe^{2+})Al_3(OH)_6$

星座 ✣ 魚座　天体 ✣ 海王星　数秘 ✣ 11

第4チャクラ

### 特徴

天使の羽のような美しい模様と
優しいエネルギーを持つ石

19世紀のロシアの鉱物学者、ニコライ・カクシャロフ氏によって発見された石で、研磨すると、穏やかなグリーンの中にシルキーな光沢感を持つマーブル模様が浮かび上がります。
愛と想像力に関係した「セラフィム」という熾天使（最高位の天使）が名前の由来となっていますが、これは流通名であって鉱物学上はクローライト（緑泥石）グループに属するクリノクロアという鉱物です。見た目からはわかりにくいですが、ガーデンクォーツなどにインクルージョンされている鉱物の多くがクローライトです。繊細なエネルギーを持ち、外的干渉を受けやすい石なので、こまめに浄化を行ないましょう。

### パワー

心に穏やかさをもたらし
協調性とコミュニケーション能力をアップ

優しさと癒しのパワーを持ち、愛のエネルギーが高まる石です。神経を鎮め、余裕をもたらすので、何気ないことにも喜びを感じられ、心の豊かさが養われるでしょう。他者への干渉を抑えるので、周囲との調和を促し、コミュニケーションを円滑にする働きもあります。過去のトラウマや、特定の何かに対する執着心が拭えない時には、深い安心感を与え、マイナスな感情からの解放をサポートしてくれるでしょう。
また、人は自然の一部であり、時には大きな流れに身を委ねることが大切であると教えてくれる石でもあります。普段頑張りすぎて休息が不足している人や、人間関係に疲弊している人におすすめです。

### エネルギー特性

§愛のエネルギーを高める
§協調性とコミュニケーション能力を高める
§安心感を与える　§休息を促す

### 相性の良い石

アベンチュリン(P240)
不安を取り去り、温かな愛のエネルギーをもたらす。

モスアゲート(P247)
精神をリラックスさせ、自然に身を委ねる。

アメジスト(P265)
体の変化に気づき、癒しをもたらす。

ムーンストーン(P278)
落ち着いた安らかな眠りをサポート。

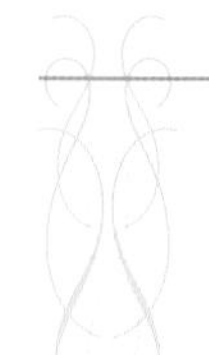

# ペリドット

【カンラン石】 *Peridot*

## 人生に希望をもたらす太陽の石

KEYWORD 希望、夫婦愛、光、楽観、ストレス軽減

原産国 ✣ アメリカ、メキシコ、エジプト、パキスタン、中国、ミャンマーなど

結晶系 ✣ 斜方晶系

硬度 ✣ 6.5〜7

成分 ✣ $(Mg, Fe)_2SiO_4$

星座 ✣ 乙女座　天体 ✣ 木星　数秘 ✣ 5

第4チャクラ

### 特徴

古代エジプト時代にも珍重された
最古のパワーストーン

オリーブ色をしていることに因んで、イギリスでは「オリビン」と呼ばれています。正式な鉱物名もオリビンといい、中でも特に美しいものをペリドットと呼びます。緑色の発色要因は鉄分であり、鉄分を多く含むほど緑色が濃く、逆にマグネシウムを多く含むと黄色寄りになるといわれています。
この石は地球の核を覆うマントルの主要成分であり、宝石質のものは、火山活動によって運ばれたカンラン石がゆっくりと冷えて固化し成長したものです。そのため、火と関係の深い石と考えられており、古代エジプトでは“太陽の石”として人々に崇められ、旧約聖書の「出エジプト記」にも登場しています。

### パワー

ストレスからの解放を促し、
本来持つ魅力や能力を引き出す

太陽のように明るい心をもたらす石で、マイナス思考を取り払い、困難な状況でも人生に希望を持てるように導きます。ストレスを軽減し、持ち主の魅力や能力を最大限発揮できるように促すので、人を惹きつける力が高まるでしょう。自己否定が強い人や、過度にプレッシャーを感じてしまう人を頼もしくサポートしてくれます。また、聡明さを養い、賢い知恵と分別を与えるので、より良い人間関係を築くのに役立つ石です。夫婦愛のシンボルとしても有名で、大切なパートナーとの信頼関係を深めたい人には特におすすめです。
健康面では、ストレスを軽減することが胃腸の働きの調整にも繋がるといわれています。

### エネルギー特性

§プラス思考への変換　§ストレス緩和
§知恵と分別を与える
§パートナーとの信頼関係を深める

### 相性の良い石

ローズクォーツ(P232)
内側の美しさを引き出し、輝きたい時に。

アマゾナイト(P241)
気持ちを前向きにし、希望をもたらす。

フローライト(P246)
マイナス思考を取り払い、明るい未来をもたらす。

ブルーカルセドニー(P255)
暗闇から抜け出し、自信を取り戻す。

# モルダバイト

【モルダヴゥ石】 *Moldavite*

## 宇宙的なパワーで、物事の解決を導く石

KEYWORD 宇宙との調和、シンクロニシティ、ヒーリング、瞑想、意識の進化

原産国 ✣ チェコ

結晶系 ✣ 非晶質

硬度 ✣ 5〜6

成分 ✣ $SiO_2$（シリカ75%＋Al, Ca, Fe, K, Mg, Mn, Na, Ti）

星座 ✣ 水瓶座　天体 ✣ 天王星　数秘 ✣ 11

### 特徴

**隕石の衝突によって生成されたとされるテクタイトの一種**

プラハの南北に流れるチェコ最長の川・モルダウ川で発見されたことに因んで名づけられました。起源はまだ解明されていませんが、一説には隕石が地球に衝突した際、膨大な熱量と衝撃によって宇宙由来の物質と地球の物質とが融解して形成されたといわれています。
厳密には鉱物ではなく、天然ガラスであるテクタイトの一種です。ただし、ほかのテクタイトの場合は融解したガラスが急冷されてできるのに対し、モルダバイトは気化した物質が凝縮したものと考えられています。
古くから"神聖なる石"として崇められ、装飾品や儀式の道具に使われていました。

### パワー

**高い波動によって宇宙とシンクロし、問題解決をサポート**

素晴らしい癒しの力を持つヒーリングストーンのひとつ。ヒーリングに大きく関わるデルタ波という脳波に影響を与え、心身の負担を軽減してくれます。また、この石の持つ高い波動は、宇宙との調和をサポートします。シンクロする力が高まり、自然と物事を良い方向に導くでしょう。何か問題を抱えている人には、解決の糸口を見つけるきっかけとなってくれるはずです。
昔のヨーロッパでは愛の証しとして恋人や婚約者に贈る習慣があり、円満な夫婦関係を築くのにも良い石であると信じられています。
パワフルであるがゆえに持つ人を選ぶ石で、パワーストーン初心者には少々扱いにくいかもしれません。しかし相性が合えば、とても頼りがいのあるパワーを発揮してくれるでしょう。

### エネルギー特性

§優れたヒーリング効果
§宇宙とシンクロする力を高める
§問題解決を導く　§夫婦円満

### 相性の良い石

リビアングラス（P229）
強力なヒーリング作用をもたらす。

ピンクスミソナイト（P235）
インナーチャイルドの癒しに。

アゼツライト（P268）
瞑想の際に。

ラブラドライト（P281）
潜在意識を高める。

# アズマー

*Azumar*

## 真実を見抜く、内観とコミュニケーションの石

KEYWORD 喜び、ヒーリング、内観、共感、気づき、慈悲、コミュニケーション能力

原産国 アメリカ

結晶系 不明

硬度 7

成分 主成分はカオリナイトとクォーツ、微量のミネラル

星座 魚座　天体 水星　数秘 6

### 特徴

#### 海のように鮮やかな色合いを持つ石

2013年にH&E社のロバート・シモンズ氏によって発見された新種の石で、カオリナイトとクォーツ、そのほかの微量元素が混合しています。海を思わせる美しい色合いを持ちます。

### パワー

#### ネガティブな感情を鎮め、喜びに変える

物事の奥に隠された真実を見極め、表現する力をもたらします。慈悲の石でもあり、他者への共感や配慮を促します。ヒーリング力に優れた穏やかな波動を持つので、ネガティブな感情から解放し、喜びで満たしてくれるでしょう。

# アベンチュリン（グリーンアベンチュリン）

【砂金水晶・砂金石英】　*Aventurine (Green Aventurine)*

## 幸せを引き寄せる、家庭の守り石

KEYWORD 家庭円満、繁栄、財力、信頼感、疲労回復、リラックス

原産国 インド、ブラジル、ジンバブエ、シベリア、アメリカ、カナダ

結晶系 六方晶系（粒状集合体）

硬度 7

成分 $SiO_2$

星座 牡牛座　天体 木星　数秘 5

### 特徴

#### インドでは翡翠の代用品として知られる

名前は「アベンチュレッセンス」という光学効果に由来します。原産国のインドで翡翠の代用品として使われていたことから別名「インド翡翠」と呼ばれますが、翡翠ではありません。

### パワー

#### 明るく平和な家族関係を築く

エネルギーの汚れを浄化し、心に癒しを与える石です。特に家庭を円満に導く力を持つので、家族間のストレス解消や、物質的な繁栄にも繋がるでしょう。健康面では、疲労回復や自律神経の調整をサポートするといわれています。

# アマゾナイト

【天河石】 *Amazonite*

## 進むべき人生の道を照らしてくれる、希望の石

KEYWORD サイキックプロテクション、希望、明晰性、才能開花

| | |
|---|---|
| 原産国 | アメリカ(コロラド州、ヴァージニア州)、ブラジル、ロシア、カナダなど |
| 結晶系 | 三斜晶系 |
| 硬度 | 6~6.5 |
| 成分 | $K[AlSi_3O_8]$ |
| 星座 | 乙女座　天体 水星　数秘 6 |

### 特徴

翡翠のように美しい、南米生まれの石

南米で多く産出される石で、名前の由来はアマゾン川に因んでいるとされています。良質なものは翡翠のように美しい色調を持ち、アマゾンジェイドと呼ばれることもあります。

### パワー

迷いを取り去り、未来への扉を開く

「希望の石(ホープストーン)」ともいわれ、マイナスエネルギーから保護し、心を明るく前向きにしてくれる石です。また、電化製品による電磁波を吸収・カットする働きがあり、電磁波が原因で起こる体の不調を軽減してくれます。



# エメラルド

【翠玉·翠緑玉】 *Emerald*

## 愛情を深め、恋人や家族との絆を守る

KEYWORD 友情、豊かさ、パートナーシップ、恋愛成就

| | |
|---|---|
| 原産国 | コロンビア、アフガニスタン、ロシアなど |
| 結晶系 | 六方晶系 |
| 硬度 | 7.5~8 |
| 成分 | $Be_3Al_2Si_6O_{18}$ |
| 星座 | 牡牛座　天体 金星　数秘 5 |

### 特徴

女王も愛した世界4大宝石のひとつ

緑色が際立つベリルの仲間で、古代エジプト女王・クレオパトラにも愛されました。原石は安価で入手できますが、研磨されたものは世界4大宝石のひとつといわれるほど高価です。

### パワー

愛に溢れ、充実した人生へと導く

無償の愛を育み、幸福な人間関係を築く石です。大切な人との絆を強めるサポートとなり、恋愛成就や家庭の繁栄を導くでしょう。また、心を強く保つ作用があるので、気の迷いや邪念をなくし、自信を持って前進する力が湧いてきます。

# グリーントルマリン

【電気石】 *Green Tourmaline*

## 負の感情を吸収し、思いやりの心に変える

KEYWORD 根源的な愛情、疲労回復、ハートチャクラの活性化、スタミナ

原産国 ブラジル、アメリカ、マダガスカル、アフガニスタンなど

結晶系 六方晶系（三方晶系）

硬度 7〜7.5

成分 $(Na,Ca)(Mg,Li,Al,Fe^{2+})_3Al_6(BO_3)_3Si_6O_{18}(OH)_4$

星座 牡牛座　天体 金星　数秘 5

### 特徴

ハートのチャクラに働きかける石

別名「ベルデライト」とも呼ばれる石で、ティファニーで販売されたことから、宝石として一躍人気となりました。ピンクトルマリンと同様に、ハートのチャクラに強く働きかけます。

### パワー

周囲への関心を高め、愛情の基盤を構築

ハートのチャクラを活性化させ、根本的な愛情を強める石です。人間関係に伴うネガティブな感情を吸収し、思いやりの心に変えてくれるでしょう。疲労回復にも役立つので、力仕事をしている人やスポーツ選手におすすめです。

# クリソプレーズ

【緑玉髄・緑翠・翠緑玉】 *Chrysoprase*

## 精神的な癒しを与え、人間関係を良好にする

KEYWORD 才能開花、思いやり、信頼感、チームワーク

原産国 オーストラリア、ドイツ、ポーランド、ロシア（ウラル山脈）、アメリカなど

結晶系 六方晶系（潜晶質）

硬度 7

成分 $SiO_2$ ＋ Ni ＋ 酸化物

星座 水瓶座　天体 木星　数秘 5

### 特徴

翡翠のように光沢のあるグリーンが印象的

成分中に含まれるニッケルによってグリーンに発色する、カルセドニーの一種。その鮮やかな色合いと光沢感から「オーストラリア翡翠」とも呼ばれ、装飾品として人気がありました。

### パワー

円満な組織作りに貢献する

自己中心的な考えを改め、他者を思いやる心を授ける石です。信頼関係の構築や協調性の強化に繋がるので、ビジネスシーンで大いに活躍するでしょう。ネガティブな感情が生じた時には、身につけることで癒しを得られます。

## ジェイド

【翡翠(硬玉)】 *Jade*

### あらゆる成功と繁栄を引き寄せる、神の石

KEYWORD 五徳を高める、忍耐、調和、飛躍、成功と繁栄

原産国 ミャンマー、日本など

結晶系 単斜晶系

硬度 6.5〜7

成分 $NaAlSi_2O_6$

星座 山羊座　天体 木星　数秘 4

**特徴**

東洋では金以上に珍重された石

翡翠には硬玉(ジェダイト)と軟玉(ネフライト)があり、古くから魔除けや護符に利用されました。東洋では特に珍重され、縄文時代の遺跡からも翡翠の勾玉が発見されています。

**パワー**

道徳心を育み、人を惹きつける

五徳(仁・義・礼・智・勇)を育む石として知られています。求心力を高め、尊敬や人徳を得られるよう導くので、指導的な立場の人におすすめです。家族や友人関係においても、平和的な関係性を築くために良い影響を与えます。

## ダイオプテーズ

【翠銅鉱】 *Dioptase*

### 心の新陳代謝を促し、軽やかに生きられるようサポート

KEYWORD ヒーリング、健全、毒素の排出、精神安定、心身のバランス

原産国 カザフスタン、チリ、ロシアなど

結晶系 六方晶系(三方晶系)

硬度 5

成分 $Cu^{2+}SiO_2(OH)_2$

星座 蠍座　天体 金星　数秘 6

**特徴**

エメラルドにも似た希少な石

1785年に初めて発見された際は、深みのある鮮やかな緑色から、エメラルドにも間違われました。結晶が小さいので原石での流通がほとんどですが、高いヒーリング効果を持ちます。

**パワー**

エネルギー循環を促し、心を満たす

この石の持つヒーリング効果は、癒しだけでなく、前向きな心を導くのが特長です。優しい波動で心の痛みを和らげ、プラスのエネルギーを高めます。失恋などで孤独を感じる時には、愛の欠乏を補い、心を満たしてくれるでしょう。

# ネフライト

【翡翠（軟玉）】 *Nephrite*

## 自然と同調し、人生の成功と繁栄を導く

KEYWORD ビジネスの成功、安らぎ、自然との繋がり、知恵、夢の実現

原産国 ✤ アメリカ、カナダなど

結晶系 ✤ 単斜晶系

硬度 ✤ 6～6.5

成分 ✤ $Ca_2(Mg,Fe^{2+})_5[OH|Si_4O_{11}]_2$

星座 ✤ 山羊座　天体 ✤ 木星　数秘 ✤ 4

### 特徴

肝臓石とも呼ばれる翡翠の一種

翡翠には硬玉と軟玉（ネフライト）があり、中国で翡翠といえばこの石です。名前はギリシャ語の「nephros（肝臓）」に由来し、中南米では粉末にして肝臓の薬として使われていました。

### パワー

思考が冴え、判断力を高める

自然との繋がりを深め、安らぎをもたらす石です。また、成功と繁栄を象徴する石ともいわれ、仕事運の強化におすすめです。宇宙的な情報に敏感になるので、洞察力や直感力が冴え、的確な判断に結びつきやすくなるでしょう。

# バリサイト

【バリシア石・バリッシャー石】 *Variscite*

## 豊かな感性を育み、夢の実現をサポート

KEYWORD 富、幸運、夢の実現、感性を育む

原産国 ✤ アメリカ、オーストリア、オーストラリア、ドイツなど

結晶系 ✤ 斜方晶系

硬度 ✤ 3.5～4.5

成分 ✤ $Al[PO_4]\cdot 2H_2O$

星座 ✤ 天秤座　天体 ✤ 水星　数秘 ✤ 3

### 特徴

ターコイズにも似た美しい模様を持つ

アルミニウムイオンを発色要因とする緑色に、独特の模様が見られる石。色合いや質感がターコイズに似ており、アメリカ・ユタ州で産出されるものは「ユタターコイズ」とも呼ばれます。

### パワー

他者からの信頼を高め、協力関係を築く

感受性や表現力を養い、家族や友人といった周囲の人たちと良好な関係を築いてくれます。信頼が高まり、様々な協力が得られるようになるので、夢の実現を導くでしょう。心の豊かさをもたらすことから、ストレス緩和にも有効です。

# フックサイト

【クロム雲母】 *Fuchsite*

## 心の余裕を生み、他者への思いやりを引き出す

KEYWORD 癒し、家庭円満、人間関係の改善、寛容

原産国 ✣ ブラジル、カナダ、アメリカなど

結晶系 ✣ 単斜晶系

硬度 ✣ 2〜2.5

成分 ✣ $KAl(AlSi_3O_{10})(OH,F)_2$ ＋ Cr

星座 ✣ 魚座　天体 ✣ 木星　数秘 ✣ 9

### 特徴

アベンチュレッセンスを生み出す石

クロムを発色要因とする白雲母の一種。グリーンアベンチュリンが持つ「アベンチュレッセンス」という光学効果は、細かな微粒子となって内包されたフックサイトが生み出しています。

### パワー

包み込むような優しさで、心を癒す

穏やかなエネルギーを持ち、ヒーリング効果に優れた石です。マイナスの感情を優しく受け止め、心に負った傷を癒してくれるでしょう。素直さと柔軟な思考をもたらすので、円滑なコミュニケーションを図るためにも役立ちます。



# ブラッドストーン

【血石】 *Bloodstone*

## 血液を浄化し、心身ともにパワーチャージ

KEYWORD 健康増進、生命力、活力、思考の明晰、妊娠のサポート

原産国 ✣ ブラジル、インド、ロシア、オーストラリア、スコットランドなど

結晶系 ✣ 六方晶系（非晶質）

硬度 ✣ 7

成分 ✣ $SiO_2$ ＋ 内包物

星座 ✣ 牡羊座　天体 ✣ 火星　数秘 ✣ 1

### 特徴

兵士を支えた、血を守る石

深緑の地に血のような赤い斑点模様のあることから、血にまつわる石とされています。古代には戦時下の兵士がお守りとして身につけていたほか、止血剤としても使われていました。

### パワー

血液からエネルギーを強化し、健康運アップ

心身の疲労回復やスタミナの向上といった健康運アップに役立つ石です。低血圧や貧血、出血や腫れものの緩和など、血液にまつわる不調にも良いとされています。精神的な強さを育むので、生きるための意欲が湧いてくるでしょう。

# プレナイト

【葡萄石】 *Prehnite*

## エネルギーを浄化し、心身の疲労を回復させる

KEYWORD 不要なエネルギーの除去、浄化、リラックス

| | |
|---|---|
| 原産国 | オーストラリア、インド、イギリスなど |
| 結晶系 | 斜方晶系 |
| 硬度 | 6~6.5 |
| 成分 | $Ca_2Al_2Si_3O_{10}(OH)_2$ |
| 星座 | 乙女座　天体✤月　数秘✤2 |

### 特徴

原石の形状から、葡萄石とも呼ばれる

名前の由来は、オランダの陸軍大佐・プレーン男爵。白やグリーン、イエローに近い色合いを持つ石です。葡萄のような形状の原石が存在することから、和名は「葡萄石」と呼ばれます。

### パワー

リラックス効果で、感情的な問題を解決

穏やかな波動で心身の緊張を解き、身軽にしてくれる石です。怒りや不安といったマイナスの感情を浄化するので、思考がクリアになり、自分に必要なものが明確になるでしょう。健康面では、排泄の不調を緩和するといわれています。

# フローライト

【蛍石】 *Fluorite*

## 独自のひらめきを与え、芸術的な才能を高める

KEYWORD 集中力、明晰性、無邪気な発想、問題解決

| | |
|---|---|
| 原産国 | アメリカ、イギリス、カナダ、スペイン、中国、メキシコなど |
| 結晶系 | 等軸晶系 |
| 硬度 | 4 |
| 成分 | $CaF_2$ |
| 星座 | 魚座　天体✤水星　数秘✤9 |

### 特徴

色によってパワーが異なる石

カラーバリエーションが豊富な石。中にはレインボーカラーのものもあり、鉱物標本として人気です。色によってパワーが異なり、自分に合ったものを選ぶのも楽しみ方のひとつです。

### パワー

感性を磨き、才能開花を導く

クリアはインスピレーション、紫は精神性、青はコミュニケーション、緑は感情の保護、黄は協調性を高める働きを持ちます。共通して感性を磨き、才能が発揮できるようサポートするので、クリエイティブ職の人におすすめです。

# マラカイト

【孔雀石】 *Malachite*

## 災いを遠ざけて心身を浄化する、魔除けの石

KEYWORD 邪気払い、浄化、洞察力、緊張緩和

原産国 ✤ コンゴ、ザイール、ナミビア、ザンビア、ロシア、アメリカなど

結晶系 ✤ 単斜晶系

硬度 ✤ 3.5〜4.5

成分 ✤ $Cu_2CO_3(OH)_2$

星座 ✤ 蠍座　天体 ✤ 木星　数秘 ✤ 5

### 特徴

古くから様々な用途に利用された石

銅を多く含み、細かい針のような独特の結晶を持つ石です。古くから装飾品や顔料、魔除けのお守りなどとして使われ、クレオパトラもアイシャドーとして愛用していたとされています。

### パワー

思考を浄化し、直感力や洞察力を高める

災いから身を守ってくれる魔除けの石です。強力な浄化作用があるので、雑念を取り除き、直感力や洞察力を高めます。子どもの勉強のお守りとしても良いでしょう。また、不安や緊張をほぐすので、精神のリラックスにも役立ちます。



# モスアゲート

【苔瑪瑙】 *Moss Agate*

## 地上の恩恵を享受し、自然体の状態を取り戻す

KEYWORD 恵み、心身の回復、癒し、グラウンディング

原産国 ✤ アメリカ、インド、ドイツなど

結晶系 ✤ 六方晶系

硬度 ✤ 7

成分 ✤ $SiO_2$ ＋ 包有物の成分

星座 ✤ 牡牛座　天体 ✤ 月　数秘 ✤ 4

### 特徴

富の石として、農耕民族に重宝された

クローライト（緑泥石）や鉄、マンガンなどの鉱物が混じり合い、苔のような独特な模様に見える石です。かつて、農耕民族の間では、豊作や繁栄をもたらす石として大切にされました。

### パワー

心身を癒し、健康状態を良好に

持ち主自身のリズムを正常にする働きがあり、神経の高ぶりを鎮め、癒しを与えます。心身の疲労回復が促され、健やかさを取り戻せるでしょう。地球の波動に同調する石なので、身につけることで地上の恵みを受けやすくなります。

# ユナカイト

【ユナカ石】 *Unakite*

## 「ありのまま」でいることの大切さを教えてくれる石

KEYWORD 癒し、心の傷の修復、未来への希望、安心感、トラウマの解消

原産国 ✤ アメリカ、ロシア、カナダ、ジンバブエ、アイルランドなど

結晶系 ✤ 不定

硬度 ✤ 6.5〜7

成分 ✤ 緑泥石、緑簾石、正長石、石英などの混合

星座 ✤ 乙女座　天体 ✤ 木星　数秘 ✤ 3

### 特徴

見た目は控えめながらも頼もしい混合石

エピドートやクローライトなどの複数の鉱物から成り立つ混合石で、その名はユナカ山地から産出されることに因みます。見た目に華やかさはありませんが、比較的安価で入手できます。

### パワー

障害を跳ね除け、自然体の自分を取り戻す

再出発をサポートする石です。過去に負った傷を癒し、前進するうえで障害となる事物を解決してくれます。他者に心を開き、自然体でコミュニケーションを取れるようになるでしょう。ベッドサイドストーンにも適しています。

# ワーベライト

【銀星石】 *Wavellite*

## 物事の本質に気づくための冷静さを養う石

KEYWORD 気づき、広い視野、判断力、冷静さ、直感力

原産国 ✤ イギリス、アメリカ、チェコ、ボリビアなど

結晶系 ✤ 斜方晶系

硬度 ✤ 3.5〜4

成分 ✤ $Al_3(PO_4)_2(OH)_3 \cdot 5(H_2O)$

星座 ✤ 双子座　天体 ✤ 木星　数秘 ✤ 7

### 特徴

花火のような破断面が美しい二次鉱物

主にアパタイト（燐灰石）が変化してできる二次鉱物です。柱状結晶で見つかることは稀で、多くはスターバーストという放射状の繊維型集合をしており、美しい破断面を持ちます。

### パワー

視野を広げ、正しい判断を導く

直感力や洞察力を高め、物事の全体像をつかむ広い視野をもたらす石です。欲望を抑え、冷静な判断ができるようになるでしょう。ヒーリングワークにも活用でき、新月の時には特に力を発揮するといわれています。

*5th chakra*

# 第5チャクラ
（スカイブルー）

アクアオーラ

アクアマリン

ラリマー

アパタイト

エンジェライト

クリソコラ

セレスタイト

ターコイズ

ブルーカルセドニー

ブルーレースアゲート

ヘミモルファイト

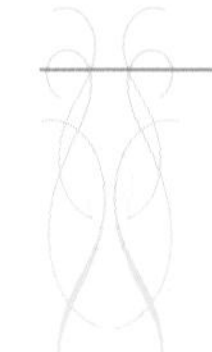

# アクアオーラ

【蒸着水晶】 *Aqua Aura*

## 宇宙の意識を受容し、物事の真実を見抜く

KEYWORD　夢の実現、目標達成、オーラの浄化、潜在能力開花

原産国（加工前）✢世界各地（ブラジル、インド、マダガスカル、アメリカ、中国など）

結晶系✢六方晶系（三方晶系）

硬度✢7

成分✢$SiO_2$

星座✢獅子座　天体✢水星　数秘✢3



### 特徴

鍊金術的な手法で加工され
虹色の反射光を持つオーラ水晶

真空蒸着処理（vapor deposition）という特殊な加工技術を施されたオーラ水晶のひとつで、アクアオーラの蒸着には純金が使われています。透明な水晶を摂氏871度の高温で真空加熱した後、蒸発させイオン化した純金をゆっくりと表面に付着させていくことで、シャボン玉のような虹色の反射光が現れます。自然と科学を融合したニュータイプの石のように思えますが、古代アトランティス大陸においても錬金術的に作られていたとされています。
ほかにもゴールデンオーラやコスモオーラなどといった様々なオーラ水晶が開発されていますが、アクアオーラは最も流通量が多く入手しやすいため、人気の高い石です。

### パワー

オーラの汚れを浄化し、
明るい未来への過程をサポート

この石のベースとなる水晶が持つ浄化力や、潜在能力の開花を促す働きが強化され、様々な恩恵をもたらします。過去に対するヒーリングよりも明るい未来に向かうエネルギーが強く、夢の実現や目標達成を頼もしくサポートしてくれるでしょう。オーラの汚れを洗い流すことで、良縁や幸運を引き寄せる力も高まります。
また、宇宙との繋がりを強める働きがあり、物事の真実に気づくための洞察力や、創造のもととなるインスピレーションを養うのにも役立ちます。考えごとをする際にかかる体の負担を軽減し、感覚を研ぎ澄ましてくれるでしょう。アーティスト系の人や霊的なエネルギーを扱う仕事をしている人などにおすすめです。

### エネルギー特性

§オーラを浄化して、幸運を引き寄せる
§未来を明るくするためのサポート
§宇宙との繋がりを強化する

### 相性の良い石

モルダバイト（P239）
宇宙との繋がりを強めたい時に。

アイオライト（P258）
進むべき道を正しく見極めたい時に。

アズライト（P259）
洞察力を高めたい時に。

セレナイト（P273）
オーラの浄化に。

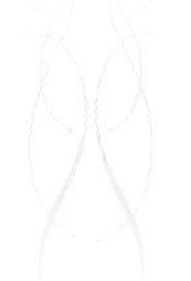

# アクアマリン

【藍柱石·藍玉】 *Aquamarine*

## 心に冷静さをもたらし、知性を発揮させる石

KEYWORD 冷静さ、集中力、仲直り、幸せな結婚、コミュニケーション能力

| | |
|---|---|
| 原産国 | ブラジル、パキスタン、アフガニスタン、マダガスカル、インド、ナミビアなど |
| 結晶系 | 六方晶系 |
| 硬度 | 7.5〜8 |
| 成分 | $Be_3Al_2Si_6O_{18}$ |
| 星座 | 水瓶座　天体 水星　数秘 7 |

### 特徴

水に関わるエネルギーを宿し、
漁師たちにも大切にされた"海のお守り"

アクアマリンという名は、ラテン語の「aqua（水）」と「marinus（海）」を組み合わせた造語で、その名の通り、澄んだ海を思わせる透明〜半透明の美しい青が特徴です。エメラルドなどと同じベリルグループに属する石で、鉄分を発色要因としています。透明度が高いほど美しく、高級ジュエリーとして扱われますが、原石は色が薄いため、宝飾加工される際に加熱処理または染色処理をしている場合があります。硬度が高く、耐久性に優れているので、アクセサリーとして扱いやすい石です。

古代ローマ時代には、海難防止や豊漁などを願う漁師たちの間で"海のお守り"として大切にされていたといわれています。

### パワー

不安や緊張を解消し、
柔軟なコミュニケーション能力を身につける

穏やかな癒しのエネルギーを持つ石です。不安や緊張を解消し、心に余裕をもたらします。試験やプレゼンなどの重要な場面でも冷静さを保ち、真の知性を発揮できるようにサポートしてくれるでしょう。仮にうまくいかないことがあっても、次のチャンスに向けて気持ちの切り替えを促します。柔軟性が養われるので、コミュニケーション能力も高まり、他者の気持ちを敏感に察知できるようになるでしょう。人間的な魅力が高まることで自ずと良縁を引き寄せやすくなるため、近年は"幸せな結婚を象徴する石"としても人気が高まっています。

健康面では、目、のど、リンパの不調を癒す働きがあるとされています。

### エネルギー特性

§不安や緊張を解消し、冷静さをもたらす
§気持ちの切り替えを促す
§コミュニケーション能力を高める

### 相性の良い石

パイライト(P223)
勝負運を高めたい時に。

プレナイト(P246)
障害を乗り越え、勇気を取り戻す。

ブルーレースアゲート(P256)
コミュニケーションを円滑にしたい時に。

アメジスト(P265)
ストレスを取り去り、本来持つ才能を発揮する。

# ラリマー

【ソーダ珪灰石】 *Larimar*

## 平和のシンボルともいわれるヒーリングストーン

KEYWORD 癒し、ヒーリング、愛、平和、自由、ストレス軽減

原産国 ドミニカ、イギリス、アメリカ、カナダなど
結晶系 三斜晶系
硬度 4.5〜5
成分 $NaCa_2(Si_3O_8)(OH)$
星座 魚座　天体 木星　数秘 6



### 特徴

海のように鮮やかなブルーが美しい
ペクトライトの一種

ナトリウムとカルシウムを主成分とするペクトライトの一種で、1974年に発見されたばかりの鉱物です。正式な鉱物名は「ブルーペクトライト」ですが、この石を発見した地学者の娘「Larissa」とスペイン語の「mar（海）」に由来し、通称ラリマーと呼ばれます。ペクトライトには白やピンク、緑、黄などの様々な色がありますが、ブルーは主にドミニカ共和国・パオルコ鉱山で産出されます。
水色の地に白いまだら模様が浮かぶのが特徴であるため、カボションカットを施して模様の美しさを見せることがほとんどです。しかしこの石には独特の粘り気がありカットしにくく、研磨には高い技術が必要となります。

### パワー

素晴らしいヒーリングパワーで
愛と平和をもたらす

世界3大ヒーリングストーンのひとつで平和のシンボルともいえる石です。穏やかなエネルギーが愛と平和の精神を育み、思いやりのある人間関係の構築をサポートします。相手のことを深く理解するための共感力が高まり、自分の考えを主張する勇気も湧いてくるので、円滑なコミュニケーションを可能にするでしょう。利害にとらわれた心の解放にも繋がり、コミュニティの幅を広げるのにも役立ちます。
また、怒りや悲しみ、苦痛といったマイナスの感情を排除し、感情の起伏を落ち着かせます。自分の感情をストレートに表現するのが苦手な人におすすめです。

### エネルギー特性

§優れたヒーリング力を持つ
§他者への思いやりの心を育む
§コミュニケーション能力を高める
§マイナスの感情を排除する

### 相性の良い石

クンツァイト（P234）
共感力を高めたい時に。

アベンチュリン（P240）
怒り、悲しみを取り去り、感情を安らかに。

スギライト（P265）
強力なヒーリングパワーをもたらす。

水晶（P269）
愛と平和に満ち溢れた人生をもたらす。

# アパタイト

【燐灰石】 *Apatite*

## 社交性を与え、コミュニケーションの幅を広げる

KEYWORD 社交性、絆、情緒安定、自己表現

原産国 ブラジル、メキシコ、マダガスカル、カナダ、ナミビアなど

結晶系 六方晶系

硬度 5

成分 $Ca_5(PO_4)_3F$

星座 水瓶座　天体 木星　数秘 6

### 特徴

骨や歯と同じ成分を持ち、身近に活躍する石

アクアマリン、アメジストなどと混同しやすいことから、名前は「惑わす（apate）」に由来します。色は青以外にも、緑、黄、紫など様々。骨や歯の成分のひとつで、歯磨き粉にも使用されています。

### パワー

調和を保ちながら、自己発信力を高める

人との繋がりを深めるエネルギーを持つ石です。意思を的確に伝える力や、周囲との調和を保つ客観性をもたらすので、コミュニケーション能力に自信がない人に良いでしょう。健康面では、カルシウムの吸収をサポートするといわれています。

# エンジェライト

【硬石膏】 *Angelite*

## 心に安らぎと思いやりを与える、天使の石

KEYWORD 人間関係、安らぎ、許し、天使の愛、思いやり

原産国 ペルー、メキシコ、オーストラリアなど

結晶系 斜方晶系

硬度 3.5

成分 $SrCaSO_4$

星座 魚座　天体 金星　数秘 9

### 特徴

天使のような優しさで実りをもたらす

空を思わせるやわらかな青さが美しい“天使の石”。硬度が低く、衝撃に弱い石ですが、加工品は多く流通しています。古くから豊作と好天候の守り石として珍重されました。

### パワー

感情を穏やかにする、愛と許しの石

持ち主を優しいエネルギーで包み込み、日々の生活の中で起こるイライラや緊張を和らげます。愛と許しをもたらすので、自己中心的な思考から解き放ちます。一度ギクシャクしてしまった人間関係の修復にも良いでしょう。

# クリソコラ

【珪孔雀石】 *Chrysocolla*

## 女性性を活性化させ、感受性を豊かにする女神の石

KEYWORD 愛と美、女性の魅力、幸せな家庭生活、不眠・ストレス改善

原産国 ペルー、アメリカ、メキシコ、ロシアなど

結晶系 単斜晶系

硬度 2〜4

成分 $(Cu,Al)_2H_2Si_2O_5(OH)_4 \cdot nH_2O$

星座 天秤座　天体 木星・海王星　数秘 3

### 特徴

混合物が多く、硬度が低い

アズライトやマラカイトなどと一緒に産出され、ほとんどが混合物を含みます。硬度が低い石ですが、水晶とともに固化したものは硬度7まで硬くなり、「ジェムシリカ」と呼ばれます。

### パワー

魅力を高め、成功や富を引き寄せる

センスを磨き、表現力や発信力を高めることから、“繁栄の石”として有名です。感受性豊かで女性的な魅力を引き出すので、“女神の石”ともいわれます。健康面では、心身のバランス調整作用がストレスの緩和に役立つでしょう。

# セレスタイト

【天青石】 *Celestite*

## 高次元と繋がり、新しいひらめきを引き寄せる

KEYWORD 愛、平和、癒し、高次元の意識、インスピレーション

原産国 イタリア、マダガスカル、アメリカ、メキシコなど

結晶系 斜方晶系

硬度 3〜3.5

成分 $SrSO_4$

星座 魚座　天体 木星・海王星　数秘 33

### 特徴

安眠にも有効とされる、天国の石

名前の由来はラテン語で「coelestis（天国のような）」。透明感のある淡い青以外には、無色、白などもあります。安眠効果があるとされ、ベッドサイドストーンとして人気です。

### パワー

ネガティブな感情を浄化し、心身を癒す

ヒーリングの力が強く、魂を浄化して安定をもたらす石です。ストレス解消を促し、心身の疲労回復に役立ちます。高次元の意識に繋がりやすくしてくれるので、インスピレーションや創造力を高めるサポートにもなるでしょう。

# ターコイズ

【トルコ石】 *Turquoise*

## 邪悪なエネルギーを跳ね除ける、守護の石

KEYWORD 自由、守護、行動力、積極性、願望達成、友情、信念

原産国 ✣ イラン、アメリカ（アリゾナ州・ネバダ州）、エジプト、中国、メキシコなど

結晶系 ✣ 三斜晶系

硬度 ✣ 5.5〜6

成分 ✣ $Cu^{2+}(Al_6(OH)_2|PO_4)_4 \cdot 4H_2O$

星座 ✣ 射手座　天体 ✣ 太陽　数秘 ✣ 5

### 特徴

#### 独特の色合いを持つ、歴史ある石

古代インカ帝国でも装飾品として使用された石で、独特のブルーは銅や鉄の含有量によって濃淡が見られます。近年良質なターコイズの産出量は減少し、加工品が多く出回っています。

### パワー

#### 発想力を高め、願望達成を導く

心の解放を促し、目標に向かって前進する勇気を与える石です。周囲を驚かせるような、自由でクリエイティブな発想ができるようになるでしょう。邪悪なものや危険から身を守る働きがあり、"旅のお守り"として知られています。

# ブルーカルセドニー

【玉髄】 *Blue Chalcedony*

## 思いやりの心を育み、グループの結束力を高める

KEYWORD 人間関係、良縁、精神安定、緊張の緩和、共感力

原産国 ✣ ブラジル、アメリカ、ウルグアイ、インドなど

結晶系 ✣ 六方晶系（潜晶質）

硬度 ✣ 7

成分 ✣ $SiO_2$

星座 ✣ 蟹座　天体 ✣ 金星　数秘 ✣ 6

### 特徴

#### 穏やかな波動を持つ、カルセドニーの一種

青以外にピンクや白などがあり、パワーはそれぞれ若干異なります。色彩がはっきりしたものはアゲートと呼ばれます。穏やかでクセが少なく、ほかの石と組み合わせやすい石です。

### パワー

#### 一体感のある人間関係をサポート

リラックス効果によって心に安心感をもたらすほか、思いやりのある人間関係を築き、協調性や結束力を高める石です。共通の目標を達成できるようにサポートしてくれるので、グループでの活動を円滑にしたい人におすすめです。

# ブルーレースアゲート

【空色縞瑪瑙】 *Blue Lace Agate*

## 感情を開放し、穏やかな友情を育む

KEYWORD 平穏、友情、コミュニケーション能力、マイナス感情の中和

原産国 ブラジル、南アフリカなど
結晶系 六方晶系（潜晶質）
硬度 7
成分 $SiO_2$
星座 水瓶座　天体 金星　数秘 6

### 特徴

美しい模様で人気を誇る、友愛の石

淡いブルーにレース状の白い縞模様が入っているアゲートの仲間。穏やかな波動を持ち、“友愛の石”としても有名です。近年流通量は減少しているものの、依然高い人気を誇ります。

### パワー

心を癒し、コミュニケーションを円滑に

感情を緩やかに開放し、自己表現力やコミュニケーション能力を高める石です。友愛の象徴でもあるので、友人関係のいざこざを解決に導き、友情を深めてくれるでしょう。健康面では、のどや肩、首周りの不調に有効とされています。

# ヘミモルファイト

【異極鉱】 *Hemimorphite*

## 異なる性質が共存する、“Oneness”のシンボル

KEYWORD 魔除け、慈しみ、ワンネス、同情心

原産国 メキシコ、中国、ブラジル、アメリカ、ナミビアなど
結晶系 斜方晶系
硬度 5
成分 $Zn_4Si_2O_7(OH)_2 \cdot (H_2O)$
星座 魚座　天体 太陽　数秘 33

### 特徴

異極像の結晶構造を持つ石

葡萄状の塊になっていることが多い石です。結晶の先端が一方は尖っていて、もう一方は平たくなっています。色は鮮やかな青以外に、無色透明～白のものもあります。

### パワー

魔除けから同情まで、両極端の力を兼ねる

異極を持ちながら中心部分を共有していることから、“Oneness（ひとつであること）”を象徴する石です。邪悪なものから保護する魔除けの力を持つ一方で、自己中心的な感情を抑え、あらゆる生命に対する慈しみや同情の心を育みます。

*6th chakra*

# 第6チャクラ
（インディゴブルー）

✤

アイオライト

アズライト

カイヤナイト

カバンサイト

サファイア

ソーダライト

タンザナイト

ラピスラズリ

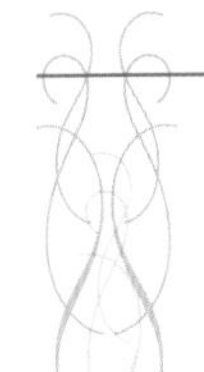

# アイオライト

【菫青石】 *Iolite*

## 人生を迷いなく歩むための羅針盤

KEYWORD ビジョン、人生の羅針盤、霊的能力の開発、先見性

原産国✤インド、スリランカ、ミャンマー、ブラジル、マダガスカル、タンザニア、ナミビア、アメリカなど

結晶系✤斜方晶系

硬度✤7〜7.5

成分✤$(Mg, Fe)_2Al_4Si_5O_{18}$

星座✤射手座　天体✤太陽　数秘✤7

第6チャクラ

### 特徴

**多色性という性質によって様々な表情を見せる“海のサファイア”**

アイオライトという名はギリシャ語の「ios（すみれ）」と「lithos（石）」という単語を組み合わせた造語で、鉱物学上はP.L.A.コルディエに因んでコーディエライトといいます。透明感のある青紫であることから、別名“海のサファイア”とも呼ばれます。

光の当たる角度によって黄や褐色に変化する多色性という性質を持ち、かつて大西洋を航海した海賊たちは、この石を日光に当てて進むべき方向を決めていたという説があります。宝飾品となる場合は、美しい色彩と多色性が生きるようにカットされます。

### パワー

**直感力や霊的能力を高め、物事の本質に気づけるようになる**

人生の指標を示す羅針盤のような役割をする石です。思考をクリアにし、明晰性や冷静さをもたらすので、進むべき道を明確にしてくれるでしょう。重要な決断を迫られた時や悩みを抱えている時には、心を落ち着かせ、正しい選択ができるようサポートします。恋愛面では、持ち主にとってベストなパートナーを引き寄せ、幸せな結婚に導くとされています。お互いに信じ合い助け合える、愛に溢れた関係性を築けるでしょう。恋愛に限らず、家族や仕事仲間などとの信頼関係を深めたい人にもおすすめです。

また、眉間の上辺りにあるチャクラである“第三の眼（サードアイ）”の開眼を促す石ともいわれています。直感力や霊的能力が養われるので、表面的なことに惑わされず、物事の本質を見抜けるようになるでしょう。

### エネルギー特性

§冷静な判断ができるようになる
§愛のある関係性を築く
§第三の眼を開眼する

### 相性の良い石

ローズクォーツ（P232）
理性を失っている時などの恋愛の助けに。

モルガナイト（P236）
自分に必要な相手と出会いたい時に。

アマゾナイト（P241）
進むべき道を示す助けに。

アメジスト（P265）
状況を見極め、平静を保つ。

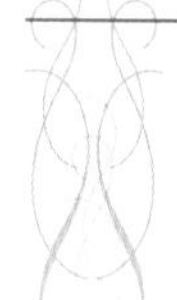

# アズライト

【藍銅鉱】 *Azurite*

## 宇宙意識との架け橋となり、気づきをもたらす神秘の石

KEYWORD　霊性、瞑想、学力向上、直感力

原産国 ✣ アメリカ（アリゾナ州）、ナミビア、モロッコ、メキシコ、フランスなど

結晶系 ✣ 単斜晶系

硬度 ✣ 3.5～4

成分 ✣ $Cu_3(CO_3)_2(OH)_2$

星座 ✣ 射手座　天体 ✣ 水星・天王星　数秘 ✣ 7

第6チャクラ

### 特徴

**しっとりと濃い藍色が美しく岩絵の具としても使われた石**

銅鉱床で産出される二次鉱物の一種で、ペルシャ語の「azure（青い）」を名前の由来とする鮮やかな藍色の石です。深みのある美しい色合いを持つので、古くは岩絵の具として、日本画を中心に広く使われていました。

同じ鉱物グループのマラカイト（孔雀石）と一緒に産出されることが多く、この2種類を含んだ状態の鉱物をアズライトマラカイトといいます。アズライトは空気中の水分を吸収してマラカイトになってしまうため、本来の色が残っているものは大変希少価値が高くなります。また、硬度が低く脆いので、アクセサリーとして流通しているものは、プレス加工や樹脂を混ぜる加工が施されています。

### パワー

**第三の眼に働きかけ大事な場面で力を発揮するサポートに**

アイオライトと同様、"第三の眼（サードアイ）"を開眼させる力を持つ石です。霊的なエネルギーを活性化させ、明晰性や直感力を高めます。未来を見通す力を養うので、人生をより良い方向に導く道しるべとなってくれるでしょう。試験や取引など、大事な場面で本来の力を発揮したい人にもおすすめです。瞑想する際に額に当てると、第三の眼への直接的なアプローチになるともいわれています。

また、強力なヒーリング力によって精神疲労を癒す働きがあります。マイナスのエネルギーを浄化し、心に明るさを取り戻してくれるでしょう。思考がクリアになるので、インスピレーションやアイデアも生まれやすくなります。

### エネルギー特性

§ 霊的エネルギーの活性化

§ 人生をより良い方向に導く

§ 強力なヒーリング力

### 相性の良い石

マラカイト（P247）
洞察力を高める組み合わせ。

サファイア（P261）
筋道を立てて物事を判断する力に。

ティファニーストーン（P266）
サイキック能力の開発に。

水晶（P269）
感受性、直感力を高める。

# カイヤナイト

【藍晶石】 *Kyanite*

## 自発性を養い、明確なビジョンを創造する

KEYWORD 独立心、明晰な思考、インスピレーション、霊性向上、探求心

| | |
|---|---|
| 原産国 | ブラジル、ケニア、タンザニア、インド、日本など |
| 結晶系 | 三斜晶系 |
| 硬度 | 4.5〜7 |
| 成分 | $Al_2OSiO_4$ |

星座✤乙女座　天体✤火星・天王星　数秘✤7

### 特徴

**一定方向からの衝撃に弱い石**

薄いフレークが束になったような結晶を持ち、角度によって硬度に差があることから、別名「ディスシーン（二硬石）」と呼ばれます。透明度が高いほど高品質とされています。

### パワー

**霊性やインスピレーションを刺激する**

甘えや依存からの脱却を促し、独立心や探求心を強化する石です。目的意識が高まり、未来のビジョンを確立しやすくなります。霊性やインスピレーションに働きかけるので、固定概念にとらわれない発想力をもたらすでしょう。

# カバンサイト

【カバンシ石】 *Cavansite*

## 神秘的なエネルギーで、共時的現象をもたらす石

KEYWORD 宇宙的意識、創造力、発想力、楽しむ、シンクロニシティ

| | |
|---|---|
| 原産国 | インド、アメリカなど |
| 結晶系 | 斜方晶系 |
| 硬度 | 3〜4 |
| 成分 | $Ca(V^4+O)Si_4O_{10}\cdot 4H_2O$ |

星座✤水瓶座　天体✤金星　数秘✤11

### 特徴

**かわいらしいシルエットで人気の石**

金平糖のような石で、名前は主成分のカルシウム、バナジウム、シリケートを組み合わせています。非常に繊細で脆いので、原石のままか、原石の形を生かした加工で流通しています。

### パワー

**創造力を育み、人生を豊かにする**

神秘的で不思議なエネルギーを持つ石で、宇宙との繋がりを強化し、運命的な出会いなどの共時的現象を引き寄せるとされています。インスピレーションや創造力を育むので、マンネリを解消し、人生の楽しさを導いてくれるでしょう。

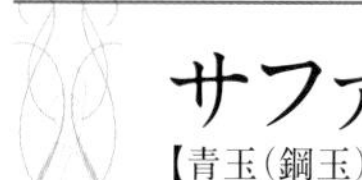

# サファイア

【青玉(鋼玉)】 *Sapphire*

## 精神力を強化し、潜在能力を引き出す

KEYWORD 明晰な思考、経営の安定、才能発揮、潜在能力

原産国 ミャンマー、タイ、インド、スリランカなど

結晶系 六方晶系(三方晶系)

硬度 9

成分 $Al_2O_3$

星座 乙女座　天体 土星　数秘 7

### 特徴

#### 青以外にも様々な色がある

硬度が高く、ダイヤモンドの次に硬い石です。濃い青が代表的ですが、コランダムグループのうち赤い色の石だけがルビーと呼ばれ、それ以外の色はすべてサファイアと呼ばれます。

### パワー

#### 才能を発揮できる環境を整える

チャンスをモノにするための精神力を強化します。思考の明晰性が高まり、あらゆる物事と冷静に向き合えるようになるでしょう。潜在能力を引き出し、得意分野で成果を挙げやすくなるので、自然と積極的な行動に繋げてくれます。



# ソーダライト

【方ソーダ石】 *Sodalite*

## 忍耐力を鍛え、夢への道のりをサポート

KEYWORD 忍耐力、願望達成、意志力、決断力

原産国 カナダ、ブラジル、ナミビア、イタリア、ノルウェーなど

結晶系 等軸晶系

硬度 5.5~6

成分 $Na_8Al_6Si_6O_{24}Cl_2$

星座 山羊座　天体 太陽　数秘 1

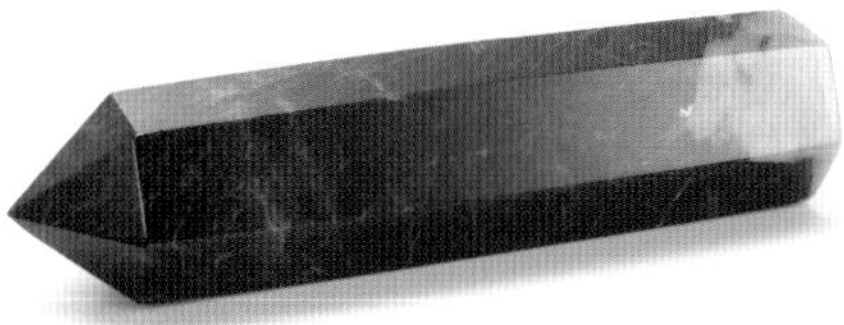

### 特徴

#### 粉砕すると青い色が消える

ソーダ分(Na)を多く含む石で、古くはラピスラズリの代用品とされていました。粉砕すると青い色が消えてしまうため、ほかの濃紺の石のように魔除けの顔料としては使われませんでした。

### パワー

#### 決断力を高め、願望達成を導く

邪念や恐怖心を取り除き、意志や忍耐力を強化する石です。重要な決断を下す勇気が湧き、願望の達成に向けて前進できるようになるでしょう。感情を整理する働きによって知識が定着しやすくなるので、試験のお守りにも最適です。

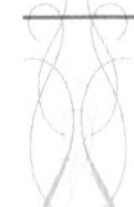

# タンザナイト

【灰簾石・黝簾石】 *Tanzanite*

## 絡まり合った人生の難題を解きほぐす

KEYWORD 人生の転機、ストレス緩和、精神安定、柔軟

原産国✤タンザニア、ケニア

結晶系✤斜方晶系

硬度✤6.5

成分✤$Ca_2Al_3Si_3O_{12}(OH)$

星座✤乙女座　天体✤太陽　数秘✤6

### 特徴

**角度によって色が変わる石**

タンザナイトは宝石店ティファニーが原産地に因んでつけた名前で、正式名称はゾイサイトといいます。多色性を持つこの石は、550 ～ 700℃の加熱処理によって美しく発色します。

### パワー

**クリアな思考で判断力を高める**

高い周波数を持ち、精神の安定をもたらす石です。緊張やストレスからの解放によって思考をクリアにし、冷静さや思慮深さを養います。決断が必要な時や人生の転機を迎えた時には、力強い味方となって成功に導いてくれるでしょう。

# ラピスラズリ

【青金石】 *Lapis Lazuli*

## 本質を見抜く力を養い、潜在能力を引き出す

KEYWORD 直感力、守護、創造力、潜在能力、願望達成

原産国✤アフガニスタン、ロシア、チリ、カナダ、アメリカ（コロラド州）など

結晶系✤等軸晶系

硬度✤5～5.5

成分✤$(Na,Ca)_{7-8}(Al,Si)_{12}(O,S)_{24}[O,S_4Cl_4(OH)_2]$

星座✤射手座　天体✤水星　数秘✤7

### 特徴

**古くは青色の顔料にもなった石**

藍色の地に星のような金色が入り混じった石。古来には粉末にしてアイシャドーや霊薬として使われたほか、フェルメールをはじめとする画家たちの憧れの顔料であったことで有名です。

### パワー

**真実に気づかせ、進路を明確にする**

直感力と洞察力をもたらし、潜在能力の開花を導く石です。物事の本質を見抜く力を高め、今後自分が進むべき道を明確にしてくれるでしょう。また、自分自身をかえりみるきっかけを与えてくれるので、人間的成長も期待できます。

*7th chakra*

# 第7チャクラ

（バイオレット）

✤

チャロアイト

アメジスト

スギライト

ティファニーストーン

レピドライト

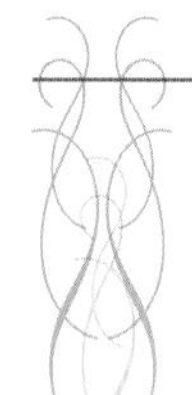

# チャロアイト

【チャロ石】 *Charoite*

## 自分自身の力で不安を克服する、変容の石

KEYWORD ヒーリング、危機回避、霊性、精神性、エネルギー解毒、不安の克服

原産国✤ロシア、サハ

結晶系✤単斜晶系

硬度✤5~6

成分✤$K(Ca,Na)_2Si_4O_{10}(OH,F)\cdot H_2O$

星座✤天秤座　天体✤木星　数秘✤9

第7チャクラ

### 特徴

**美しいマーブル模様を成す
世界3大ヒーリングストーンのひとつ**

ラリマー、スギライトと並び、世界3大ヒーリングストーンのひとつです。名前の由来には、シベリアのチャロ川流域で発見されたことに因んだという説と、ロシア語の「charo(誘惑する)」から名づけられたという説があります。
透明感はありませんが、ガラス光沢を持つ石で、紫、白、黒のマーブル模様はエジリン、ティクナクサイト、マイクロクリンなどの鉱物が混ざることで生まれます。1949年ごろに発見されて以来、しばらくは彫刻用に使われていましたが、ロシアの鉱物学者であるベーラ・ロゴワ女史の長年の研究により、1978年にチャロアイトとして正式に認証されました。

### パワー

**心の癒しだけでなく
自分らしさを貫く強さを与える**

世界3大ヒーリングストーンともいわれるように、リラックス効果や浄化作用が大いに期待できます。穏やかなエネルギーによって人間関係などで疲れきった心を癒してくれるでしょう。霊的なマイナスエネルギーからの保護作用も強力なので、危機回避にも役立ちます。
さらに、ほかの石とは異なる性質のヒーリング効果も持つ石です。不安からの解放ではなく、自分自身の状況を受け入れ、不安を克服する力を与えます。常に自分らしさを貫けるようサポートし、ストレスや心配ごとを軽減してくれるでしょう。勇気と行動力をもたらし、前進を促すので、“変容の石”ともいわれています。
健康面では、肝臓の働きを助け、体内の毒素を排出する解毒作用があるといわれています。

### エネルギー特性

§強力なヒーリング効果
§霊的なマイナスエネルギーからの保護
§勇気と行動力をもたらし、変容を促す

### 相性の良い石

レピドライト(P266)
恐れに惑わされず、必要な変化を手に入れる。

エレスチャルクォーツ(P271)
不安を取り去り、前進する勇気をもたらす。

セレナイト(P273)
抑圧された感情の解放に。

メタモルフォーシス(P278)
変化、変容に最強。

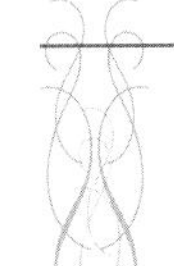

# アメジスト

【紫水晶】 *Amethyst*

## 緊張を解きほぐし、感情の安定を図る

KEYWORD 癒し、ストレス緩和、感情安定、安眠、直感力

原産国 ✣ ブラジル、マダガスカル、ウルグアイ、インド、南アフリカなど

結晶系 ✣ 六方晶系（三方晶系）

硬度 ✣ 7

成分 ✣ $SiO_2$

星座 ✣ 魚座　天体 ✣ 月　数秘 ✣ 9

### 特徴

多様性があり、人気の高い石

数多くの伝承が残っていることと、産地により色や原石の形状が異なる多様性を持つことから人気の高い石です。色が抜けてしまうので、長時間日光に当てないように注意しましょう。

### パワー

ヒーリング効果で、心身の疲労回復を促す

ヒーリング力に優れ、不安や緊張を和らげる働きをします。感情の混乱に惑わされず、冷静に物事を判断できるようになるので、直感力が高まるでしょう。神経をリラックスさせ、疲労回復を促すので、安眠サポートも期待できます。

# スギライト

【杉石】 *Sugilite*

## ネガティブな感情を取り除くヒーリングストーン

KEYWORD ヒーリング、守護、心身の浄化、保護、宇宙意識への進化

原産国 ✣ 南アフリカ、オーストラリア、日本など

結晶系 ✣ 六方晶系（粒状集合体）

硬度 ✣ 5.5〜6.5

成分 ✣ $KNa_2(Fe^{2+},Mn^{2+},Al)_2Li_3Si_{12}O_{30}$

星座 ✣ 魚座　天体 ✣ 木星　数秘 ✣ 33

### 特徴

強力なヒーリングパワーを持つ石

世界3大ヒーリングストーンのひとつ。日本人の岩石学者・杉健一氏によって発見され、その約30年後に新しい鉱物として認められました。色は紫以外にも淡いピンクなどがあります。

### パワー

心を癒し、人間関係を愛で満たす

色によりエネルギー特性はやや異なりますが、ヒーリング効果は共通して優れています。心の傷を癒し、ストレスや孤独感を解消してくれるでしょう。マイナスエネルギーから保護する働きを持つので、愛のある人間関係の構築にも役立ちます。

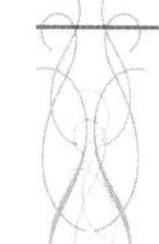

# ティファニーストーン

*Tiffany Stone*

## インスピレーションを高め、自由な発想を生む

KEYWORD サイキック能力開発、感受性、芸術、インスピレーション

原産国 ✤ アメリカ（ユタ州）

結晶系 ✤ 不定

硬度 ✤ 4〜6.5

成分 ✤ フローライト、ベルトランダイト、カルセドニー、オパール、ロードナイトなどの混合

星座 ✤ 牡羊座　天体 ✤ 金星・海王星　数秘 ✤ 11

### 特徴

#### 限られた地域でしか産出されない混合石

アメリカ・ユタ州のトーマス山脈周辺でのみ産出される大変希少な石です。白のカルセドニーやオパール、紫のフローライト、ピンクのロードナイトなど、様々な鉱物を含む混合石です。

### パワー

#### 独創的な感性を磨き、自己表現力を高める

サイキック能力を引き出し、高次のマインドをもたらすといわれる石です。インスピレーションを高め、芸術的・独創的な感性を磨いてくれます。周囲に流されることなく、自由な発想で自分らしさを表現できるようになるでしょう。



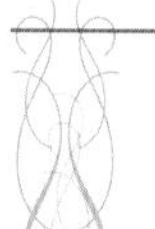

# レピドライト

【鱗雲母・リチア雲母・リシア雲母】 *Lepidolite*

## 現状打破をサポートする、変革の石

KEYWORD 変化への順応、変革、楽天的、新たなステージ

原産国 ✤ ブラジル、アメリカ、アフガニスタン、南アフリカ、スウェーデン、ロシア、チェコ、モザンビークなど

結晶系 ✤ 単斜晶系

硬度 ✤ 2.5〜3

成分 ✤ $K(Li,Al)_3(Si,Al)_4O_{10}(F,OH)_2$

星座 ✤ 蠍座　天体 ✤ 火星・天王星　数秘 ✤ 11

### 特徴

#### 薄い結晶が何層も重なった石

マイカ（雲母）の一種で、リチウムを多く含み、光沢のある灰紫に色づいたものです。鱗片状の結晶がミルフィーユのように何層も重なることで、ひとつの塊を形成しています。

### パワー

#### マンネリを解消し、人生に変化をもたらす

変革を象徴する石で、現状を打破したいと感じる時に最適です。不必要なこだわりや思い込みがクリアになり、マンネリを解消できるでしょう。また、人生の転機を迎えた時は、新しい環境に順応できるようにサポートしてくれます。

*8th chakra*

# 第8チャクラ

（ホワイト・シルバー）

✤

アゼツライト

水晶

アポフィライト

アンデシン

エレスチャルクォーツ

ガーデンクォーツ

スコレサイト

スティルバイト

セレナイト

ダンビュライト

デンドライト

トパーズ

ハーキマーダイヤモンド

パール

ハウライト

ペタライト

マザーオブパール

ミルキークォーツ

ムーンストーン

メタモルフォーシス

ガレナ

ギベオン隕石

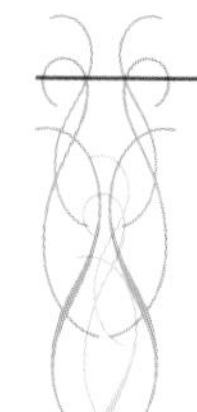

# アゼツライト

【石英】 *Azeztulite*

## 宇宙レベルのエネルギーで、魂の成長を促す

KEYWORD 魂の成長、浄化、多次元、瞑想、第三の眼

原産国✤アメリカ（ノースカロライナ州・バーモンド州）、インドなど

結晶系✤六方晶系（三方晶系）

硬度✤7

成分✤$SiO_2$

星座✤射手座　天体✤木星・海王星　数秘✤9

第8チャクラ

### 特徴

**限られた地域でのみ産出される、強力なエネルギーの水晶**

近年発見されたばかりで、水晶と同じ組成を持つ石です。Heaven&Earth社のロバート・シモンズ氏によって広められ、正規品には同社発行の証明書がついてきます。当初採掘が行われていたアメリカ・ノースカロライナ州の鉱山はすでに閉山してしまっているので、現在はほかの産地のものが流通しています。
鉱物学的には水晶と同一視されていますが、限られた地域でのみ産出されることから希少価値が高く、より強力なエネルギーを持つとされています。人によっては最初に不快感を覚える場合もあるので、自分の感覚で徐々に慣らしていきましょう。アクセサリーとして身につけると、より早く同調できるといわれています。

### パワー

**エネルギーレベルを高め、第三の眼を開く石**

宇宙の核というべき存在「アゼツ」が名称の由来である通り、高次元のエネルギーを取り込み、魂の成長を促す石です。次元を超えた先にある光の存在との接触を助けるので、霊的世界との繋がりを感じられるようになるでしょう。
また、水晶以上の強力な浄化作用を秘めており、マイナスの感情を取り除いて直感力や洞察力を高めます。第三の眼の開眼にも効果が期待できるので、視野を広げ、未来を見通す力を授けてくれるでしょう。人生における重大な決断を迫られている時には、特に頼もしい味方となってくれるはずです。瞑想に使用する際は、額や頭上に置いて利用すると効果を感じやすくなるでしょう。

### エネルギー特性

§高次元のエネルギーを取り込む
§霊的世界との繋がりを深める
§強力な浄化作用　§第三の眼の開眼

### 相性の良い石

水晶（P269）
高い波動に繋げる。

ダンビュライト（P273）
瞑想の助けに。

ペタライト（P276）
洞察力を高める。

ラブラドライト（P281）
今世に生まれた目的を知る。

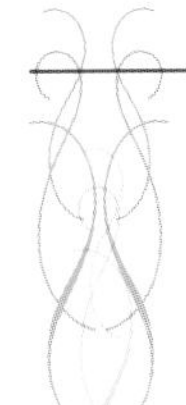

# 水晶

【石英】 *Quartz*

## エネルギーを浄化し、調和を生み出す万能石

KEYWORD 浄化、調和、統合、強化、潜在能力の開花

| | |
|---|---|
| 原産国 | 世界各地（ブラジル、インド、マダガスカル、アメリカ、中国など） |
| 結晶系 | 六方晶系（三方晶系） |
| 硬度 | 7 |
| 成分 | $SiO_2$ |
| 星座 | 射手座　天体✤太陽　数秘✤9 |

### 特徴

**“精霊が宿る石”ともいわれた パワーストーンの代表格**

二酸化珪素が結晶化したものを「石英」と呼び、その中でも特に透明度が高いものを「水晶」と呼びます。英名では「クリスタル」と呼ばれるのが一般的ですが、これは古代ギリシャ時代の「krystalos（氷）」を語源としています。地殻から産出され、不純物をインクルージョンすることによって様々な色の変種が存在します。
古くから神聖視されてきたパワーストーンの代表格で、江戸時代までの日本では「水精」と呼ばれ、“精霊が宿る石”として魔除けのお守りや儀式などに用いられていたそうです。また、弥生～古墳時代から勾玉や丸玉に加工する技術も有しており、水晶を御神体として祀っている神社もあります。

### パワー

**素晴らしい浄化作用により エネルギー活性を促す**

数あるパワーストーンの中でも万能なエネルギーを持つ石で、柔軟性が極めて高く、全体的な運気を引き上げてくれます。特に浄化力が優れており、マイナスのエネルギーを洗い流して心身の活性化を促します。直感力や洞察力を養い、潜在能力の開花や目標の明確化など、夢の実現をサポートしてくれるでしょう。
また、あらゆる調和を生み出し、それらを統合させ、より大きな力を発揮できるように導く働きがあります。意思のプログラミングやエネルギーの増幅には、加工されているもののほうが適しているとされています。石同士のエネルギーにおいて浄化や調和を必要とする際は、クラスターを活用すると良いでしょう。

### エネルギー特性

§優れた浄化作用　§心身の活性化
§潜在能力の開花と目標の明確化
§調和によってエネルギーを増幅させる

### 相性の良い石

スモーキークォーツ（P203）
マイナスエネルギーを強力に取り去る。

ブラックトルマリン（P208）
疲労やストレスを癒し、心身のデトックスを促す。

ロードクロサイト（P233）
運命の人を強く引き寄せる。

ジェイド（P243）
ビジネスを成功に導く。

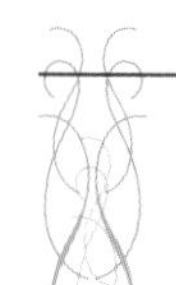

# アポフィライト

【魚眼石】 *Apophyllite*

## 霊力を高め、ブロックの解放を促す

KEYWORD 霊力向上、宇宙との繋がり、浄化、瞑想

原産国✤インド、イギリス、スウェーデンなど

結晶系✤正方晶系

硬度✤4.5〜5

成分✤$KCa_4Si_8O_{20}(F,OH)\cdot 8(H_2O)$

星座✤魚座　天体✤海王星　数秘✤9

### 特徴

**パワフルながらも落ち着いた雰囲気を持つ**

無色、ピンク、青緑など様々な色がある石です。簡単に割れやすいので、観賞用として使うのがおすすめです。特にピラミッド型のものは、強力なエネルギーを持つとされています。

### パワー

**前進をサポートし、目標の実現を導く**

浄化作用の強い石で、しがらみをクリアにし、前進する勇気と目標を叶える実行力をもたらします。霊性に関わる第7チャクラに対応するので、神聖なエネルギーや高次元との繋がりを深めてくれます。瞑想にも適した石です。



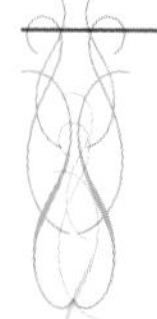

# アンデシン

【中性長石】 *Andesine*

## 状況に応じ、変化と調和をもたらす石

KEYWORD 変化、調和、自己矛盾の解放、問題解決

原産国✤チベット、モンゴル、オーストラリアなど

結晶系✤三斜晶系

硬度✤6〜6.5

成分✤$(Na,Ca)Al(Al,Si)Si_2O_8$

星座✤射手座　天体✤金星・木星　数秘✤11

### 特徴

**近年発見されたばかりの長石の一種**

サンストーンやムーンストーンなどと同じ長石の一種で、ホワイトアンデシンは近年タンザニアで発見されたばかりの石です。乳白色で半透明の美しい姿が魅力的です。

### パワー

**自己矛盾のない解決策を導く**

他者の考えや環境などへの調和をもたらし、より良い人間関係の構築をサポートしてくれる石です。その一方で、置かれている状況にしっくりこない時は、本心が望む方向への変化を促し、自己矛盾から解放してくれるでしょう。

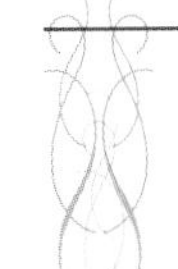

# エレスチャルクォーツ

【骸骨水晶】 *Elestial Quartz*

## 地球をも癒す力を持つとされる、天使のギフト

KEYWORD 不安・ジレンマの解消、調和、変化

原産国 ✤ ブラジル、インド、ロシア、中国、マダガスカル、メキシコ、ナミビア、スイスなど

結晶系 ✤ 六方晶系（三方晶系）

硬度 ✤ 7

成分 ✤ $SiO_2$

星座 ✤ 山羊座　天体 ✤ 土星　数秘 ✤ 33

特徴

### 天使のエネルギーを持つ水晶

長い年月を経て形成された特殊な水晶といわれますが、実際は珪酸分の多い溶液内で短期間のうちに形成されます。"天使からの贈り物"とも称され、内部に空洞のあるものが一般的です。

パワー

### 心身のバランスを整え、道を開拓する

形成される過程で多くの内包物を含むので、多種多様なエネルギーを持ちます。心身のバランスを整え、目標を達成するうえでの正しい取捨選択を導いてくれるでしょう。地球の叡智に溢れ、浄化やヒーリングにも役立ちます。



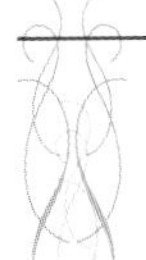

# ガーデンクォーツ

【庭園水晶】 *Garden Quartz*

## 地に足を着け、財力形成をサポート

KEYWORD 財運、ヒーリング、健康、グラウンディング、ビジネスの成功

原産国 ✤ ブラジル

結晶系 ✤ 六方晶系（三方晶系）

硬度 ✤ 7

成分 ✤ $SiO_2$＋（クローライトなどの包有鉱物）

星座 ✤ 牡牛座　天体 ✤ 木星　数秘 ✤ 4

特徴

### 多種多様な景色を内包する石

内部にほかの鉱物が入り込み、庭園のような景色が広がるクォーツです。クローライト（緑泥石）を内包したものが多く流通していますが、トルマリンなどを内包したものも存在します。

パワー

### 正財運を高め、ビジネスの成功を導く

グラウンディングの力を強化し、地に足を着けることを教えてくれます。また、財力形成にも役立つとされていますが、正財運を象徴する石なので、ギャンブル運よりは仕事運アップのお守りとして効果が期待できるでしょう。

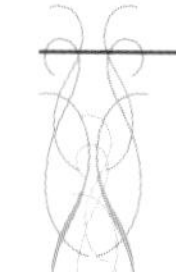

# スコレサイト

【スコレス沸石】 *Scolecite*

## 優れた浄化力で心身のデトックスを促す

KEYWORD ヒーリング、浄化、回復、再生

原産国 ✤ インド、メキシコ、アメリカ、ブラジルなど

結晶系 ✤ 単斜晶系・三斜晶系など

硬度 ✤ 5〜5.5

成分 ✤ $Ca[Al_2Si_3O_{10}]\cdot 3H_2O$

星座 ✤ 双子座　天体 ✤ 月　数秘 ✤ 9

### 特徴

**針状結晶を成す、ゼオライトの一種**

ゼオライトの一種で、カルシウムやアルミニウムを主成分とする針状結晶を形成します。火で炙ると融解して虫のように丸くなるため、名前はギリシャ語の「skolex（ワーム）」に由来します。

### パワー

**心身の回復・再生を促す**

マイナスエネルギーを浄化し、心身を正常な状態に回復・再生させる働きがあります。また、直感力を高めることにより、過去の経験を現在や未来に生かせるように導きます。ヒーリング効果が高いので、瞑想などにも適しています。



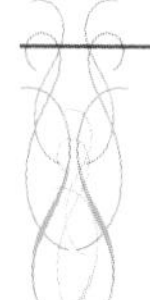

# スティルバイト

【束沸石】 *Stilbite*

## 危険や間違いに気づかせ、方向転換を促す

KEYWORD 危険回避、解毒、強力な気づき、直感力

原産国 ✤ 世界各地（アメリカ、日本など）

結晶系 ✤ 単斜晶系

硬度 ✤ 3.5〜4

成分 ✤ $NaCa_2Al_5Si_{13}O_{36}\cdot 14H_2O$

星座 ✤ 双子座　天体 ✤ 水星・天王星　数秘 ✤ 8

### 特徴

**繊細な結晶を持ち、扱いに注意が必要**

同じゼオライトの仲間であるアポフィライトやプレナイトなどと一緒に産出されます。針状の結晶が束になった石で、硬度が低く、装飾品として使う際は扱いに注意が必要です。

### パワー

**危険回避や問題解決に**

直感力を高め、強力な気づきをもたらす石です。思考が研ぎ澄まされるので、危険をいち早く察知し、問題を未然に防げるようになるでしょう。仮に間違いを犯してしまっても、機転が利き、素早い方向転換を可能にしてくれます。

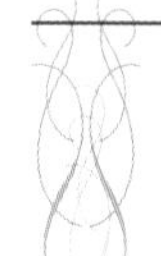

# セレナイト(ジプサム)

【石膏・硬石膏】 *Selenite (Gypsum)*

## エネルギー循環を正常にする石

KEYWORD ヒーリング、滞ったエネルギーの解放、保護、浄化、無意識

原産国✤オーストラリア、メキシコ、ブラジル、イギリスなど

結晶系✤単斜晶系

硬度✤2

成分✤$CaSO_4 \cdot 2H_2O$

星座✤双子座　天体✤月　数秘✤9

特徴

### 幅広い用途に使われた石膏の一種

石膏（ジプサム）の中でも、透明で光沢感のあるものをセレナイトと呼びます。産出量が多いので、古くからセメントや彫刻品、窓ガラス、医薬品など幅広く利用されてきました。

パワー

### 無意識下で問題を解決する

優れた浄化力で、滞ったエネルギーの解放を促す石です。実に穏やかな働きかけをするので、知らず知らずのうちに問題を解決の方向に導いてくれます。外的影響からの保護作用も強く、球体のものを部屋の四隅に置くと良いでしょう。



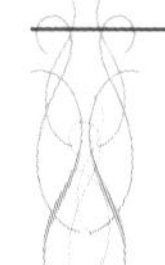

# ダンビュライト

【ダンブリ石】 *Danburite*

## 高次元と繋がり、自分らしく輝く力を磨く

KEYWORD 独自のアイデア、個性発揮、瞑想、肉体と精神のバランス

原産国✤アメリカ、メキシコ、ミャンマー、マダガスカルなど

結晶系✤斜方晶系

硬度✤7〜7.5

成分✤$CaB_2Si_2O_8$

星座✤獅子座　天体✤水星・天王星　数秘✤22

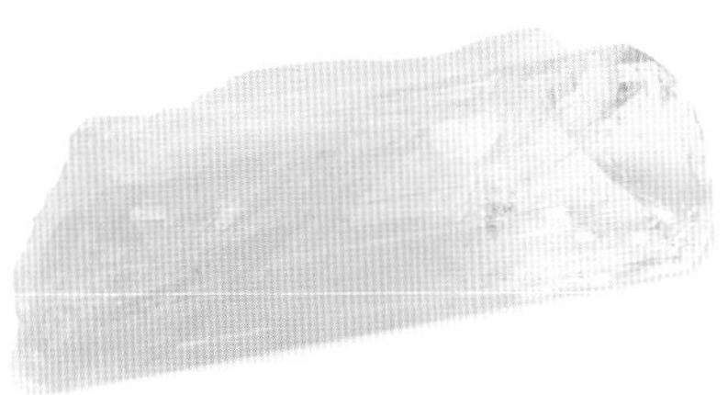

特徴

### ダイヤモンドのように強い輝きを放つ

結晶の先端はマイナスドライバー状に平たく、色は無色以外にピンクや黄もあります。透明度が高くなるほど光を強く反射させるので、ダイヤモンドの代用品として使われました。

パワー

### 心のしこりを浄化し、精神力を高める

強力な浄化作用があり、ネガティブな思考によって弱った心に優しく働きかけます。瞑想に使うのもおすすめです。高い波動を持ち、意識を高次元へと繋げるので、インスピレーションや独創性を磨きたい時に役立つでしょう。

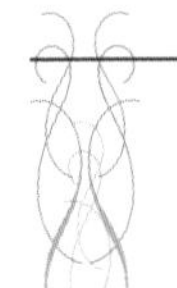

# デンドライト（デンドリティッククォーツ）

【忍石・模樹石】 *Dendrite (Dendritic Quartz)*

## 自然との繋がりを深め、心身に安らぎを与える

KEYWORD 自然との繋がり、安らぎ、落ち着き、生活習慣の改善

原産国 ✤ ブラジル、インド、アメリカ、マダガスカル、カザフスタンなど

結晶系 ✤ 六方晶系（三方晶系）

硬度 ✤ 7

成分 ✤ $SiO_2$ ＋ 二酸化マンガンなど

星座 ✤ 山羊座　天体 ✤ 木星　数秘 ✤ 4

### 特徴

**本物の植物を閉じ込めたような石**

植物のような内包物は、水晶やアゲートなどの割れ目に金属イオンを含んだ水が浸入し、壁面に沈殿して固まったものです。宝飾品として使われるほど良質なものは大変希少です。

### パワー

**自然体の自分を取り戻すサポートに**

ベースとなる鉱物によりエネルギーの傾向が異なりますが、共通して自然との繋がりを感じられる石です。生活習慣の改善をはじめ、自然体の自分を取り戻すサポートをしてくれます。日々の忙しさに疲弊している人におすすめです。



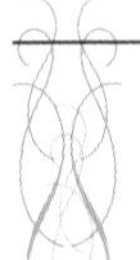

# トパーズ

【黄石】 *Topaz*

## 将来の展望を明確にし、明るい未来を切り拓く

KEYWORD 内なる平和、不眠解消、クリアな思考、引き寄せ、明るい展望

原産国 ✤ ブラジル、スリランカ、ロシア、タイ、カンボジア、ベトナム、アフリカ、日本など

結晶系 ✤ 斜方晶系

硬度 ✤ 8

成分 ✤ $Al_2SiO_4(F,OH)_2$

星座 ✤ 双子座　天体 ✤ 太陽　数秘 ✤ 7

### 特徴

**多くのカラーがあり、人気の宝石**

硬度が高く、多くのカラーを持つので、古くから宝飾品として使われていました。透明～半透明でガラス光沢を持ちますが、フッ素やアルミニウムを含み、光や熱で様々な色に変化します。

### パワー

**思考をクリアにし、直感力を高める**

はつらつとした明るいエネルギーを持つ石で、幸運を引き寄せ、喜びや豊かさをもたらします。また、思考をクリアにし、直感力や洞察力を高める働きがあります。自分の能力の認識をサポートし、未来への展望を開いてくれるでしょう。

# ハーキマーダイヤモンド

【ハーキマー産水晶】 *Herkimer Diamond*

## 夢の啓示を受け取ることができる石

KEYWORD 夢の啓示、心身の浄化、才能開花、集中力

原産国✤アメリカ（ニューヨーク州）

結晶系✤六方晶系（三方晶系）

硬度✤7

成分✤$SiO_2$

星座✤蟹座　天体✤太陽　数秘✤9

特徴

### ダイヤモンドのように強く輝く水晶

アメリカ・ニューヨーク州のハーキマー地区でのみ産出される水晶です。その名の通り、ダイヤモンドと見間違えるほど透明度が高く、無加工でも光沢感があり、強い輝きを放ちます。

パワー

### 質の良い睡眠を促し、肉体と精神をリセット

心身を浄化し、安眠をもたらす石です。夢の啓示を受け取ることができるとされ、「ドリームクリスタル」とも呼ばれています。雑念を取り払って思考をクリアにするので、集中力アップや他者との以心伝心に役立つでしょう。



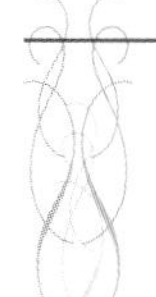

# パール

【真珠】 *Pearl*

## 至福の癒しを与えてくれる、女性の守り石

KEYWORD 優美、女性性、子宝、心の平安、幸福な結婚・出産

原産国✤オーストラリア、中国、日本など

結晶系✤斜方晶系

硬度✤2.5〜4.5

成分✤$CaCO_3$ ＋ 有機成分

星座✤蟹座　天体✤月　数秘✤2

特徴

### カルシウムを多く含む生体鉱物

貝の体内に入り込んだ異物が核となり、カルシウムの結晶とタンパク質の層が積み重なることによって形成されます。古くから、粉末にしたものが漢方薬や化粧品に使用されました。

パワー

### 女性として、母としての幸運をもたらす

内面の美しさや優しさといった女性らしい魅力を引き出し、良縁を導きます。母性を育むほか、妊娠や出産のお守りとしても力を発揮するでしょう。また、痛みや苦しみからの解放を促す働きもあり、心の平安を保ってくれます。

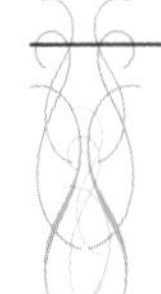

# ハウライト

【ハウ石】 *Howlite*

## 汚れのない、純真無垢な心を保つ

KEYWORD 純真、素直、怒りからの解放、無垢

原産国✣アメリカ、中国、ブラジルなど
結晶系✣単斜晶系
硬度✣3.5
成分✣$Ca_2B_5SiO_9(OH)_5$
星座✣蟹座　天体✣月　数秘✣2

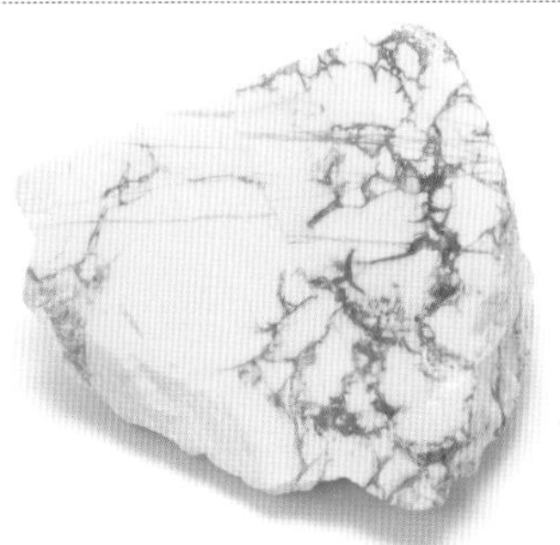

### 特徴

**独特の縞模様が美しい石**

白い地に黒や褐色の縞模様が入った石で、磨くとガラス光沢が出ます。この石によく似たマグネサイトと混同されて流通していますが、いずれにしても比較的安価で購入できます。

### パワー

**浄化力に優れ、マイナスの感情を洗い流す**

純粋さや無垢を象徴する石です。浄化作用が強いので、身勝手な不満やイライラを鎮め、心を清らかに保ってくれます。マイナスの感情からの解放を促し、冷静さを取り戻せるので、不眠の改善や瞑想に活用しても良いでしょう。

# ペタライト

【葉長石】 *Petalite*

## 人生の上昇気流に乗り、飛翔の時を迎える

KEYWORD 飛翔、意識の拡大、人生の大転換、第三の眼

原産国✣ブラジル、アメリカ、アフガニスタンなど
結晶系✣単斜晶系
硬度✣6~6.5
成分✣$LiAlSi_4O_{10}$
星座✣双子座　天体✣海王星　数秘✣11

### 特徴

**土鍋にも使用されている石**

主に透明～白のガラス光沢のある石です。破片の形が葉に似ており、名前もギリシャ語の「petalon（葉）」に由来しています。土鍋の耐熱性を上げるためにも使用されています。

### パワー

**人生の転換期を乗り越える力に**

“天使の石”とも呼ばれるように高次元のエネルギーを持つニューエイジストーンです。霊的な領域へと意識を結びつけ、人生の大転換をサポートします。悩みや苦しみからの解放を促し、未来へ羽ばたく力を授けてくれるでしょう。

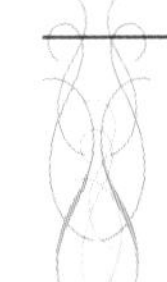

# マザーオブパール

【真珠母貝】 *Mother of Pearl*

## 柔軟性や慈愛の心を育み、女性的な魅力を高める

KEYWORD 母性、子育てのお守り、慈愛、繁栄、子宝、家族の絆

原産国 ✤ オーストラリア、インドネシア、ミャンマー、フィリピンなど
結晶系 ✤ 斜方晶系
硬度 ✤ 3〜4.5
成分 ✤ $Ca_2B_5SiO_9(OH)_5$
星座 ✤ 蟹座　天体 ✤ 月　数秘 ✤ 2

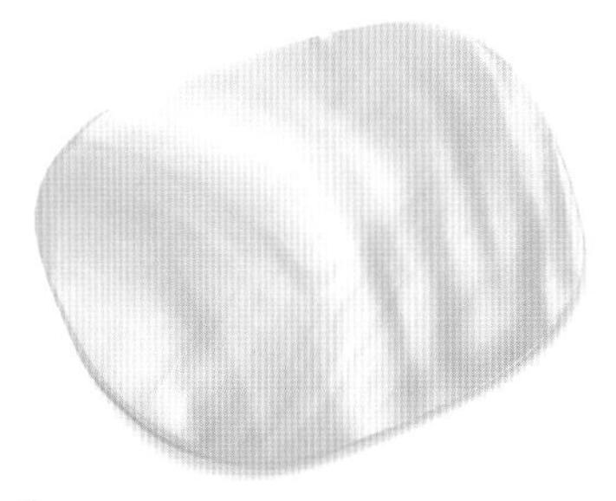

特徴

### パールを産み出す母貝の加工品

真珠貝そのものの殻を加工したもの。クリーム色や淡いブラウンのベースに模様が入り、通常のパールとは異なる美しさを持ちます。鉱物ではありませんが、こまめな浄化が大切です。

パワー

### 優しさで包み込む、母性愛のシンボル

柔軟性や慈愛などの女性性を高める働きがあり、感情の起伏を抑え、優しさで包み込みます。また、母性愛や子宝のシンボルとされ、育児ストレスを解消して愛情を深めてくれます。精神疲労を感じる時は、枕元に置いて寝ましょう。



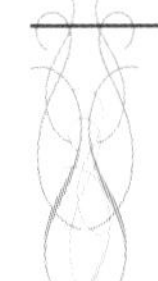

# ミルキークォーツ

【乳石英】 *Milky Quartz*

## 慈愛の心と安らぎをもたらす、ヒーリングストーン

KEYWORD 母性愛、安らぎ、慈愛、感情のコントロール、自己愛

原産国 ✤ ブラジル、マダガスカル、ロシア、アメリカなど
結晶系 ✤ 六方晶系（三方晶系）
硬度 ✤ 7
成分 ✤ $SiO_2$ ＋ そのほかの微量元素
星座 ✤ 蟹座　天体 ✤ 月　数秘 ✤ 4

特徴

### 温かみのある乳白色が魅力的な石

滑らかな乳白色はアルミニウムによるもので、星のような光（スター効果）を放つものや光の加減でブルーに見えるものもあります。特に女性に人気の石で、比較的安価で手に入ります。

パワー

### 他者だけでなく、自分自身への愛を深める

母性愛を象徴し、慈愛の心を育む石です。他者への愛だけではなく、自分自身を愛することの大切さに気づかせてくれます。心身の疲労を感じた時には湯船に入れて入浴すると良いでしょう。子どものお守りとしてもおすすめです。

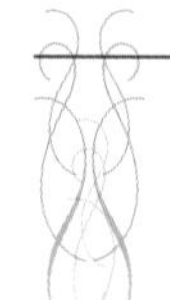

# ムーンストーン

【月長石】 *Moonstone*

## 月のバイオリズムに同調する石

KEYWORD 母性、感受性、癒し、情緒の安定、才能発揮、愛情

原産国✤スリランカ、インド、ミャンマー、マダガスカルなど

結晶系✤単斜晶系

硬度✤6〜6.5

成分✤$KAlSi_3O_8$

星座✤蟹座　天体✤月　数秘✤2

### 特徴

#### 月との深い関わりを持つ石

サンストーンなどと同じ長石グループの一種で、カリウムを多く含みます。シーン効果がもたらす落ち着いた輝きが印象的で、その名の通り、月の影響を受けやすい石とされています。

### パワー

#### 女性特有の情緒不安定を改善

感受性、直感力に働きかけ、持ち主の才能を引き出します。母性や女性性に関わりが深い石で、月のバイオリズムに同調し、女性の情緒的なバランスを保ちます。気分の浮き沈みや不安感、イライラなどを和らげてくれるでしょう。

# メタモルフォーシス

【陰陽石】 *Metamorphosis*

## 人生に良い変化をもたらし、向上心を高める

KEYWORD 前向きな変化、向上、順応、変革

原産国✤ブラジル

結晶系✤六方晶系（三方晶系）

硬度✤7

成分✤$SiO_2$ ＋ そのほかの微量元素

星座✤蠍座　天体✤天王星　数秘✤11

### 特徴

#### 特定の鉱山でのみ産出される水晶の一種

乳白色〜乳桃色をした水晶の一種で、クリスタルヒーラーのメロディ女史によって名づけられました。ブラジル・ミナスジェライス州のディアマンティーナでのみ産出されます。

### パワー

#### 変革の時期をサポートする石

人生における変革の時期をスムーズに乗り越えられるようサポートしてくれる石です。環境の変化にうまく順応し、何事も前向きにとらえる余裕をもたらします。明るい未来を描けるようになるので、向上心もより一層高まるでしょう。

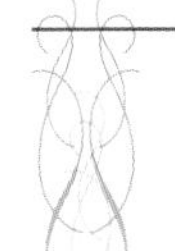

# ガレナ

【方鉛鉱】 *Galena*

## 地球と深く繋がり、霊性を高める

KEYWORD 霊性・精神性、地球との繋がり、自己変容、船出、瞑想

原産国✤アメリカ、オーストラリアなど

結晶系✤等軸晶系

硬度✤2.5〜3

成分✤PbS

星座✤蠍座　天体✤土星　数秘✤7

### 特徴

**鉛を主成分とし、金属のように輝く石**

熱水鉱脈（熱い溶液が地殻の表面辺りまで上昇する際にできる鉱脈）の中で生成される鉱物です。「galena（鉛）」と呼ばれるように鉛を主成分とし、四角い結晶と金属のような光沢を持ちます。

### パワー

**魂に根ざしたコミュニケーションが可能に**

地球との繋がりを深め、物質的な世界にとどまらず、霊的な領域に通ずるエネルギーを高める石です。精神性を向上し、魂レベルでのコミュニケーションを可能にします。目指す方向性に合わせた石とセットで使うのがおすすめです。



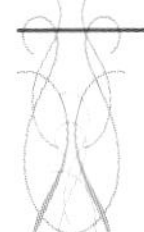

# ギベオン隕石

【鉄隕石】 *Gibeon Meteorite*

## 大地に根を下ろし、宇宙に向けて枝葉を伸ばす

KEYWORD 宇宙との繋がり、心身のバランス、経営安定、魂レベルの上昇

原産国✤ナミビア

結晶系✤不定

硬度✤不定

成分✤不定

星座✤水瓶座　天体✤太陽・天王星　数秘✤11

### 特徴

**処理によって独特の模様が現れる隕石**

鉄とニッケルを主成分とする隕石で、1836年に発見されました。ウィッドマンシュテッテン構造と呼ばれる金属組織を持ち、表面を研磨して酸処理を行なうと独特の網目模様が現れます。

### パワー

**天と地、両方の繋がりを強める**

強力なエネルギーで、持ち主の能力を最大限に引き出します。物事の継続や問題解決をサポートし、成功へと導くでしょう。宇宙との繋がりを強める一方、大地にしっかりとエネルギーを繋げるグラウンディングの石でもあります。

*others*

# その他

（マルチカラー）

ラブラドライト

アゲート

アズライトマラカイト

アメトリン

アンモライト

ウォーターメロントルマリン

オーシャンジャスパー

オーラライト23

オパール

クォンタムクワトロシリカ

スーパーセブン

天眼石

ハックマナイト

フェアリーストーン

ルビー イン ゾイサイト

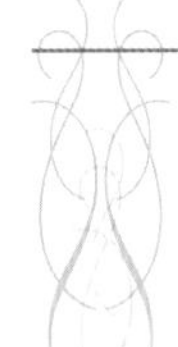

# ラブラドライト

【曹灰長石】 *Labradorite*

## 宇宙との繋がりを強める、月と太陽のシンボル

KEYWORD ストレス緩和、潜在能力開発、インスピレーション、宇宙の叡智

原産国 ✤ カナダ、フィンランド、マダガスカル、アメリカなど

結晶系 ✤ 三斜晶系

硬度 ✤ 6〜6.5

成分 ✤ $(Na,Ca)Si,Al_4O_8$

星座 ✤ 水瓶座　天体 ✤ 太陽　数秘 ✤ 7

### 特徴

**ラブラドレッセンスという光学効果により虹色の美しい輝きを放つ石**

1770年にカナダ・ラブラドル沿岸のセントポール島で発見された石で、ムーンストーンなどと同じ長石の一種です。薄い結晶が重なり合って多重層を作り、複雑な反射、回折、干渉を起こすので、光の当たり方や見る角度によってピンク、青、黄など様々な色彩の輝きを放ちます。さらに、磁鉄鉱や赤鉄鉱などがインクルージョンし、光の干渉現象に影響を与え、虹色の美しい輝きを生み出します。このような独特の光学効果をラブラドレッセンスといい、コレクターも多い石として有名です。

劈開性があり、ある一定方向に割れやすい性質を持つので強い衝撃を与えないように扱いには十分注意しましょう。

### パワー

**高次の意識へアクセスしインスピレーションを受け取る**

すべてのチャクラに対応し、オーラバランスを整えてくれる石で、月と太陽の象徴としても知られています。その神秘的な輝きから宇宙の叡智を秘めた石とされており、高次の意識へのアクセスをサポートしてくれます。内に秘めた潜在能力を引き出し、壮大なインスピレーションと創造力をもたらすでしょう。

また、ネガティブなエネルギーからの解放を促す働きもあります。素晴らしい癒しの力で、ストレスやマイナスの感情が和らぎ、より一層実力を発揮しやすくなります。仕事における良い人脈を引き寄せるので、他者の力を借りて大きく飛躍するチャンスも得られるでしょう。現状に変化を求めている人におすすめです。

### エネルギー特性

§インスピレーションと創造力をもたらす

§ネガティブなエネルギーからの解放

§良い人脈を引き寄せる

### 相性の良い石

ローズクォーツ（P232）

出会い、運命の人との再会を導く。

サファイア（P261）

本来持っている才能を輝かせる。

ラピスラズリ（P262）

潜在能力を開花させる。

アメジスト（P265）

思考をクリアにし、インスピレーションを与える。

その他

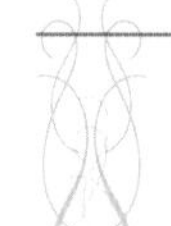

# アゲート

【瑪瑙】 *Agate*

## 健康長寿や富をもたらす縁起物の石

KEYWORD 富、長寿、健康、願望実現、子宝、一体感、絆

原産国 ✣ チェコ、アメリカ、ブラジル、ウルグアイ、ギリシャ、インド、ドイツなど

結晶系 ✣ 六方晶系（潜晶質）

硬度 ✣ 6.5〜7

成分 ✣ $SiO_2$

星座 ✣ 双子座　天体 ✣ 木星　数秘 ✣ 8

### 特徴

染色し、勾玉の材料などに使われてきた石

縞模様のあるカルセドニーの一種で、古くから勾玉の材料として使われていました。クォーツと同じ成分の微細な結晶の集合体なので、無数の小さな穴が存在し染色しやすいのが特徴です。

### パワー

他者との結びつきを強め、運気を上げる

富や長寿、健康を象徴する縁起物の石として知られています。周囲の人々との絆を深めることでエネルギーを増大し、グループ全体の運気を上げる働きをします。家内安全や魔除けのお守りとして家庭に置いておくのも良いでしょう。

# アズライトマラカイト

【藍銅鉱孔雀石】 *Azurite-malachite*

## 対極的なエネルギーが調和し、創造力を高める

KEYWORD 調和、協調、アイデア、創造性開花、コミュニケーション能力、積極性

原産国 ✣ コンゴ、南アフリカ、アメリカ（アリゾナ州）、オーストラリアなど

結晶系 ✣ 単斜晶系

硬度 ✣ 3.5〜4

成分 ✣ アズライト $Cu_3(CO_3)_2(OH)_2$＋マラカイト $Cu_2CO_3(OH)_2$

星座 ✣ 水瓶座　天体 ✣ 水星　数秘 ✣ 6

### 特徴

顔料にも使われた色鮮やかな石

その名の通りアズライトとマラカイトがひとつになった石で、古くは顔料として使われたほど、鮮やかな色合いが特徴です。アズライトが水分を含むと徐々にマラカイトに変化します。

### パワー

対極的なパワーを調和させる

霊的なエネルギーを活性化させるアズライトと、精神のリラックスをもたらすマラカイトの“動と静”のパワーを調和させ、直感力と洞察力を高めます。協調性を養う働きもあるので、良好な人間関係を築けるようになるでしょう。

# アメトリン

【紫黄水晶】 *Ametrine*

## 循環と調和のエネルギーを統合した石

KEYWORD 向上、リラックス、調和、落ち着き

原産国 ✣ ボリビア、ブラジル

結晶系 ✣ 六方晶系（三方晶系）

硬度 ✣ 7

成分 ✣ $SiO_2$

星座 ✣ 乙女座　天体 ✣ 木星　数秘 ✣ 6

特徴

### 同じ結晶内に2種の石が共存する

アメジストとシトリンが混ざり合い、美しい色彩を持つ石です。アメジストに熱を加えるとシトリンに変化しますが、自然に生成されたものは現状ボリビアでしか産出されていません。

パワー

### 困難を乗り越える力強さを授ける

アメジストが持つ調和のエネルギーと、シトリンが持つ循環のエネルギーが合わさり、本来持っている能力を最大限に引き出してくれます。心に落ち着きをもたらし、どんな困難も力強く乗り越えていけるようになるでしょう。

# アンモライト

【菊石】 *Ammolite*

## 才能を開花させ、人生に希望の光をもたらす

KEYWORD 可能性、幸運、才能開花、柔軟さ

原産国 ✣ アメリカ

結晶系 ✣ なし

硬度 ✣ 4.5〜5.5

成分 ✣ 主成分はアラゴナイト$CaCO_3$

星座 ✣ 双子座　天体 ✣ 木星　数秘 ✣ 3

特徴

### 7000万年かけて作り出された化石宝石

表面にアラゴナイトが付着したアンモナイトの化石で、イリデッセンス効果により虹色に輝きます。良質なものは、カナダ・アルバータ州の7000万年前の地層からのみ採掘されます。

パワー

### 視野を広げ、柔軟さを養う

エネルギーを活性化させ、内に秘めた才能の開花を導きます。視野が広がり、物事を柔軟に対処できるようになるでしょう。憂うつな気分を払拭し、幸運を呼び込む働きもあるので、逆境でも希望を持って前進するパワーが高まります。

# ウォーターメロントルマリン

【リチア電気石】 *Watermelon Tourmaline*

## 対極にある世界を繋げ、愛と調和を築く

KEYWORD 愛と平和、統合、調和、陰陽のバランス

原産国✤ブラジル、スリランカ、アフガニスタン、マダガスカルなど

結晶系✤六方晶系（三方晶系）

硬度✤7〜7.5

成分✤ $(Na, Ca)(Mg, Li, Al, Fe^{2+})_3Al_6(BO_3)_3Si_6O_{18}(OH)_4$

星座✤天秤座　天体✤金星　数秘✤6

### 特徴

**2色の性質を兼ね備えたヒーリングストーン**

スイカのような色合いのトルマリングループの一種です。異なる性質の2色が調和し、単独でも強力なヒーリング効果を持ちますが、ほかの石と組み合わせるとさらに力を発揮します。

### パワー

**人間関係の調和をサポート**

物事のバランスを保ち、心身に癒しと活力をもたらす石です。対立をなくし、緊張感やストレスを緩和させ、人間関係を良好にしてくれるでしょう。また、陰と陽、善と悪、女性と男性など対極にある世界を繋げる役割を果たします。

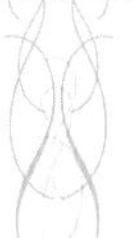

# オーシャンジャスパー

【碧玉】 *Ocean Jasper*

## 自分自身の個性を輝かせる、海の芸術

KEYWORD 安眠、独自性、自己アピール、ヒーリング

原産国✤マダガスカルなど

結晶系✤六方晶系（潜晶質）

硬度✤6〜6.5

成分✤ $SiO_2$ ＋ 不純物

星座✤蠍座　天体✤月　数秘✤3

### 特徴

**模様は自然が作り出すアート**

ひとつひとつ個性的で美しい模様を持つ石で、名前の通り、海で採掘されます。すべて手作業で行なわれるうえ、引き潮の短い間にだけしか採掘できないので、産出量が少なく希少です。

### パワー

**高いヒーリング効果で、あらゆる問題を解決**

個性を象徴する石で、独自性に気づかせて自己アピール力を高めます。また、ヒーリング効果が高く、ネガティブなエネルギーを吸収するので、悩みの解決や不眠の改善などに役立つでしょう。瞑想に利用するのもおすすめです。

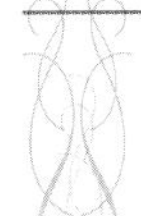

# オーラライト23

*Auralite 23*

## 天使との交感能力を高め、魂の目的に繋がる

KEYWORD 復活、再生、魂の目的に繋がる、未来予知

原産国✤カナダ
結晶系✤六方晶系（三方晶系）
硬度✤7
成分✤$SiO_2$ ＋ 内包物
星座✤牡羊座　天体✤土星　数秘✤33

### 特徴

#### 23種もの鉱物を含む石

アメジストを主体とし、23種類の鉱物を含む石です。誕生はおよそ12億年前で、隕石の衝突により様々な鉱物や金属物質が溶解、混合、付着することで形成されたという説があります。

### パワー

#### 内なる浄化により、魂の目的に繋げる

浄化作用とバランス調整作用により、持ち主が本来持つ生命機能の復活、再生をサポートします。霊的な世界との繋がりを深める働きもあり、不要なカルマに気づかせ、魂が目的とする方向へと道を切り拓いてくれるでしょう。



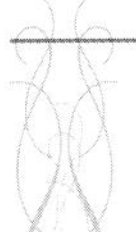

# オパール

【蛋白石】 *Opal*

## 明るく柔軟な思考で、新しい発想を可能に

KEYWORD 才能発揮、希望、クリエイティブ、疲労回復、気分高揚

原産国✤オーストラリア、メキシコなど
結晶系✤非晶質
硬度✤5～6
成分✤$SiO_2 \cdot nH_2O$
星座✤蟹座　天体✤木星　数秘✤2

### 特徴

#### 水中で堆積し、形成される石

微小な珪酸球が水中の岩の隙間などに堆積し形成されます。イリデッセンス効果により虹色に輝くタイプを「プレシャスオパール」、輝かないタイプを「コモンオパール」と呼びます。

### パワー

#### クリエイティブな才能を高める

明るく希望に満ちたエネルギーを持つ石で、各チャクラに働きかけ、心身の疲労回復を促します。思考に柔軟さをもたらし、他者に左右されない自由な発想を生み出すので、クリエイティブな才能を発揮したい人に良いでしょう。

# クォンタムクワトロシリカ

【珪混合石】 *Quantum Quattro Silica*

## 自己を内観し、ありのままを受け止め、素の自分を愛する

KEYWORD 内観、静けさ、無心、高次意識、自己確立

原産国 ✣ ナミビア、アフリカなど

結晶系 ✣ 結晶多系

硬度 ✣ 2〜4

成分 ✣ クリソコラ+マラカイト、スモーキークォーツ、シャッタカイトなどが混合。
$Cu_4H_4$、$OH_8$、$Si_4O_{10}$、$nH_{20}$

星座 ✣ 乙女座　天体 ✣ 木星　数秘 ✣ 3

### 特徴

#### 4種以上の鉱物を含む混合石

クリソコラをベースにマラカイト、スモーキークォーツ、シャッタカイトが混合した石。名前は俗称ですが、「クォンタム=量子」、「クワトロ=4」、「シリカ=二酸化珪素」という意味を持ちます。

### パワー

#### インスピレーションや創造力を強化

高次の意識に繋げ、内観を促します。精神性を高め、自己の確立をサポートするので、インスピレーションを得たり、独創的なアイデアをひらめきやすくなったりするでしょう。浄化作用が強く、癒しやリラックス効果も期待できます。

# スーパーセブン

*Super Seven*

## 地球とも宇宙とも繋がりを感じられる石

KEYWORD 調和、全体運、統合、成功、大いなる癒し、内観、開運

原産国 ✣ ブラジル、インド、マダガスカルなど

結晶系 ✣ 六方晶系（三方晶系）

硬度 ✣ 7

成分 ✣ $SiO_2$ ＋ 内包物

星座 ✣ 射手座　天体 ✣ 太陽　数秘 ✣ 9

### 特徴

#### 7種の鉱物を含む、パワフルな石

水晶をベースにアメジスト、カコクセナイト、ゲーサイト、スモーキークォーツ、レピドクロサイト、ルチルの7種がひとつになった石です。エネルギーが高い石ですが、持つ人を選びません。

### パワー

#### 総合的なエネルギーチャージに

幅広いチャクラに対応し、総合的に運気を上げてくれる石です。グラウンディング力を高める一方で、霊的世界との繋がりを感じることもできるでしょう。内観と調和を促す働きがあるので、自己成長のサポートとしても役立ちます。

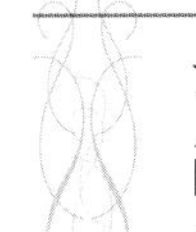

# 天眼石

【天眼石】 *Eye Agate*

## 神の眼を宿す、魔除けのお守り

KEYWORD 魔除け、邪気払い、バリアー、実行力、願望達成

| | |
|---|---|
| 原産国 | アフリカ、中国、チベットなど |
| 結晶系 | 六方晶系（三方晶系） |
| 硬度 | 7〜9 |
| 成分 | $SiO_2$ |

星座✤蠍座　天体✤太陽　数秘✤8

### 特徴

#### まるで眼のような模様が浮かぶ石

“神の眼”とも称される、瑪瑙の一種。結晶化する過程で、珪酸を含む水溶液が周期的に沈殿して層状になり、その度に混ざる不純物の量などが異なることから独特の模様になります。

### パワー

#### 邪気を跳ね除け、災難から守る

強力な魔除けの力を持つ石で、あらゆる邪気やマイナスのエネルギーを跳ね返し、災難から守ります。周りの意見に流されず、自らの意思を強く持てるようサポートしてくれるので、願望の達成に向けて着実に歩んでいけるでしょう。



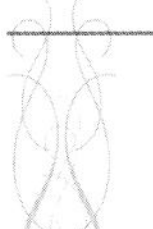

# ハックマナイト

【ハックマン石】 *Hackmanite*

## 変化を楽しめる思考に切り替える

KEYWORD ポジティブ、社交運アップ、順応、楽しさ、明るさ

| | |
|---|---|
| 原産国 | カナダ、ブラジル、ミャンマー、ロシア、アフガニスタンなど |
| 結晶系 | 等軸晶系 |
| 硬度 | 5〜6.5 |
| 成分 | $Na_8Al_6Si_6O_{24}(Cl_2, S)$ |

星座✤天秤座　天体✤木星　数秘✤3

### 特徴

#### 紫外線で濃い色に変化する石

コレクターストーンとして人気が高い、ソーダライトの変種。紫外線に当てると、退色ではなく色が濃くなるという珍しい性質を持ち、青、紫、白、ピンクといった様々な色に変化します。

### パワー

#### 順応性を高め、良好な人間関係を築く

思考をポジティブに切り替え、環境の変化に対する順応性を高める石です。慣れないことにも楽しさや喜びを見いだせるようになり、コミュニケーション能力の向上にも役立つでしょう。集団に溶け込むことが苦手な人におすすめです。

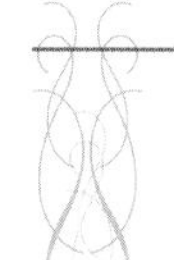

## フェアリーストーン

【妖精石】 *Fairy Stone*

### 穏やかなエネルギーで包み込む、妖精の石

KEYWORD 優しさ、癒し、清々しさ、バランス、健康、豊かさ

原産国✤カナダ

結晶系✤六方晶系（三方晶系）

硬度✤3

成分✤主成分はカルサイト$CaCO_3$

星座✤蟹座　天体✤金星　数秘✤2

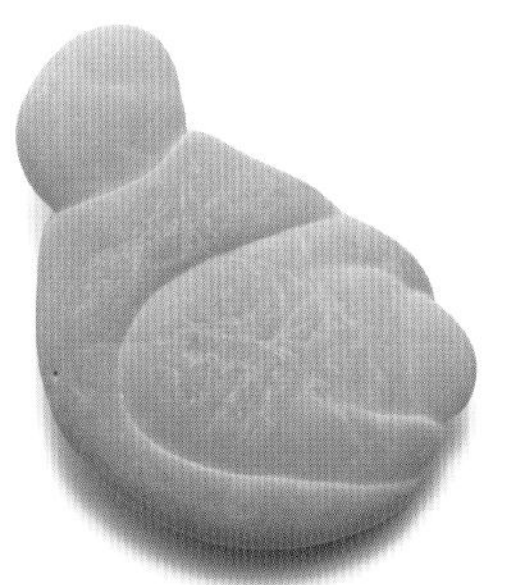

**特徴**

**妖精を思わせる、ユニークな石**

カナダのケベック州の川からのみ産出する石で、名前とは裏腹に素朴な外見をしています。ユニークな造形は氷河の湖底で自然にできたもので、裏面には楔型の模様が入っています。

**パワー**

**豊かさを呼び込む幸運のお守り**

邪悪なものや災いを遠ざけ、豊かさを呼び込む幸運のお守りです。ゆとりのある優しい心を育むので、人間関係にも良い影響をもたらすでしょう。また、穏やかなエネルギーが心身の疲れを癒し、健康維持にも役立つとされています。



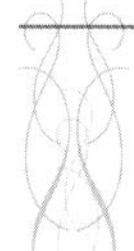

## ルビー イン ゾイサイト

【灰簾石】 *Ruby in Zoisite*

### 陰陽のバランスを保ち、エネルギーを維持する

KEYWORD 陰陽、霊力開発、カリスマ、生命力の活性化

原産国✤インド、ブラジル、タンザニアなど

結晶系✤斜方晶系

硬度✤6〜7

成分✤$Ca_2Al_3(SiO_4)_3(OH) + Al_2$

星座✤天秤座　天体✤太陽　数秘✤6

**特徴**

**ルビーの割合が多くなるほど高値に**

淡い緑のゾイサイトに鮮やかな赤いルビーが含まれ、コントラストが美しい石です。ゾイサイトの割合が多いのが一般的ですが、その中でもルビーを多く含むほど価値が高くなります。

**パワー**

**霊的世界に繋がりつつ、生命力を活性化する**

ゾイサイトの霊力の高さと、ルビーのグラウンディング力、活性作用、カリスマ性を高める力が合わさり、パワフルなエネルギーを放ちます。陰陽のバランスを保ち、霊的世界と物質世界の両面で力を発揮できるようになるでしょう。

Chapter 4

# パワーストーンを知る

パワーストーンが本来持つ力を発揮するためには
持ち主との関係性や石の状態など、様々な条件があります。
石の性質をよく理解し、上手に付き合っていきましょう。

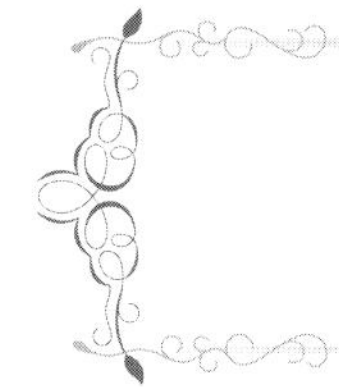

# パワーストーンとは

「パワーストーン」という言葉はすでに一般的ですが、
どのような石がそう呼ばれるのでしょうか。
ここでは、パワーストーンの定義について解説します。

## ジュエリーとの違い

### パワーストーンは ジェムストーン（半貴石）も含む

本書にも登場するルビー、サファイア、エメラルド……これらの石はパワーストーンというよりも“ジュエリー”として認識されている人が多いのではないでしょうか。鉱物学的に見れば、ジュエリーとして流通しているものも、パワーストーンとして流通しているものもまったく同じ鉱物で、はっきりとした区別があるわけではありません。

しかし一般的には、品質が良いものや希少性の高いもの、財産的価値の高いものが特にジュエリーとして区別され、宝石には使えないそれ以外のものはジェムストーン（半貴石）とされています。

良質な石のほうが良いエネルギーを持つと考えられていますが、ジェムストーンでも、宝石に使えないだけでエネルギー的には問題がありません。したがって、パワーストーンはジュエリーとジェムストーンの両方を指します。

## 持ち主との関係性

### 持っているだけでは 力を発揮してくれない

「パワーストーン」と呼ばれるように、石自体が力を宿しているのは確かですが、その力を生かすのも殺すのも持ち主次第です。どれほど強力なエネルギーを持った石でも、持ち主との関係が希薄であればただの「石」でしかありません。明確な意思を持ち、それを伝えることで、初めてパワーストーンとしての力を発揮するのです。

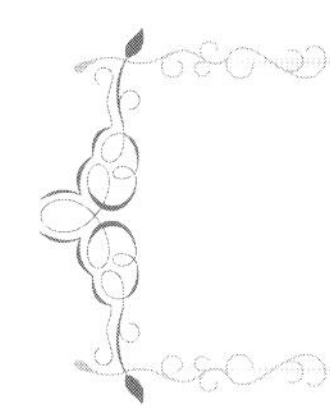

# チャクラとパワーストーン

パワーストーンの持つエネルギーとチャクラには、
とても密接な関わりがあるといわれています。
ここでは、チャクラとの関係性について解説します。

## チャクラとは?

### 心身の状態を左右するエネルギーの出入り口

サンスクリット語で「車輪」を意味する“チャクラ”。これは、体に点在する生命エネルギーの出入り口のことを指し（一般的には主要チャクラが7カ所とされ、マイナーチャクラはあまり知られていません）、東洋医学でいう「経路」、鍼灸でいう「ツボ」のイメージです。本書では、下から順に第0チャクラ（足の裏）～第8チャクラ（頭頂上部）と呼ばれる9カ所のチャクラについて、それぞれの場所やテーマを解説しています（P293参照）。
チャクラは車輪のように回転してエネルギーを取り込み、それぞれ対応する体や心の部分に強く働きかけます。チャクラのバランスが崩れると、感情がコントロールできなくなったり、心身が乱れて病気をしたり、不運を招きやすくなります。つまり、チャクラの働きを整えると、体内エネルギーの活性化に繋がります。

## チャクラの働きが弱くなる理由

### 日々の生活で受ける心的ダメージが主な原因

チャクラが正常に働き、体内に良いエネルギーが満ち溢れていれば、心身ともに健康で幸せな状態を保つことができます。
しかし、いつもそのような状態でいることは、生きている限り不可能といっても良いかもしれません。というのも、チャクラの機能は私たちの感情に大きく左右されるからです。心的ダメージを受けた時や、そのようなダメージから避ける選択をした時に、チャクラの回転が過剰になったり遅くなったり、またチャクラが閉じてしまうことがあります。チャクラの機能が乱れれば、エネルギーの流れが滞ったり、バランスの崩れを生み出したりすることに繋がります。
また、肉体的には、体のある部分が病気になるとその近くのチャクラの働きが弱くなることがあるといわれています。

## チャクラの色とパワーストーン

### チャクラと同じ色の石が<br>エネルギー調整のサポート役に

パワーストーンとチャクラとの関係で最も重要視されるのが「色」です。チャクラにはそれぞれ対応する色があり、それと同じ色の石には、チャクラと共鳴し、エネルギーを増幅させる性質があると考えられています。つまり、弱っているチャクラと同じ色の石を持つことで、石がチャクラの機能のサポート役となり、心身のバランス調整を助けてくれます。

このように、チャクラに対する調整作用を持つ石は数多く存在しますが、Chapter3の「その他」で紹介している石など、どのチャクラにも結びつかない石もあります。また、調整作用を持つ石であっても、石のコンディション次第でその影響力は異なります。

## チャクラの状態にあった石選び

### 弱っているチャクラに<br>対応する石を選ぶ

チャクラのバランス調整を目的としてパワーストーンを活用する場合、まずは自分自身の弱点だと感じる部分や、改善したい部分などを考えてみましょう。その部分に対応するチャクラが、正常に機能せず弱っている箇所です。石は弱っているチャクラをサポートする働きがあり、そのチャクラに対応する色と同じ色の石を持つことであなたの能力を強化してくれます。今ある質をより高めたい場合も、その部分に適切な石を持ちましょう。例えば周囲の人に優しく接したい時は第4チャクラの石、コミュニケーション能力を高めたい時は第5チャクラの石、直感力を高めたい時は第6チャクラの石が適しています。

# チャクラの場所と情報

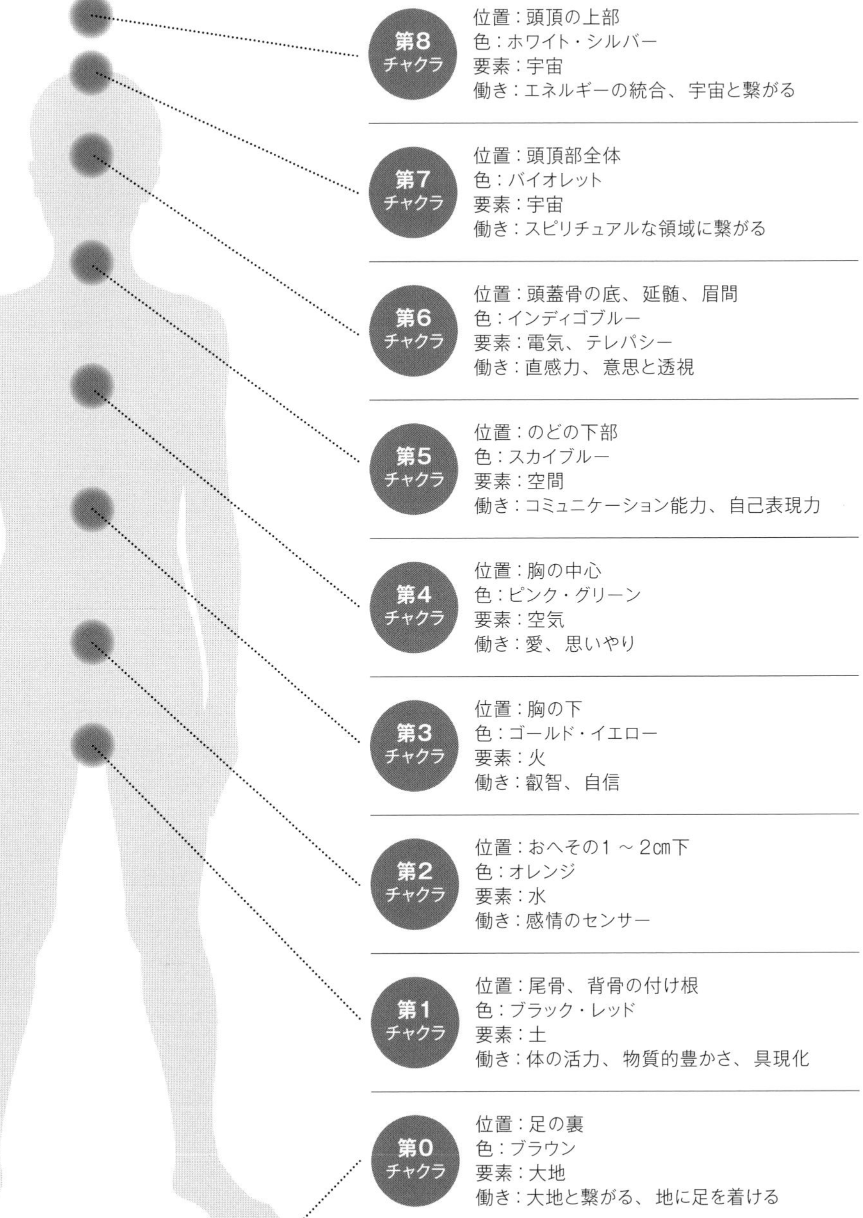
第8
チャクラ
位置：頭頂の上部
色：ホワイト・シルバー
要素：宇宙
働き：エネルギーの統合、宇宙と繋がる
第7
チャクラ
位置：頭頂部全体
色：バイオレット
要素：宇宙
働き：スピリチュアルな領域に繋がる
第6
チャクラ
位置：頭蓋骨の底、延髄、眉間
色：インディゴブルー
要素：電気、テレパシー
働き：直感力、意思と透視
第5
チャクラ
位置：のどの下部
色：スカイブルー
要素：空間
働き：コミュニケーション能力、自己表現力
第4
チャクラ
位置：胸の中心
色：ピンク・グリーン
要素：空気
働き：愛、思いやり
第3
チャクラ
位置：胸の下
色：ゴールド・イエロー
要素：火
働き：叡智、自信
第2
チャクラ
位置：おへその1 ～ 2㎝下
色：オレンジ
要素：水
働き：感情のセンサー
第1
チャクラ
位置：尾骨、背骨の付け根
色：ブラック・レッド
要素：土
働き：体の活力、物質的豊かさ、具現化
第0
チャクラ
位置：足の裏
色：ブラウン
要素：大地
働き：大地と繋がる、地に足を着ける

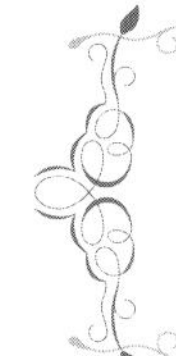

# パワーストーンとの付き合い方

パワーストーンが最大限力を発揮するためには、
持ち主と石との間に信頼関係が必要です。
ここでは、良い関係性を築くための付き合い方を紹介します。

## POINT 1 コミュニケーションを取る

### 持っているだけではなく自分の意思を伝えることが大切

せっかくパワーストーンを手に入れても、「物」として扱っていては石とのエネルギーラインは通いにくくなってしまいます。石のエネルギーというのは、持ち主が「○○をする」「○○になる」といった何かしらの意識をしない限り、人に対して働きかけることはありません。つまり、石に対して強く意識を繋げることでエネルギーが同調し、石は自分の持つ力によってサポートしようと働き始めるのです。
まずは石をできるだけあなたの近くに置き、良質なコミュニケーションを取るように心掛けましょう。とはいえ、必ずしも話しかけなくてはならないわけではなく、「信頼している」という意思を伝え、大切に扱ってあげてください。そうすることで、あなたと石との間に絆が芽生え、エネルギーの恩恵を受けやすくなります。
特に手に入れたばかりの石であれば、石とのエネルギーのラインが通っていないことがほとんどです。ブレスレットなどのアクセサリーとして身につけるか、部屋に置いて見たり触れたりするかして、最低でも1週間程度は同じ空間で過ごすようにしてみましょう。

## POINT 2 浄化をする

### 安定したエネルギーを保つために定期的なメンテナンスを

パワーストーンは持ち主の代わりとなり、マイナスのエネルギーを吸い取ってくれるともいわれています。それに加え、持ち主の精神状態や置かれている環境といった外的な影響を受けやすいという性質も持っています。そのまま使い続けていると、ネガティブなものがどんどんたまっていき、石の本来の力が十分に発揮されない場合があります。
そのため、定期的に行なってもらいたいのが「浄化」です。浄化とは石の中にたまったマイナスのエネルギーを洗い流しリセットさせることを指し、これを行なうことによって、石は再び安定したエネルギーを持てるようになります。詳しい浄化法についてはP304で紹介しているので、それぞれの石に合った方法でメンテナンスを行なってあげてください。

## POINT 3 石に依存しすぎない

### 石の力だけに頼らず自分自身も努力を

パワーストーンに力を発揮してもらうためには、自分の意思を伝え、石との繋がりを強めることが大切だと述べました。しかし、石はあくまでもあなたの「サポート役」です。素晴らしい力を持っているとはいえ、願いごとを伝えるだけで、必ず叶えてくれるというわけではありません。
人間関係において、自ら行動しない人を助けたいとは思えないでしょう。それと同様に、あなた自身が何もしなければ、石もあなたの願いには応えてくれないのです。また、人というのは多かれ少なかれ何かに依存して生きていますが、依存によって努力を放棄してしまうと、逆にマイナスの影響が出てしまう恐れもあります。
必要不可欠なのは、あなたの意思であり、なりたい自分になるために努力をする姿勢です。あなた自身が前向きに頑張っていれば、相乗的に良い結果がもたらされるでしょう。

# 加工されたパワーストーン

加工した石というと、あまり良くないイメージがありますが、
ものによっては天然よりも強力なエネルギーを持つこともあります。
ここでは、パワーストーンの加工について詳しく解説します。

## 良い加工と悪い加工

### 加工方法や目的によっては天然より良い状態になることも

パワーストーンといえば、天然であるほど価値があり、エネルギー的にも良いと考える人が多いでしょう。中には加工品＝偽物と考えている人もいるかもしれませんが、いま現在流通している石の中で、採掘された時の状態で扱われているものはそれほど多くはありません。
石のエネルギーというのは、その石の結晶構造、成分、色などによって生じる「波動（振動）」が深く関係しています。例えば発色の良くない石に、発色要因となるイオンを活性化させる加工（加熱処理など）を施し、鮮やかな色に改善します。そうすると、元の状態よりも、加工した色鮮やかな石のほうが強いエネルギーを持つといったことが起こるのです。ほかにも様々な理由で着色加工を施されることがありますが、このように色の改善を目的とした加工は、石にとってプラスに働く場合が多くあります。
また、天然石は自然の産物であるがゆえに、私たちが普段身につけたりするには少々扱いにくい石も存在します。例えばアクセサリーを作る際に、加工（含浸処理など）を施してからでないとカッティングなどが難しい石が多く、これだけたくさんの石が流通しているのも加工技術によるところが大きいといえます。
今まで説明したような加工であれば、石自体のエネルギーを弱めることはあまりなく、むしろ強化する可能性もあります。しかし、その反面好ましくない加工を施された石も多く出回っています。まずは、色を染めるだけの「染色」が施された石。たとえ鮮やかな色であっても、エネルギー以前に汗や水などで色落ちしてしまうため、購入はおすすめできません。
次に、安価な石を着色加工し、別の高価な石として売られているもの。いってしまえば偽物ですし、エネルギー的にもまったく異なるので注意が必要です。ただし、近年の偽物はとても精巧に作られており、本物とはほとんど見分けがつかないほどのクオリティに仕上げられています。石を見ただけで本物か偽物かどうかを判断するのは非常に難しいので、信頼のおけるパワーストーン専門店で購入することをおすすめします。

### 主な加工

**加熱処理**
色を鮮やかにするために、石に熱を加える処理方法。石のエネルギーを高めることも多いですが、色を変えて別の石として売るために使われることもあります。

**イオン溶液などにつけたうえでの加熱処理**
アゲートなどによく使われる処理方法。加工される石などによって一概には言えませんが、明確な方向にエネルギーをプラスすることがあります。

**オーラ加工**
石にイオン化した金属を蒸着させる処理方法。水晶の場合は、水晶自体にほとんどクセがないので、特に問題はないといわれています。

**クラック処理**
マイクロ波によって水晶の内部にクラック（ヒビ）を作る処理方法。水晶本来のエネルギーは弱まりますが、クラックによる虹が生まれるとプラスに働く場合も。

**含浸処理**
硬度を高めるために、石に樹脂を浸透させる処理方法。石への影響はほとんどありませんが、翡翠などによく使われる色入りの樹脂はあまり良くないとされています。

**放射処理**
石に着色するために、放射線を当てる処理方法。石にとってはマイナスの影響を及ぼすことが多いですが、人体に害を及ぼすことはほとんどありません。

## 人工石と模造石

### 石のエネルギーを期待するなら模造石は避けるべき

天然石に加工を施したもののほかに、市場には人工石や模造石といったものも出回っています。これらは同じものとして考えられがちですが、作られ方もエネルギーの有無も異なります。
人工石は、天然石と同じまたは非常に近い成分や結晶構造を持ち、合成石とも呼ばれます。人工的に作られた石をわざわざパワーストーンとして活用したいという人はあまりいないかもしれません。しかし、その石の結晶構造、成分、色などがエネルギーに関わっていることを考えると、人工石も天然石に似たようなエネルギーを持っているともいえます。
天然石のように、産出された土地の文化や人々の思念などによる独特のエネルギーは持ちませんが、人工だからこそ安定したエネルギーを与えてくれる場合もあるので、好みに合わせて選ぶと良いでしょう。
模造石は、一般的に「練り物」とも呼ばれています。人工石と異なるのは、天然石とまったく別の成分で作られている点です。天然石に見た目を似せているにすぎないので、そもそもパワーストーンですらなく、石としてのエネルギーは持ちません。ファッションとして身につけるだけであれば良いかもしれませんが、石の力を期待する場合は避けるようにしましょう。

# パワーストーンの選び方

実際にパワーストーンを購入する際に、
どれを選んだら良いかわからないという声をよく聞きます。
ここでは、ベストな石を選ぶためのコツを紹介します。

## 直感を大切にする

### 感覚的に惹かれるかどうかが石との相性がわかるポイント

石選びで最も大切なのは、あなた自身がその石を“気に入っているか”ということ。パワーストーンを手にする人の多くは、自分の願いごとに適したエネルギーを持つ石を選ばれます。しかし、いくら条件的に合っていても、ただ持っているだけでは石本来の力は発揮されません。エネルギー特性が適しているかだけではなく、なんとなく惹かれる感覚があるものを選ぶと、より強固なエネルギーラインを通わせられるでしょう。ひとつ注意すべきなのは、精神状態が不安定な時に選ぶ石は、マイナス感情に同調している場合があります。そのような時はその場で即決せず、出直すことをおすすめします。
また、複数の石を組み合わせる場合も基本的には直感第一で良いでしょう。直感で良いと思った石同士であれば、お互いのエネルギーを高め合うように作用してくれるはずです。

## 実際に見て触れる

### 石のエネルギーを直に感じ、しっくりくれば相性◎

パワーストーンは、専門店やアクセサリーショップ、ネットショップなど、様々な場所で購入できます。もし、ネットで見つけた石でビビッとくるような感覚があった場合、それは運命的な出会いですから、購入しても問題はありません。しかし、多くの場合は実際に目で見て触れるほうが、確実に相性の良い石と巡り合えるでしょう。というのも、同じ種類の石であっても微妙なエネルギーの差があり、手に取ってみないとしっくりくるかどうかの見極めができません。また、品質の悪いものや類似品も多く出回っているので、目で見て納得できる状態の石を購入するほうが安心です。
お店で購入される際は、信頼のおける専門店がおすすめです。良質な石を手に入れやすいうえに、専門知識のあるスタッフから様々なアドバイスをもらうこともできるでしょう。

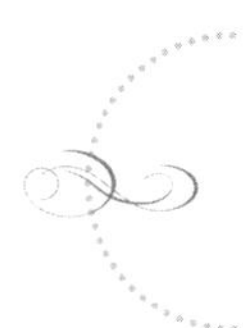

# 形状ごとのエネルギーの違い

形には意味があり、何かしらの象徴として扱われます。
そのため、宿るエネルギーの特性も異なる場合があります。

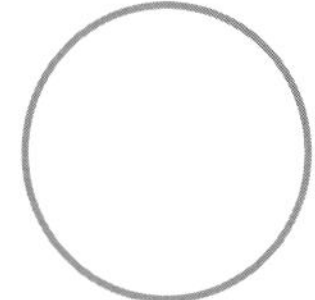

**丸**

完全性を象徴する形で、全方位にエネルギーを放出し、その場を安定させます。

**ハート**

愛と生命力を象徴する形で、自己愛を高め、周りとの調和や繋がりを強めてくれます。

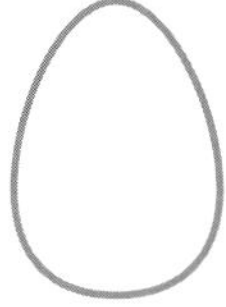

**卵**

再生と復活を象徴します。新しいものを生み出す力があり、物事のスタートに役立ちます。

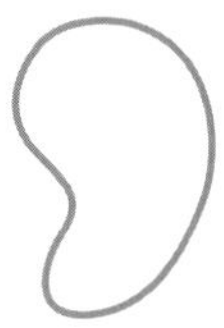

**勾玉**

「陰と陽」のエネルギーをもたらし、古くから魔除けのお守りとされています。

**正方形**

男性性を象徴します。「四方を固める」という意味があり、エネルギーバランスを整えます。

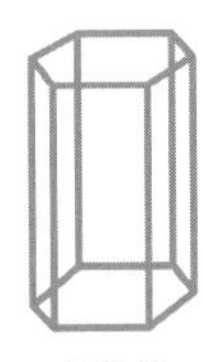

**六角柱**

最も安定し、浄化力の高い形です。ポイントがある場合は先端からエネルギーを発します。

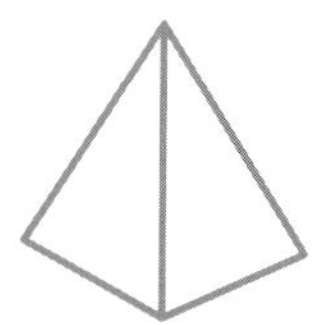

**ピラミッド**

栄光と不滅を象徴する形で、インスピレーションを高めたり、エネルギー活性を促します。

**五芒星**

人間（特に女性性）を象徴する形で、エネルギーの強化や安定をもたらします。

**六芒星**

ユダヤ教に由来し、正義や幸運を象徴する形で、エネルギーを拡散・拡大させます。

**マカバスター**

男性性と女性性、精神と肉体といった統合を象徴する形です。精神的な成長を促します。

**十字架**

宇宙を象徴する形で、中央が現在を意味します。心身のバランスを調整します。

# アイテムごとのエネルギーの違い

アイテムによっても、エネルギーの特性には傾向があります。
パワーストーンを購入する際の参考にしてみてください。

## アクセサリー

### 《 ブレスレット 》

日常的に身につけることができるので、初心者でも扱いやすい、最もポピュラーなアイテムです。基本的にどの石のエネルギーにも対応していますが、相性の悪い石同士を組み合わせないように注意しましょう。

### 《 リング 》

石のエネルギーを体に取り込む際、最も入りやすい入口のひとつが指先で、はめる指によって効果が異なります。金具部分はゴールド、シルバー、プラチナがおすすめです。

**注意**
ブレスレットやリングなどの手や腕につけるアクセサリーは、水などに触れやすいので、石の性質を確認してから使用しましょう。

### はめる指ごとの効果

**左手**
親指 ＊ 自分の信念を貫く
人さし指 ＊ 積極性アップ
中指 ＊ 人間関係の改善
薬指 ＊ 恋人との絆を深める
小指 ＊ 恋に繋がる出会い

**右手**
親指 ＊ 自己アピール
人さし指 ＊ 情緒安定
中指 ＊ 邪気から守る
薬指 ＊ 集中力アップ
小指 ＊ 困難を乗り越える

《 ネックレス 》

首は静脈が通っていることから、人間の精神と密接な繋がりを持つ部位とされています。首周りに直接石が触れることで、癒しや精神の安定をもたらし、エネルギーを活性化させます。

《 ピアス・イヤリング 》

耳には多くの神経が通っていることから、感覚面に影響を与える部位とされています。創造力を高め、才能の開花をサポートするので、特にクリエイティブ職の人におすすめです。

《 ブローチ 》

ブローチは心臓に近い胸の位置につけるので、感情と深く関わる作用をもたらします。失恋などの恋愛におけるマイナスの感情をはじめ、ストレスや心の傷を癒してくれます。

《 ストラップ 》

視覚からのアプローチで、心身にエネルギーをもたらします。視覚的な特徴が重要になるので、模様のはっきりしたものや、六角形などの形に意味を持つものがおすすめです。

## 丸玉

丸（球）は最も安定した形といわれ、石のエネルギーを常に一定の状態に保ちます。天然のものでも、丸く研磨加工されたものでも基本的な意味合いは変わりません。部屋に飾るのが一般的ですが、小さいサイズであれば布に包んで持ち歩いても良いでしょう。

## 原石

石により、加工やほかの石との組み合わせで相乗効果が生まれる場合もあれば、エネルギーを損なってしまう場合もあります。加工をしていない原石は、「石本来の力」が発揮できる点で最も石の持つエネルギーを感じやすい使い方といえるでしょう。

# オリジナルアクセサリーの作り方

「もっと自分好みのアイテムを身につけたい……」
そんな人には石選びから始める手作りアクセサリーがおすすめ。
思い入れが強まり、石との固い繋がりも感じられるでしょう。

## お守りブレスレット

### 定番はやはりブレスレット 手軽さとカスタマイズ感が魅力

願いごとや悩みに合った石、見た目が好きな石、自分や大切な人の誕生石など、自分の好みに合った石を組み合わせられることが、オリジナルアクセサリーの最大の魅力です。石選びから楽しむことで、そのアイテムに対する思い入れが強くなり、石との関係性もより密接なものになっていくでしょう。中でも特にカスタマイズ感があるのがブレスレットです。作り方は、ひもやゴムに石などのパーツを通すだけ。石同士の相性はある程度調べておいたほうが良いですが、基本的にNGはなく、初心者でも手軽に作ることができます。ただし、ブレスレットのように石が連なるアクセサリーは、石同士のエネルギーの流れが良いほど、本来の力を発揮しやすくなります。チャームや金具をいくつかつける程度であれば問題ありませんが、そのほかの異物は挟まないほうが良いでしょう。

### 《 用意するもの 》

・天然石ビーズ
・チャーム、金具（なくても可）
・ひも（テグス）またはゴム
30～50㎝
・メジャー
・はさみ
・クリップ

天然石ビーズの間にチャームや、シルバーまたはゴールドの金具などを通すとおしゃれさがアップします。

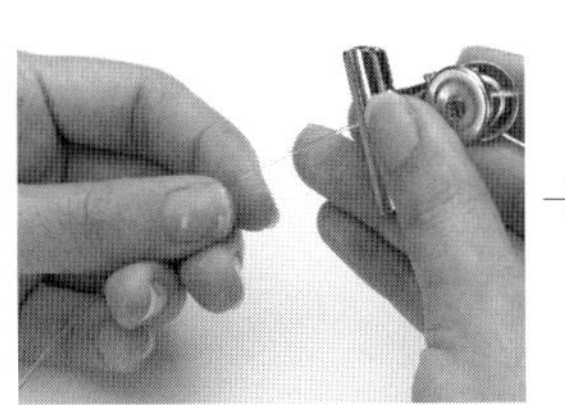
作業中にビーズが抜けないよう、ひもの端から約10cmのところにクリップを挟みます。

→

メジャーで手首のサイズを測ります。仕上がりが手首のサイズよりも1 ～ 1.5cm長くなるようにビーズを通します。

→

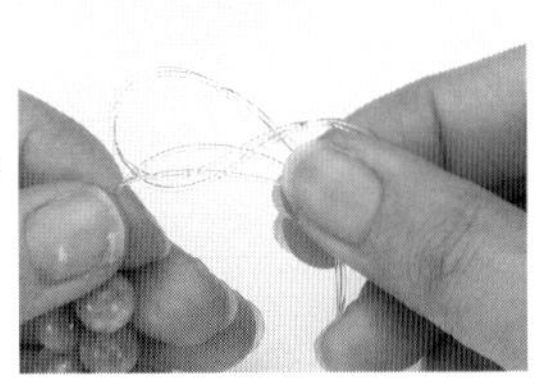
ビーズを通し終わったら、下のイラストを参考に、端を結びます。余った部分をカットし、結び目をビーズの間に隠します。

## ひもやゴムの結び方

クリップを外してひもの両側を揃えて持ち、8の字を描くように結びます。結び方が緩すぎると、ビーズとビーズの間に隙間ができてしまうので注意しましょう。

## 《 オリジナルアクセサリーのQ&A 》

### Q 作ったアクセサリーは常に身につけるべき?

「手作りする」というだけでもプログラミング（P306参照）の役割を果たしており、完成したばかりの時は石とのエネルギーラインが繋がりやすい状態となっています。そのため、作ってから1週間程度は常に身につけ、しっかりと石との繋がりを強めることをおすすめします。それ以降は状況に応じて使い分けると良いでしょう。

### Q 自分で作ったものをプレゼントしても大丈夫?

プレゼントすることを前提に、相手を思って作ったのであれば特に問題はありません。ただし、贈る前の浄化は必須です。また、相手にもプログラミングの方法を伝えておくと、より石の効果を実感してもらえるでしょう。自分のために作ったものを譲るのはおすすめできませんが、その場合も浄化を行なってから譲るようにしましょう。

# パワーストーンの浄化

浄化には、石の持つ力を再生させる効果があり、
パワーストーンに欠かせないメンテナンス作業です。
それぞれの石に適した方法を選んで行ないましょう。

## 浄化とは

### 石にたまった疲れを取り除き、クリーンな状態に戻す

パワーストーンは、様々な悪いエネルギーを吸い取り、それを自身の中にため込みます。石が本来の力を発揮するためには、定期的に蓄積したものを洗い流し、クリーンな状態に戻してあげなくてはいけません。浄化は、石を良い状態に保ち、本来持つ力を発揮できるようにする働きがあります。
ただし、石によってはNGな浄化法もあり、劣化を招く恐れがあるので、あらかじめ確認してから行ないましょう。

## 主な浄化法

### 《 日光浴 》

ベランダや窓際などに石を置き、日光に当てる浄化法です。午前中（早朝～10時くらいの間）に、10分～1時間ほど当ててあげるのが適しています。紫外線に弱く、避けたほうが良い石もあるので注意しましょう。

### 《 月光浴 》

ベランダや窓際に石を置き、月光に当てる浄化法で、すべての石に使えます。満月の状態に近く、曇りがない夜に行なうのが理想的です。また、0時を過ぎると「魔」「邪」の気が強くなるので、それ以前までに行ないましょう。

### 《 流水 》

グラスやボウルなどに石を入れ、水で洗い流す浄化法です。5～10分ほど水を流しっぱなしにしておくだけで、こすり洗いをする必要はありません。水に弱く、劣化してしまう石や、溶けてしまう石もあるので注意しましょう。

### 《 セージ 》

煙に石をくぐらせる浄化法で、ほぼすべての石に使えます。ホワイトセージの葉を火で炙り、その煙に石を数回くぐらせた後、同じ空間に1時間ほどおきます。セージのほかには、お香を焚く方法もあります。

## 《 クラスター 》

水晶やアメジストなど、浄化力が強い石のクラスターを利用する浄化法で、すべての石に使えます。まずはクラスター自体を流水などでしっかりと浄化しておき、その上に浄化したい石を置きましょう。

## 《 音楽 》

クリスタルチューナー（音叉）などによる"癒し"の音や、自分自身が心地良いと感じる音楽を石に聴かせる浄化法です。激しい音楽は逆にストレスとなる場合があるので、ヒーリングミュージックが良いでしょう。

## 《 塩 》

塩に石を埋める浄化法です。粗塩などをお皿に盛り、その中に石を10分ほど埋めます。取り出した後は、塩をしっかりと拭き取ります。塩分に弱く、避けたほうが良い石もあるので注意しましょう。

### 注意が必要な石

**＊日光に弱い石**
（変色・退色）

・アズライト
・アメジスト
・エメラルド
・エンジェライト
・オパール
・カーネリアン
・クンツァイト
・サルファー
・スギライト
・セレスタイト
・ターコイズ
・チャロアイト
・フローライト
・マラカイト
・ラリマー
・ローズクォーツ
・ロードクロサイト
など

**＊水に弱い石**
（変色・退色、サビ、輝きがなくなる）

・アズライト
・クリソコラ
・ターコイズ
・パイライト
・ヘマタイト
・マラカイト
・ラピスラズリ
・ラリマー
など

**＊水に溶ける石**

・セレナイト（ジプサム）
など

**＊塩に弱い石**
（変色・退色、サビ）

・アポフィライト
・アンバー
・セレナイト
・ターコイズ
・パイライト
・ピンクスミソナイト
・ヘマタイト
・ボージーストーン
など

# プログラミングについて

パワーストーンを持つうえで必要不可欠なのが
あなたの意思や願いを書き込む“プログラミング”。
これにより、石とのエネルギーラインを繋ぐことができます。

## プログラミングの重要性

### あなたの情報を石に記憶させるために行なう

パワーストーンは、ただ持っているだけで願いごとを叶えてくれるものではありません。その石の持つ力を最大限に発揮させるためには、あなたの願いをしっかりと伝える必要があります。したがって、石を手に入れたらまず行なってほしいのが“プログラミング”です。この言葉通り、あなたの情報を石に書き込む作業のことを指しますが、もちろん実際に書き込むのではなく、願いを込めて石と向き合うことでエネルギーラインを繋ぎやすくします。
ただし、一度行なえばそれで良いというわけではありません。持ち主が怠けていたり、思いが薄れていたりすれば、石はそれを上書きしてしまいます。常に前向きに努力する姿勢を忘れず、プログラミングは継続的に行なうようにしましょう。

### 《 プログラミングのポイント 》

●プログラミングを行なう前には、必ず浄化を行ないましょう。石があなたの手元に来るまでには様々な人を介している場合があります。それらの情報をクリアにすることで、あなたの情報を記録しやすくなります。
●思いや願いを石に伝える際は、できる限り具体的に伝えることをおすすめします。石があなたに対し、どのように働きかけるべきかを明確に理解するようになるので、目標に向かう力がより一層強くなります。

# 瞑想とパワーストーン

すでに行なったことのある人も多いかもしれませんが
“瞑想”は集中力を高め、精神的な成長を促す方法のひとつです。
パワーストーンを活用すると、より効果が高まるとされています。

## 瞑想にパワーストーンを活用する

### エネルギーの循環を促し 瞑想の効果を高める

人は日々思考を繰り返し、脳や体に負担をかけて生きています。瞑想は呼吸のみに意識を集中させることで、思考を止め、負担を和らげる働きがあるとされています。これは、エネルギーの活性化にも繋がるので、心身の強化も期待できます。実際、瞑想を習慣的に行なっている人の中には、集中力や記憶力の向上、ネガティブな感情の抑制、ストレスからの解放など、様々な効果を実感している人が多いそうです。

そんな瞑想には、パワーストーンを使った方法というのもあります。石は波動を生むアイテムなので、より一層エネルギーの循環を促してくれます。P292でも述べたように、チャクラに対応する色と石の色には深い関わりがあるので、チャクラの働きを補う石を選ぶと良いでしょう。

### 《 瞑想の方法 》

1. 座禅を組むか、イスに座るか、仰向けになって寝転ぶかして楽な姿勢をとります。いずれにしても背筋は真っすぐ伸ばすようにしましょう。また、エネルギーの抵抗が弱いお風呂上がりや就寝前が最も適しています。
2. 吸って吐くのに20秒ほどかけ、ゆっくりと深呼吸をしましょう。パワーストーンを使う場合は、両手に持ったり、額にのせたりして、その石が対応するチャクラに近づけます。
3. 5分など短い時間から始め、慣れたら徐々に延ばしていきましょう。毎日少しずつ行なうのが効果的です。

# パワーストーンQ&A

パワーストーンのエネルギーを最大限に感じたい、と
選び方や扱い方において様々な質問が寄せられます。
ここでは、よくある質問にお答えします。

## Q パワーストーンは1日中つけたままのほうが良いのですか?

**A** 毎日つけるのは良いですが、1日中つけたままでいるのはおすすめしません。持ち主が身につけている間、石は持ち主の身代わりとなって悪いエネルギーを吸収し続けているので、つけたままでいると石に負担をかけすぎてしまうことがあります。また、エネルギーを活性化させる石の場合は、就寝時につけていると睡眠の質が下がることもあります。

人間と同じように、石にも“休息”が必要です。定期的に外して休ませてあげたり、浄化を行なって蓄積した悪いエネルギーを洗い流してあげたりしましょう。石との間にしっかりとエネルギーラインを通わせられていれば、多少外してもその繋がりが途切れる心配はありません。

## Q 価値の高い石のほうがエネルギーは強いのですか?

**A** 必ずしもそうとは限りません。何百円単位のものから、何百万もするものまで、石によって値段が大きく異なるのは品質や希少性が関係しています。高品質であったり、産出量が少なく流通量が限られていたりする石は、高くなる傾向にあります。

確かに品質が良いほどエネルギーも高くなりますが、産出量が多ければ安価で高品質の石を購入できることもあります。また、持ち主との相性もあるので、高価な石であるほど良い効果をもたらすともいえません。ただ、安価で手に入れた石はどうしても扱いが雑になりがちです。持ち主の「石を大切に扱う」という意思はエネルギーに影響するので、高額を払ったことでその意思が強まることはあるでしょう。

## Q 複数の石を一緒に身につけても大丈夫ですか？

**A** 基本的にNGではありません。何種類までという決まりは特にありませんが、適度であれば相乗効果でそれぞれの石が持つエネルギーを高め合うような働きをしてくれます。しかし石が多すぎると、エネルギー的に混乱が生じたり、相殺し合ったりしてエネルギーダウンしてしまったりする場合もあるので、たくさんの種類の石を一度につけるのは避けたほうが良いでしょう。様々な石のエネルギーを取り込みたい場合は、いくつかのアクセサリーなどをその日の気分に合わせて使い分けるのがおすすめです。

## Q 浄化しなくて良い石もありますか？

**A** まったく浄化を必要としない石というのは断言できませんが、クォーツ（水晶）系やスギライトなどの優れた浄化力を持つ石は、自浄作用もあるので、持ち主が頻繁に浄化を行なう必要はないといわれています。
しかしこのような石でも、疲れがたまって浄化力が落ちてしまうことがあります。色つやや輝きが失せている時には、浄化をしてゆっくり休ませてあげましょう。また、購入直後や石の力を感じた時（願いごとが叶った時、守ってくれた時など）にも浄化をすると、石との繋がりがより強まるでしょう。

## Q パワーストーンに寿命はありますか？

**A** きちんとメンテナンスを行ない、大切に扱っていれば、基本的にパワーストーンの寿命というのは考えなくても良いでしょう。ただし、石によっては鉱物的にあまり強くないものや、ブレスレットなどにして普段身につけていることで、削れたりつやがなくなったりといった物質的な劣化を生じるものがあります。また、浄化を怠り、悪いエネルギーをためすぎると浄化をしても復活しなくなってしまうこともあります。

## Q パワーストーンの効果は どのくらいで現れますか?

A 持ち主との相性や状況によって異なります。すぐに効果を感じる人もいれば、数カ月～1年後などの人もいるので、焦らず石と向き合ってみてください。多く触れ合い、大切に扱うことで、繋がりが強まってサポートを受けやすくなるはずです。

いずれにしても、石を手に入れてすぐは、ほんの小さなエネルギーレベルでの願いごとが叶うところから始まります。日常の小さな幸せやわずかな変化を見逃さないようにするほか、石への信頼や感謝の気持ちを忘れないように心掛けると良いでしょう。

## Q お風呂や海に入る時に 身につけていても大丈夫ですか?

A 一部温度変化にやや強い性質を持つ石(クォーツ系など)もありますが、基本的に石は温度変化や塩分・塩素に弱いとされています。変色や傷みの原因になることもあり、石の劣化はエネルギーダウンにも繋がるので、お風呂や海、プールなどに入る際は外しておいたほうが良いでしょう。万一、海などに入れてしまった場合は、すぐに水で洗い、水分をよく拭き取ってください。

なお、川や湖といった塩分・塩素を含まない水場であれば、石を清めるなどのプラスの働きをしてくれます。

## Q アクセサリー以外で 身につける方法はありますか?

A アクセサリーが好きでない人は、石そのものをポケットやカバンに入れて持ち歩いても良いでしょう。その場合は、やわらかい布に包むか、ポーチなどに入れて石に傷がつかないように注意してください。

また、パワーストーンを無理に身につけようとする必要はありません。部屋に置くだけでも、触れたり眺めたり密なコミュニケーションを取るよう心掛けていれば、身につけるのと同じような繋がりを感じられます。

## Q プレゼントされたパワーストーンに効果はありますか?

A 送り主があなたへプレゼントすることを目的として手に入れたパワーストーンであれば、そのエネルギーは十分期待できます。送り主からあなたへの思いも込められているので、大切に扱いましょう。
ただし、元々は送り主が自分で使っていたものを譲り受けた場合は、すでにその人と石との間に強いエネルギーラインが通ってしまっている可能性があります。一度浄化をしてみて、なんとなくエネルギー的にしっくりこない時は、あまり効果が期待できないかもしれません。

## Q ずっと身につけていた石なのに今は「つけたくない」と感じるのですが……。

A 自分が納得して購入し、今まで問題なく使っていた石でも、なんとなく「つけたくない」と感じてしまう瞬間もあるものです。それには主にふたつの理由があります。
ひとつは石の状態が悪く、エネルギーが弱まっているため。この場合は、しっかりと浄化して悪いエネルギーを洗い流してあげることで解決するでしょう。もうひとつは、石が役目を終えたため。あなたにとって必要な力はその時々で変わります。処分するか、次に必要になる時まで大切に保管しておきましょう。

## Q パワーストーンのお手入れや保管方法が知りたいです。

A 身につけることの多いアクセサリー類は、汗や水ぬれなどによる変色、退色、汚れが染み込むなどの劣化が生じやすいので、やわらかい布でこまめにから拭きしてください。
また、保管方法については専用の箱や袋などを用意しておくと良いかもしれません。素材は邪気を払う効果があるとされる、シルクやベルベットがおすすめです。複数の石を一緒に保管する場合は、石同士がこすれて傷つかないように注意しましょう。

## Q 傷がついたパワーストーンでも問題はないですか?

**A** パワーストーンは基本的に自然の中でできた鉱物なので、最初から表面に傷がついているものや、亀裂が入っているものも多くあります。このような傷であれば、エネルギーに影響することはないので、神経質になりすぎる必要はありません。使っている間にできた傷でも、気にならない程度であれば問題ないですが、大きな傷ができたり、割れたりしてしまった場合は、石はその役目を終えたと考えるほうが良いでしょう。浄化をしたうえで保管しておくか、もしくは処分しても大丈夫です。

## Q 役目を終えたパワーストーンはどうすれば良いですか?

**A** 割れるなどして必要のなくなった石でも、持っていて害を及ぼすことはありません。浄化したうえで、いざという時のために保管しておいても良いでしょう。
処分する場合は、たとえ破損していたりエネルギーが感じられなくなったりした石だとしても、ゴミとして捨てるのはあまり好ましくありません。元々は自然の中で生まれたものなので、浄化をした後は、土の中に埋めるなどして自然に返すのが最も理想的です。アクセサリー類の場合は、金具などとは分けて処分しましょう。

## Q パワーストーンを失くしてしまったのですが……。

**A** パワーストーンがなくなってしまった場合も、石がその役目を終えた時だと考えて良いでしょう。
願いごとを叶えてくれたり、あなたの身代わりとなって危険から守ってくれたりしたのではないでしょうか。そのような覚えがない場合は、あなたにとってその石を持つのはまだ時期早尚だったのかもしれません。いずれにしても、感謝の気持ちを込めてお別れすることで、また新たな石との良い出会いにも繋がるでしょう。

# パワーストーン用語集

パワーストーンを扱うお店や本の中には、
普段あまりなじみのない専門用語が多く使われています。
ここでは、知っていると理解が深まる用語を解説します。

【アバンダンス】
一般的には「豊かさ」を表す言葉ですが、小さなポイントが集まったクラスターから大きなポイントが出ているものを指します。その呼び名の通り、豊かさを象徴する石といわれています。

【アベンチュレッセンス】
アベンチュリンやサンストーンなどに見られる石の特殊効果のひとつ。石の内部に別の鉱物の小さな結晶をインクルージョンしており、光に当たるとキラキラと輝く効果のことをいいます。

【イリデッセンス】
アゲートやアンモライト、ラブラドライトなどに見られる石の特殊効果のひとつ。結晶内部の周期的な構造により、光に当たると多色の乱反射が起こって虹色に輝く効果のことをいいます。ギリシャ神話の虹の女神Iris（イリス）に因んで、このように呼ばれています。

【インクルージョン】
結晶の成長段階で取り込んだ水や空気、別の鉱物などといった内包物のこと。天然のものにはほぼ含まれており、人工物と区別する際の判断材料として用いられることもあります。主にクォーツ（水晶）系に多く、ルチルが含まれていればルチルクォーツ、クローライトなどが含まれていればガーデンクォーツとなります。
いわゆる不純物なので見た目が美しくなければ価値を下げてしまいますが、美しいものや珍しい鉱物などを内包しているものは、それが石の魅力となり、通常より価値を上げることもあります。

【オーラ水晶】
表面に虹色の反射光が現れる蒸着水晶。摂氏871度（華氏1600度）の高温で加熱した透明な水晶の表面に、イオン化した金属を長時間（約12～18時間）蒸着させるという、錬金術的な加工によって作られます。この工程はすべて真空内で行なわれ、高い技術を要します。なお、金属は表面にコーティングしているのではなく水晶に浸透しているので、色落ちすることはありません。
加工した石というと良くないイメージを持つ人もいますが、元の石の力に蒸着させた金属の性質が加わり、非常に強いエネルギーを持つものが多いのも特徴です。

**【クラック】**
いわゆるヒビのことを指します。基本的にはこれがないほうが品質は良いとされますが、人工的に加工したクラック水晶や、自然にできたクラックが虹色に見えるレインボー水晶は例外です。

**【クラスター】**
たくさんの六角柱状の結晶が集合体となって成長した群晶で、石の種類ではなく石の状態のことを指します。エネルギーは結晶の尖った部分であるポイントの先端から、それぞれ放出しているといわれています。非常に浄化力が強く、ほかのパワーストーンの浄化にも使われます。

**【硬度】**
物質の硬さを表す尺度で、ほかの物質をこすりつけた時にどれだけ抵抗できるかを数値化しています。数値が10に近いほど硬くなり、1に近いほど軟らかくなります。
硬度が10となるのは鉱物の中で最も硬いとされるダイヤモンドで、逆に硬度が低いのはカルサイトやセラフィナイト、セレナイト（ジプサム）などです。硬度が低い石は割れたり削れたりしやすいので扱いには注意が必要です。

**【カボションカット】**
石を半球体に磨きあげるカッティング方法です。不透明な石や特殊効果を持つ石に使われるほか、傷を目立たなくさせる特性から硬度7以下の傷つきやすい石に多く使われます。

**【キャッツアイ効果】**
タイガーアイなどに見られる石の特殊効果のひとつ。石の内部で反射された光が外部に集まり、猫の目のような線条（白い光の帯）となって現れる効果のことをいいます。正面から見ると線条は中央部に現れますが、石を回転させると線条も同様にくるくると回転して見えます。

**【シーン効果（シラー効果）】**
ムーンストーンなどに見られる石の特殊効果のひとつ。石の内部の層状構造により、カボションカットした際に光がそれぞれの層に反射し、表面に月光のような白～青の光が現れる効果のことをいいます。ムーンストーンに限っては、「アデュラレッセンス」と呼ぶこともあります。

**【ジェムストーン(半貴石)】**
宝石として扱われる「貴石（ダイヤモンド、ルビー、サファイア、エメラルド）」以外の石のことを指します。厳密にいえば、宝石の原石のことであり、美しい天然石がこれに該当します。貴石はジュエリーのイメージのほうが強いですが、貴石も半貴石もパワーストーンとして考えられています。また、パワーストーンの世界では、鉱物ではないパールやサンゴなども半貴石に含める場合があります。

**【スター効果】**
ハイパーシーンなどに見られる石の特殊効果のひとつ。光を当てると、共通の中心から放射状に数本の光の筋が現れる効果のことをいいます。

光の筋が流れ星のように見えることからこのように呼ばれますが、「アステリズム」と呼ぶこともあります。鉱物の種類や透明度、内包物などによって現れる形は変化します。

【男性性、女性性】
仕事運や金運などの男性的なエネルギーのほうが強い石を「男性性が高い」、恋愛運などの女性的なエネルギーのほうが強い石を「女性性が高い」と表現します。基本的には、男性性が高ければ女性性は低く、女性性が高ければ男性性が低くなります。あくまでもエネルギーの特性を指しているにすぎないので、あまり意識しすぎる必要はありません。例えば女性が金運をアップしたければ、男性性の高い石を持ってもOKです。

【天然色】
人工的に着色をせず、地中から掘り起こされた時のままの色のことをいいます。丸玉やビーズに加工されている場合も、色加工がされていなければ「天然色」に分類されます。

【波動】
パワーストーンが持つ振動（バイブレーション）のことをいいます。石は産地や成分、色などによってそれぞれ異なる振動を持っており、これが石のエネルギーとしてとらえられています。私たち人間も含め、物質でできているもののほとんどは波動を出しています。その石に触れることで落ち着いたり元気になったりする場合は、あなたが石の波動を感じ取り、共鳴している状態だと考えられます。

【ファセットカット】
「facet（切子面、小平面）」という言葉の通り、いくつもの小さな面を幾何学的に組み合わせたカッティング方法。「テーブル」「スクエア」「八角」「バゲット」「オーバル」「ブリリアント」など様々な種類のカットがあります。透明度と輝きが最大限生きるカットなので、透明度と光の屈折率が高い石に多く使われます。

【プログラミング】
石と同じ時間を共有したり、石に自分の意思を伝えたりして、持ち主の願いを記憶させることをいいます。使い始める前に行なっておくと、石とのエネルギーラインが通いやすくなり、石がもたらす力も強化されます。

【ポイント】
水晶の原石において、結晶の先端の尖った部分を指します。ポイントの形や大きさ、模様などにより、水晶の名前やエネルギーの特性が異なります。また、水晶が持つエネルギーは、この部分から放たれているといわれています。

# パワーストーン専門店のご案内

最後に、本書監修のネイチャーワールドが運営する
パワーストーン専門店をご案内します。
自分にぴったりの石をお探しの際は、ぜひお越しください。

## ヒーリングショップ ピュアリ

ジェムストーンや、ブレスレットなどの天然石ジュエリー、フラワーエッセンスといったヒーリンググッズを扱っています。東陽町にある実店舗では、数百点のジェムストーンを提示、販売しています。ご希望に合わせ、ブレスレットをお作りすることも可能です。

〒136-0076
東京都江東区南砂2-1-12 東陽町スクウェアビル5F
TEL 03-6458-4550／HP https://natureworld.co.jp/
営業時間 月~金10:00~19:00／土日12:00~17:30
(GW·お盆·年末年始休業)

店内にはパワーストーンの原石やルースなどが多数揃い、実際にお手にとってご覧いただけます。

ブレスレットを作る際は、豊富な種類の天然石ビーズから、お好きなものをお選びください。



※2016年5月現在の情報です。

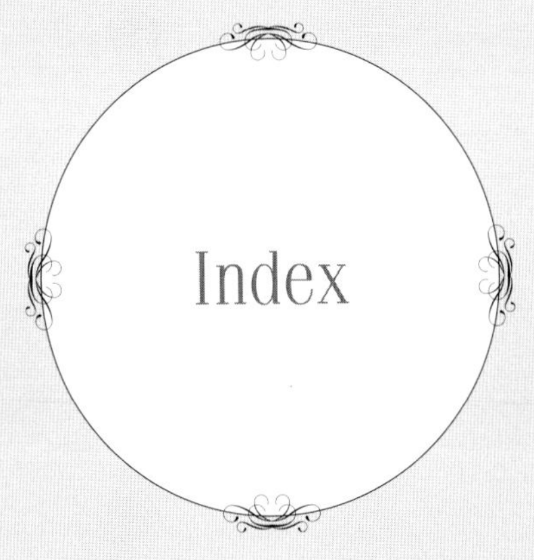

# Index

## あ



## う



## え



## お



## か



## き



## く

● 著者

登石麻恭子（といし・あきこ）

西洋占星術研究家。英国IFA認定アロマセラピスト。AEAJ認定アロマテラピーインストラクター。フラワーエッセンスプラクティショナー。
早稲田大学教育学部理学科生物学専修卒。ボディ・マインド・スピリッツを統合するホリスティックなツールとして西洋占星術をとらえ、パワーストーンなどを活用したセラピューティックアストロロジーを実践。また医療占星術的視点から、植物（特にハーブなど薬用植物）や鉱物（パワーストーン）・身体・西洋占星術の相関を研究し、ライフワークとしている。都内にてセッション、および西洋占星術、西洋占星術と植物療法・パワーストーンなどの講座を行う。主な著書に『魔女のアロマテラピー』（INFASパブリケーションズ）、『魔女の手作り化粧品』（ワニブックス社）など。

須田布由香（すだ・ふゆか）

ネイチャーワールド株式会社・取締役。2003年にフラワーエッセンスに出合い、次第にその魅力に惹かれる。以来、エッセンスの普及活動に専念しながら、パワーストーンをはじめ、様々なヒーリングを実践している。また、フラワーエッセンスとパワーストーンを使用したヒーリングに精通している。パシフィック、パワーオブフラワーヒーリングなど、多くのフラワーエッセンスプラクティショナーであり、クリスタルヒーリング認定ヒーラー、プラニックヒーリング認定ヒーラー、エナジーダウジング認定ダウザー、オラクルカードリーダーでもある。著書に『一番くわしいパワーストーンの教科書』（ナツメ社）がある。

● 監修

玉井宏（たまい・ひろし）

天然石やフラワーエッセンスなど、ヒーリンググッズを取り扱うネイチャーワールド株式会社の代表取締役。直営店・ピュアリでは、お客様の立場での品揃えをモットーに、高品質でリーズナブルな価格の商品を多数揃えており、顧客からの信頼が厚い。「購買代理店」「マーケットアウト」「持たざる経営」「オープンポリシー」など、ユニークな経営戦略で知られる株式会社ミスミにて、常務取締役として長年新規事業戦略に携わり、「経営の原点は"お客様のニーズ"である」をモットーとしている。

| | |
|---|---|
| 装丁 | アガタ・レイ（56HOPE ROAD STUDIO） |
| 本文デザイン | 下舘洋子（ボトムグラフィック） |
| DTP | 千葉克彦 |
| 撮影 | 山下 令 |
| イラスト | そねくみ |
| 企画・編集 | 成田すず江（株式会社テンカウント） |
| 商品協力 | ネイチャーワールド株式会社　http://www.natureworld.co.jp/ |

# 守護石パワーストーン組み合わせ&相性大事典

2016年6月30日　初版発行
2021年8月20日　新装版初版印刷
2021年8月30日　新装版初版発行

著　者　登石麻恭子／須田布由香
監　修　玉井宏
発行者　小野寺優
発行所　株式会社河出書房新社
〒151-0051　東京都渋谷区千駄ヶ谷2-32-2
電話　03-3404-1201（営業）　03-3404-8611（編集）
https://www.kawade.co.jp/
印刷・製本　図書印刷株式会社

Printed in Japan　ISBN978-4-309-28908-3



●本書は小社刊行『366日の誕生日パワーストーン事典』（2016年6月）を新装・改題したものです。